진시황제
최초로 중국을
통일하다

글쓴이
김혜정

편집인
배용구

진시황제, 최초로 중국을 통일하다

초판 인쇄 2025년 03월 15일
초판 발행 2025년 03월 25일

글쓴이 김혜정
편집인 배용구
펴낸곳 NEXEN MEDIA

우편번호 04559
주소 서울시 중구 마른내로 102
전화 070_7868_8799
팩스 02 _ 886_5442

등록 제2020-000159호 / 2009년 한터미디어로 등록
ISBN 979-11-93796-14-6(03300)
ⓒ 2025, 넥센미디어

중국의 SNS 시나 웨이보에서 발표한 중국인들이 선정한 '가장 위대한 중국인' 중 공자에 이어 2위가 시황제입니다.

시황제 영정은 전국 시대 진나라의 제31대 왕으로, 춘추 전국 시대를 끝내고 중국 역사상 최초로 대륙을 통일한 인물입니다. 그는 스스로를 '최초의 황제'라는 의미로 '시황제'라고 부르게 했

습니다. 군현제 실시, 문자·화폐·도량형 통일 등 중국의 중앙 집권 체제의 기반을 마련하는 치적을 세웠으나 만리장성이나 아방궁 축조 등 대규모의 토목 공사와 분서갱유 사건 등 엄청난 폭정을 행

사한 것으로도 유명합니다.

영정은 전국 시대 진나라 장양왕의 아들로 기원전 246년 열세 살의 나이로 왕위에 올랐습니다. 너무 어린 나이에 즉위한 그를 대신하여 어머니 조희와 승상 여불위가 섭정을 맡지요. 『사기』에 따르면 영정의 어머니인 조희는 장양왕이 태자가 되기 전 조나라에서 인질 생활을 할 때 여불위가 바친 기녀라고 합니다. 조희가 그 당시 이미 여불위의 아이를 임신하고 있었다는 설이 있어 항간에서는 그가 여불위의 아들이라는 의혹이 제기되기도 합니다. 영정은 어린 시절을 조나라에서 보냈고, 기원전 250년 아버지 장양왕이 진나라로 돌아와 태자에 책봉되면서 그 후계가 되었습니다.

장양왕이 죽고 즉위한 영정은 여불위를 상국에 임명하고 정치적 전권을 넘겼습니다. 이때 여불위는 훗날 영정의 오른팔이 되어 활약할 이사를 천거했습니다. 기원전 237년 영정은 드디어 친정을 선포합니다. 1년 전 영정의 어머니와 정을 통하던 환관 노애가 반란을 일으킵니다. 영정은 노애를 극형에 처하고 그의 가문을 멸했으며, 노애와 정을 통한 어머니를 감금시키고, 어머니와 노애 사이에서 태어난 아들들을 죽입니다. 이 사건을 빌미로 당시 최대 권력자였던 승상 여불위를 해임하고 드디어 기원전 237년 친정에 임하게 됩니다.

친정을 시작한 영정에게 많은 영향력을 행사한 사람은 바로 이사였습니다. 그는 전국 시대의 7웅 중 하나였던 진나라가 천하 통일을 할 수 있는 기반을 마련했고, 통일 이후에는 대륙을 통치할 많은 정책을 세운 장본인입니다. 순자의 문하였던 이사는 강력한 법가 사상가로, 철저한 법치만이 백성을 제대로 다스릴 수 있다고 보았습니다. 영정 자신도 이사의 영향으로 법가 사상을 중시했고, 군주에게 모든 권력이 집중되는 강력한 군주제를 수립합니다.

영정은 기원전 230년부터 주변국을 정복하기 시작하여 한·조·위·초·연을 차례로 정복합니다. 그리고 기원전 221년에 제나라를 정복함으로써 중국을 하나의 국가로 통일했습니다. 그는 전설의 삼황오제(중국 역사를 시작한 전설상의 황제들)를 능가한다는 의미로 황제라는 칭호를 사용했으며, 자신을 시작으로 후손들이 제국을 이어 나가기를 바라며 스스로를 시황제라고 칭했습니다.

통일 이후 시황제는 황제로서의 권력을 확립하기 위해 중앙집권 체제를 세우는 데 착수했습니다. 먼저 군웅들이 난립해 있던 전국 시대의 혼란은 지방 귀족들의 통치를 인정한 분봉제 때문이라고 여기고 중앙이 지방을 통치하는 군현제를 실시했습니다. 이사는 진나라의 영토를 전국 36개 군과 현으로 재편하고, 중앙에서 임명한 관리로 하여금 다스리게 했습니다. 이로써 진나라만의 중앙

집권 체제가 정비되었고, 이 체제는 이후 중국의 중앙집권 체제의 기본 골격이 되었습니다. 이와 동시에 시황제는 영토 확장도 계속하여 흉노를 물리치고 베트남, 해남도까지 군현을 설치했습니다.

또한 시황제는 전국의 문자와 화폐·도량형을 통일하고, 전국에 도로와 운하를 건설했습니다. 먼저 승상 이사로 하여금 소전 문자를 만들게 하여 모든 공문서와 법령에 쓰이는 문자를 통일했습니다. 또한 황금을 상폐, 동전을 하폐로 하여 화폐를 통일시켰습니다. 도량형의 명칭도 통일했는데, 길이는 촌·척·장, 양은 승·두·통, 무게는 양·근·석으로 통일했습니다. 모두 효율적인 중앙집권 체제를 달성하는 정책들이었습니다.

그러나 시황제는 업적만큼 폭정도 휘둘렀습니다. 대표적인 것이 분서갱유 사건입니다. 이 사건은 시황제와 유학자들 사이의 마찰이 극대화되면서 벌어졌고 시황제는 최측근 이사와 함께 법가사상에 기반을 둔 정책을 시행했는데, 유학자들은 이를 끊임없이 반대했습니다. 특히 제나라 출신의 박사 순우월淳于越이 옛 봉건제를 부활시킬 것을 주청하는 데까지 이르자, 기원전 213년 승상 이사는 유생들이 위험한 사상을 펼치는 것을 막기 위해 진나라 내의 모든 책을 태워 버려야 한다는 상소를 올립니다. 이에 시황제는 의학·점술·농경 분야를 제외한 모든 책을 불태우게 하고, 유교를 공부하거나 자신의 정책을 반대하면 극형에 처한다고 했습니다. 이것이 분서 사건입니다.

갱유 사건은 기원전 212년에 벌어진 것으로 불로장생 약에 대한 시황제의 염원이 발단이었습니다. 신선 사상에 심취한 시황제가 불로장생을 꿈꾸며 방사(도인)로 하여금 불로초를 구해 오게 했는데, 방사는 불로초를 구해 오는 대신 도망을 갑니다. 이에 시황제는 자신을 속인 방사와 여러 분야의 학자 460여 명을 잡아 땅에 파묻습니다. 이 두 사건을 합쳐 '분서갱유'라고 하지요. 그러나 이것은 단순한 폭정으로 보기보다는 시황제가 난립해 있던 사상을 통일하여 보다 효율적으로 대륙을 통치하기 위해 벌인 일이라고 생각할 수 있습니다.

시황제의 정책 중 백성들의 원성을 산 것은 단연 무리한 토목 공사입니다. 대표적인 것이 흉노의 침입을 막기 위해 쌓은 만리장성이죠. 이 만리장성을 축조하는 데는 150만 명의 백성들이 동원되었으며, 4년 만에 30만 명이 사망했다고 전해집니다. 또한 그는 아방궁을 건설하기 위해 70만 명의 백성들을 동원했고, 후에 자신이 묻힐 능묘인 여산릉을 조성하는 데도 무리하게 백성들을 동원합니다. 이러한 대규모 토목 공사가 이어지자 나라의 재정이 바닥났고, 백성들의 삶이 피폐해지면서 민심이 흉흉해졌습니다.

불로장생약을 찾으러 떠나는 동남동녀들

　　암살 기도가 이어지면서 시황제는 더더욱 주위를 불신하고 고립되어 갑니다. 그러면서 시황제는 점차 죽음을 두려워하며 불로장생을 꿈꾸게 됩니다. 시황제는 불로초를 찾기 위해 수많은 방사들을 백방으로 보냈는데, 특히 방사 서복이 왜국에 불로초가 있다고 한 말을 믿고 많은 돈을 주고 불로초를 찾으러 보냅니다. 그러나 서복은 동남동녀 3천 명을 이끌고 왜국으로 향해 다시는 돌아오지 않았죠. 이는 서복의 거짓말이었지만 시황제는 죽는 날까지 불로초를 구하기 위해 애씁니다.

　　그러나 기원전 210년 순행 도중 병을 얻은 시황제는 50세의 나이로 세상을 떠납니다. 『사기』에는 그의 죽음에 대해 다음과 같이 기록되어 있습니다. "시황제의 마지막 순행길에 유성이 떨어졌다.

여산릉(진시황릉) 전경

그 운석에는 '시황제사이지분始皇帝死而地分'이라는 글자가 새겨져 있었다. '시황제가 죽고 천하가 갈라진다'라는 의미로, 시황제는 이에 충격을 받고 쓰러진 후 병세가 악화되어 사망했다." 라고 합니다. 시황제는 태자 부소를 후계자로 지목했으나 이사와 환관 조고 등의 음모로 부소가 자결하고 황자 호해가 이세황제로 즉위합니다. 이세황제가 즉위한 후 진나라는 진승과 오광의 난, 유방과 항우의 반란 등 숱한 내란에 시달렸고 호해는 결국 4년 만인 기원전 207년에 조고에 의해 강제로 자결했으며 이후 유방이 수도 함양에 입성하면서 진나라는 멸망합니다.

시황제는 사후 자신이 조성한 여산릉에 묻혔습니다. 1974년 서안의 한 시골 마을에서 우물 공사를 하던 중에 땅속에서 도기인형 조각과 쇳조각이 발견되면서 발굴이 시작되었고 전체 규모가 약 2만 5천 제곱미터에 달하는 4개의 갱이 세상에 모습을 드러냅니다. 이 갱에는 많은 사람들이 순장되었다고 하며, 실물 크기의 흙 인형인 토용도 6천 구 이상 발굴되어 당대의 군사 양식을 생생하게 보여 줍니다.

시황제는 거대한 중국 대륙을 통일하고 스스로 황제가 되었으며, 여러 가지 엄청난 치적을 쌓았습니다. 여러 악정에도 그는 오늘날까지 중국에서 가장 강력한 영향을 끼친 인물로 꼽히며, 그의 강력한 왕권에 대해서는 중국의 이후 왕조들과 주변 국가들의 모범이 되었습니다.

2025년 2월　김혜정

04. 암살 시도를 세 번 당한 시황제 암살 미수 사건

06. 무리한 대규모 토목공사

07. 진승오광의 난과 진나라의 멸망

본서에 나오는
주요 인물

여불위(? ~ 기원전 235년) : 전국 시대 말기 진나라의 관료이다. 사마천은 여불위가 여러 제후국을 통관하며 국력을 정확히 꿰뚫어 보고 인재를 등용하는 인사권을 가지고 있어 진시황의 적통을 유지한 실세라 평했다.

사마천(기원전 145년경~기원전 86년경) : 중국 전한 시대의 역사가이다. 산시성 용문에서 태어났다. 자는 자장이며, 아버지인 사마담의 관직이었던 태사령 벼슬을 물려받아 복무하였다. 태사공이라고 불리기도 했다.

상앙(기원전 390년~기원전 338년) : 고대 중국의 전국 시대 진나라의 법가를 대표하는 중요한 정치가였다. 상나라를 분봉받아 후작이 되어 상앙으로 부르며 본래의 성은 희, 씨는 공손, 이름은 앙이다. 주나라 왕족과 위나라 공족의 후예였으며, 거열형의 창시자였는데, 후일 그 자신이 거열형으로 처형된다.

장의(?~기원전 309년) : 중국 전국 시대 진나라의 정치가·외교가이다. 친구 소진과 함께 귀곡 선생에게서 수학한 적이 있었다. 그는 진나라에 등용되기 전까지 갖은 수모를 겪다가 마침내 진 혜문왕을 만나 정치 고문이 되었다.

진 효문왕(기원전 302년~기원전 250년) : 전국 시대 진나라의 왕으로 성은 영, 휘는 주이다. 즉위 전의 칭호는 안국군이며, 아버지는 소양왕, 아들은 장양왕이다. 진시황의 할아버지다.

소양왕(기원전 325년~기원전 251년, 재위 : 기원전 306년~기원전 251년) : 중국 전국 시대 진나라의 제28대 군주이자 제3대 왕이다. 혜문왕의 서자이며, 성은 영, 휘는 직이다. 효문왕의 아버지이다.

장양왕(기원전 281년~기원전 246년) : 진나라의 왕이다. 초명은 영이인이었지만, 초나라 출신이었던 적모 화양부인의 양자가 된 후에 초나라의 후예라는 뜻의 자초로 개명하여 영자초로 불렸다. 아버지는 효문왕. 어머니는 하희이다. 진왕 영정의 아버지이다. 시황제가 장양태상황제로 시호를 추존하였다.

염파(?~?) : 중국 전국 시대 조나라의 장군이다. 조나라 말기에 활약한 대표적인 장군 중 한 사람이다. 신평군의 칭호를 받았다. 같은 시대에 활약한 조나라의 재상 인상여와의 교우는 "문경지교"라는 고사의 유래가 되기도 하였다.

이사(기원전 284년~기원전 208년) : 진나라의 철학자·정치가이다. 여불위 천거로 진나라 조정에 출사하여 시황제를 섬겼다. 그는 유학자였으나 사상적 기반은 법치주의이며, 도량형의 통일, 분서 등 실시하여, 진시황을 도와 진의 법치주의 기반을 확립하는 데 크게 이바지했다.

백기(? ~기원전 257년 11월) : 진나라의 장군이다. 왕전과 더불어 전국 시대 진나라의 대표적인 명장으로 평가받는 인물이다. 진 소양왕 때에 조나라·위나라·한나라·초나라 등의 여러 나라들과 싸워서 많은 승리를 거두고 진나라의 영토를 크게 넓혔다. 말년에는 소양왕과의 갈등 끝에 실각당하고 자살을 강요당하여 죽었다.

백거이(772년~846년) : 당나라의 시인이다. 대력 7년(772년), 뤄양 부근의 정주 신정현에서 가난한 학자 집안에서 태어났다. 어려서부터 두뇌가 명석했던 그는 5, 6세 때 이미 시를 짓고, 9세 때에 호율을 깨달았다고 한다.

오자서(?~기원전 485년) : 오나라의 정치가로, 자서는 자이며, 이름은 운이다. 본래 초나라 출신이나 아버지와 형이 평왕의 노여움을 사 처형된 뒤 초나라를 떠났다. 그 뒤 오나라의 약진에 크게 공헌하였으나, 점점 오나라 왕 부차와 사이가 벌어져 목숨을 잃었다.

주공 단(기원전 ?년~기원전 ?년) : 주나라의 정치가다. 그는 문왕의 아들이자 무왕의 동생이다. 성은 희, 이름은 단이다. 아들이 노나라의 제후로 봉해진 이래 노의 시조로서 받들었다. 통칭은 주공이라고 한다. 주나라 건국 이후 불안한 정국을 안정시켰다. 그는 강태공, 소공 석과 함께 주의 창업 공신 가운데 한 사람이다.

소공 석(기원전 ?년~기원전 996년) : 서주의 정치가이자, 연나라와 소나라의 초대 군주이다. 제 태공, 주공 단과 함께 주나라를 개국한 공신들 중 한 사람이다. 형인 서주 무왕이 소 강공을 소땅에 봉하고 제후로 삼았다. 그래서 소공, 소공 석, 소백, 소백 석, 주소공으로도 불린다.

사마 양저(?~?) : 중국 춘추시대 제나라의 장군으로, 성은 규, 이름은 양저이다. 재상 안영의 추천으로 등용된 후 제나라의 번영에 공적을 올리자 경공이 대사마로 임명하였으며, 이때 사마를 씨로 칭하여 사마양저라 불리었다. 병법서 『사마법』(사마병법)의 저자이자, 규완의 후예이다.

손무(기원전 545년경~기원전 470년경) : 중국 춘추시대의 전략가로, 자는 장경이다.『손자병법』을 지었다. 손무가 기록된 사서는 사마천의『사기』외에 오나라와 월나라의 흥망사를 기술한『오월춘추』, 손무의 선조와 그의 자손에 대하여 기록한『신당서』가 중요한 기록이 있다.

오기(?~기원전 381년) : 중국 전국 시대의 명장, 병법가, 정치가이다. 경칭인 오자로도 알려져 있다. 그와 관련된 저작으로『오자병법』이 전해지며, 동양의 고전 중에서는『손자병법』과 더불어 가장 대표적인 병법서로 여겨진다.

악의(?~?) : 중국 전국 시대 연나라의 장군이다. 전국 시대의 대표적인 명장 중 한 사람으로 손꼽히는 인물로, 연 소왕을 도와 조나라·초나라·한나라·위나라 연합군을 이끌고 제나라를 징벌하여 거와 즉묵을 제외한 70여 성을 함락시켜 제나라를 멸망 직전에 달하게 하였다. 조나라로 망명하여 그곳에서 말년을 보냈다.

왕전(?~?) : 중국 전국 시대 진나라의 장군이다. 백기와 더불어 전국 시대 진나라의 대표적인 명장으로 평가받는 인물로, 시황제 때에 조나라·연나라·초나라 등의 나라들을 공격해서 차례로 멸망시키며 중국의 통일에 크게 기여하였다. 그의 아들인 왕분과 손자인 왕리 또한 3대에 걸쳐 명장으로 이름을 떨쳤다.

신릉군(?~기원전 243년) : 중국 전국 시대 위나라 사람으로 위소왕의 아들이다. 이름은 위무기이다. 신릉군은 중국 전국 시대의 저명한 정치가, 군사가로서 조나라의 평원군 조승, 제나라의 맹상군 전문, 초나라의 춘신군 황헐 함께 전국 시대의 4공자로 불린다.

몽염(?~기원전 210년) : 중국 전국 시대 진나라의 관료이자 장군이다. 몽무의 아들이자 몽의의 형으로, 전국 통일 이후에 오르도스 일대의 흉노를 몰아내고 만리장성의 건축 및 북방의 수비를 감독하였다. 진시황제 사후에 조고 등에게 모함을 당하여 태자 부소와 함께 자살하였다.

형가(?~기원전 227년) : 중국 전국 시대 연나라의 협객으로, 자는 차비이다. 시황제 영정의 암살을 시도했던 자객으로 유명하다. 사마천의 『사기』 「자객 열전」, 『십팔사략』에 실려있다.

제 환공(재위: 기원전 685년~기원전 643년) : 중국 춘추시대의 제나라의 제16대 임금이다. 고혜와 포숙아의 활약에 의해 공자 규와의 군위 계승 분쟁에서 승리해 제나라의 군주가 되었다. 관중을 재상으로 삼고 제나라를 강대한 나라로 만들었으며, 실권을 잃어버린 중국 동주 왕실을 대신해 회맹을 거행했다.

장량(?~기원전 186년) : 중국 전국 시대, 초한쟁패기, 전한 시기의 전략가, 정치가이다. 소하, 한신과 함께 삼걸의 일원으로, 동양 문화권에서 참모의 대명사로 통한다. 사마천은 탁월한 식견을 지닌 '하늘이 내린 참모'라 평했으며 가장 이상적인 책략가로 전한 고제의 모든 결정에 관여한 장자방을 꼽았다.

유방(?~?) : 전한 말기의 제후로, 고밀경왕의 손자이다. 아버지 유사의 뒤를 이어 이후麗侯에 봉해졌으나, 전한이 멸망하여 작위가 박탈되었다.

한신(?~기원전 196년) : 초한쟁패기, 전한 시기의 군인, 정치가이다. 중국 역사에서 손꼽히는 명장으로, 한 고조의 부하로 수많은 전투에서 승리해 초한전쟁의 패권을 결정지었다. 장량, 소하와 함께 한초삼걸로 불리며, 소하가 국사무쌍이라고 일컬은 인물이다.

문천상(1236년~1283년) : 남송의 정치가로, 길주 여릉 사람이다. 본래 천상은 자이고 이름은 운손이었는데, 천상을 이름으로 삼고 자는 송서로 바꾸었다. 훗날 다시 자를 이선로 바꾸었다. 육수부와 장세걸과 더불어 송나라 말 3걸로 알려져 있다.

항우(기원전 232년~기원전 202년) : 진나라 말기의 군인이자, 초한전쟁 때 서초를 건국한 군주로 이름은 적이다. 진왕 자영을 폐위시켜 주살한 후로 서초를 건국하고 서초 패왕에 즉위 함으로써 왕이 되었다. 뒷날 유방의 도전으로 초·한간의 끝없는 전쟁에서 사면초가에 몰려 패하고 스스로 목숨을 끊었다.

번쾌(?~기원전 189년) : 초한쟁패기, 전한 초기의 군인, 정치가이다. 작위는 무양후, 시호는 무후이다. 한 고조를 따라 거병하여 전한의 건국에 큰 공을 세웠다. 역발산기개세의 항우와 비교될 만큼 괴력의 소유자로, 고조의 선봉에 서서 수많은 공을 세웠다.

폐후(고황후) 여씨(기원전 241년~기원전 180년) : 전한 고조의 황후이며 전한 혜제의 어머니이다. 시호는 고황후였지만, 나중에 광무제가 박탈하였다. 중국 삼대 악녀로 당의 측천무후, 청의 서태후와 동급으로 취급한다. 중국 사상 최초 정식 황후이며, 중국 최초 황태후이자 태황태후이다.

01

진나라의 제31대 왕이자
중국 최초의 황제

13세의 나이에 진나라 왕에 즉위한 영정은 10년 뒤 전국 통일의 대업을 시작합니다. 원교근공으로 6국의 동맹을 와해시킨 영정은 한나라 공격을 시작으로 약 10여 년간 조·연·위·초·제나라를 멸망시키고 대륙을 통일하여 광대한 영토를 차지한 영정은 스스로를 황제라 칭하고, 강력한 통치를 위해 중앙 집권체제를 확립합니다. 진 시황은 정치·경제·문화 등의 발전을 이루었으나 대규모 토목공사와 분서갱유 등의 실정을 거듭하며 진나라 몰락의 길로 갑니다.

전국 시대에는 전쟁이 일상처럼 느껴질 정도로 빈번했으며, 승패에 따라 각국의 존폐가 좌우될 정도로 격렬했습니다. 이에 각국은 전쟁의 승리를 위해 전투 방식·군대의 편제·무기 등을 더욱 발전시켰습니다. 또한 전쟁에서 소비되는 군량과 물자의 공급을 위해 백성을 동원하자, 그에 따라 백성의 고통과 불만은 말할 수 없을 정도로 극심해졌습니다. 백성들은 자연스레 전쟁을 종식시킬 수 있는 국가의 탄생을 바랍니다. 하지만 전국칠웅이 중원에 공존한 상태로는 전쟁이 끝나지 않을 것 또한 자명했으므로, 중원 통일을 위해서 또 다른 전쟁이 불가피했습니다. 그리고 이러한 통일 전쟁을 완수한 나라가 바로 진나라였으며, 이를 이룩한 왕이 영정(시황제)입니다.

어린 나이로 왕이 되었기 때문에 초기 국정은 재상 여불위의 섭정으로 운영되었습니다. 그로부터 10년 후 영정은 친정을 시작하면서 태후의 애인이었던 환관 노애가 일으킨 난을 계기로 여불위를 파면시킵니다. 건장한 남자였던 노애를 환관으로 위장시켜 태후의 궁으로 들여보낸 것이 여불위였기 때문입니다. 이후 영정은 초나라 출신의 법가 학자 이사를 승상으로 기용하고, 한나라 출신의 정국과 위나라 출신의 위료 등을 발탁하여 통일 대업을 시작합니다.

진왕 영정은 소양왕이 채택했던 '원교근공'의 계책을 이어 갑니다. 원교근공은 먼 곳의 나라와 외교 관계를 맺고, 가까운 나라는 공격하는 것을 말합니다. 이에 따라 영정은 인접한 한나라와 위나라를 적극 공략하고, 초나라와 조나라와는 친교를 맺어 6국 간의 연락 체계를 무너뜨리고 전시 상황이 닥쳐도 서로 동맹을 맺지 못하도록 했습니다. 또한 각국에 첩자를 보내 군신 관계를 이간시키고, 장군과 대신들을 매수합니다.

이렇게 6국을 종합적으로 약화시킨 영정은 기원전 230년, 당시 가장 약했던 한나라를 공격하여 한나라 왕 안安의 항복을 받았습니다. 기원전 229년과 기원전 228년에는 천재지변을 틈타 조나라의 수도 한단을 공격합니다. 이 일로 조나라의 유목왕은 포로로 잡혔으며, 태자는 북쪽의 대군代郡으로 달아나 대왕代王이 됩니다. 기원전 222년, 진나라는 대군을 공격하였고, 이로써 조나라는 완전히 멸망했습니다.

다음으로 진나라가 공략한 나라는 연나라였습니다. 진나라가 연나라를 공격한 이유는 기원전 227년, 연나라 태자 단丹이 위나라 출신의 자객 형가를 보내 영정을 살해하려 했기 때문입니다. 형가의 비수를 피해 목숨을 보존한 시황제는 이듬해인 기원전 226년에 연나라를 공격하여 수도 계성을 함락하고, 연나라의 영토 대부분을 점령합니다. 그러자 연나라 왕 희喜는 요동군으로 도망갔으며, 기원전 222년에 진나라가 요동군을 공격하자 연나라는 완전히 멸망합니다.

기원전 225년, 연나라의 영토를 대부분 확보한 진나라가 위나라를 공격합니다. 왕분王賁이 선봉장이 되어 맹공을 펼치자, 위나라는 수도 대량으로 퇴각한 채 진나라의 도발에 일절 응하지 않았고 이에 진나라가 황허를 이용해 대량을 침수시키자 위나라 왕 가假는 더 이상의 저항을 포기하고 항복하였으며, 이로써 위나라는 멸망했습니다.

위나라를 멸망시킨 진나라의 다음 목표는 초나라입니다. 기원전 224년, 영정은 먼저 이신에게 20만 대군을 주어 초나라를 공격하도록 했으나 이신은 초나라 군대에게 대패했고, 다시 왕전을 대장 삼아 60만 대군을 출병시킵니다. 2년여 동안 전쟁이 지속된 끝에 기원전 223년 초나라 수도 수춘이 함락되고 초나라 왕 부추는 포로가 됩니다.

제나라를 제외한 5국이 차례로 멸망하자, 동쪽에 홀로 남아 있던 제나라는 감히 진나라에 대항할 수 없었습니다. 기원전 221년, 파죽지세로 남하하는 진나라의 군대에 못 이겨 제나라 왕 전건이 항복하면서 제나라도 운명을 다합니다. 이로써 진왕 영정은 6국을 멸망시키고 중원 통일을 이룩합니다. 기원전 230년, 한나라의 멸망으로 시작된 통일 대업은 기원전 221년, 마지막 제나라가 멸망하기까지 불과 10년의 세월밖에 걸리지 않았습니다.

기원전 221년, 통일 대업을 이룩한 진 영정은 일단 자신을 칭하는 호칭부터 바꿉니다. 영정은 자신이 세상에 존재하는 유일무이한 지배자임을 과시하고자 자신을 '황제'로 칭할 것을 명합니다. 아울러 황제의 사후에 생전의 업적에 따라 신하가 시호를 붙이는 것을 불허하고, 처음의 황제는 시황제, 이후의 황제는 2세 황제·3세 황제라고 칭할 것을 명합니다. 군주의 호칭 개명은 진나라 왕 영정이 통일 국가의 기초를 다지기 위해 단행한 첫 번째 정책으로, 이

때부터 중국 역사에 황제가 등장합니다.

이어 시황제는 광대한 영토를 원활하게 통치하기 위해 전대미문의 중앙 집권제를 확립했습니다. 처음에 관료들은 주나라의 봉건제를 추천했으나, 승상 이사는 이를 반대하고 군현제를 채택할 것을 주장합니다. 그는 주 왕실의 붕괴 원인을 제후의 분쟁에서 찾았던 것입니다. 이에 시황제가 이사의 건의를 받아들여 군현제를 채택하니, 전국은 36개의 군과 현으로 나뉘었습니다. 군현에는 황제가 직접 임명한 관리를 파견했는데, 각 군에는 지방관 수守, 문서와 사법 담당자 승丞, 군대 관리자 위尉, 백성과 관리를 감사하는 감監을 설치했습니다. 또한 현에는 수장 현령과 그 아래에 현승과 현위를 두었으며, 군현의 모든 관직 세습을 금지시켰습니다.

또한 시황제는 이와 병행해 중앙 정부 기구를 정비하여 최고 통치자를 황제로 규정하고, 황제 아래 재상급 관원인 승상, 태위, 어사대부 등 삼공을 두었습니다. 승상은 행정 업무의 최고 수장으로, 황제를 보좌해 정무 처리를 도왔으며, 이사가 통일 국가 진의 1대 승상을 맡았다. 또한 태위는 군사 업무를, 어사대부는 감찰 업무를 담당했습니다.

황제 제도와 군현제, 삼공구경 실시로 정치적인 면에서 중앙 집권 체제의 골격을 갖춘 시황제는 경제·문화면에서도 통일을 추진했습니다. 먼저 각국마다 제각각이었던 도량형을 통일했는데, 길이는 촌·척·장으로, 양은 승·두·통으로, 무게는 양·근·석으로 일치시켰습니다. 또한 형태와 크기·무게가 모두 달랐던 각국의 화폐를 통일해 반량전을 통일 화폐로 하였습니다. 반량전은 둥근 원형 안에 네모난 구멍이 난 형태로 이는 이후 중국 금속 화폐의 기본이 되었습니다. 다음으로 수레바퀴의 크기를 6척으로 통일했으며, 진나라에서 통용되던 문자를 기초로 이사가 고안한 소전체로 문자를 통일했으며 법가로 사상을 통일시키고, 전국 도로의 폭을 50보로 규정하는 등 사회 모든 영역을 통일시키고 규범화했습니다.

이러한 정치·경제·문화 등에 걸친 전 방위적 통일 정책은 강력한 중앙 집권적 통치 체제의 탄생에 첫 번째 목적이 있었습니다. 이 정책들은 단순히 영토의 통일이라는 의미에 그치지 않고, 중국의 사회·경제·문화가 획기적인 발전을 이루는 데 큰 영향을 주었습니다.

하지만 진시황제는 장성 축조·여산릉·아방궁 건설 등 대규모 토목공사를 펼치고, 분서갱유 같은 야만적이고 폭력적인 사상 탄압을 시행함으로써 진나라 몰락의 계기도 함께 제공했습니다. 그리하여 진시황제가 이룩한 통일 국가 진나라는 그의 기대처럼 지속되지 못하고 2세 황제에서 끝이 납니다.

여불위 아들이라는 출생의 비밀이 있다

시황제의 어머니인 조씨(훗날 왕후가 되면서 조희라고 불린다.)는 원래 조나라의 거상 여불위가 데리고 있었던 여자인데, 이후 여불위가 진나라 승상까지 된 것을 보고 원래 시황제는 조씨가 임신했던 여불위의 아들이라는 말이 나돌았습니다.

> 여불위는 한단 땅의 여자 중에 매우 아름다우며, 춤을 잘 추는 여자를 얻어 함께 살다가 임신한 것을 알았습니다. 영자초는 여불위와 술을 마시다가 그녀를 보고 반하여 일어나 장수를 기원하며 그녀를 청했습니다. 여불위는 처음에는 노했으나 이미 영자초를 위해 집안이 무너져도 진기함을 낚으려는 일을 생각해 마침내 첩을 자초에게 바쳤습니다. 그녀는 스스로 임신을 숨기고 만삭이 될 때 이르러 아들 정政을 낳았습니다.
> — 『사기』 「여불위열전」

주요 역사서에서도 이러한 것들을 반영하는 부분들이 발견됩니다. 예를 들어, 『사기』 「진시황본기」에서는 시황제가 장양왕의 아들이라고 적었으나 장양왕이 생부라고 명시하지는 않았습니다. 또한, 반고의 『한서』, 배사의 『사기집해』, 사마광의 『자치통감』 등에서 모두 진시황을 '여정呂政'이라고 적고 있습니다.

반면 일부 학자들은 진시황 여씨설에 대해 진나라의 권위를 깎아내리기 위해 한나라 측에서 지어냈다고 합니다. 일단 이 근거는 모두 한나라 시절 펴낸 사서인 『사기』와 『한서』가 출처이며, 이 당시 진나라에 대한 반감이 이렇게 진나라 왕통에 대한 폄하로 나타났다는 것입니다.

이러한 논란들은 완전한 증거를 확인할 수가 없으니 역사가 존재하는 한 논쟁은 영원히 지속될 수밖에 없을 것입니다. 그러나 시황제의 생물학적 아버지가 누구든 역사에서 바뀔 것은 하나도 없습니다.

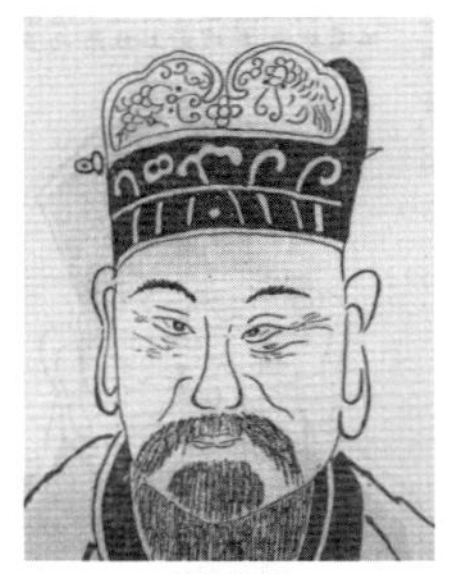

여불위

진시황제는 진나라에서 볼모로 보내진 안국군의 아들 공자 이인(훗날 자초로 개명)과 조희 사이에서 기원전 259년 조나라에서 태어났습니다. 조희는 이인을 만나기 전, 여불위의 첩이었기에 시황제가 여불위의 자식입니다. 아니다. 라는 견해가 있습니다.

『사기』「여불위 열전」에 기록된 사실로 보면 여불위는 한단 땅의 여자 중에 매우 아름다우며 춤을 잘 추는 여자를 얻어 함께 살다가 임신한 것을 알았습니다. 영자초는 여불위와 술을 마시다가 그녀를 보고 반하여 일어나 장수를 기원하며 그녀를 청했습니다. 여불위는 처음에는 노했으나 이미 영자초를 위해 집안이 무너져도 진기함을 낚으려는 일을 생각해 마침내 첩을 자초에게 바칩니다. 그녀는 스스로 임신을 숨기고 대기(만삭)이 될 때에 이르러 아들 정政을 낳았습니다.

조나라에서 시황제가 태어난 지 얼마 지나지 않았을 무렵 진나라 소양왕이 조나라를 공격해 왔고, 조나라에서는 자초 일가를 죽이려 하였으나, 여불위의 도움으로 자초는 진나라로 탈출했고 시황제와 조희는 조희 집안의 보호로 무사할 수 있었습니다.

소양왕 즉위 40년에 태자가 죽고, 20년 후 안국군이 태자로 새로이 책봉되었으며 이 무렵 조나라는 조희와 시황제를 진나라로 보내줍니다.

소양 여왕이 즉위 56년(기원전 251년) 75세의 나이로 죽었고 안국군이 태자 책봉 후 14년이 지난 52세가 되어서야 효문왕에 즉위하게 되며 자초는 태자가 됩니다. 진 효문왕(기원전 302년~기원전 250년)은 전국 시대 진나라의 왕으로 성은 영嬴, 휘는 주柱입니다. 즉위 전의 칭호는 안국군이며 아버지는 소양왕이고 아들은 장양왕입니다. 진시황의 할아버지입니다.

그러나 효문왕은 1년 상을 치른 지 3일 만에 죽습니다.

이에 태자 자초가 왕위를 이어받아 장양왕이 되었으며 시황제는 태자가 됩니다. 3년 뒤에 아버지 장양왕이 죽자, 태자 정은 13세의 나이로 진나라의 제31대 국왕의 자리에 즉위합니다.

영자초가 귀국한 지 얼마 안 되어 당시 진나라 왕이자 시황제의 증조부였던 소양왕이 승하했습니다. 효문왕(안국군)이 그 뒤를 이어 즉위했으나 불과 3일 만에 승하하고 말았고, 정식으로 즉위하기 전 그 사이에 추모 기간이 몇 달 있습니다. 이를 이어 영자초가 즉위했으니, 그가 바로 장양왕이었습니다. 그러나 장양왕도 3년 만에 승하하는 바람에 정이 13살에 진나라의 왕이 됩니다.

아직 시황제의 나이가 어렸던 탓에 당시 장양왕의 후원자로서 막대한 권력을 누렸던 승상 여불위가 어린 왕을 보필한다는 명분으로 상방의 직위에 올랐으며, 왕으로부터 아버지와 같다는 '상보尙父'[1]의 칭호까지 얻었습니다. 병마용갱에서 출토된 무기에는 '상방'으로 표기되어 있습니다. 후대에 사마천이 쓴 『사기』에는 한고제 유방의 이름인 방邦의 피휘[2]를 하기 위해서 '상국'이라고 표기했습니다. 이토록 강력한 권세를 얻은 여불위는 아직 나이가 어린

---

1) 여기서는 부父를 '보'라고 읽는다.

2) **피휘**避諱 : 과거 동아시아에서 사람을 부를 때 본명을 직접 부르지 않고 돌려 부르는 관습을 말한다. 휘(諱: 이름)를 피한다(避)하여 '피휘'라고 부른다. 반대로 피휘를 하지 않는 것, 즉 윗사람의 이름을 그냥 부르거나 이름의 한자를 그냥 적거나 읽는 행위는 휘를 범한다 하여 범휘犯諱라 하였다. 범휘는 매우 무례한 행위로 간주되었다.

시황제 대신 나라를 다스리는 섭정을 합니다. 때문에 진나라의 실권은 사실상 여불위의 손안에 들어갑니다.

여불위가 상방의 지위를 얻은 이후부터 과거에 자신의 첩이었던 정(시황제)의 어머니 조태후와 간통을 했다고 합니다. 여불위는 이 사실이 들통날까봐 두려워했으나 조태후가 여불위를 사랑하여 늘 불러 정을 나누려 했으므로, 결국 가짜 환관인 노애를 조태후 옆에 붙여 시중들게 했습니다. 노애는 정력이 출중해서 조태후의 총애를 받았으며, 이후로 조태후는 과연 여불위를 찾지 않았습니다. 그러나 간통이 길어지면서 조태후는 노애의 아이를 두 명이나 낳고 말았는데, 여기에 더하여 노애와 조태후는 아이들을 감추어 놓고 키우면서 정을 몰아내고, 그들의 아들을 왕으로 삼고자 하는 모략을 꾸몄습니다.

그러나 정(시황제)이 성인이 되었을 쯤에 이들의 행각은 곧 발각됩니다. 당시 노애는 무소불위의 권력을 움켜쥐고 있었던 덕택에 그의 성격은 점점 더 거만해졌다. 하루는 연회에서 술주정을 하다가 어느 신하가 그의 거만한 태도를 꾸짖자 도리어 "내가 왕의 계부인데 두려울 게 뭐냐?"는 말까지 듣고 말았습니다. 모욕을 당한 그 신하가 화를 터트리며 나가는 것을 본 시황제가 그의 분개한 표정을 보고 무슨 일이 있었는지 자초지종을 물었습니다. 이야기를 들은 정은 노애를 몰래 조사하여 모든 진상을 파악합니다.

노애는 조태후와의 불륜이 드러나자 최후의 발악을 하여 진나라의 수도인 함양(지금의 시안시. 옛 이름은 장안입니다.)에서 반란을 일으켰으나, 정은 당황하지 않고 침착하게 이를 진압하도록 명령했습니다. 정이 곧 창문군3)과 창평군4) 등으로 하여금 군사를 일으켜 반격에 나서게 되니, 함양 내에서 교전까지 벌인 끝에 노애가 패배하여 달아났다(노애의 난). 승리한 정은 조태후가 노애와 간통하여 낳은 아이들, 즉 이부동생들을 자루에 넣고 때려 죽였으며, 달아난 노애를 붙잡아 사지를 찢는 거열형5)에 처한 뒤 그 삼족을 멸했습니다. 이

---

3) **창문군** : 중국 전국 시대 진秦나라의 문관이다. 기원전 238년에는 창평군과 함께 군사를 이끌고, 반란을 일으킨 노애를 공격하여 함양에서 수백 명의 머리를 베었다. 창평군과는 달리 성이 전해지지 않으며 창평군과 같이 이름이 전해지지 않는다.

4) **창평군** : 진秦나라의 상방으로 본래는 초楚나라의 왕자이자 초나라의 마지막 왕인 부추의 이복 동생이다.

5) **거열형**車裂刑 : 사형의 방법 중 하나이다. 환열, 환형으로도 불린다. 중국의 전국 시대 때 시작된 것으로 알려져 있다. 변법과 개혁으로 유명한 진나라 재상인 상앙이 개발했다고 전하며, 목과 사지를 밧줄에 묶어 소나 말의 힘으로 각각 반대 방향으로 당겨 찢어 죽이는 방법이다. 이름에 수레 거가 들어가는 이유는 밧줄을 소의 몸에 묶은 모습이 우마차를 연상시키기 때문이다. 이 벌을 고안해 낸 상앙은 결국 죽은 뒤 이 형벌로 부관참시를 당했다. 그는 변법으로 진나라에게 부국강병을 이뤄주고 전국을 통일할 발판을 마련해 줬지만, 무자비한 처벌을 한 터라 백성들의 원성은 하늘을 찔러서 거열당한 뒤엔 구경꾼들이 몰려들어

후 모후인 조태후를 싫어하게 되어 그녀를 유폐시킵니다. 하지만 신하들의 간청으로 조태후를 다시 함양의 왕궁으로 불러와 모셨습니다. 이 사건 때문에 시황제는 어머니보다 할머니인 화양 부인과 더 가깝게 지냈다고 합니다.

한편 정은 실권자인 여불위도 노애와 조태후의 스캔들을 들어 처벌하려 했으나, 여불위를 따르는 신하들과 식객들이 많았기 때문에 벼슬을 빼앗고 낙양으로 유배 보내는 정도로 그쳤습니다. 그리하여 한때 왕과 견줄 만한 세력을 지녔던 여불위의 권세는 무참히 꺾여버렸고, 실의에 빠진 여불위는 곧 자살했습니다. 결국 정은 노애와 조태후 그리고 여불위까지 왕권을 위협하던 모든 세력을 짓누른 후, 나이 22세에 모든 권력을 장악하고, 비로소 친정 체제를 굳혔습니다.

**❝유일하게 황후를
두지 않았다**

중국 고대의 봉건 제왕은 모두 황후를 두었습니다. 황후 제도는 태자 제도와 서로 관련이 있습니다. 이는 후궁 제도 내지 군주정치의 중요한 구성요소입니다. 전국 시대 진나라는 진효공이

다투면서 그의 살을 씹었다고 기록되어 있다.

후 황후와 태자를 두는 것을 제도화했습니다. 나중에 다른 제후국들도 모두 본받았고 완비됩니다. 진나라가 전국을 통일한 후, 각종 제도를 건립하는데, 황제의 정처는 황후로, 황제의 모친은 황태후로 명확히 규정했습니다. 그러나, 진시황은 평생 황후를 두지 않았습니다. 그는 황후 제도를 둔 이래 유일하게 황후를 두지 않은 황제입니다. 이것은 역사의 수수께끼로 남아 있습니다.

첫째, 원모설怨母說입니다. 어떤 사람은 진시황이 모친의 행위가 도덕에 어긋나고 음란하였으며, 다시 두 아들을 낳았으므로, 진시황에게는 심리적으로 어두운 그림자를 드리웠다고 합니다. 또한, 이같은 모친에 대한 원망은 모든 여인을 적대시하는 것으로 발전하였고, 나중에 혼인 문제에 있어서 편집적인 증세를 나타내게 되었다고 합니다. 비록 그의 후궁에는 육국의 미녀가 모두 모여있었지만, 그는 그녀들을 그저 욕구 배설의 대상으로 삼거나 생리적인 수요를 채워주는 도구로 삼았습니다.

둘째, 실연설失戀說입니다. 여강은 조나라 공장工匠의 딸인데 나중에 일가가 진나라로 옮겨와서 병마용을 건설합니다. 어려서 조나라에 인질로 붙잡혀가 있던 어린 진시황은 그녀와 어려서부터 같이 논 친구였습니다. 그러나 그녀의 출신이나 정치적인 요소 때문에 그녀를 왕비로 삼지는 못했습니다. 그렇지만 그녀가 진시황이 평생 가장 사랑했던 여인입니다. 진시황은 여러 차례 여강을 황후로 봉하려고 하였지만, 여강이 모두 거절했습니다. 진시황에 있어서 여강은 부인이며 파트너이고 홍안지기[6]이며 유일하게 일생을 함께한 여인입니다. 나중에 그녀는 태자 부소의 목숨을 구하고, 부자간의 갈등을 완화시키기 위하여 검으로 자결합니다. 그리하여 진시황은 평생 황후를 두지 않았습니다.

셋째, 자대설自大說입니다. 진시황은 처음으로 중국을 통일한 황제였습니다. 후대인의 입장에서 보면 그의 역사적 공헌은 인정할 수밖에 없습니다. 진시황은 당시에도 스스로를 보통 사람이 아니라고 여겼습니다. 스스로 자신의 공덕이 고대의 성현인 삼황오제를 넘어섰다고 생각했고, 후대에도 자신을 따를 사람이 없다고 보았습니다. 황후에 대한 요구조건도 아주 높았습니다. 얼마나 높은지는 자신조차 알 수가 없습니다. 후궁에 미녀들이 많았지만, 한 명도 그의 요건을 만족시키지 못했습니다. 자연히 황후를 봉하지 못하게 된 것입니다.

넷째, 독재설獨裁說입니다. 신세 내력과 주위 환경의 영향을 받아, 진시황은 어려서부터 각박하고 의심이 많은 성격을 지녔습니다. 한편으로 스스로에 대한 자만심이 강했습니다. 그는 해마다 전

---

6) **홍안지기**|紅顔知己 : 남자가 마음을 터놓고 대화를 나눌 수 있는 여성 친구를 말한다.

쟁을 일으켜 육국을 무너뜨리고 천하를 차지하며 통일된 대제국을 건설합니다. 다른 한편으로 그가 황후를 두면 그 자신이 견제를 받을 수 있고 원대한 이상을 실현하는데 장애가 될 수 있다고 생각했을 것입니다. 당연히 그는 천하에서 자기 혼자만 발언권을 갖기를 원했고, 다른 사람이 끼어드는 것을 원치 않았습니다.

다섯째, 장생설長生說입니다. 진시황은 영원히 황제의 권력을 보유하고 싶어했습니다. 생명을 영원히 존속시킬 수 있다는 망상을 품었습니다. 그리하여 계속하여 사람을 보내어 불사약을 찾았습니다. 한번은 진시황이 태산에 봉선을 마친 후, 방사 서복을 만납니다. 서복은 발해의 가운데 삼신산이 있는데, 그 안에 신선이 있는데 산 속의 선약을 먹어서 모두 장생불로한다고 말하면서, 자신이 반드시 황제를 위하여 선약을 가져오겠다고 말합니다. 진시황은 그에게 많은 재물을 주고, 그에게 바다로 가서 선약을 구해오라고 시킵니다. 나중에 서복이 돌아왔는데, 신선이 예가 부족하다고 생각한다고 말하면서, 동남동녀와 각종 공장을 보내어 예물을 바쳐야만 선약을 얻을 수 있다고 말합니다. 진시황은 500명의 동남동녀를 서복에게 주어 다시 바다로 나가게 합니다.

다음 해 진시황은 다시 동순을 하면서 서복을 찾았지만, 찾을 수가 없습니다. 그가 다시 서복을 만난 것은 다시 10년이 지난 다음이었습니다. 서복은 여전히 선약을 찾지 못했습니다. 그의 해명은 이 러했습니다. 원래 선약을 손에 넣으려고 했는데, 바다에서 큰 물고 기가 선산을 호위했습니다. 그리하여 뜻을 이루지 못했습니다. 진시황은 궁수를 붙여서 바다로 가서 큰 물고기와 싸우도록 합니다. 그렇게 하면 서복이 선약을 가져올 수 있을 것이라고 생각했습니다. 아쉽게도 이번에 귀경하는 길에 궁수가 죽어버립니다. 더 이상 핑계거리가 없던 서복은 호랑이 등에서 내릴 수도 없었습니다. 그리하여 기원전 210년, 그는 선약을 구하러 가는 무리를 이끌고 바다로 나갑니다.

이 이야기는 우리에게 한 가지 사실을 설명해 줍니다. 진시황은 자신이 죽지 않을 것이라고 생각했습니다. 만일 황후를 두면 태자도 두어야 하는데 그것은 자신이 언젠가는 죽는다는 말이 아닌가. 이것이 아마도 황후를 두지 않은 가장 큰 이유가 아니었을까요?

❝통일 전쟁을 위한 체제 정비를 하다　진秦나라는 진목공[7] 치세에는 춘추오패의 하나로 잠시 패업을 이루긴 했으나, 춘

---

7) **진목공**: 춘추시대 진나라의 9대 국군. 인재를 기용해 진 양공 때 동주 평왕으로부터 받았던 서융의 땅을 획득하고, 동쪽으로의 진출을 꾀해 춘추오패 중 한 사람으로 거론된다.

추시대 대부분을 서방에 치우친 변방국으로 간주됩니다. 실제 주민의 반 이상이 강족 같은 오랑캐였다는 연구도 있습니다. 진목공이 승하후 바로 동쪽에 있는 진晉나라가 진문공의 치하에서 엄청난 국력으로 확장하여 그 이후 200년간 초강대국으로

상앙

발돋움하면서 이웃에 있는 진나라는 지지부진했습니다. 하지만, 진효공(재위 기원전 361~338)의 치세에 상앙8)을 재상으로 기용하여 법가사상을 공식적으로 도입하여 귀족 세력을 억누르고 왕권을 강화하며 국력이 튼튼해지기 시작합니다. 이런 가운데 진나라의 동쪽에 있으면서 진나라의 팽창을 막던 초강대국 진晉나라가 춘추 시대 말기에 삼진(조·한·위)으로 분할되면서, 비로소 진나라는 전국 시대 최강국으로 발돋움합니다.

전국 시대로 넘어오면서 진효공의 아들 진혜문왕은 왕을 칭하기 시작했고 명재상 장의9)를 기용하여 나머지 6국의 합종(동맹)을

---

8) **상앙**商鞅 : 춘추 전국 시대 진秦나라의 재상이자 법가 정치가이다. 강제의 관중, 북송의 왕안석, 명의 장거정 등과 더불어 중국사에 이름을 남긴 변법가이기도 하다. 『사기』에 따르면 어렸을 때부터 형명학(법으로서 나라를 다스리는 학문)에 관심을 가졌고, 성인이 되어서는 고국을 떠나 위나라의 재상인 공숙좌의 가신이 되었다.

9) **장의** : 중국 전국 시대의 대표적인 종횡가 중에 한 명이다. 소진의 합종책에 대항

방해하는 한편, 진령산맥을 넘어가 이민족이 지배하던 파촉(현재의 쓰촨성 – 충칭시)을 정복하여 영역을 배가하여 천하통일의 초석을 놓았습니다. 하지만 진나라의 국력에도 불구하고 내부 사정은 은근히 복잡했으며, 귀족 세력이 연합하여 왕권에 계속 저

장의

항했습니다. 그리하여 천하통일을 위한 전쟁을 시작할 수 있을 만큼 내부적으로 안정되어 있지는 않았습니다. 그리고 개별 6국의 국력은 진나라에 미치지 못했으나 진나라가 서쪽으로 진출할 기미를 보이면 이들은 뭉쳐 진나라에 대항했기 때문에 천하통일은 불가능해 보였습니다.

하여 연횡책을 기획한 전략가이다. 친구였던 소진과 함께 귀곡 선생에게서 학문을 배웠으며, 학업을 모두 마치고 귀가한 이후, 여러 제후국을 돌아다니며 자신의 이상을 열심히 유세하고 다녔다. 처음에는 초나라로 가서 그곳의 재상과 술을 마셨는데…. 재수 없게도 그 자리에서 초나라 재상이 아끼던 귀중한 벽옥璧玉이 없어지고 말았다. 재상의 빈객들은 모두 장의를 의심하며, '장의 이 자는 매우 가난해서 품행이 좋지 못하다. 재상의 벽옥을 훔친 것은 반드시 장의 소행일 것이다.'라고 하였고, 이에 여럿이 장의를 붙들어 매고는 곤장 몇백 대를 호되게 쳤는데, 아무리 매질을 해도 자백은 커녕, 자신의 범행을 철저히 부인하여 의미가 없었는지 때리던 매를 그치고 집으로 돌려보냈다. 결국 처참한 장의의 모습을 본 그의 아내가 탄식을 하며 말했다. "당신이 책을 끊고, 유세 따위를 하지 않았다면 이런 꼴도 당하지 않았을 것이 아닙니까? 농사나 지을 것이지…. 괜히 송사리가 용 노릇하겠다고 하니까 험한 꼴을 당한 것입니다…."

진왕 시황제는 이런 끊임없는 전란의 시대를 완전히 청산할 것을 결심했습니다. 이를 위해서는 강력한 국력이 필요했는데, 이를 위해 10년간 큰 전쟁을 자제하고 아래와 같은 조치로 국력의 내실을 기합니다. 시황제가 금수저이고 진나라가 전국 시대 최강국이기는 하지만, 아래와 같이 진나라의 체제를 통일 전쟁에 적합하도록 변모시킨 공은 분명히 시황제에서 비롯되었으며, 흔히 잘못 알려진 것처럼 선대에서 물려받은 군사력으로 통일을 이룩한 것은 절대로 아닙니다.

❝ 중앙 집권제를 강화하다

노애의 반란을 진압한 후 황태후를 유폐시키고 여불위를 자결케 하여 일인 집권체제를 확립합니다. 이어 왕의 권력을 강화하고, 삼공(승상·어사대부·태위)과 9경 제도가 확립되었으며, 왕은 이들의 인사권을 가지고 임면하여 조정의 통제권을 장악했습니다. 즉, 자기의 뜻을 온전히 펼 수 있었습니다. 그리고 지방에서 귀족의 토지 지배(봉건제)를 폐지하고 군현제를 실시하여 왕의 행정력이 직접 백성에까지 전달되게 했습니다.

❝ 군제를 개혁하고 오랑캐를 정벌하다

통일 전쟁을 수행하기 위해 여러 군사 제도가 개선됩니다. 병장기의 규격은 통일되고, 각 부대와 지휘관도 수직적으로 개편하여 황제의 명령이 말단 졸병까지 전달될 수 있도록 합니다. 병사자원을 효율적으로 관리하기 위해서 호적에 따라 병사들을 징병합니다. 병과를 나누어 보병·기병·공병이 생겨났으며, 이외에도 궁병·석궁병·전차병·창병 등의 세부 병과가 있습니다. 이런 세부 병과의 군장과 복식은 병마용에 모두 나타나 있습니다. 각 병사들의 역할에 따른 무기나 장비도 새롭게 개발됩니다. 춘추시대의 구태의연한 병농일치제가 아니라 전쟁만을 전문으로 하는 전문군인집단이 생겨난 것입니다. 사서에 기록된 당시 진나라의 총병력은 100만~150만이었습니다(당시 중국 전체 인구가 2,000~3,000만 명 정도). 현대의 학자가 실증적으로 추정한 총병력은 60만 정도라고 생각되고 있습니다.

진나라는 북쪽으로는 흉노, 서쪽으로는 강족, 남쪽으로는 백월이라는 오랑캐들과 접하고 있었습니다. 진나라가 통일 전쟁을 위해 중원에 대군을 투입한 사이에 오랑캐들이 본진을 털 수 있기 때문에 진나라는 통일 전쟁을 시작하기에 앞서서 오랑캐들을 토벌하여 국경을 안정화시켰습니다.

귀족들이 지배하는 봉건적 토지제도를 혁파하는 한편, 한韓나라의 토목기술자 정국을 기용하여 진나라 전역의 관개수로를 정비했습니다. 이를 정국거라고 하는데 정국은 원래 한나라의 간첩이고, 원래 이는 대규모 토목공사를 벌여 진나라의 국력을 소진시키려는 한나라의 계책이었으나, 관개수로가 정비되면서 진나라의 황무지들은 모두 옥토로 바뀌며 생산력이 배가 됩니다. 이때 천하의 부의 7할이 진나라에 있다고 일컬어질 지경이었습니다.

진나라는 원래 외국인 인재에 관대한 편이었고, 상앙, 맹상군, 장의등 이전부터 많은 외국인들이 진나라 조정에서 벼슬길에 올랐지만, 정국이 한나라 간첩임이 드러난 이후 시황제는 모든 외국인을 벼슬에서 추방할 것(축객령)을 명령했습니다. 하지만 이는 이사의 간언으로 취소되었고 외국인들은 계속 진나라에서 벼슬을 하게 합니다. 이런 외국인들은 주로 법가적 인재들로 유교적 충의는 없었지만, 녹봉과 권세를 주는 계약적 관계로 묶여 진나라 조정을 위해 열심히 일했고, 이는 진나라의 국력을 더욱 신장시켰습니다. 정국뿐만 아니라 여불위(한나라), 이사(초나라), 울료(위나라)와 같은 진나라의 재상들이나 통일 전쟁의 수뇌부들은 모두 외국 출신들이었습니다.

이렇게 13세에 즉위하여 약 10년간 진나라의 국력을 배가시킨 시황제는 23세가 되는 기원전 236년부터 본격적인 통일 전쟁을 시작합니다.

아버지 장양왕은 중국 전국 시대 진秦나라의 제30대 군주이자 5대 왕, 추존 황제입니다. 중국을 통일하는 진시황의 아버지였습니다. 휘는 '이인異人'이었다가, 나중에 '자초子楚'로 개명했습니다. 『전국책』에 이름이 '이인異人'으로 기록되어 있습니다. 또 다른 이름인 '자이子異'도 『전국책』에 기록되어 있습니다.

효문왕

시황제의 아버지 영이인은 진나라의 태자(왕위 계승자)가 된 안국군 영주 효문왕[10]의 아들이었지만, 서자라

---

10) **효문왕**: 진나라의 29대 군주이자 제4대 왕이다. 기원전 250년에 즉위하여 3일간 통치하고 죽은 비운의 군주이다. 소양왕의 차남이었지만, 장자였던 도태자가 위나라에 인질로 있던 중 죽어서 태자가 된다. 태자 시절에 '안국군'이라는 칭호로 불렸다. 20명 이상의 자식이 있었는데 서자 중에 이인異人의 어머니인 하씨를 총애하지 않은 데다가 그녀가 일찍 죽었기 때문에 이인을 진나라의 숙적인 조나라에 인질로 보내기도 했다. 그러나 정작 정실부인인 화양부인과의 사이에는 자식이 없었는데, 서자가 후계자가 되면 힘을 잃을 것을 두려워한 화양부인이 이인을 자신의 양자로 삼고 안국군을 설득하여 후계자로 삼았다. 효문왕 원년(기원전 250년), 소양왕이 사망하자, 죄인을 사면하고 부왕 때의

서 보잘것 없는 대접을 받고 장평대전[11] 이전에 조나라의 인질로 끌려갔습니다. 다만 안국군의 정처인 화양 부인은 자식이 없었기 때문에 안국군의 자식들은 모두 서자였습니다. 즉 이인은 그의 어머니가 안국군의 총애를 얻지 못해서 대접이 별로였던 것입니다. 그러던 중 당시 사업차 한단에 와 있었던 전국 시대의 상인이자 정치가인 거상 여불위의 주목을 끌어 후원을 받으며, 안국군의 정부인인 화양부인을 포섭해 안국군의 후계자로 삼는다는 약속을

공신을 표창하면서 친척들을 후대하고 정원을 개방했다. 그런데 소양왕의 상을 마치고 정식으로 즉위한 지 3일 만에 사망했는데, 너무 급작스런 죽음 때문인지 태자가 된 영이인(장양왕)의 후원자였던 여불위가 독살했을 것이라는 설도 있다.

11) **장평대전** : 기원전 260년 전국 시대 막바지 진나라와 조나라 간 치러진 최대의 전투를 말한다. 전투의 결과는 진나라의 압승이었으며, 기록상으로 조나라 병사 약 40만 명이 참수당하고 묻혔다. 구덩이 '갱' 자를 썼기에 일반적으로는 산채로 묻혔다고 후술하듯이 진나라 특유의 군공수작제 때문에라도 참수하지 않았다는 것은 조금 무리가 있다. 수치는 고대 기록 특유의 과장일 가능성이 있어 기록을 그대로 신뢰하긴 어렵지만, 이 전투에서 조군이 심대한 타격을 입고 국력을 상실한 것은 역사적 사실이다. 당시 진나라의 제도는 '목 하나를 베어오면 일계급 승진'이어서, 이미 장평대전 이전에도 한(韓)나라의 15만 병사를 참수한 사건, 한나라와 위나라의 연합군 24만 명을 참수한 사건 등 무자비하고 잔혹하기로 악명을 떨쳤습니다.
"나는 죽어 마땅하구나. 장평 땅의 싸움에서 항복한 조나라 병사 수십만 명을 내가 속이고 모두 구덩이에 파묻었으니 이것만으로도 죽어야 한다. "
　　　－『사기』「백기왕전열전」에서 소양왕의 명령으로 자결하는 백기의 유언

장평대전 광경

받았습니다. 얼마 뒤 영이인은 여불위의 집에서 조희를 만나게 되었고, 여불위에게 부탁해 조희를 얻었습니다. 그리고 영이인과 조희 사이에서 자녀가 생기게 되었고 아들이 태어났는데 이 아이가 바로 훗날의 시황제인 '정'입니다.

정은 상방 여불위마저 제거하면서 마침내 진나라 최고의 실세로 떠올랐으며 잠시나마 실추되었던 왕권을 회복시키는 데 성공합니다. 그리고 자신을 평생토록 보좌할 이사를 만났고, 그와 더불어 군사를 일으켜 소양왕이 쌓은 기반으로 나머지 6국을 통일할 계획을 세웠습니다. 우선 정은 모사인 울요의 주장대로 6국의 대신들을 미리 매수하고 6국 사이를 이간질했는데, 이는 실제로도 상당한 위력을 발휘합니다. 조나라의 간신 곽개 등이 명장 이목의 활동을 저지하여 진군은 피해를 최소화하면서 싸울 수 있었고, 6국이 서로를 믿지 않아서 도우려 하지 않게 됩니다.

엄밀히 말하면 시황제는 모든 중국을 통일하진 못했지요. 왜냐하면 전국 시대가 끝난 후에도 엄연히 위衛나라가 남아 있었기 때문입니다. 시황제는 어떤 이유인지는 알 수 없지만, 스스로 위衛를 야왕野王으로 옮겨놓고도 끝까지 멸망시키지 않았고, 2대 황제인 호해가 위의 마지막 군주 각을 서민으로 만들면서 완전히 멸망시켜 버립니다.

중국 북쪽에는 흉노족들이 살았는데 이들의 땅은 농사짓기 힘든 곳이어서 추수할 때가 되면 진나라로 쳐들어와서 곡식들을 약탈합니다. 그래서 이들을 막기 위해 진나라 북쪽의 성벽들을 이어 붙여서 '만리장성'을 건축하게 됐고, 덕분에 흉노족들을 막을 수 있습니다. 그 흔적이 시안의 북쪽, 오르도스 지역의 중간 쯤에 위치합니다.

중국을 통일한 진시황제는 기원전 215년, 장군 몽염을 보내 융적 즉 흉노를 토벌하여 하남의 땅을 점령하고 흉노를 축출한 뒤, 감숙에서 요동까지 장성을 쌓아 북방 기마민족들의 침공을 막았습니다. 당시 흉노의 두만은 여러 차례 중국을 공격하다 화평을 맺었습니다.

**" 여불위와 손잡고
왕이 되다**

장양왕 영이인은 안국군 영주와 하희 사이에서 태어났습니다. 그는 안국군의 아들이었지만, 어머니 하희가 첩인 데다가 안국군의 관심도 받지 못했고, 이미 이복 형제들이 20명이 넘었기에 왕위 계승 순위가 멀었으며 당시 진나라는 법가가 근본 사상이었는데, 『한비자』[12]를 보면 알겠지만, 성리학 못지않은 정도로 적서 차별이 심한 사상이었습니다. 물론 장양왕의 사례에서 보듯 불가능한 건 아니었습니다. 장양왕도 결국 아버지에게 적자가 없어서야 겨우 될 수 있었다는데서 보듯 명백히 적자가 우선입니다. 다만 그럼에도 야심이 없지는 않았던 것 같습니다. 결국에는 여불위와 손잡고 왕이 된걸 보면 여불위 또한 그것을 알고 있었기에 그를 선택했을 것입니다.

결국 영이인은 아버지가 진나라의 태자가 되었는데도 불구하

---

12) **한비자**: 전국 시대의 철학자로 본명은 한비이다. 전국 시대 말기 한韓나라 왕족 출신이다. 법치주의를 주장했으며 법가를 집대성한 철학자로 널리 알려져 있다.

고 진나라에서는 방계 왕족 중의 먼 방계 왕족으로 취급받아 다른 나라에 인질로 갔는데, 하필이면 인질로 간 곳이 진나라와 툭하면 전쟁을 벌여서 목숨이 위험한 조나라[13]였습니다. 후술하겠지만 실제로도 진나라와 조나라 사이에 전쟁이 벌어지자 조왕이 영이인을 죽이려고 했습니다. 진나라도 태자의 아들을 인질로 보내놓고 안심시킨 뒤에 전쟁을 벌이는 등 영이인의 생명을 중요하게 생각하지 않았습니다. 장양왕에게는 백부가 되는 도태자는 태자였음에도 위나라에 인질로 보내졌다가 위나라에 의해 죽임을 당했습니다. 또한 초나라 또한 훗날 고열왕이 되는 태자를 인질로 보냈다가 진나라가 보내주지 않자 춘신군이 꾀를 써서 고열왕을 초나라로 탈출시킨 바 있습니다. 태자조차 인질이 되고 목숨이 위험해지는 상황인데 하찮은 서자 따위는 알 바가 아니었을 것입니다.

영이인이 조나라에 인질로 간 시기는 그의 당시 나이와 진시황이 태어난 시점(기원전 259년 음력 1월 15일)을 보면 적어도 장평대전(기원전 259년 음력 9월)이 일어나기 이전에 갔던 사실을 알 수 있고, 장평대전 이후로 패전국인 조나라에서 영이인이 대우받았던 수준은 처참했던 것으로 추정할 수 있다. 실제 『사기』 「여불위 열전」에는 "거

---

13) **조나라** : 전국 시대에 등장한 나라로 수도는 진양 → 중모→ 한단이었다. 조나라 조씨는 진나라와 같은 영嬴성이었다. 비렴의 장남인 오래의 후예가 진나라였고, 차남 계승의 후예가 조나라의 조상이었다.

마를 타고 행차할 때도 충분치 못했고 거차하는 숙소는 곤궁하여 마음먹은 대로 행동할 수 없었다."라고 묘사하여 조 왕실로부터 상당히 빈약한 대우를 받았음을 알 수 있습니다.

그러던 중 조나라 한단의 상인 여불위가 영이인을 보게 되었는데, 여불위는 영이인을 '진기한 재화(기화가거)'라 부르며 높게 평가했습니다. 그리고 얼마 뒤에는 여불위가 영이인의 집을 찾아왔을 때 이 자리에서 여불위는 영이인에게 안국군의 정실부인인 화양부인의 양자로 들어가라는 조언을 해주며 500금을 내면서 자금으로 사용하라고 했습니다.

영이인은 "내가 왕이 되면 진나라를 나누어 그대와 함께 다스리겠다."라며 여불위의 조언을 따랐습니다. 사실 처음에는 영이인도 뜬금없다고 여겼는지 여불위가 영이인을 설득하며 "공의 집을 성대하게 해 드리겠습니다." 라고 하자 "그대 집이나 성대하게 하시오."라고 답했다고 합니다. 그러나 여불위가 "제 집은 공의 집이 성대해진 뒤에야 성대해질 수 있습니다." 라고 말하자 그와 뜻을 함께 하기로 했다고 합니다. 그 후 여불위에게 받은 돈을 화양부인의 가족들에게 뿌려서 호감을 샀습니다. 화양부인은 정실이지만 아들을 낳지 못해서 서자가 후계자가 되면 자신이 홀대받을 것을 걱정하고 있었기 때문에 자신을 위하는 영이인을 양자로 삼고는 안국군에게 영이인을 후계자로 삼는다는 약속까지 받았습니다.

그러던 중 영이인은 여불위의 집에서 한 여성을 보게 됩니다. 그녀가 마음에 든 영이인은 여불위에게 부탁하여 그 여성을 부인으로 삼았습니다. 이 여성이 바로 조희로 영이인은 조희와의 사이에서 아이를 낳았습니다. 기원전 259년 음력 1월 15일에 남자아이가 태어났는데, 이 아이가 바로 훗날 진시황이 됩니다. 그리고 영이인은 아들을 낳아준 조희를 정실부인으로 삼았습니다.

기원전 257년 진 소양왕이 왕흘[14]을 시켜 조나라 한단을 공격하자, 인질로 있던 영이인은 조나라 효성왕[15]으로부터 살해 위협을 받았고 영이인은 여불위의 도움을 받아 600근의 금을 병사들에게 뇌물로 뿌리며 조나라를 탈출하는 데 성공합니다. 당시 영이인의 가족들은 조나라에 남겨졌는데, 조나라는 남아 있는 영이인의 가족들이라도 죽이려고 했지만, 조희가 조나라의 부자 집안 출신

---

14) **왕흘**: 진 소양왕 47년에 좌서장에 임명되어 군사를 이끌고 한나라를 공격하여 상당군을 점령하였다. 그다음 해에는 조나라의 피뢰를 공격하여 함락시켰다. 후에 군사를 이끌고 위나라를 정벌하러 갔지만, 조나라에서 파견된 조사의 구원군에 크게 당했다. 이후 기원전 247년에 상당을 함락하면서 태원군을 설치하게 되며 진시황 원년인 기원전 246년에는 장군이 되었다가 2년 후, 기원전 244년에 사망했다.

15) **효성왕**: 전국 시대 조나라의 8대 국군, 3대 왕, 조씨 22대 종주. 이때까지는 조나라의 국력이 꽤나 유지되었지만, 장평대전에서 대패해 조나라의 45만 정병을 잃어 국력이 쇠퇴하였다.

이라서 조희와 시황제 모자는 살 수 있었습니다.

진나라로 돌아간 영이인은 적모인 화양부인과 만났는데, 이때 여불위는 영이인에게 초나라의 옷을 착용하고, 화양부인을 만나라고 조언합니다. 이유는 화양부인이 초나라 사람이었기 때문인데, 역시나 화양부인은 매우 기뻐하며 영이인의 이름을 초나라의 아들이라는 뜻을 가진 자초로 고치게 합니다. 정작 그 초나라는 그 '초나라의 아들'의 아들에게 망한다는 게 함정입니다. 거기다가 장양왕의 이름이 자초가 되어버리는 바람에 피휘에 따라 진나라에서는 초나라를 형 나라라 표기합니다.

친족을 후대하고 백성들에게 은혜를 베풀다

진 효문왕 원년(기원전 250년), 아버지 효문왕이 죽어, 자초가 그 뒤를 이어 진나라의 왕으로 즉위했습니다. 이후 죄인을 크게 사면하고, 조부 소양왕 때의 공신들을 표창하면서 친족을 후대하고, 백성들에게 은혜를 베풀었습니다.

진 장양왕 원년(기원전 249년), 장양왕은 여불위에게 군사를 주어 동주를 멸망시키고 몽오에게 명을 내려 한나라를 공격하라고 했고, 이에 몽오는 한나라의 형양을 점령했습니다. 그리고 성고, 공

땅을 한나라가 바치자, 장양왕은 한나라에게서 받은 땅에 삼천군을 설치했습니다.

진 장양왕 2년(기원전 248년), 몽오는 조나라를 공격하여 유차·신성·낭맹 등 37개의 성을 점령하고, 태원을 평정하고 같은 해 3월 몽오가 위나라를 공격하였고, 위나라의 고도, 급 땅을 함락하였습니다.

진 장양왕 3년(기원전 247년), 위나라는 신릉군을 장수로 삼아서 반격하였고, 하외에서 진나라의 군사를 격파하며 몽오를 쫓아냅니다. 이 일로 화가 난 장양왕은 인질로 와있던 위나라의 태자 증太子增을 가두려다가, 진나라의 한 신하가 태자 증을 위해서 장양왕에게 간했는데, 그가 말하기를 위나라가 진나라를 공격하여 왕이 증을 가두게 되는 것은 일찍이 공손희의 음모이므로, 반대로 태자 증을 환대하여 위나라와 화의를 맺고, 위나라가 제나라와 한나라 등으로부터 의심받도록 하자고 설득했다. 이에 장양왕이 태자 증을 가두지 않습니다.

같은 해 장양왕이 34세의 이른 나이로 사망하여 그의 아들인 정이 뒤를 이어 즉위합니다. 이후 시황제가 천하통일을 한 뒤에 선왕 장양왕을 '태상황'으로 추존했습니다.

❝ 춘추 전국 시대를 끝내고 중국을 통일하다

기나긴 춘추 전국 시대를 끝내고 중국을 통일한 대업을 이룬 인물이라는 점에서 굵직한 역사적 의의를 갖는 인물이지만, 통일 이후 지나치게 급진적이고 억압적인 통일 정책을 펼쳐 결과적으로 제국의 급속한 멸망을 초래한 군주라는 점에서 폭군 또는 철권통치의 대명사로 여겨지기도 하는 등 복합적인 면모를 보인 인물입니다.

사마천[16]은 진본기에서 시황제가 전쟁·통일·축조·국정·인사를 직접 처리하는 능력이 있었으며 토착 귀족 세력과 신하의 조언을 판단하는 시각이 뛰어난 완벽한 왕이었다고 평했습니다.

사마천

---

16) **사마천**(司馬遷, 기원전 145년경~기원전 86년경) : 중국 전한 시대의 역사가이다. 산시성 용문에서 태어났다. 자는 자장子長이며, 아버지인 사마담의 관직이었던 태사령 벼슬을 물려받아 복무한다. 태사공이라고 불리기도 했다. 후에 이릉 사건에 연루된다. 이릉 장군이 흉노와의 전쟁에서 중과부적으로 진 사건에서 이릉을 변호하다 무제의 노여움을 사서 궁형을 받게 된 것이었다. 사마천은 『사기』의 저자로서 동양 최고의 역사가 중 한 명으로 꼽히어 중국 '역사의 아버지'라고 일컬어진다. 실제 사마천의 사기는 역사를 사가가 해석한 글로 존중받았다. 사마천은 중국 역사상 최초의 체계적인 이론을 가진 논자論者이다. 탁월하고 비범하며 스스로 때를 놓치지 않으며 천하에 왕후장상의 공명을 세우는 힘이 대표적이다.

전국 시대(기원전 260년경)

진시황의 통일 전쟁에서 목숨을 잃거나 다친 사람의 수는 정확하게 고증할 수 없으나, 서진 때의 학자 황보밀이 자신의 저서『제왕세기』에서 추정한 내용에 따르면 "인구의 3분의 2가 죽거나 다쳤다."고 나옵니다. 진나라 대장 백기는 한韓과 위魏의 연합군과 싸움을 벌여 24만의 수급을 얻었다고 하는데, 진시황의 진나라 전통으로 군공의 높음과 낮음을 따지는 표현이 '잘린 목'을 일컫는 말 수급首級입니다.[17]

---

17) "차라리 태평 시절의 개로 살고 싶다" 학살 겪은 민초의 悲願. 중앙일보. 2016년 5월 8일.

삼황오제서 황과 제를 합쳐서 황제라 칭하다

시황제는 국왕이라는 칭호가 자신에겐 맞지 않는다며, 새로운 칭호를 원합니다. 그리고 이사와 왕관 등의 요청에 따라 새로운 칭호를 정하게 됩니다. 처음에 정은 도교에서 나오는 신비한 칭호인 태황太皇과 천황天皇과 지황地皇 중에서 어느 칭호를 정해야 할 지 고민합니다. 이사와 왕관 등은 태황과 천황과 지황 중에서 가장 높은 직위인 태황의 칭호를 바쳤습니다. 결국 고심 끝에 시황제는 삼황오제[18]에서 '황'과 '제'를 따 합쳐서 황제라 칭하기로 하였고 자신은 황제의 자리가 처음이니 시황제로 부르라 명했습니다. 또한 그는 자신이 시황제로 시작하여, 자신의 뒤를 잇는 황제들이 2세·3세 등 만세까지 진 제국이 지속되기를 바랐습니다. 진시황이 천하를 통일한 후, 현대 중국어에서 짐朕은 옛 중국어에서 황제의 전용 명사가 아닌 1인칭 대명사였으나 단지 천자의 자칭으로만 사용할 수 있게 합니다. 민가를 뜻하던 '궁宮'

---

18) **삼황오제**三皇五帝: 중국 신화에 등장하는 제왕들로 세 명의 황皇과 다섯 명의 제帝를 말한다. 이들 여덟 명의 제왕은 중국 문명의 시조로 추앙되며 근대 이전의 중국에서 신화가 아닌 역사로서 추앙된다. 현대의 역사학계에서는 삼황오제 신화가 후대에 창조되고 부풀려진 신화이며, 역사적 사실이 아니라 판단하고 있다. 그러나 1990년대 이후부터 중국은 중화민족주의에 입각하여 국가 차원의 개입을 통해 삼황오제를 실존 인물로 격상하려 하는 움직임을 보이고 있어 학계의 우려를 낳고 있다.

역시 황제의 거처인 궁궐의 의미로 한정됩니다.

시황제는 승상 이사의 의견을 따라 군현제[19]로 나라를 다스렸고, 전국을 36개 군으로 나누고, 군마다 수(행정 장관)·위(사령 장관)·감(감찰관)을 두었습니다. 또한, 진나라에 저항하는 지방의 세력을 근절하기 위해서 천하의 부호 12만 호를 함양으로 강제 이주시켜, 천하제일의 산업도시가 되어 발전하면서 그들을 철저하게 감시했습니다. 그리고 황제의 권위를 높이기 위해 함양궁을 제2궁전, 제3궁전이 회랑으로 이어져 웅대한 궁전으로 바꾸고, 전국의 농민을 사역에 동원하여 인해전술로 폭 50m의 황제 전용 도로를 만듭니다. 시황제는 자기를 역사상 어느 누구도 하지 못한 일을 해낸 천재라고 생각하여, 고관에게 정무를 맡기고 싶은 생각이 없었습니다. 그래서 법은 시황제가 모두 정하고, 결재도 혼자서 합니다. 그래서 상소는 함양궁에 산더미처럼 쌓여졌으며 상소는 저울로 달아졌고, 결재량은 하루에 1석(30 kg)으로 정합니다. 도량형과 화폐, 문자 등을 통일하여 제국을 효율적으로 다스리려 하였고, 도로 역시 정

---

19) **군현제**|郡縣系制 : 중국 진나라 때 실시된 지방 행정 제도로 지방을 군과 현으로 나눠 황제가 임명한 관리를 통해 다스리는 제도이다. 되어 중앙집권적인 통치 제도의 대표적인 제도로 널리 알려졌다. 원칙적으로 군과 현이라는 지방 행정 구역이 설치된 제도를 일컫는 말이지만, 꼭 군, 현이 아니더라도 황제가 직접 관리를 임명하여 지방을 일원적으로 다스리는 제도를 대표하는 용어이다.

비하여 각지의 교통체계를 강화합니다. 황제의 명에 따라 6개국 화폐는 모두 폐지됐고 백성들은 구리로 만든 진나라 반량전만 사용할 수 있게 되었으나, 구리가 부족해 반량전 공급과 유통량이 줄어들자 화폐 가치가 지나치게 상승했습니다. 시황제는 남쪽으로도 군사를 파견하여 4개 군을 신설하였으며, 북방의 흉노족이 중국을 위협하자, 대장군 몽염을 변방으로 보내어 그들을 정벌하고 내몽고의 땅 일부도 편입시킵니다.

" 불로불사의 꿈을 꾸다 비참한 결과를 낳다

어느 날 시황제의 행차는 낭아산에 도착합니다. 시황제는 그 풍경이 맘에 들어 3개월 정도 머물렀는데 갑자기 그곳에서 이상한 것을 보았는데 한 섬이 갑자기 나타나자마자 희미하게 사라져 갔다고 합니다. (오늘날의 신기루라고 추정하고 있습니다.) 어느 날 제(산둥성)에 살고 있는 서복이라는 방사가 시황제가 보았던 섬은 전설상의 봉래산이었다고 주장하고는 봉래산에서 불로불사약을 구해오겠다고 합니다. 서복이 갈 배에는 수많은 보물과 소년 소녀 3,000명이 실렸습니다. 그리고 서복은 떠났으나 다시는 돌아오지 않았습니다. 서복이 탄 배가 지금의 일본으로 가서 그곳에서 정착했다는 설이 있습니다. 시황제가 불로불사약을 너무나도 간절히 원하고 있어서 각지에서 수상쩍은 방사들까지 모여들었습니다. 그들은 어디 어디 가면 구할 수 있다고 했으며, 아니면 자기가 불로불사의 기도를 올린다면서 돈을 뜯어가자 시황제는 효험이 없는 자는 사형에 처한다는 법률까지 만들었습니다. 시황제는 불로불사약인 줄 알고 먹고 자신의 생명까지 단축한 것이 있는데 그것이 바로 수은입니다. 결국 시황제는 불로불사를 꿈꾸다가 마침내는 자신의 생명까지 줄어든 비참한 결과를 낳게 된 것입니다.

중국 대륙을 최초로 통일했으며 나라마다 달랐던 문자와 도량형 등을 통일합니다.

❝ 미신에 집착하다　　진시황은 미신에 심각하게 집착했습니다. 영원히 살기 위해 불로초를 구하거나 궁궐 구조를 전부 바꾸는 등 사기꾼들에 속아 국고를 낭비했으며, 자신의 무덤에도 재물과 인력을 낭비하여 거대한 무덤을 건설합니다. 지금 남아 있는 진시황릉의 유물과 규모를 생각하면 진시황의 미신 집착이 얼마나 심각했는지를 알 수 있습니다.

사구정변 자체는 논란이 많아 진시황이 적접적인 책임이 있는지 불분명하지만, 사구정변이 일어나도록 그 바탕을 마련한 데에는 진시황의 책임이 매우 큽니다. 우선 진시황은 살아생전에 태자를 지목하지 않았습니다. 태자 제도는 전국 시대 즘에 정착되어 후계 구도를 안정시키는 데 큰 도움을 준 제도였습니다. 당장 진시황의 아버지 영자초도 어머니의 신분이 미천하여 홀대받는 왕족이었지만 효문왕이 영자초를 태자로 임명하면서 무난히 왕위를 이어받을 수 있었습니다. 그런데도 진시황은 죽을 때까지 태자를 임명하지 않아 자신이 죽고 황제 계승 문제로 심각한 숙청을 불러옵니다. 진시황이 태자를 임명하지 않은 이유를 두고 사기꾼들에게 속아 불로불사를 광신해서 자신의 죽음을 전제로 하는 후계자 문제를 거부했을 가능성이 높다고도 합니다.

진나라에서 왕위 계승 1순위는 장남 영부소였습니다. 진나라의 근간 사상인 법가는 적서차별이 심한 국가로, 따라서 진나라 백성도 적장자인 부소가 후임 황제가 되어야 한다고 생각하고 있었습니다. 거기에 과거6국의 주민들에게도 부소는 매우 좋게 평가받아 훗날 진승오광의 난의 주도자 진승과 오광이 진나라와 원수지간이인 초나라 출신임에도 초나라의 명장 항연과 같이 사칭한 인물이 진나라의 왕자 영부소였습니다. 이렇듯 부소는 당시 전 중국에서 지지를 받았고 진나라가 중국을 통합하는 데 매우 좋은 기회가 될 수 있었습니다. 그러나 진시황은 자신의 의견에 반기를 든다 하여 부소를 진나라 변방의 만리장성 공사장으로 추방시켜 버립니다. 그런 와중에 진시황이 사구에서 급사하고 부소는 자결을 명령받습니다.

" 시황제가 전국을 다섯 번 순행하다

시황제는 재위 기간 중 무려 다섯 차례 전국 곳곳을 순행합니다. 그러나, 이런 때에 많은 협객이 폭군 시황제를 죽이려 합니다. 그리하여 시황제는 순행 시, 언제나 5개의 수레를 군사들이 호위토록 하고, 자신은 그 수레 중 하나에 탔습니다. 시황제가 자신을 죽이려 드는 협객을 얼마나 두려워 했는지 단적으로 보여주는 대목입니다.

그리고 시황제는 길가에 자신의 송덕비[20]를 세워 자신의 공적

---

20) **송덕비**頌德碑 : 고을의 감영이나 관아 등에서 임직한 관찰사나 고을 수령 중 청

을 과시하기도 했습니다. 한번은 시황제가 금릉(현재의 남경)에 왔을 때, 왕기가 일어났습니다. 이에 분개한 시황제는 근처에 소나무를 빽빽이 세워 왕기의 기운을 막으려 했습니다. 그리고 금릉은 삼국 시대까지 말릉秣陵[21]으로 불리었습니다. (이후 건업으로 개칭되고 이후 건강으로 재개칭)이렇게 시황제는 거의 온 중국 대륙을 돌아다녀 자신이 성공한 군주임을 천하에 과시합니다.

렴하고 고을을 위해 헌신하고 봉사하였던 성과를 가졌던 이들을 위해 세워진 비석이다.

21) **말릉**秣陵 : 삼국 시대 때 건업建業으로 이름을 바꾸었으며, 동오의 수도였다. 이후 동진의 초대 황제인 원제가 서진의 마지막 황제인 민제 사마업의 휘인 '업'과 건업의 '업'의 글자가 같아, 피휘를 위해 313년 건업을 건강建康으로 개명하였으며, 이후 동진과 남조시대의 수도 역할을 담당했다. 남북조 시대에 화남의 상업 중심지로 자리잡았으며, 인구가 100만에 이르러 북조의 수도인 낙양에 비견된다. 후경의 난 당시인 549년에 후경에 의해 포위되었으며, 1년 여 동안의 공성전 동안 많은 사람이 살해되거나 굶어 죽었다. 수나라의 통일 당시에 파괴되었으며, 당나라 시기에 재건되어 이름을 금릉으로 고쳤다. 오대 십국 시대에는 강녕으로 불렸으며, 남송 당시에는 건강으로 회귀한다. 명나라 시대에 남경으로 개명하였으며, 이후 현재까지 이름을 유지한다.

시황제는 기원전 210년에 마지막 순행을 합니다. 여기에는 승상 이사와 중거부령인 환관 조고[22], 그리고 자신의 26번째 아들이자 막내아들인 호해가 자신을 뒤따랐습니다. 진 이세황제(기원전 229년~기원전 207년)는 진나라의 제32대 군주이자 제2대 황제로, 시황제의 막내아들입니다. 성은 영嬴, 씨는 조趙 혹 진秦, 휘는 호해입니다. 재위하는 기원전 210년에서 기원전 207년까지 환관 조고가 섭정합니다.

시황제가 전국 순행 도중 병에 걸려 유서를 내렸을 당시 황태자인 부소(이세황제의 이복 형)에게 황위를 이으라 적혀 있었으나 시황제가 붕어하고 승상 이사와 중거부령인 환관 조고는 이를 호해와 함께 조작하였고 시황제의 운구가 수도 함양으로 돌아간 후에 조작

---

22) **조고**(趙高, 기원전 258년~기원전 207년) : 중국 전국 시대 진秦나라 시대의 관료이자 환관이다. 본래 어머니의 죄에 연좌되어 비천한 신분이 되었으나 형법에 능통하였기 때문에 시황제에게 등용되어 중거부령에 임명됨으로써 그의 측근이 되었다. 또한 시황제의 뒤를 이어 진 이세황제가 즉위하자 그의 측근이 되어 몽염·몽의 형제와 이사 등을 비롯한 시황제 시대의 권신들을 차례로 모함하여 제거하고 승상이 되었다. 진승·오광의 난으로 인하여 진나라의 함곡관 동쪽 일대가 모두 이반하고 옛 제후국들이 부흥하자 이세황제를 살해하고 진왕 자영을 옹립하였으나 자영에 의하여 암살되었다. 흔히 궁형을 받은 환관으로도 알려져 있으나 아직도 진위여부는 의심된다. 역사가 배인裴駰은 조고는 시황제를 배알하는 승상으로 진 시황 사후 이세황제 호해를 승상이사와 함께 추대한 인물이라 평했다.

한 유서를 증거 삼아 이세황제가 제위에 올랐습니다.

이세황제는 자신의 뜻을 이루고자 부소를 죽게 하고, 즉위한 후 시황제의 공자들을 모조리 죽였으며 자신은 이사와 조고에게 모든 정치를 맡기고 사치와 향락에 빠진 사이에 조고가 부린 욕심 탓에 이사 승상을 고문합니다. 이사는 이세황제에게 상소문을 보내었지만 조고가 불태워 버립니다.

사기에 따르면 황제는 돌아오는 도중 평원진에서 유성이 떨어졌는데 그 운석에 누군가가 '시황제사이지분始皇帝死而地分' 즉, '시황제가 죽고 천하가 갈라진다고 써놓았습니다.' 이에 충격을 받은 시황제는 병으로 쓰러졌다고 합니다. 또는 화가 난 시황제가 그 지역의 주민을 몰살했다고 전해집니다.

그리고 시황제는 사구 지방에 이르자 병이 매우 위독해졌으며 유언장을 조고에게 쓰라 하고 그 내용은 옥새를 적장자인 황태자 부소에게 전달케 하고, 부소에게 함양에서 자신의 장례를 주관하라 명합니다.

기원전 210년 음력 7월 22일, 시황제는 50세의 나이로 붕어합니다. 그의 시신은 자신이 만든 지하 궁전인 여산에 묻혔습니다. 이 능묘는 1974년 우물 공사를 하면서 부장품인 병용(군사 모양의 인형)과 더불어 발견되어 지금도 발굴 중입니다.

그러나 이사와 조고, 호해는 시황제의 죽음을 숨겼으며 시황제의 시신이 있는 수레 옆에 절인 생선을 같이 운반하여 시신 썩는 냄새가 들키지 않도록 했습니다. 조고는 시황제의 유서를 조작하고 황태자 부소와 몽염에게 자결을 명하니 부소는 자결하였으나 몽염은 이 명에 대해 의심을 품어 자결하지 않자 조고는 몽염을 일단 감옥에 가두었습니다. 얼마 뒤 시황제의 26남 호해는 황제에 오르니 그가 진 이세황제입니다. 원래 이세황제는 몽염을 살려주려고 했으나 조고의 말을 듣고는 몽염과 몽의를 반역혐의로 몰아 삼족을 멸합니다.

❝킹메이커 여불위를 만나다

여불위는 중국 전국 시대의 상인이자 정치가입니다. 한韓나라의 거상이자 진나라의 상방이었습니다. 조나라에 볼모로 가 있었던 진나라의 떨거지 왕족인 영이인을 우연히 만나 자신이 그동안 장사를 하면서 모은 재산으로 영이인을 지원하여 끝내 그를 진나라의 왕으로 만들었으며, 훗날 시황제로 불리게 되는 시황제에게 권력을 빼앗기기 전까지 진나라의 실세로 군림했던 권신입니다. 중국 역사에서뿐만 아니라, 세계사를 통틀어 유례를 찾아

보기 힘든 킹메이커였지요.

여불위는 위나라 복양 출신이다

여불위의 출생지는 기록에 따라 다른데, 사마천의 『사기』[23]에서는 한나라 양적 출신이라고 했고, 전한 때의 학자인 자인 초원왕의 현손인 유향의 『전국책』[24]에서는 위나라 복양 출생으로 전합니다. 여불위는 상인으로서의 수완이 뛰어나 막대한 부를 쌓았는데, 『사기』에서는 "여러 곳을 오가며 물건을 싸게 사들이고는 비싸게 팔아 집에 1,000금을 쌓아 두었다."고 전합니다. 아마도 원거리 무역을 통해 한 지방의 특산품을 다른 곳으로

소양왕

---

23) 『**사기**』 : 중국 역대 대표 역사서 이십사사 중 가장 오래된 역사서이자 유일한 통사通史이다. 전근대 동아시아 역사서의 틀을 만들어낸 위대한 기록물로 손꼽히며, 전 세계 역사에서 가장 중요한 저작 중 하나이자 중국 이십사사의 으뜸으로 평가받는다.

24) 『**전국책**』 : 전한 때 유향이 편집한 전국 시대 모사들의 책략 모음집으로 본래 존재했던 국책國策, 국사國事, 사어事語, 단장短長, 장서長書, 수서修書 등의 서적을 유향이 33편으로 모아서 정리한 것이다. 기원전 476년부터 기원전 222년까지 다루었으며 서주, 동주, 진나라, 제나라, 초나라, 조나라, 위나라, 한나라, 연나라, 송나라, 위나라, 중산국中山國 등의 12개의 국가로 나누어 서술하고 있다.

팔며 돈을 벌어들입니다. 싸게 사서 비싸게 판다는 것은 현대에는 매우 기초적인 상식이지만 여러 지방의 시세나 시장 상황을 확인할 방법이 어렵고 물류와 유통이 발달하지 않은 기원전에 상인으로 큰돈을 벌어들이는 것은 보통 장사 수완이 아니었을 것이라 짐작할 수 있습니다.

그는 후에 조나라의 수도인 한단에 들어가 장사를 하게 되었는데, 그곳에서 자신의 인생을 뒤바꿀 절호의 기회를 맞게 됩니다. 당시 한단에는 중원 최고의 강대국이었던 진나라 소양왕[25]의 태자였던 안국군(효문왕)의 아들 영이인(장양왕, 진시황의 아버지)[26]이 인질로 와 있었던 중이었는데, 여불위는 우연히 그의 모습

장양왕

---

25) **소양왕** : 진나라의 제29대 군주이자, 제3대 왕이다. 휘는 직稷 혹은 측側. 약칭 시호로는 '진 소왕'으로 부르기도 한다. 비슷한 한자를 쓰는 연 소양왕도 있으나 보통 소양왕이라 하면 진 소양왕을 이른다. 혜문왕과 선태후의 아들로 훗날 전국 시대에 종지부를 찍는 진시황의 증조부였다. 소양왕이 50년 동안 재위했지만, 그의 아들인 효문왕은 즉위한 지 3일 만에 죽었다.

26) **영이인**(장양왕) : 진나라의 제30대 군주이자 5대 왕, 추존 황제다. 중국을 통일하는 진시황의 아버지였다. 휘는 '이인'이었다가, 나중에 '자초'로 개명했다. 안국군 영주와 하희 사이에서 태어났다. 그는 안국군의 아들이었지만, 어머니 하희가 첩인 데다가 안국군의 관심도 받지 못했고, 이미 이복 형제들이 20명이 넘었기에 왕위 계승 순위가 멀었다.

을 보게 됩니다.

영이인은 비록 태자 안국군의 아들이었다고는 하나, 서자 출생인 데다가 왕위 계승 서열이 높은 형제들이 워낙 많았고 무엇보다도 이인의 어머니인 하씨가 안국군의 총애를 받지 못했으므로 눈 밖에 난 처지였습니다. 사실, 당시 초강대국인 진나라가 조나라에 인질을 보낸 것도 그저 조나라를 안심시켰다가 공격하기 위해서입니다. 물론 그렇게 조나라를 기만한 것이 밝혀지면 조나라에 인질로 간 영이인이 보복 처형을 당했을 것입니다. 이는 이인이 죽든 말든 소양왕이나 안국군은 별로 신경을 쓰지 않았다는 것을 뜻합니다. 당시 영이인은 그 정도로 존재감도 영향력도 없는 처지였습니다.

그러나, 이인을 한 번 만나본 여불위는 그의 잠재성을 꿰뚫어 보았고 가히 왕재라 여겼습니다[奇貨可居]. 곧바로 자신과 마찬가지로 뛰어난 상인이었던 아버지를 찾아가 물었습니다.

"농사를 지으면 몇 배를 남길 수 있습니까?"
"10배를 남길 수 있습니다."
"보석상을 하면 몇 배를 남길 수 있습니까?"
"100배는 남길 수 있습니다."
"그럼 한 나라의 왕을 만들면 몇 배를 남길 수 있습니까?"
"그건 차마 계산이 안 되는구나."
"제가 그 일을 하려고 합니다. 저는 천하를 수확할 씨를 뿌리겠습니다."

라고 답하고는 이인에게 대뜸 500금五百金이라는 막대한 재물을 나누어 주며 이인의 후원자를 자청하고 나섰습니다. 이때 이인과 여불위가 남긴 대화가 의미심장합니다. 이인을 만난 여불위가 "제가 공의 집을 성대하게 만들어 드리겠습니다."라고 말하자 이인은 "그대의 집이나 성대하게 만드시오."라고 일갈했습니다. 그러자 여불위가 "저의 집은 공의 집이 성대해진 뒤에야 비로소 성대해질 수 있습니다."라고 답했고, 그의 말에 흥미가 생긴 이인은 비로소 여불위와 뜻을 함께 하기로 했다고 합니다. 이인 역시 여불위의 뜻에 응하여 자신을 진왕으로 만들어 주면 막대한 보상을 해주겠다고 약속했습니다. 이후 여불위는 이인을 진왕으로 만들기 위해 자신의 엄청난 자산을 아낌없이 투자하는 한편, 자신의 첩이었던 미인 조희[27)]를 이인에게 바치는 등 갖은 정성으로 모셨습니다. 다만 조희가 실제로 무희였고, 여불위의 첩이었을 것이라는 내용은 의심스러운 구석이 있습니다. 「여불위 열전」에서는 조희가 조나라 부잣집의 딸이었으며 그 덕분에 자초가 진나라로 달아났을 때에

---

27) **조희**: 진시황의 생모로 최초의 황태후다. 본래 조나라의 상인인 여불위가 데리고 있었던 첩으로, 외모가 아름답고 춤을 잘 추었다. 조나라에 볼모로 와 있었던 진나라의 왕족 영이인과 여불위가 인연을 맺으면서 이인의 처가 되었고 아들 정을 낳았다. 이인이 조나라를 탈출하고 진나라의 왕위를 이어 장양왕으로 즉위하면서 왕후가 되었고 4년 후 장양왕이 병으로 사망하여 아들 정이 진왕의 자리에 오름으로써 태후가 된다.

도 숨어서 살 수 있었다고 전하는데, 아마도 제법 부유하고 세력 있는 집안 출신이었을 가능성이 높고, 이를 조합해 보면 "여불위가 자신의 첩을 자초에게 심기 위해 일개 무희로 속였다."가 됩니다.

여불위는 진나라 정빈인 화양부인에겐 소생이 없기에 자초를 비롯한 서출 왕자 중에서 후계를 세울 것을 예견했습니다. 귀국하자 막대한 헌상품을 갖고 화양부인을 찾아가 자초가 전하는 물건이라며 전했습니다. 화양부인의 마음을 사는 데 성공한 여불위는 조정 대신을 구워삶아 자초가 귀국케 했고, 마침내 자초는 왕위에 올라 장양왕으로 등극했습니다. 여불위는 재상이 돼 영화를 누렸습니다.

여불위가 영정을 왕으로 만들다

안국군의 정실부인이었던 화양 부인이 자식을 낳지 못했기에, 안국군의 아들들은 모두 첩들에게서 얻은 서자였습니다. 이 때문에 안국군은 자신이 왕위에 오른 후 차기 태자가 될 이를 정하지 못하고 있습니다. 그때 여불위는 안국군의 정실부인이었던 화양 부인을 지지자로 끌어들이라고 이인에게 조언했습니다. 이를 따른 이인은 화양 부인의 환심을 사기 위해 500금(『사기』「여불위 열전」

에 기록된 바로는 五百金)에 달하는 많은 재물을 그녀의 언니에게 보내어
비위를 맞추고, 화양부인의 고향인 초나라를 위하는 것처럼 연극
까지 했습니다. 여불위의 사람 보는 비범한 능력을 알 수 있는 부분
으로, 보통 사람이 사람을 판단할 때는 그 사람 개인의 자질만을 보
고 판단하지만, 여불위는 그 사람의 자질뿐만 아니라 그 사람이 처
한 환경이 어떤 이득을 창출 해낼지 간파하여 이인을 지목한 것이
었습니다. 즉, 이인이 아닌 안국군의 다른 아들을 골라서 진왕으로
만들어도 상관이 없었던 것인데 저런 볼모로 잡힌 상황까지 이용해
서 이인을 왕으로 만든 뒤에 자신의 입지까지 도모한 것입니다.

화양 부인은 비록 슬하에 자식은 없었으나, 태자인 안국군의 정
실부인이었기 때문에 상당히 강력한 발언권을 가지고 있습니다.
그녀는 자신에게 아들이 없었기 때문에 언젠가 안국군의 서자가
왕이 되면 모든 권력을 잃고 말 것을 두려워했습니다. 그 와중에 자
신을 지극히 위해주는 이인은 화양 부인에게 유일한 희망과 같았
습니다. 화양 부인은 곧 이인을 자신의 양자로 삼아 보호해 주었고,
"초나라의 자식"이라는 뜻의 자초라는 이름까지 지어 주었습니다.
화양부인은 후일 자초가 왕이 된 뒤에도 또 그 자초가 죽은 후 자초
의 아들인 시황제, 즉 진시황이 즉위했을 때도 살아있었는데 진시
황은 어머니와 꽤나 사이가 안 좋아서 할머니 격인 화양 부인과 사

이가 좋았다고 합니다.

기원전 257년, 진나라 장수 왕흘이 조나라의 수도 한단을 공격해 오자 장평대전 때도 참아줬던 조 효성왕은 인내심이 바닥났던지 자초를 살해하고자 병졸들을 보냈습니다. 여불위는 이 병사들에게 무려 황금 600근을 뇌물로 뿌렸습니다. 한나라 때의 1근은 233g인데, 전국 시대에도 같았다면 황금 600근은 오늘날의 kg단위로 환산하면 황금 139.8kg에 달합니다. 참고로 지금처럼 1근이 600그램이 된 건 송나라 때입니다.[28] 자초를 조나라에서 탈출시키고 그의 아내 조희와 아들 정(시황제)은 잠적시켰다. 효성왕은 자초의 처자식이라도 죽이려고 열심히 찾았지만, 여불위가 잘 숨겨줘서 살아남았다고 합니다. 이 후에도 조희와 시황제는 조나라에서 지냈는데, 기원전 251년, 소양왕이 죽고 태자였던 효문왕이 즉위하면서 자초가 태자의 지위에 오르자 진나라로 왔다. 여담으로 왕흘의 군대는 염파[29]가 격파합니다.

염파

---

28) 2011년 4월의 금 시세로 환산해서 약 29,585,203,200(295억 8,520만) 원에 달하는 가치가 있는 양이었다. 이 정도의 뇌물이면 영이인을 죽이러 온 조나라 병사가 몇 명인지는 알 수 없지만, 전원을 매수하고도 남는 금액이다. 『전쟁의 역사 3』, 남문희 저, 휴머니스트

자초의 할아버지인 소양왕은 50년이나 왕위에 있던 중에 죽었습니다. 그 뒤를 이어 태자 안국군이 즉위하여 효문왕이 되었으나, 그 역시 이미 상당히 고령이었던 까닭에 왕 위에 오른지 얼마 안 되어 급사했습니다. 결국 효문왕의 태자였던 자초가 즉위하여 장양왕이 됩니다. 나중에 장양왕의 아들인 진시황은 장양왕을 '태상황'으로 추증했는데, 그의 휘인 자초가 초나라의 초楚와 같다는 이유로 피휘하기 위해서 초나라를 뜻이 같은 한자로 형荆나라로 바꿔 부르게 했습니다. 그래서 『사기』에는 초나라가 형나라로 기록되어 있기도 하고, 초나라의 별칭으로 형나라를 쓰기도 합니다. 이리하여 여불위는 서자 출신인 데다가 할아버지와 아버지에 의하여 조나라에 볼모로 보내졌던 떨거지 왕족을 당시 중원 제일의 초강대국이었던 진나라의 왕으로 만드는 가히 기적적인 활약을 합니다. 오죽했으면 장평대전에서 조괄이 큰 실수를 저질러 백기한테 크게 당하고 수많은 병사가 생매장당했을 때도 조 효성왕은 영이인을 화풀이로 삼아 죽일 가치가 없다고 생각하여 죽이지는 않았습니다.

---

29) **염파**: 흔히 노익장의 대명사로 알려졌으나, 워낙 늙어서도 출중했기 때문에 그럴 뿐 실제로는 젊은 시기부터 손에 꼽는 명장이었다. 전국 시대에 가장 뛰어난 명장 중 한 명으로 꼽힐 정도로 탁월한 장수인 동시에 정치가로서도 안목을 갖춘, 문무겸비의 인물이다.

장양왕은 자신이 왕위에 오르는 데 가장 큰 공을 세웠던 여불위에게 하남과 남양 땅의 10만 호를 하사하여 문신후에 봉했을 뿐 아니라, 진나라의 승상으로 임명함으로써 보답합니다. 승상의 직위에 오른 여불위는 덕분에 진나라 정계의 실세로 떠오르게 되었으며, 한순간에 중원의 정세를 좌지우지할만한 위치의 고관대작으로 거듭났습니다. 요약하면 당시 약소국이었던 위나라[30]의 상인으로 태어나서 왕이 되지 못할 가능성이 높았던 왕족의 일원을 진왕으로 옹립했고 그에 대한 보답으로 재상이 되어 막대한 명예와 부를 거머쥐었습니다. 이처럼 여불위는 비록 상인 출신이었으나 비범한 통찰력과 수완을 지닌 인물이었습니다.

" 여불위가 승상보다 높은 상방의 자리에 오르다

그러나 장양왕은 즉위한 지 약 3년 만에 죽었고, 여불위가 바쳤던 여인 조씨와 장양왕 사이에서 태어난 외아들이 13세의

---

30) **위나라** : 전국 시대에 등장한 나라로 초창기의 수도는 안읍이었으며, 후기 수도는 대량大梁이었다. 고대 춘추시대 필나라의 후신으로 본래 북방의 강국인 진晉나라의 일부였지만 진문공 때 공신인 위주의 후손인 위씨가 조씨, 한씨 등과 함께 동주 왕실로부터 제후로 공인받으면서 진나라의 영토를 분할해 세운 나라로 전국칠웅의 하나이다.

나이로 왕위에 올랐는데, 이 아이가 바로 훗날 중원 천하를 통일하여 전국 시대를 종식시킨 시황제입니다. 이를 두고 여불위가 나이가 어린 시황제를 빨리 왕으로 세워 권력을 차지하기 위해서 선대의 두 왕을 독살했다는 설도 나돌았습니다. 야사에서는 시황제가 실제로는 여불위의 아이라서 그랬다는 설도 있습니다.

아직 시황제가 어렸기에 여불위는 어린 왕을 보필한다는 명분으로 승상보다도 높은 상방³¹⁾의 자리에 올라 진나라의 실세를 거머쥐었으며, 왕의 아버지와 다름없다는 의미로 그 칭호를 '중보仲父'라 합니다. 이렇게 엄청난 위세를 떨치게 된 여불위는 어린 왕을 대신하여 섭정을 하며 국정 전반에 대한 영향력을 강화해 나갑니다.

한편, 남편인 장양왕을 잃은 진시황의 어머니인 조태후는 본래 여불위의 첩이었기에 홀몸이 된 이후 자주 여불위를 찾았습니다. 여불위는 조태후와 자주 만나다가는 선왕의 정비와 간통했다는 혐의를 받을까 두려워서 자기 대신에 조태후를 만나줄 사람을 구

---

31) **상방**相邦: 고대 중국 관료제에서 신하의 신분으로 올라갈 수 있는 최고의 벼슬이다. 본래 상방이라는 이름으로 전국 시대 진나라 등의 나라에 있었던 관직이다. 한고제 유방이 황제가 되면서 방邦을 피휘하여 상국으로 개칭된다. 황제의 옆에서도 칼을 들고 무장을 할 수 있었다고 한다. 소하, 조참, 여산 이후로 거의 영구결번 취급으로 변하면서 지위를 얻은 사례가 드물다. 한나라 이후에 금기는 없어졌고 명예직인 건 여전했지만, 개국공신 가운데서도 필두가 되거나 개국왕이 될 정도로 커다란 공적이나 권력이 있어야만 얻을 수 있다는 상징성은 여전했다.

했는데, 마침내 노애를 환관으로 위장시켜 조희에게 보냈습니다. 이렇게 환관으로 위장한 채 궁에 들어오는 사람들이 있었기 때문에 중국에서는 험보라는 제도를 만들었습니다. 이후 환관이 승진을 하려면 자신이 고자가 되기 전에 달고 있었던 양물을 방부 처리해서 보관하다가 상관에게 보여줘야 했습니다. 노애[32]는 양물이 컸고 정력이 대단하였기 때문에 조태후의 총애를 받았으며, 이후 조희와 노애는 사실상 연인 관계가 됩니다.

한편 진나라의 실권을 손에 쥔 여불위는 많은 신하들을 포섭하여 자신의 편으로 만드는 한편, 여러 학자와 도인[33]들을 아낌없이 후원해 주었습니다. 덕분에 여불위는 당대의 석학들과 대신들로부터 높은 평판을 얻어 그의 권력을 더욱 공고히 다질 수 있습니다.

---

32) **노애**: 노애는 소위 화류계 스타였는데, 다른 사람보다 유난히 남성의 심볼이 크고 아름다웠기 때문에 주변 여자들이 그와 하룻밤을 보내는 것을 늘 소망하였고, 직업 없이 지내면서도 그런 여성들의 기둥서방 노릇을 하면서 늘 풍족하게 먹고 살았다. 주특기는 무거운 오동나무제 수레바퀴를 자신의 그것에 매달아서 그 상태로 자신의 '심볼'을 꼿꼿이 세워서 돌아다니는 것으로, 마음먹으면 한 시간이고 두 시간이고 반나절이고 간에 계속할 수 있었다고 한다.

33) **도인**: '도를 갈고 닦는 사람', 혹은 '도 계통의 종교를 믿는 사람'들도 여기에 해당한다. 현대에는 단어의 의미가 바뀌어, 도사가 해당 의미를 거의 흡수했고 도인이라는 표현은 사이비 도교인을 가리키는 의미를 담게 된다. 이들은 뭔가 신비스럽고 일반인하고는 뭔가 다르게 보이기 위해 자신들의 행동을 차별화하려는 특징이 있으며 경우에 따라 득도한 척 허세를 부리기 위해 기행을 일삼는 경우도 있었다.

진시황릉에서 발굴된 꺾창으로 상방 여불위라고 적혀 있다.

" 여불위가 자살하기 전 땅을 왕관 삼아 머리가 아래로 향하도록 수직으로 몸을 세워 몸의 반만 묻어달라고 유언했다

노애는 조태후와의 간통 끝에 아이를 둘이나 얻었는데, 그는 자신이 낳은 자식들을 진나라의 왕으로 세우려는 음모를 꾸밉니다. 그러나 어른이 된 진시황에게 이러한 사실이 곧 발각되었는데, 노애는 사병들을 동원하여 수도 함양 한복판에서 반란을 일으킵니다. 그러나 진시황은 이에 침착히 대응하여 곧 반란은 어렵지 않게 진압됩니다. 진시황은 노애를 비롯한 그의 삼족을 죽였으며, 노애의 가신들 또한 가산을 몰수당하고 촉[34] 땅으로 추방했습니다. 조태후가 노애와 간통하여 낳았던 아이들도 모두 살해당했습니다. 분노가 극에 달한 진시황은 자신의 친어머니였던 조태후마저 진나라의 구도舊都였던 옹에 유폐 시켜버립니다. 그러나 후에 신하들이 뜯어말린 덕분에 어머니에게 더 이상 해를 가하지는 않았고, 다시 함양의 궁으로 돌아오도록 하는 것으로 끝을 맺었습니다.

여불위는 이 반란에 직접적으로 관련되진 않았지만, 여불위는 그냥 색에 빠져버린 조태후가 자신한테 엉겨 붙는 게 귀찮아서 적당히 밤일이나 즐기며 살라고 노애를 소개시켜줬을 뿐이지 반란 일으키라고 소개해 준 건 절대 아니었습니다. 애초에 노애를 조태후에게 소개해 준 게 자신이었으며 여불위의 권력 자체를 불편하게 여긴 시황제는 이 명분을 절대 헛되게 버릴 생각이 없습니다. 결국 가짜 환관을 궁 안에 넣었다는 빌미로 시황제는 그를 파면과 사형 순으로 집행하고자 했으나 여불위를 따르는 사람들 또한 많았기에 그들의 항소를 버티지 못하고 여불위를 상국에서 파면시킨 후, 문신후로 봉할 당시 하사받은 하남으로 쫓아내어 사실상 함양의 중앙 정부와 단절시키는데서 처벌을 끝냈습니다.

다만 중앙 정부에서 축출되었다곤 해도 이때까지 여불위의 명

---

34) 촉蜀 : 중국의 사천성 지방의 별칭이자 중국사 역대 왕조들의 명칭. 지금의 중국 쓰촨(사천) 분지 일대를 말한다.

성과 인맥이 어디간 건 아닌지라 그 후 약 1년 정도는 각국의 제후들이 빈객과 사신을 보내 여불위에게 인사를 하러 왔고 이 소식은 당연하게도 시황제의 귀에도 들어갑니다. 그 당시엔 여불위를 지지하는 사람들의 힘을 무시할 정도로 강력하지 못해 어쩔 수 없이 여불위를 하남으로 보내는 데서 그쳐야 했으나 그동안 중앙 정부를 사실상 장악하는데 성공한 시황제는 이 건을 다시 책잡아 그와 그의 가솔들에게 촉 지방으로 파견가라고 명령했습니다.

여불위는 시황제가 보낸 이 편지를 받고 재기가 불가능하다는 걸 깨달으며 독약을 마시고 자살합니다. 이때 편지 내용이 그 당시 시대상으론 매우 모욕적이었는데, 시황제 본인의 아버지를 왕위에 올리는 것 빼곤 아무것도 못한 주제에 니가 뭔데 나에게 '상보'라 불리냐며 비난했습니다. 말 그대로 왕을 세운 것만으로도 큰 공이고, 시황제의 킹메이커가 되어준 것까지 고려하면 노애 건 하나 때문에 책잡혀 이렇게 밀려버린 여불위 입장에선 울화가 터질 수준이었을 것입니다. 물론 여불위와 노애 사건은 여불위가 분통 좀 터진다고 항의할 수 있는 수준의 사건이 아니었다는 게 문제였습니다.

여불위가 자살하기 전 평소 그를 충직하게 따르던 이사[35]가 와

---

35) **이사** : 전국 시대 진나라의 법가 사상가이자 정치가, 명재상이다. 초나라 상채 출신으로, 여불위의 천거로 진나라 조정에 출사하여 시황제를 섬겼다. 시황제가 6국을 멸하고, 천하를 통일한 후에는 도량형의 통일과 분서령 실시 등 진

서 그에게 여러 번 조정으로 돌아와 달라고 부탁했지만 거절했다고 하며, 그는 자신은 죽어서 왕이 되고 싶으니 땅을 왕관 삼아 머리가 아래로 향하도록 수직으로 몸을 세워 몸의 반만 묻어달라고 유언했다고 합니다.

이사

훗날 한무제[36]는 지금의 윈난 성 지역(운남성)을 정복하면서, 여불위가 추방된 이후에 촉 지역에 모여 살던 여씨들을 이 지역으로 이주시켰고, 현 이름에 여불위 이름까지 붙여주기도 합니다. 중국 삼국시대 촉한의 운남 태수였던 여개도 이런 여씨 일족 중의 한 명이었습니다.

의 법치주의 기반을 확립하는 데 크게 이바지했고, 군현제를 실시하여 진의 중앙집권제를 확립했다. 그러나 시황제 사후, 이사는 환관 조고와 함께 시황제의 유언장을 조작하여 황제의 막내 아들 호해를 진 이세황제로 즉위시키고, 태자 부소를 자결하게 했다. 진승·오광의 난 등 전국에 여러 반란이 터지자 이세황제에게 간언을 하였지만 오히려 이세황제의 무시와 화만 불러왔다. 조고의 모략으로 가혹한 고문을 받았으며 결국에는 억울한 누명으로 인해 요참형에 처해지고, 삼족이 멸문당하는 비참한 최후를 맞이했다.

36) **한무제**漢武帝 : 중국 한나라의 제7대 황제이다. 한무제는 할아버지와 아버지가 이룩한 문경지치를 이어받아 한무성세라는 전한의 최전성기를 이끌었던 군주였지만, 무리한 토목공사와 흉노와의 기나긴 전쟁 등 대외 원정으로 인해 국가재정이 파탄나는 등 여러 실책과 문제점이 쌓이게 되면서 훗날 전한이 붕괴되는 폐단을 낳게 된 역설적인 군주이다.

한무제(제7대 진한 황제)

사마천의 『사기』에 의하면 여불위는 애첩을 자초에게 주었는데, 그녀는 훗날 진시황의 생모가 된 조희였습니다. 이 때문에 진시황의 친아버지가 여불위라는 설이 있습니다. 자신의 자식을 임신한 여성을 남에게 주는 일이 전국 시대에 종종 있었기 때문에 사마천 시기까지만 해도 정설로 받아들여진 듯 하지만, 가능성도 전혀 배제 할수는 없습니다. 대표적으로 춘신군의 몰락입니다. 춘신군은 이원의 여동생을 임신시킨 후 그녀를 초나라 고열왕에게 바쳤습니다. 후사가 없던 고열왕은 이원의 여동생을 왕후로 세웠는데, 그녀가 쌍둥이 형제를 낳자 매우 기뻐했습니다. 이 형제는 초나라 고열왕이 죽자 유왕과 애왕으로 각각 즉위했는데, 유왕은 요절했고 그의 동생 애왕은 그의 이복형인 부추(초나라 마지막 왕)에게 피살됩니다. 근데 갑자기 이복형이 등장하는 걸 보면 고열왕에게 다른 친자식이 있었던 듯합니다. 당연하지만 왕의 아들이라도 어미의 출신이 미천하면 왕이 되는 데는 애로사항이 꽃피는 경우가 많고 당연히 적통과 서얼이 있으면 적통을 우선순위로 두게 마련입니다. 이원의 여동생이 낳은 아들들은 혈통 문제는 있지만 그걸 아는 놈은 없고 엄연히 왕후에게서 나온 아들이므로 부추보다 적통으로서는 훨씬 낫습니다.

「진시황 본기」에는 시황제가 장양왕의 아들이라고 기록했습니다. 만약 그가 혈통에 문제가 있다고 하더라도 호적 상 장양왕의 아들임은 누구도 부정 할수 없습니다. 「진시황 본기」에서 나온 이

첫 문장은 글의 문맥상으로 볼 때 시황제의 생부에 대한 논란을 말하고자 하는게 아니라 황실의 정통성에 대한 의미로 해석합니다.

시황제의 본명이 시황제 영정이냐 여정呂政의 논란이라면 시황제가 맞습니다. 만에 하나 그가 여불위의 아들이라는 가설이 맞다 하더라도 그의 이름을 지어준 것은 영자초(장양왕)이며, 상기했듯이 자기 자식을 임신한 여성을 남에게 주는 일도 종종 있던 때인 고로 여불위생부설이 맞다 해도 사실 상 영자초의 양자로 봐도 무방합니다. 때문에 예나 지금이나 시황제의 혈통에 시비를 논해봐야 결국 대외적으로 시황제는 장양왕의 아들인 것입니다.

" 여불위의 장례식에 참여한 사람들을 추방하거나 면직시키는 처벌을 내렸다

시황제는 그의 즉위 자체가 조태후와 여불위에 의한 것이었으니, 국사의 모든 것은 여불위의 손에서 이루어질 수밖에 없습니다.

진나라의 내정은 혼란스러워 시황 8년 시황제의 동생인 장안군 성교가 둔류에서 반란을 일으켰고 시왕 9년 음력 4월에는 장신후 노애가 시황제의 관례를 틈타 자신의 사병과 융적 부족들 그리고 진왕의 옥새와 조태후의 인장을 도용해서 진나라 관군까지 동원해 기년궁을 공격합니다. 그러나 상국 창평군과 창문군이 반격해 함양에서 전투를 벌여 진왕 시황제의 군대가 승리하고 노애와 반란군들은 도망치다 붙잡혀 처형당합니다. 노애가 조태후와 불륜해서 낳은 두 아들도 처형당했고, 노애의 측근 4,000명을 변방 오지인 촉 지역의 방릉으로 추방시킵니다.

일설에는 조태후가 여불위와 불륜관계였고 여불위는 시황제가 성장해가며 두려움을 느끼자 조태후에게 노애를 대신 소개시켜주었고 노애는 환관으로 위장해 조태후와 불륜관계를 이어가면서 아이까지 생기자 그 아이를 진왕으로 만들기 위해 반란을 계획했다는 기록도 있습니다.

이유는 어찌되었든 어머니 조태후와 여불위가 노애의 반란에 연루된 혐의가 발견되자 진시황은 본격적으로 숙청을 시작해 우선 어머니 조태후는 옹땅에 1년간 유배시켰고, 여불위는 시황 10년에 면직시키고 시황 12년 여불위는 사망하는데 여불위를 조용히 묻고는 장례식에 참여한 사람들을 추방하거나 면직시키는 처벌을 내렸습니다. 이 때문에 일설에는 진시황이 편지로 여불위를 모욕하고 촉으로 추방할 것을 지시하자 분노와 두려움에 자살했다는 기록도 있습니다.

장양왕 원년(기원전 249년), 여불위는 장양왕의 명으로 군대를 이끌고 동주[37]를 멸하여 중화의 천자국 주나라를 완전히 끝장냅니다.

자신의 이름을 영원히 남기기 위해 현재로 비유하자면 백과사전에 해당하는 유서 『여씨춘추』[38]라는 책을 편찬했습니다. 막대한 자금을 들여 수많은 석학을 동원하여 지었는데, 무려 20여 만 개의 단어를 수록했다고 합니다. 여불위는 이 『여씨춘추』에 큰 자부심을 가졌는지 책이 완성된 후 "그 책에서 한 자라도 더하거나 빼면 1,000금을 주겠다고 했다."고 전합니다. 오늘날 일자천금[39]이란 사

---

37) **동주** : 주나라가 이민족의 침략으로 수도인 호경이 공격을 받아 쇠락하자 기원전 771년 평왕 때 호경에서 동쪽의 낙읍으로 천도했다. 춘추 전국 시대의 시작점이 되며 이때 중흥한 국가를 그 이전과 구분할 때 쓰는 말이다. 견융 침략 전의 수도인 호경이 낙양보다 서쪽에 있었으므로 상나라를 멸망시키고 건국한 시기부터 천도 이전까지의 주나라를 서주, 그 이후 전국 시대까지 생존했던 주나라를 동주라고 한다.

38) **『여씨춘추』** : 진의 재상이자 뛰어난 상인이었던 여불위가 자신과 진나라의 명성을 드높이기 위해 전국의 논객과 식객 3천여 명을 모아 저술 및 편찬한 책이다. 기원전 239년, 즉 진시황 8년에 집필되었다. 당시 여불위는 제나라의 맹상군 등을 본받아 각지의 유능한 인재를 등용하여 진나라의 위상을 드높이고, 또 진나라의 통치 체제를 다지기 위해 이 책을 지었으며, 완성된 뒤 그 책이 세상의 모든 지식을 다 담은 책이라고 자부하며 "이 책에서 한 글자라도 더하거나 뺄 수 있는 자에게 천금千金을 주겠다!"라는 말을 했다는 일화가 있다. 이것이 바로 고사성어 '일자천금'의 유래다.

39) **일자천금**—字千金 : 글자 하나에 천금의 가치가 있다는 뜻으로, 아주 훌륭한 글씨나 문장을 이르는 말이다.

자성어가 바로 여기서 유래한 것입니다. 또한 조나라의 한단에서 이인을 처음 만났을 때 했던 말인 '기화가거奇貨可居'라는 사자성어도 유명합니다. "진귀한 보물은 제 때 잡아야 한다."는 뜻입니다.

성산·함양·성주 여씨 족보에서는 여불위를 자신들의 선조로 취급합니다. 그리고 그가 자살을 위해 먹은 독이 짐새의 짐독이란 설이 있습니다.

" 여불위는 떨거지 왕족을 일국의 왕으로 만들었다

그저 맨손에 아무것도 없었던 떨거지 왕족을 일국의 왕으로 만들고, 자신도 일개 상인에서 한 나라의 실세를 거머쥔 정치 거물로 성장했다는 점을 보면 분명 범상치 않은 인물임에는 분명합니다. 그러나 결국 자신의 권력을 유지하기 위해 군주를 농락하였고 이로 말미암아 하루아침에 모든 권력과 명성을 잃고 추락한 끝에 자결로써 비참한 최후를 맞았기 때문에 인격적으로는 그리 좋은 평가를 받지 못합니다.

예컨데 사마천은 『사기』「여불위 열전」에 여불위에 대한 기록을 남겼는데, 그의 허무한 몰락을 논하며 "소위 이름만 알려진 자[所謂聞者]"라 평합니다. 이는 그 대단한 명성과 지위와는 대조적으로 그 행동은 올바르지 못한 간사한 자였습니다.

　이렇게 사후의 평이 박했던 것에 비해 생전의 평판은 상당히 좋았던 것으로 추정됩니다. 여불위 자신이 권력을 손에 쥔 이후로도 학자나 선비, 도인 등을 후원해 주며 투자를 아끼지 않았기 때문에 그는 당시의 지식인들에게는 꽤나 존경받는 인물이었기 때문입니다. 당장 여불위가 무려 진시황을 능멸하는 대죄를 지었음에도 불구하고 수많은 석학과 선비들이 목숨을 걸고 여불위를 변호한 덕분에 일단은 관직에서 물러나는 선에서 사건이 마무리되었던 것을 생각하면 여불위가 당대 사람들에게 어떤 평가를 받던 인물이었는지 알 수 있습니다. 이는 그가 전국 사군자를 따라하면서 많은 식객을 받았기 때문입니다. 그리고 이런 식객들과 자신의 부를 통해 만든 것이 바로 『여씨춘추』라는 책으로 유명합니다. 사실 여불위 본인의 능력과 별개로 이렇게 많은 이들의 변호를 받는 건 어찌보면 당연한데, 당장 영이인을 왕으로 만들기 위해 화양부인을 구워삶고, 이인에게 조나라의 명사들을 섭외하라고 조언한 게 여불위입니다. 즉, 다른 사람들의 마음을 사는 방법과 인맥의 힘에 대해 잘 아는 인물로 당연히 재상 시절에도 이런 인맥 관리를 철저히 했을테니 그에게 신세를 진 수많은 사람이 그를 변호했을 것입니다.

여불위 개인의 능력은 부정할 길이 없습니다. 여불위가 킹메이커로 등극하던 시기에 진나라는 소양왕이 도합 40년에 걸친 외척인 위염⁴⁰⁾과 그 세력이었던 백기 등을 쳐낸 여파로 거의 손에 들어왔던 조나라의 수도 한단을 포기해야 하는 등, 확장에 제동이 걸리던 시기였습니다. 거기에 그 뒤를 이은 효문왕은 상을 치른 뒤 3일 만에 죽음을 맞이했고, 여불위 자신이 왕으로 만들었던 장양왕 또한 3년 만에 죽음을 맞이했습니다. 이때 그 뒤를 이은 게 겨우 12살의 진시황인데, 어린 진시황이 성장하여 친정을 할 시기가 될 때까지의 대략 10년 동안 진나라의 국정을 유지한 게 여불위였습니다. 50년 이상 재위했던 왕이 죽음을 맞이하고 그 뒤 왕들이 3일 내지는 3년 만에 줄줄이 줄초상을 맞이하는 가운데 어린 왕의 섭정이 되어 정부를 혼란 없이 장악하고 무난하게 국정을 이끌어갔다는 사실이 이미 재상으로는 합격임을 증명합니다. 같은 시기의 바로 옆 조나라가 승상 곽개 때문에 망했고, 부강했던 진나라 역시 진시황 사후 실권을 잡은 간신 조고 때문에 불과 4년 만에 망해버린 걸 보면

---

40) **위염** : 진나라의 상방이다. 진 소양왕의 외삼촌이며 선태후의 이부동생이다. 작위는 양후. 능력은 매우 뛰어나서 소양왕과 선태후를 보좌하면서 백기를 중용해 서북쪽의 의거를 멸망시켜 진나라의 배후를 안정시키고 영토를 넓혀 통일의 기반을 마련했다. 조나라의 연여로 호양과 함께 출진하나 조나라의 명장 조사에게 참패한 적 있다. 당시 양 땅을 봉지로 삼고 있었기 때문에 양후라고도 부른다.

여불위의 능력은 확실하다고 말할 수 있습니다.

　여불위 개인의 정치적 정략은 신묘한 정책 따위가 없었다는 이 유로 그의 정치력을 폄훼할 수 없는 이유는 당시 진나라의 상황에 서도 찾아볼 수 있습니다. 진나라의 국책은 범수 이후 줄곧 범수가 제창한 원교근공책[41]을 근간으로 삼았기 때문입니다. 다시 말해, 상기의 상황에서 진나라의 국책을 유지하고 그에 따른 국력 약화 하나없이 상황을 유지할 수 있었던 시점에서 여불위의 능력은 이 미 검증된 것이나 다름없었습니다. 심지어 그동안 진나라를 유지 한 인재들 또한 여불위가 천거한 인원들이었으며, 개중에서는 시 황제의 치세까지 도움이 된 인물들도 있습니다. 대표적으로 이사 가 있었고 이사는 여불위가 천거한 정치가였습니다.

　문제는 여불위 개인의 능력과는 별개로 상황이 능력 하나 있다 고 수습될 정도가 아니었다는 점과 황태후가 노애와 멋대로 놀아 나도록 둔 시점에서 여불위의 죽음은 사실상 확정이나 다름없는 상황이었고, 이를 1년 이상 미룰 수 있었던 것 자체가 여불위의 정 치력이 무시할 정도가 못 되었다는 방증입니다. 점괘를 조작한 기 군망상죄는 물론이요, 왕실의 족보를 꼬이게 한(노애가 시황제의 새아버

---

41) **원교근공책** : 중국의 병법서 삼십육계에 나오는 군사 전략들 중 한 가지로, 먼 나라와는 친선을 맺고 가까운 나라부터 공략한다는 뜻이다.

지가 된 꼴) 대죄는 여불위가 얼마나 능력이 있었든, 진나라에 얼마나 공헌했고 몇 명이나 되는 왕을 세웠든 커버할 수 있는 수준이 아니었습니다. 부계 혈통 승계를 중시하고 행여 시정잡배의 씨가 왕이 될까 두려워 고자들을 환관으로 삼던 당대의 기준으로는 대역죄 중의 대역죄를 저지른 것입니다. 하물며 그런 비행이 노애의 반란이라는 최악의 형태로 발각된 것에 더해 그 노애를 태후에게 추천한 게 여불위였으니 아무리 부왕을 잘 모셨다 해도 죽어 마땅한 것이었습니다. 귀족이나 왕족도 아닌 일개 상인 출신으로서 뛰어난 국정 운영 능력을 보였지만 황태후와의 치정문제 때문에 결국 몰락하게 되고 평가를 깎아 먹게 되었다는 것은 안타까운 일입니다.

황태후의 치정사건은 진왕 시황제의 혈통을 뒤흔드는 중요한 문제였습니다. "조희가 시집 온 후 12개월이 지나 시황제를 낳았기에, 생물학적으로 시황제는 여불위의 자식이 될 수 없습니다."라는 의견이 있으나, 사실 12개월 이상 임신하다 애를 낳은 사람이 없는 것도 아니며,[42] 사실 임신 기간은 크게 중요한 것도 아닙니다. 다른 남자와 정을 통하면 가능하기 때문이죠. 일반적인 왕실에서 이것이 문제가 안 되는 것은 구중궁궐 안에서 고자인 환관들과 궁

---

42) 'Beulah Hunter'라는 사람이 375일 임신한 공식 기록이 있다. 무려 12개월 10일. 타임지.

녀들의 철통 감시 속에 있기 때문에 궁에 있는 여성들이 바람을 피우는 것이 차단되기 때문인데, 황태후가 노애와 통정하여 아이까지 낳았고 그 과정에 섭정인 여불위가 적극 개입한 것은 그 믿음을 뿌리채 흔드는 것이기 때문입니다. 간략하게 표현하면 "구중궁궐 안에서도 애 낳을 정도로 놀아날 정도로 음탕한데, 심지어 다른 나라에 살던 때라면 충분히 벌어질 수 있는 일 아닌가?"라는 의심을 할 수 있게 됩니다.

반론하자면 그건 아무 때에 낳은 아이라면 그렇다는 말이고 시황제가 태어났을 때 이미 조희는 시황제의 아버지 자초에게 가 있던 상황이었고 당연히 자초는 멀쩡히 살아있었던 상황이었습니다. 한마디로 아무 근거 없는 소리[43]라고 하는데, 이 역시 조희 치정사건과 여불희 문제의 특징과 심각성을 제대로 이해하지 못한 반론입니다. 간단히 말해 진왕 시황제의 정통성을 공격하고 싶은 사람이라면 "일국의 태후라는 존귀한 신분에 올라서도 외간 남자를 궁 안에 불러들여 사통하고 아이까지 낳을 정도인데, 하물며 자초(이인)이 타국(조나라)에 인질로 붙잡혀 있는 당시에 그의 처소에 누가 드나들었을지 어찌 알겠는가?"라고 트집을 잡을 빌미가 생겨버

---

43) 애당초 12개월 이야기가 나온 것도 이전에 있었던 초나라의 이화접목 이야기가 진시황과는 아무 상관 없다는 것을 강조하기 위해서다.

렸다는 것이 문제입니다. 시황제가 태어난 시기가 조희가 자초에게 간 지 열두 달이 지난 이후라는 이야기가 자꾸 나오는데, 영이인 이 여성의 임신 기간도 모르는 바보가 아닌 한 만약 조희를 데려온 지 아홉 달이 되지 않았는데 자식이 태어났다면 당연히 그 아이는 여불위의 아이일 것이므로 태자로 삼지 않았을 것입니다. 하지만 열두 달 만에 태어난 아이이므로 당연히 자기 자식으로 믿고 거리낌 없이 태자로 삼았다고 보아야 할 것입니다. 그런데 노애 사건이 터짐으로써 "노애를 몰래 태후에게 들여보낸 것처럼, 이전에도 여불위 자신이 몰래 조희와 정을 통했던 것이 아니냐", 즉 혼인 후 사통을 의심할 빌미가 생긴 것이 문제의 핵심이고, 이것이 진왕으로써 시황제의 정통성을 공격할 수 있는 꼬투리가 되었던 것입니다. 거기다가 노애를 태후에게 붙여주기 전에도 태후와 여불위가 이미 사통하던 관계였다는 사실은 시황제의 정통성을 더욱 흔드는 증거가 되고 말았습니다.

조금 더 확대해석하면, 노애가 자기 아이들을 왕위에 올리려고 반란을 일으킨 것 자체도 노애가 진시황을 선왕의 자식이 아닌 여불위의 자식으로 여겼기 때문에 어차피 현 왕도 왕가의 핏줄이 아닌데 자기 자식이라고 왕이 되지 말란 법도 없다고 생각했기 때문에 반란이라는 대담한 수를 두었다고 해석할 수도 있겠습니다.

　　절대왕정 국가에서 왕가의 핏줄의 순수성은 왕위 계승의 가장 중요한 요소였고, 그 핏줄에 의심이 생긴다는 것 자체가 왕의 권위와 신하들의 충성심이 한꺼번에 흔들릴 수 있는 엄청난 사건입니다. 이미 즉위 중에도 생부가 여불위 아니냐는 의심을 공공연히 받고 있던 진시황으로서는 노애 사건을 계기로 여불위를 반드시 죽여야만 하는 상황이 된 것입니다. 정치적으로는 거대한 세력을 지닌 권신을 숙청하여 왕의 권위를 확보하기 위해서, 개인적으로는 생부이기 때문에 살려주었다는 소리를 듣지 않기 위해서 여불위를 죽여야 했을 것입니다. 물론 실리와 일의 성공 가능성을 냉정히 저울질할 줄 알던 여불위가 진짜로 뻐꾸기짓을 하여 진시황의 생부가 되었을 가능성은 그리 높지 않았을 것이고 그건 그 당시 사람들도 알고 있었을 뻔한 거짓말도 자꾸 계속 들으면 진실로 믿게 되는게 사람의 심리인지라 진시황은 이런 심리적 이유 때문에 여불위를 죽이지 않으면 안 됩니다.

　　그러나 여불위라는 인물의 캐릭터가 2,300년 넘도록 진시황과 얽혀 계속적으로 후대 사람들에게 잊혀지지 않고 회자되고 있는 이유도 바로 이것 때문입니다. 단순히 킹메이커로 성공하여 적당히 권세를 휘두르다가 조용히 말년을 마무리했다면 여불위는 세간에서 그리 대단한 스포트라이트를 받지는 못했을 것입니다. 허나 진시황이라는 인물을 왕위에 올린 일등 공신이라는 점과 동시에 진시황의 출생에 커다란 의혹을 던져줄 수밖에 없는 사람이었다는 점에서, 여불위의 존재는 진시황의 다면적이고 복잡한 캐릭터에 한층 더 흥미와 깊이를 더해주는 중요한 요소가 되고 있습니다. 지금도 많은 사람들이 아닐 것임을 알면서도 여불위의 진시황 생부설을 믿고 있다는 것 자체가 이 둘에 대한 흥미와 관심이 끊이지 않고 있다는 증거이니까 확실히 성공한 인생이었음이 틀림없습니다.

동양에서는 예나 지금이나 좋아 봐야 권모술수에 능하고 승부사 기질이 있었던 풍운아, 나쁘면 기만으로 인생을 일관한 사기꾼 정도의 평가를 받고 있지만, 의외로 서양 사학계에서 여불위를 사상적으로 중요한 인물로 지목하고 있습니다. 전국 시대의 철학자들은 깡패나 다름없었던 전국 시대 군주들을 행정 일선에서 물러나 자기 수양으로써 자작농 사회의 생존을 위한 천지의 조화를 중재하는 의식의 집전자로 만들고 행정 실무는 자신들이 담당하는 체제를 꿈꾸었는데, 그 필두에 여불위가 있었다는 것입니다. 그러나 현실에서는 전한 선제 정도를 제외하면 학자들의 이상을 순순히 따라준 황제는 거의 없었다고 합니다. 진한시대에 중국이 통일 제국으로 재탄생하는 과정에서 우주와 국가, 신체의 철학적 교리가 구축되어야 할 필요가 있었는데, 그 교리로 기氣와 음양오행을 체계화한 사상가의 계보를 여불위 - 회남자 - 동중서로 파악하고 있는 것입니다. 심지어 여불위를 "우주를 코스모스로 인식한 제국의 설계자"라고까지 표현할 정도입니다.

기원전 257년, 정(시황제)이 3살 때 증조부이자 진나라의 명군이었던 소양왕 영직이 장군 왕의王齮를 보내 장평대전 때 함락시키지 못했던 조나라의 수도 한단을 포위하는 일이 벌어졌습니다. 이에 조나라의 효성왕은 진나라의 인질인 영이인을 죽이려고 마음먹었으나, 여불위가 600금을 뇌물로 써가며 영이인만 간신히 구출했습니다. 정과 조희 모자는 한단에서 탈출하지 못했지만, 조희가 조나라의 호족 집안 출신이라 간신히 목숨은 건질 수 있었습니다. 한편 어린 시절, 정은 연나라에서 볼모로 온 세자 연단과 친하게 지냈는데(사마천, 『사기』 「자객열전」) 이때 친분을 계기로 연단은 정이 진왕이 된 후 진나라의 볼모가 되었지만, 나중에는 사이가 틀어져서 탈출하기에 이르렀습니다.

기원전 251년, 정이 9살 때 증조부 소양왕이 승하하고, 조부인 안국군이 효문왕으로 즉위하자, 아버지 영자초도 과거 약조대로 태자가 되었고, 조나라도 태자에 오른 영자초를 두려워해서 그의 가족인 조희와 정을 진나라로 보냅니다. 자초는 '초나라의 아들'이란 뜻입니다. 영이인은 진나라로 돌아간 뒤 화양부인의 권유로 이름을 자초로 개명했는데, 화양부인은 초나라 출신이었습니다. 여불위의 책략으로 영이인은 화양부인을 어머니 모시듯 끔찍이 아꼈고, 이에 감동한 화양부인이 이름을 새로 내려 준 것이었습니다. 그리고 효문왕이 즉위한 지 3일 만에 병사하고, 태자인 영자초가 진나라의 장양왕으로 왕위에 오르면서 정도 아버지의 뒤를 이어 진나라의 후계자가 됩니다. 그리고 자초의 후원자였던 여불위는 승상이 되어 강력한 권력을 손에 넣게 됩니다.

■ 시황제는 절대권력 확립에 집착해 모든 사무를 직접 처리했는데 하루에 처리한 공문이 죽간으로 120근 가량이었다고 합니다. 여불위의 섭정과 노애의 쿠데타까지 겪은 경험 탓으로 추정됩니다. 결국 시황제 시절에는 사실 이후 진나라를 멸망시킨 큰 반란들이 일어나지 않은 것으로 볼 때 백성들이 큰 불만은 있었을지언정 통치 시스템 자체는 돌아가고 있었던 것으로 보입니다. 다만 이후 암군인 호해가 집권하면서 반란이 걷잡을 수 없게 확대되어 진나라는 멸망합니다.

■ 한국에서는 시진핑을 비꼬는 말로도 쓰입니다. 주석 집권 후 지배력을 강화하고 연임 제한을 폐지하면서 자신을 마오쩌둥과 동급 또는 그 이상으로 헌법에 명시하는 바람에 시씨 성의 황제 또는 "진짜 시진핑 황제가 되었다."는 뜻. 이 표현은 연합뉴스에서도 쓰인 바 있습니다.

02

진나라의 통일과정

전국 시대가 점점 무르익음에 따라 7국 전쟁의 양상은 점차 총력전에 가까워졌습니다. 이것은 국가 간의 전쟁이 결코 군사력뿐만이 아닌 정치력, 외교력, 경제력까지 밑바탕이 되어야 상대방을 찍어 누를 수 있는 것을 의미합니다. 이런 시대적 변화를 맞이하여 진나라의 정치·군사 정책도 변화를 맞이하게 됩니다.

당시 진나라의 영토는 천하의 3분의 1, 인구는 천하의 10분의 3, 부는 천하의 10분의 6을 차지했습니다. 단 땅덩어리가 저렇게 큰데 인구가 고작 3할이라는 점에서 보듯 진나라는 영토에 비해 인구는 적은 나라였습니다. 현재 인구가 많은 파촉 지방은 당시에는 개발이 덜 된 촌동네였고, 넓은 영역을 차지하는 오르도스 지방은 그냥 사막이고, 산서 지역은 산이 많아서 영토에 비해 인구가 적었습니다. 즉 진나라의 실질적 국력은 관중 지방에서 나왔다고 할 수 있습니다. [44] 하지만 진나라는 그럼에도 개혁을 거듭하여 진시황의 즉위 이후 내정적으로 6국 백성들을 적극적으로 받아들여 6국의 인

---

44) 중국발로 추정되는거 외엔 출처 불명이지만 당시의 전국 칠웅의 국력비는 이 정도라는 지도도 있다. 지도로 보면 진나라의 국력은 국경을 맞댄 국가들 중에서 한나라 빼고는 그런대로 비슷비슷하기에 진나라가 압도하는 것으로 보이지는 않는다.

통일된 진나라

민을 빼앗는 정책을 펼치고 종래의 수급제를 수정하여 무분별한 살육을 막으며, 그 포로들을 진나라의 노동 자원으로 활용했습니다. 수급제는 보통 적을 죽여 그 목을 베어 오면 인정해 줍니다. 당연히 반드시 적을 죽여야 상을 받으니 무차별적인 살육이 벌어질 수밖에 없는데 그래서 장평대전 이후 조나라의 40만 군사들이 학살당한 이유도 여기에 있다는 의견이 있습니다. 그리고 대규모 토목사업을 일으켜 국력을 부강하게 만들었습니다. 그중 정국거라는 수로는 서쪽의 경수涇水를 끌어들여 동쪽의 낙수(낙양 인근의 낙수가 아니라 관중 분지를 흐르는 낙수이다.)의 물을 댈 수 있는 관개수로로 정국거를 건설함으로 인하여 관중 지방에는 2억 2천만 평의 농경지가 새로 생겨나고 그로 인해 4천만 섬의 곡식이 생산되었다고 합니다. 본디 정국거는 진나라의 국력을 약하게 하려는 한나라의 계략으로(피진계, 진나라을 피로하게 하는 계책이라는 뜻) 정국이라는 간첩의 주도로 건설되었는데 중도에 정국은 간첩임이 발각되어 죽을 위기에 처했지만, 정국은 이것이 완성된다면 한나라는 잠시 생명을 연장하겠지만, 결국은 진나라에게 더 큰 이득이 될 것이라고 말했고 진나라에서도 타당하다고 여겼는지 정국을 살려주고 수로 건설도 그대로 유지했습니다. 이것은 진시황의 통일전쟁 기간 진나라가 한 해도 거르지 않고 수십만의 대군을 동원할 수 있는 원동력이 됩니다.

한편 울료·이사·요가를 중용하고 외교적으로는 6국의 대신들을 매수해 왕과 호신들을 이간질하며 각종 첩보전을 펼쳐서 6국의 합종을 막고, 6국 조정 내부의 분열을 조장했습니다. 특히 조나라와 제나라는 왕의 측근이 진나라에 매수당해서 조나라는 이목을 숙청했고 제나라는 다른 나라들이 공략당하는 동안 강 건너 불구경을 하는 상황이 일어났습니다.

이 시기(기원전 236~기원전 221년) 6국의 군주들은 연왕 희(연나라)·위경민왕과 위왕 가(위나라)·조도양왕·조유목왕·조가(조나라)·제왕건(제나라)·초유왕·초애왕·웅부추·창평군(초나라)·한왕 안(한나라)이었는데 대부분 시원찮은 군주들이었습니다. 그나마 이 중에서 제대로 싸워보기라도 한 왕은 조가와 창평군 정도입니다. 심지어 창평군은 진나라에서 승상까지 하다가 배반해서 왕을 자처했으니, 진나라군을 막지 못하면 무조건 죽는 건 지라 죽기 살기로 싸운 것뿐입니다. 물론 이들도 나라가 거의 다 망한 뒤에야 옹립되어 별 힘을 쓰지 못했습니다.

분서갱유와 초한 쟁패를 거치며 소실된 기록이 굉장히 많다

사마천이『사기』를 집필할 시기 이미 분서갱유와 초한 쟁패를 거치며 소실된 기록이 굉장히 많았습니다. 그로 인해 사마천도『사기』를 쓸 때 사료 부족 때문에 어려움을 많이 겪었고, 그 결과 진나라의 통일 과정에 대해서는 그 중요도에 비해 자세한 내용이 적은 편입니다. 따라서 아래에 있는 내용들은『전국책』이나『자치통감』[45]과 같이 실제 역사에 바탕을 두었으나 과장이 매우 심한 사

---

45)『**자치통감**』: 전국 시대 이후 수백 년이 지나고 작성된 책이라, 이 시기를 다룬 기록에선 과장이 매우 심하다. 연나라가 조나라를 침공할 때 무려 20만 대군을 동원했다고 적은 것이 좋은 예다. 사실 자치통감의 저자 탓을 하기는 힘든 게 역사상 간극이 그나마 적은 사기조차 사마천도 자료 부족에 시달린지라 호

료와 『열국지』 같은 소설이 섞인 서술임을 감안하여 읽고 또한 아래 "번오기(환의)" 설과 같은 것은 중국 역사학자의 개인적인 의견일 뿐, 정설이 아닙니다.

❝ 진시황에게 천하통일의 계책을 진언한 울료는 위나라 사람이다

울료는 위나라 사람입니다. 병법의 고전 무경칠서[46] 중 하나인 『울료자』의 저자이며, 진시황에게 천하통일의 계책을 진언한 것으로도 유명합니다.

진시황 10년(기원전 237년) 진시황을 알현하여 전국 통일에 대한 계책을 고합니다. 진시황이 이를 받아들이고 예를 갖춰 우대하였으나, 이후 진시황이 교만해질 것이라 판단하여 도주하려 합니다. 그러나 진시황이 간곡히 만류하여 진나라에 머물렀고 그가 고한 계책의 실행은 이사가 맡았다고 합니다. 『열국연의』에서는 제자

왈백만이라고 해도 쓰는 수 밖에는 없었을 것이다.

46) **무경칠서**武經七書 : 중국의 일곱 가지 대표적인 병서를 묶은 명칭으로 송나라 신종의 마지막 연호인 원풍 연간(1078년~1085년)인 원풍 7년(1084년) 8월에 기존에 나와 있던 병법칠서를 토대로 이 일곱 서적을 뽑아 이들 병서를 무학武學으로 지정하면서 칠서라 부른게 유래라고 한다. 조선시대 당시에는 무과의 시험과목으로도 사용되기도 했다.

왕오와 같이 각 국가의 각료들에게 뇌물을 보내서 전국의 6국을 이간질하는 역할을 담당하였으나, 전국이 통일된 이후에 진시황이 자만하는 것을 보고 진나라의 기운이 쇠하였다고 한탄하며 말없이 떠나는 것으로 나옵니다.

"무릇 열국을 강한 진나라와 비교하면, 진나라의 전체에 상당합니다. 만일 열국이 분산되면 쉽게 도모할 수 있지만, 그들이 하나로 합치면 공격하기 어렵습니다. 삼진이 합하자 지백이 망하고, 오국이 합하자 제나라를 무너뜨렸다는 것을 대왕께서는 생각하지 않으실 수 없습니다."

장의가 주장한 진나라를 중심으로 한 연횡론의 최후의 실행자입니다. 시황제는 계획의 전권을 울료에게 넘기고 삼공의 하나인 태위太尉의 직책을 주었습니다. 이를 시행하기 위한 국고도 마음대로 쓸 수 있도록 했고, 결과적으로 6국의 결속을 약화시켜 진나라가 무력으로 천하통일을 하는데 일익을 담당했습니다. 진시황으로부터 약 100여 년 전인 위 혜왕 시절에도 언급이 되고 있다는 속설이 있지만, 이건 혜왕과의 대담이라는 별도의 내용이 지금까지 울료자의 일부로 전해졌던 탓입니다. 즉, 단순한 실수입니다.

진시황의 용모를 묘사한 문장으로 후세에 진시황의 모습을 상

상할 기록을 남긴 것으로도 나름 유명한데 그 묘사는 다음과 같습
니다.

> "진왕이란 위인은 그 상이 우뚝 선 콧날, 가로 길게 찢어진 눈, 맹금猛禽 같은 가
> 슴, 시랑[47] 같이 쉰 목소리, 은혜를 베푸는데 인색하고 호랑이와 이리 같은 흉
> 악한 마음을 가슴에 감추고 있으면서 자기가 곤궁할 때는 밑의 사람일지라도
> 몸을 굽히나 일단 자기의 뜻을 얻게 되면 쉽게 그 사람을 잡아먹는다. 진왕이
> 지금은 나와 같이 평민의 복장을 하고 나를 대할 때는 항상 나에게 몸을 낮추
> 고 있으나, 진왕이 장차 천하를 얻게 되면 천하는 모두 진왕의 노획물이 되어
> 그와는 결코 오랫동안 같이 지낼 수 없을 것이다."

울료가 남긴 병법서가 무경칠서 가운데 하나인 울료자 24편인
데, 내용적으로는 무경칠서 가운데서도 가장 뛰어나다는 평을 받
고 있으나, 동시에 위서라는 주장도 끊이지 않고 있습니다. 명나라
의 유명한 방효유부터 시작해서 청나라 때에는 이미 위서라는 것
이 통설이 될 지경이었습니다. 하지만 한나라 초기 무덤에서도 발

---

47) **시랑**豺狼 : 산해경의 중산경-중차구경에서 언급되는 상상의 동물 산해경에 나
　　오는 다른 여우들과 달리 산해경에서 유일하게 삽화가 없다. 고량산에서 동
　　쪽으로 400리에 떨어진 사산이라는 곳에 사는데 산위에서는 황금이 기슭에
　　서는 색흙이 많이 나며 순나무와 예장목이 자라나는 장소라고 한다. 생김새는
　　긴 귀에 희고 긴 꼬리를 가지고 있다고 묘사되며 시랑이 나타나면 나라 안에
　　전쟁이 일어난다고 한다. 만화로 보는 중국 신화에서도 구미호와 함께 여우
　　괴물 중 하나로서 소개된 바 있다.

견된 것을 봐서는 전국 시대에서 진나라 시기 정도에는 작성된 것
으로 추정되기 때문에 이후에 가필은 있어도 완전한 위작은 아니
라는 주장도 존재합니다.

그가 제안한 계책 중에 유력한 것은 바로 각국 대신들의 매수
였는데, 그 과정에서 조나라의 곽개는 염파의 조나라 복귀 저지,
이목의 모함 및 처형, 조나라 수도의 성문을 열어주고 농성전을
포기하고 제나라의 후승을 매수한 것으로 유명했다고 알려집니
다. 얼핏 보면 그냥 단순한 로비 정도가 아니냐고 여기겠지만, 언
급한 두 간신이 매수된 이후에 저지른 짓을 보면 그 여파가 엄청
나다는 것을 알 수 있습니다. 후승은 다른 5국이 망하는 순간까지
진나라와 우호를 유지함, 제나라 수도의 농성을 포기하고 항복
을 권유합니다.

한때 전국 시대 패권까지 다퉜었고 또 전국 시대의 손꼽히는 명
장들인 백기도 악의도 끝내 멸하지 못했던 두 나라를 단숨에 무너
뜨려 버린 것입니다. 두 나라가 그렇게 쉽게 무너지지 않았다면 진
나라의 천하통일을 각각 10년은 늦췄을 수 있었으리라는 점을 보
면 그가 제안한 계책이 얼마나 무시무시한 것이었는지 알 수 있습
니다.

백기는 명장 중 하나지만, 동시에 수없이 많은 적과 포로를 죽여 학살자로 불리는 인물이다.

백기는 중국 전국 시대 말기 진나라의 무장입니다. 『전국책』에서는 이름이 공손기로 기록되어 있습니다. 전국 시대를 대표하는 명장 중 하나지만, 동시에 수없이 많은 적과 포로를 죽여 학살자로 불리는 인물입니다.

백기는 두개골의 정수리 부분이 뾰족한 모양이라서 '예두장군銳頭將軍'이라고 불리었는데, 아마도 태어날 때 모친의 골반이 좁아서 두개골이 짓눌렸던 것이 끝내 복구되지 못한 것으로 추측됩니다.

백기

섬서성 미현 출신으로, 그의 조상은 역사서에 다르게 기록되었는데, 『신당서』「재상세계표」에서는 진 목공의 부하 장수인 백을병[48]이라고 기록되어 있습니다. 한편 당나라의 시인인 백거이[49]가 지은 자기 자신의 조상의 기록이 담긴

---

48) **백을병**白乙丙 : 성은 건蹇, 이름은 병丙, 자는 백을인데, 자와 이름을 합쳐서 백을병이라고 부른다.

49) **백거이**白居易 : 중국 당나라 때 시인. 자는 낙천으로 백낙천이라고도 많이 불린다. 중국 문학을 말할 때 따로 당시唐詩라는 표현을 쓸 정도로 당나라 때에 시문학이 황금기를 구가했다. 이태백과 두보가 바로 당시로 유명한데, 백거이는 왕유·한유·두목과 더불어 위의 두 사람 못지않게 유명한 시인이다.

「고공현령백부군사장」에서는 백기의 선
조를 춘추시대 말기 초나라의 왕족인 백공
승으로 보고 있습니다. 복수의 화신으로
유명한 오자서[50]의 밑에서 자라며 보고 배
운 탓인지 이 왕손 웅승도 대단히 집념이
강한 인물이었습니다. 산책하던 중에 초나

백거의

라 왕실에 어떻게 복수할지 골몰하다가 짚고 있었던 지팡이를 거
꾸로 쥐어서, 뾰족한 끝에 턱이 찔리는 바람에 피를 줄줄 흐르는데
도 집에 도착할 때까지 알아채지 못했다는 일화가 전해질 정도입
니다. 웅승은 초혜왕[51]이 불러들여 초나라로 귀환한 후, 공의 지위

---

50) **오자서**: 춘추 전국 시대 오吳나라의 정치가이자 군인으로, 이름은 운員이고 잘
알려진 자서는 자인데, 이름보다 자가 훨씬 더 유명하다. 눈에는 눈 이에는 이
에 따라 자신의 가족을 죽인 초나라에 잔혹한 복수를 행했고, 자신을 받아준
데다가 복수를 도와준 오나라에겐 비록 배신당하고 버림받았어도 최후까지
충성한, 파란만장한 삶을 산 춘추시대의 영웅호걸이다. 역사에서도 길이 남
을 복수를 제대로 성공시킨 복수귀이자 살아있는 무협지라고 할 수 있는 인물
이다. 게다가 그 파란만장한 일생 때문에 가히 고사성어 제조기 수준으로 여
러 고사성어를 만들어내기도 했다.

51) **초혜왕**: 중국 춘추 전국 시대 초나라의 30대 군주, 14대 왕. 초나라에서 출토된
문헌과 『묵자』 「귀의」 편에서는 시호가 '헌혜왕'으로 되어 있다. 초소왕의 아
들로 어머니는 월왕 구천의 딸인 월희이다. 초 혜왕은 즉위 이후 자서, 자기,
자려 등으로 하여금 개혁 정치를 펼쳐 백성들을 쉬게 하고 생산력을 늘려 초나
라를 중흥시킨다. 그의 치세에 백공 승이 난을 일으켰으나 진압하고, 진陳, 채,

에 올라 '백공'으로 일컬어지며 나름 대우
를 받으며 살았으나 훗날 아버지인 웅건의
복수를 위해 정나라를 치고자 했지만, 혜
왕이 이를 허락하지 않자, 끝끝내 초나라
의 왕위를 빼앗아서라도 정나라를 쳐 부친
의 복수를 완수하고자 반란을 일으켰습니

오자서

다. 그러나 심제량에 의하여 반란이 진압되면서 자살했습니다. 백
공의 반란이 실패한 뒤에 백공의 자손들은 진나라로 망명했습니
다. 이후 후손들은 백白을 씨로 삼았고, 진나라의 관리가 됩니다. 백
공 승은 초평왕[52]의 태자였던 웅건의 아들이었으므로 백거이의 기
록이 맞다면 백기는 초평왕의 후손이 됩니다. 만약 이 설이 사실이
라면 초나라 왕족 출신인 백기가 초나라의 수도를 점령하며 선조

기杞나라를 합병하여 회수와 사수 일대까지 세력을 넓힘으로서 초나라는 과
거의 힘을 되찾았다.

52) **초평왕** : 중국 춘추시대 초나라의 28대 군주, 12대 왕. 왕위에 오르기 전에는
이름이 '기질棄疾'이었으며, 왕위에 오른 후에는 '거居'로 개명한다. 왕이 되기
전에는 진공과 채공을 역임했다. 초공왕의 막내아들이며 초강왕, 초영왕, 자
오, 공자 흑굉의 동생이다. 그는 초 공왕의 막내 아들로 태어났다. 형인 영왕이
채나라와 진陳나라를 합병하고 그를 진陳공과 채공으로 임명했다. 동쪽의 오
나라를 쳤을 때 제나라의 권신이었던 경봉慶封을 죽이는 등의 활약을 한다. 후
에 영왕이 반란으로 자결하자 영왕의 아우인 웅비가 자오로 즉위했으나 기질
이 속임수를 써서 영윤인 공자 흑굉과 자오를 자결하게 한 뒤 왕위에 올랐다.

의 복수를 해낸 셈입니다. 오자서의 유산이 진나라의 천하통일에 까지 간접적으로 영향을 준 것입니다.

백기는 상앙의 변법 이후, 장의의 연횡책과 범수의 원교근공책을 받아들인 진나라가 삼진[53]을 지속적으로 압박할 때 두각을 나타낸 장군이었습니다.

그는 당시 진나라의 왕이었던 소양왕 대신 권력을 휘두르던 소양왕의 외숙부, 위염의 천거로 장군이 되었다고 하는데 이것 때문에 훗날 진나라의 재상인 범수[54]가 백기를 견제했다고 합니다. 범수는 위염과 그 일파를 쳐내면서 재상의 자리에 올랐기 때문입니다.

크고 작은 전투에서 단 한 번도 패배한 적이 없어 당대 최고의 명장으로 칭송받았습니다. 백기의 칭호인 무안군의 의미부터 싸우면 지지 않고, 병사를 잘 길러 나라를 평안하게 했다는 의미가 담겨

---

53) **삼진**三晉 : 춘추시대의 강국 진晉나라가 공중 분해되어 만들어진 전국 시대의 전국칠웅인 위·조·한의 세 나라를 이르는 말이다. 위·조·한의 세 가문이 진나라를 나누어 독립한 사건 자체는 삼가분진三家分晉이라고 칭한다.

54) **범수** : 전국 시대 진나라의 상방으로 춘추 전국 시대에 흔치 않게, 생전에 수많은 공을 세우고 제때 은퇴한 재상으로 알려져 있지만, 최후에 다소 의문점이 있다. 다른 이름으로는 '범저范雎'라고도 하는데 '수雎'자와 '저雎'자가 비슷하게 생겨서 기록마다 다르게 표기되어 있다. 『사기』에는 '범수'로 적혀 있으며 『한비자』에서는 '범저范且'로 표기되어 있다. 『사기』에서의 이름은 범수라고 되어 있지만, 사실 그가 맹활약한 진나라로 갈 때 이름을 '장록張祿'으로 개명했다.

있는 칭호인데, 즉 불패의 명장이었다는 뜻입니다. 이 무안군의 칭호를 받은 사람은 전국 시대에 총 3명인데, 백기를 제외한 나머지 2명은 이목과 소진입니다.

역사적 기록이 얼마나 정확한지 판단할 길이 없지만 어쨌든 기록상, 종군한 30여 년 동안 대략 165만 명을 죽인 것으로 추정됩니다. 당시 중국의 인구가 2,000~3,000만 명 남짓이었다는 걸 생각해 보면 싸울 수 있는 장정의 20% 가량을 몰살시켰다는 결론이 나오지만, 아직 국가 제도가 제대로 완비되려면 한참 남았을 시기라 사실 정확한 기록이라고 볼 수는 없습니다. 현실적으로 볼 때 학살되었다고 기록된 165만 명은 탈주병과 필요에 의한 부풀림 등이 포함된 수치였을 수도 있고, 상대해 깨뜨린 적군의 규모를 합산한 숫자일 수도 있습니다. 물론 100만 명은 아니라도 수십만 명을 죽인 것은 거의 사실로 인정되는 분위기입니다. 수많은 문서가 남아 있는 홀로코스트조차 학살의 규모에 대한 논의가 지금까지 이뤄지고 있으며, 그나마도 학자에 따라 크게 견해가 갈립니다. 「열전」에서 세세하게 적어낼 정도면 당시 사람들 기준으로도 좀 심하다는 관념은 있었던 것 같습니다. 같은 시기에 살았었고, 전공면에서 백기와 비슷했던 염파나 악의, 왕전의 열전을 보더라도 이렇게까지 세세하게 적어내지는 않았습니다.

『사기』「백기왕전 열전」에서는 백기의 전공에 대해 다음과 같이 기록하고 있습니다.

"이때까지 백기가 참수 혹은 익사시킨 사람 수만 44만 명에 이른다. 또한 점령한 기록만 있고 참수한 사람 수, 점령한 성 수는 나오지 않은 기록도 많으므로 실제로는 이보다 더 많은 군공을 세웠을 것으로 추측된다. 당시 진나라 다음으로 강건했던 초나라의 수도 영을 포함해서 한나라, 조나라, 위나라 등 진나라와 국경을 접하지 않는 연나라와 제나라를 제외한 모든 나라를 상대로 승리했고 그 땅을 점령했다."

❝ 백기가 포로 45만 명을 학살하다

기원전 260년, 진나라가 조나라를 침략하면서 조군 40만 명과 진군 수십만 명이 전투를 벌이게 됩니다. 사실 처음에는 백기가 아닌 왕흘이 대장이 되어 승상 범수의 명령을 받아 20만 대군을 이끌고 조나라를 공략했는데, 왕흘도 진나라에서 손꼽히는 명장이었으나 조나라의 명장인 염파의 지구전에 말려들어 불리한 상황이 됩니다. 왕흘은 3번의 전초전에서 승리하면서 기뻐했지만, 이는 애초에 진나라군을 장기전으로 끌어들이려는 염파의 계책이었고, 이후 실제로 우주 방어로 들어가 버린 것입니다. 진나라군이 아무리 조나라군을 도발해도, 조나라 왕이 나가 싸우라고 갈궈도, 염파는 이들을 전부 가볍게 씹고 버렸습니다.

그러자 범수는 반간계를 써 염파를 모함해 실각시키고 젊고 경솔한 조괄을 조나라 대장으로 세우게 만듭니다. 동시에 조나라 몰래 백기를 진나라 대장으로 임명했습니다. 내심 백기를 정적으로 취급했으나, 범수로서는 대국적인 차원에서 필승의 카드를 꺼낸 셈이었습니다. 이때 백기와 염파가 교체된 순서는 불분명합니다. 『사기』에서는 우선 염파가 경질되고 나서 백기가 부임했다고 전합니다.

백기는 불리한 전황과 병력의 열세에도 불구하고 조나라군을 도발하여 진지에서 끌어냈고, 진나라군을 후퇴시켜 도망치는 것처럼 꾸며 조나라군을 유인하는 한편 조나라군의 뒤쪽에 매복시켰던 별동대로 조나라군을 진지로부터 갈라놓아 대승을 거두었습니다. 그럼에도 불구하고 병력을 대부분 유지하고 있었던 조나라군은 그 자리에 요새를 만들었는데, 백기는 이것도 포위하고 사마근의 기병을 이용해 조나라군의 후방 보급도 끊어버린 채 말려 죽이려고 했습니다. 결국 46일 동안 포위되어 식량이 떨어진 조군 40만 명은 굶주림을 견디지 못하고 나와서 싸우다가 참패해 항복하며, 조괄은 이 과정에서 전사하니 이것이 바로 전국 시대의 향방을 결정지은 "장평대전"입니다.

전후 백기는 가장 나이가 어린 소년병 240명을 제외한 "모든 적병을 구덩이에 파묻고 전후로 포로 45만 명을 참수했다." 이러한 대학살의 이유는, 그 많은 포로를 수용할 여력도 감시할 여력도 없으므로 진나라에 데려갈 수도 없을 뿐더러, 그렇다고 풀어주자니 다시 무기를 들고 진나라에 맞서 싸울 것이 뻔하므로 그럴 수도 없었던 데 있었다고 합니다. 또한 진나라의 군공수작제에 따르면 죽인 적의 머리를 갖고 가야 신분 상승이 되는데, 잡은 포로들을 풀어주는 순간 진나라 병사들이 반란을 일으킬까 염려하여 전부 죽였다는 설도 있습니다.

그런 의미에서 백기의 포로 학살은 흔히들 생각하는 피에 굶주린 학살자들과 달리, 명확한 정치적 목적을 가지고 저지른 전략적인 학살로 볼 수 있다고 하는 주장도 있으나 그것이 포로 45만 명을 학살한 사실 그리고 그것이 역사상 흔치 않은 수준의 인류에 대한 범죄를 옹호하는 정당한 논리가 될 수 없음은 명백합니다.

일단 위에 기록된 추측을 떠나, 「열전」에 기록된 바로는 백기는 이러한 이유를 들어 학살을 저질렀다고 합니다.

> "예전에 진나라가 상당 땅을 점령했을 때, 상당의 백성은 진나라에 속하는 것을 싫어하여 조나라에 의탁했습니다. 조나라 병사는 줏대가 없어 언행을 이랬다 저랬다 합니다. 모두 죽여버리지 않으면 난을 일으킬까 두렵다."
>
> —『사기』, 「열전」, 백기

❝ 포로 학살은 진나라에 이득이 되었는가?

고대와 중세 시기에는 포로 학살이 빈번한 것이었고, 백기의 입장에서는 할 일을 했을 뿐이라고 주장하는 사람들도 간혹 있습니다. 당나라에서 배향한 명장 75인에도 당당히 뽑혔으니, 고대와 중세 시대의 사람들은 백기의 학살을 큰 문제로 여기지 않았다고 주장하는 의견도 있습니다.

그러나 고대와 중세에도 장평대전의 학살은 계속해서 비판받아 왔습니다. 『삼국지』로 유명한 하안[55]도 『백기론』이라는 저서에서 백기의 학살을 대놓고 깔 정도였는데, 논지는 "이렇게 학살을 하면 대체 누가 항복을 하냐?"라는 것이었습니다. 또한 진나라는 호랑지국[56]이라 불리며 강대국인 것은 둘째치고 다른 국가들에

---

55) **하안**: 삼국시대 위나라의 정치가이자 사상가로 자는 평숙平淑이다. 친부모는 하진의 아들 하함과 윤씨, 아내는 조조와 두씨 사이의 딸 금향공주로 하안은 하진의 손자이자 조조의 사위다. 형주 남양군 완현 사람. 조부 하진은 십상시의 난 때 뜻밖의 죽음을 당했고 종조부 하묘도 조부의 암살에 가담했다는 혐의를 받아 죽음을 당했으며 이후 정권을 잡은 동탁에게 고모할머니 하태후와 그 아들인 소제가 폐위당해 독살당한 것에 이어 종조부 하묘도 조부를 죽게 했다는 이유로 동탁에게 무덤이 파헤쳐져 시체가 절단되면서 길에 버려졌다. 곧이어 증조할머니 무양군을 비롯한 하씨 일족들은 동탁이 몰살했고 남은 하진 일족인 아버지 하함도 죽었는지 하안은 하씨 일족의 유일한 생존자가 된다.

56) **호랑지국**虎狼之國 : 호랑이와 이리의 나라라는 뜻으로, 포학한 강대국을 비유하는 고사성어이다. 중국 전국 시대의 최강국이었던 진秦나라를 지칭한 데서 유래된다.

게 힘만 센 오랑캐[57] 취급을 받았는데, 이런 대접을 받은 것은 자국 민을 법가[58] 사상으로 가혹하게 통치하는 것과 더불어 장평대전 과 같은 잔혹한 전쟁 때문입니다.

눈여겨볼 점은 호왈백만[59]으로 불린 숫자일 가능성이 크지만 무려 45만 명에 달하는 포로를 백기의 뜻으로 학살했다는 것입니 다. 즉, 당시 진왕이었던 소양왕이나 재상인 범수의 허락을 받지 않 고 독단적으로 벌인 학살인데, 학살에 대해서는 왕과 범수도 문책 하지 않았으며[60] 사서에서는 "진나라 사람들이 백기는 죄가 없었

---

57) **오랑캐**: 고비 사막의 북방(주로 몽골을 가리킴), 즉 막북의 동부에 할거하던 몽골 계 종족인 우랑카이족에서 유래한 이민족에 대한 한국어 멸칭이다. 사실상 야 만인이라는 의미로 쓰인다. 중세 몽골어로 '삼림민'을 뜻하는 우랑카이 (Uriankhai)에서 유래했는데 중세 몽골인들이 투바인들을 비하할 때 쓰이던 말 이기도 했다. 특히 원나라 때 중국 문화를 받아들여 중원으로 이주한 일부 몽 골족은 중원으로 이주하지 않고, 여전히 초원이나 사막에서 유목생활을 하는 몽골족들과 다른 유목민들을 야만족으로 여기며 멸시했을 것으로 보인다. 사 하 공화국의 원주민 사하인들은 스스로 '우랑카이(용감한 무사)'라고 부르는데 오랑캐라는 말과 연관될 수도 있다.

58) **법가**: 중국 고대의 제자백가 중 하나. 법法·술術·세勢를 이용하여 왕권을 강화 시키는 통치술을 중시하는 사상이다.

59) **호왈백만**號曰百萬: 백만을 부르짖는다는 뜻의 사자성어. 실상보다 수를 과장하 여 말하는 것을 의미한다. 한마디로 허장성세, 뻥튀기 등을 뜻한다. 그대로 직역 하자면 자신들에게는 백만대군이 있다며 자랑하기만 할 뿐인 것이다. 뜻 그대 로 직역하자면 자신들에게는 백만대군이 있다며 자랑하기만 할 뿐인 것이다.

60) 심지어 당시 범수와 백기는 정치적으로 대립하는 사이였음에도 불구하고, 범

다고 여기며 제사를 지냈다.”는 대목이 나올 정도로 진나라 사람들은 백기의 행동에 문제가 없었다는 생각을 갖고 있었던 것으로 보입니다. 즉, 당대 진나라 지도부와 사람들의 생각은 전선 지휘관이 포로 수십만 명을 학살해도 개의치 않을 정도였다고 말할 수 있습니다.

이는 시사하는 바가 큰데, 이런 진나라 사람들의 사고방식과 학살들이 단기적으로 진나라에게 이득을 가져왔을지언정, 훗날 있을 초한쟁패[61]와 신안대학살[62]의 단초가 되었다고 볼 수 있기 때

수가 백기를 학살로 비난했다는 말은 『사기』를 비롯하여 어느 저서에서도 보이지 않았다.

61) **초한쟁패**楚漢争霸: 기원전 206년 진나라의 멸망 이후 유방과 항우가 대립한 끝에 기원전 202년 12월 항우의 패배와 죽음, 그리고 유방의 승리와 천하 통일로 통일 왕조국가 한나라가 건국되는 전쟁. 초한쟁패라고도 하며, 중국에서는 '초한상쟁楚漢相争'이라는 표현도 많이 쓰인다. 당대 중국의 모든 세력이 얽혀 들어간 대전 중의 대전이며, 진나라 멸망 후 당대 최강자였던 초패왕 항우는 역사에 남을 수준의 일신의 무력과 용병술로 여러 차례의 괴물 같은 활약에도 불구하고 결국 패배자가 됩니다.

62) **신안대학살**: 기원전 207년 음력 11월 현 중국 허난성 뤄양시 신안현에서 항우가 자행한 대규모 포로 학살을 말한다. '신안의 갱'이라고도 한다. 문헌상 무려 20만이나 되는 비무장 포로들이 야밤에 저항도 못 해보고 습격으로 파묻혔다. 이 학살로 인해 초한전쟁의 결말이 정해졌다고 볼 수 있을 정도의 실책으로 장평대전 당시 진나라秦의 백기가 자행한 학살과 함께 고대 중국에서 전쟁 포로에게 저지른 전대미문의 학살 사례로 손꼽힌다.

문입니다. 다만 신안에서의 대학살도 결국 대상만 달랐지, 결국 대학살이라는 점에서 당대나 현재나 욕을 먹습니다.

그러나 아이러니한 것은 진나라가 해왔던 학살이 항우의 증오심을 키웠다는 것이며, 또한 초나라군에서 이러한 학살에 반발한 자들이 극히 적었고, 지시를 군말 없이 따랐다는 것을 보면 항우가 유독 잔인한 학살자이긴 하나, 그러한 학살을 할 수 있었던 것은 "진나라에게 당한 만큼 갚아 주자."는 심리가 있었기에 가능했었다고 볼 수 있습니다. 그나마 항우의 측근 중에서 머리가 잘 돌아갔다는 평을 듣는 범증도 신안대학살과 그 이후 함양에서의 학살을 제지하지 않았으니 그만큼 항우를 따르던 자들 대부분은 진나라에 대한 증오심이 깊었다는 것을 알 수 있습니다. 항우의 멍청함을 상징하는 속담인 금의환향이 나온 일화마저 진나라인을 학살하지 말라는 뜻으로 항우에게 한 조언이 아닙니다. 진나라인을 실컷 학살하고 나서 폐허가 된 함양을 버리고 떠나는 항우를 만류하면서 나온 고사입니다. 물론 그렇다고 항우의 신안대학살이 당시에도 통쾌한 복수만으로 여겨진 것은 절대 아닌 것이, 유방을 비롯한 항우와 조금 거리를 둔 자들은 이 학살에 경악하여 항우를 극렬히 비판했습니다. 시간이 흘러 초한 전쟁이 본격적으로 시작된 후, 그나마 복수의 대상이라 여겨진 진나라가 아닌 다른 국가의 포로와

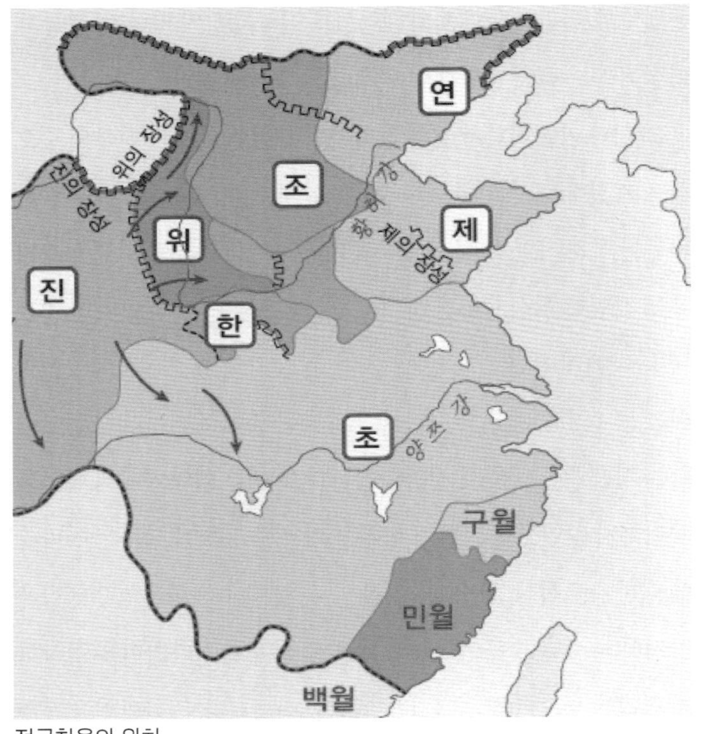

전국칠웅의 위치

민간인들을 학살하고 나서 항우는 완전히 민심을 잃었지만, 여기
에서 주목해야 할 점은 "적어도 항우의 곁에 있었던 측근들과 휘하
의 초나라 병사들은 진나라인을 학살하는 것에 아무 거리낌이 없
다."라는 것입니다. 이는 그만큼 진나라가 다른 나라에 엄청난 원
한을 사고 있었음을 보여주는 부분이라 할 수 있습니다. 통일 이후

진시황이 죽자마자 벌떼처럼 군웅이 봉기하고, 강대하던 진나라가 빠르게 무너진 가장 큰 이유가 여기에 있습니다.

장평대전과 같은 전쟁들이 과연 전국칠웅[63]의 다른 나라 국민들에게 어떻게 보였을지, 그리고 진나라가 중국을 통일하고 나서도 타국의 국민들을 어떻게 보았을지, 이것을 생각한다면 진나라가 통일을 하고 나서도 빠르게 멸망한 이유를 이 전쟁에서 찾을 수 있습니다.

결국 진나라는 포로 학살을 통하여 단기적인 이득은 볼 수 있었으나, 장기적으로는 큰 손해를 보았다고 할 수 있을 것입니다.

장평대전 이후 백기가 몰락하다

장평대전 이후로 백기는 몰락하게 됩니다. 장평대전 직후 백기는 바로 조나라의 수도인 한단으로 쳐들어가 멸망시키자고 주장했지만, 범수는 정적인 백기가 공을 세움으로써 자신보다

---

63) **전국칠웅**戰國七雄 : 춘추 전국 시대 중 춘추시대가 끝나고 전국 시대에 진입하면서 세력을 굳힌 7개 나라를 가리키는 말이다. 춘추오패가 춘추시대에 강성한 나라들의 제후 개개인을 칭하는 반면, 전국칠웅은 나라라는 차이가 있다. 이 시기에 저 7개국만이 있었던건 아니며, 중산, 송, 정 등 3개국을 포함한 다양한 소규모 국가들이 존재했다.

더 높은 자리에 있게 되어 장차 있게 될 정치적 보복을 염려했고, 결국 조나라의 세객인 소대[64]의 설득에 넘어가 백기가 공을 쌓지 못하도록 소양왕을 설득해 몇 개월 후 한단을 공격할 것으로 결정했습니다. 범수는 백기의 은사로 진나라의 재상이었던 양후 위염을 끌어내리고 자기가 재상이 됩니다.

당시의 상황은 『사기』 「백기왕전 열전」에 자세히 서술되어 있습니다.

한나라와 조나라가 두려워하며 소대에게 후한 예물을 주고 진나라의 재상인 응후 범수를 달래게 했습니다.
"무안군이 마복군의 아들을 잡았습니까?"
응후 범수가 말했습니다.
"그렇소."
또 소대가 말했습니다.
"바로 한단을 포위할 것입니까?"
응후 범수가 말했습니다.
"그렇소."
"조나라가 망하면 진왕은 천하의 왕이 되고, 무안군은 삼공이 될 것입니다. 무안군이 진나라를 위해 싸워서 이기고 일흔 남짓 재를 쳐서 뺐었고, 남쪽으로 언·영·한중을 평정하고 북쪽으로는 조괄의 군대를 모두 사로잡았으니, 비록 주공단[65]·소공석[66]·태공망[67]의 공적도 이것 만은 못할 것입니다. 이제 조나

---

64) **소대**蘇代: 합종책으로 유명한 소진의 동생으로, 위키에 항목은 없으나 형 못지 않게 활약한 인물이다. 이 사람이 한 말이 그 유명한 '어부지리'이다.

라가 망하고 진왕이 천하의 왕이 되면 무안군은 반드시 삼공이 될 것인데, 그

---

65) **주공단**: 주나라의 정치인. 성은 희姬, 이름은 단旦, 시호는 문공文公이다. "주공" 혹은 "주공 단"이라는 이름으로도 자주 불린다. 주공은 벼슬 이름으로 영지가 주지역이라서 주공이라고 불렸다. 주문왕의 넷째 아들이다. 첫째 형이 백읍고, 둘째 형이 무왕 희발이다. 중국 고대사에서 최고의 성인 중 한 명으로 추앙받는 인물로, 다른 성인들인 탕왕, 문왕, 무왕은 신하의 입장에서 군주를 쫓아냈기에 일각에서 역적이라는 비판을 받기도

주공단

한다. 허나 문공은 그렇게 하지 않고 보좌의 소임을 마친 후 조카 성왕에게 권력을 넘겨주고 자기 봉지로 돌아가 모범적인 재상으로 추앙받았다.

66) **소공석**: 서주시대 소나라의 초대 공작이자 연나라의 초대 백작이다. 주문왕의 아들이자 주무왕 및 주공 단의 동생이었으며, 연후 극의 아버지였다. 그는 형인 주 무왕을 따라 상나라를 멸망시키는데 큰 공을 세워 계 땅에 분봉받아 연나라의 초대 백작이 되었지만, 연나라가 주나라의 수도인 호경에서 굉장히 멀기도 하고 자신이 맡은 주 왕실의 재상일을 등한시할 수 없어, 아들인 공자 극克을 보내 연나라를 다스리게 했다. 그리고 자신은 무왕이 봉한 채읍인 소 땅에 머물러 소나라 공작 '소(강)공 석'이라 불리게 된다. 주 무왕 사후 형인 주 공 단과 함께 조카인 성왕을 모시며 나라를 잘 다스려 주나라 최고 전성기인 성강지치를 이룩하는데 도움을 주었다.

67) **태공망**(강상) : 제나라의 초대 국군. 대중들에겐 강태공이란 명칭으로 더 잘 알려져 있다. 중국의 상고 시대인 기원전 11세기 전후 상주 혁명기 시절 정치가, 전략가이자, 제나라의 초대 군주아다. 쉽게 말해 주나라 재상으로 왕을 도와 상나라를 뒤집어엎고, 그 포상으로 제나라 땅을 맡아 본인이 일종의 제후 국군國君이 된 인물이다. 한국에서는 강상이란 이름보단 별명인 태공망 강태공 등으로 더 잘 알려져 있으며, 그 외에도 강자아, 여상, 여망으로도 부른다. 도가에서 부르는 호칭은 비웅이다.

대는 그보다 낮은 자리를 참을 수 있겠습니까? 비록 그 밑에 있지 않으려고 해도 그렇게 되지는 않을 것입니다. 진나라가 일찍이 한나라를 공격해 형구邢丘 땅을 포위하고 상당 땅을 곤궁하게 했을 때, 상당 땅의 백성들은 모두 조나라로 갔으니 천하가 진나라의 백성이 되는 것을 싫어하게 된 지가 이미 오래됩니다. 지금 조나라가 망하면 북쪽 땅은 연나라로 들어가고, 동쪽 땅은 제나라

소공석

로 들어가며, 남쪽 땅은 한나라와 위나라에 들어갈 것이니, 그대가 얻을 백성은 얼마 되지 않을 것입니다. 그러므로 차라리 조나라의 땅을 나누어 받고 무안군이 공을 세우지 못하게 하는 쪽이 낫습니다."[68]

이에 응후 범수가 소양왕에게 말했습니다.

"진나라 병사는 지쳤으니, 한나라·조나라의 땅을 나누어 받고 화친을 맺어 우선 병사들을 쉬게 하십시오."

소양왕은 이를 받아들이고 한나라의 원옹垣雍과 조나라의 성 6개를 나누어 받고 화친했습니다.

정월, 병사를 모두 불러들였습니다. 무안군이 이를 듣고 이 일 때문에 응후 범수와 사이가 나빠졌다.

범수의 모함 이후 한단 공성전이 실패로 끝나자, 소양왕은 다시 백기에게 지휘를 맡기려고 했으나 백기는 계속 병을 핑계로 전쟁

---

68) 여기서 "무안군은 반드시 삼공이 될 것인데" 라는 말은 단순히 관직을 뜻하는 것이 아닌, 백기가 삼공이라 불리는 문공(주), 소공석, 태공망과 같은 급의 공을 세운다는 중의적 의미라 한다.

에 나가질 않았습니다. 이 와중에 백기는 "진나라가 내 말을 듣지 않더니 지금 이렇게 되었구나!"라는 말을 했습니다. 이 말을 듣고 분노한 소양왕은 그를 귀양보내고 자결을 명령했습니다.

진소양왕 50년(기원전 257년 11월)
진소양왕이 응후 범수 및 여러 신하와 의논했습니다.
"백기가 유배를 가면서 오히려 불만을 품고 복종하지 않으며 쓸데없는 말을 하
 고 있습니다."
진소양왕이 사자를 보내 검을 주면서 자결하라고 했습니다.
무안군이 검을 받아들고 스스로 목을 베려다가 말했습니다.
"내가 하늘에 무슨 죄를 지어 이 지경에 이르렀는가?"
한참을 생각하다가 말했습니다.
"나는 죽어 마땅하구나. 장평 땅의 싸움에서 항복한 조나라 병사 수십만 명을
 내가 속이고, 모두 구덩이에 파묻었으니 이것만으로도 죽어야 합니다."
마침내 자결했습니다.
무안군이 죽으니 진소양왕 50년 11월의 일입니다.
백기가 죽었으나 죄가 없었으므로 진나라 사람들은 그를 불쌍히 여기고 고향
에서 제사를 지내주었습니다.   − 『사기』 「백기왕전 열전」

결국 백기는 진나라의 전쟁 영웅이자, 중국사를 넘어 세계사에 길이 남을 학살자로 남았습니다.

이 유언이 진심이든 아니든 이는 훗날 환관 조고에게 살해되는 몽염의 "내가 이렇게 비명횡사하는 건 만리장성을 지으며 지맥을

많이 끊었기 때문입니다."는 유언과 항우의 "내가 이 꼴이 된 건 하늘이 나를 망하게 하려는 것이지 내가 싸움을 잘하지 못해서 지은 죄가 아니다."는 유언[69]과 비교돼, "그래도 자기 잘못은 뉘우치고 죽었다."고 그나마 나은 평가를 받고 있습니다. 몽염은 "몽염의 죄는 진시황의 폭정을 간언하여 말리지 않은 거지 지맥 탓을 하며 잘못을 회피한다."고 사마천에게 마구 까였습니다. 항우는 일개 장군이 아닌 통치자로서 현대는 물론 고대에서조차 납득 못 할 대학살을 아무렇지도 않게 저지르고 다녔다는 점에 사마천이 "제 잘못도 모르고 하늘 탓을 하는 황당하기 짝이 없는 인간"이라고 비판했으며, 당대의 사학자들에게서도 정신승리 취급을 받습니다. 물론 백성을 하늘로 본다면 정말 하늘이 망하게 하려 했다고 볼 수도 있긴 합니다. 다만 몽염은 백기나 항우와 비교되긴 억울한 점도 있습니다. 분명 공을 세운 건 사실이고, 백기 만큼 대학살을 한 것도 아니기 때문입니다. 또 항우는 가는 곳마다 학살을 저질렀고, 아무 죄 없는 민간인까지 적군 병사들 만큼이나 죽였습니다. 한편 백기의 장평 학살 역시 포로들을 생매장한 점에서 민간인 학살과 조금도

---

69) 사실 유언이라기보다는 마지막 해하 전투를 앞두고 부하들에게 한 말이다. 진짜 유언은 유방에게로 간 자기 부하 여마동에게 한 "내가 들으니 한왕이 내 목을 1,000금과 10,000호의 봉지로 사려 한다고 한다. 내 그대들에게 은혜를 베풀어 주겠노라."였다.

다를 바 없고 그 희생자도 항우의 신안 대학살보다 훨씬 많다는 점에서 항우에 비해선 전혀 나을 게 없습니다.

❤ 백기는 춘추 전국 시대 최고의 명장들 중 한 명이었다

진나라가 당대 중국의 국가 중 최강이었으니 진나라의 통일은 시간문제였고, 백기는 거기에 묻어간 것일 거란 평도 있으나, 『사기』의 기록과 진나라인들의 백기에 대한 평가를 보면 백기는 의심의 여지 없이 춘추 전국 시대 최고의 명장 중 한 명이라고 할 수 있습니다.

당시 상앙의 변법으로 인하여 진나라의 국력이 전국칠웅 중 최강이었다는 것은 사실입니다. 하지만 『사기』「열전」에서 채택[70]이 범저에게 언급하기를 백기에게 가장 많은 피해를 입은 국가인

---

70) **채택** : 전국 시대 진秦나라의 상방이다. 연나라 사람으로 각 나라에 유세하고 다녔지만 조나라에서는 쫓겨났으며, 한나라, 위나라 등지를 떠돌다가 진나라에서 정안평, 왕계 등이 큰 죄를 짓고 이들을 천거한 범수가 곤란하다는 것을 듣고 진나라에 찾아가서 자신은 진나라 왕의 총애를 받고 재상직을 빼앗을 것이라는 소문을 퍼뜨렸다. 이 소문을 듣고 범수가 초대하자 백기, 상앙, 대부 종, 오기의 예를 들면서 "님보다 뛰어나고 공도 훨씬 많이 세웠던 그들이 한번 의심을 받으니깐 천명을 누리질 못했는데 님은 어떻겠습니까?"라고 말해서 범수가 자신을 천거하게 하면서 그를 물러나게 하여 진나라의 재상으로 상방이 된다.

초나라는 "땅이 사방 수천 리나 되며 100만 명의 군사가 있습니다."
라고 할 정도로 강대한 나라였습니다. 이 100만의 군사 운운하는
것은 말 그대로 호왈백만으로 받아들이는 것이 옳습니다. 그런 초
나라에 백기는 원정군을 끌고 가서 수도 영을 점령하고, 초나라 역
대 왕들의 왕릉을 약탈했습니다. 다만 초나라는 오기의 일화로도
알 수 있듯이 너무나 강력한 귀족들의 권력과 역대 왕들의 실책 때
문에 가진 국력을 온전히 쓰지 못했습니다.

뿐만 아니라 당대의 또 다른 강국인 조나라와 초나라가 진나라
를 치지 못한 것도 백기 때문이었다는 구절이 있을 정도입니다. 백
기는 6국을 상대로 73번 이상의 공성전을 치렀으나, 그동안 단 한
번도 패배한 기록을 찾아볼 수 없는 것은 사실입니다. 그 외에도 위
나라와 한나라 연합군을 이궐의 대전투에서 대패시키고, 위나라
의 전 수도 안읍 함락, 강력한 국력을 자랑하던 초나라 수도를 점령,
조나라 군사들을 수공으로 수장, 한나라 군사들을 참수, 장평대전
에서 조나라 군사 45만 명을 생매장하는 등 엄청난 전과를 거두고
무안군으로 책봉되는 영예를 누린 대단히 뛰어난 명장임은 분명
합니다. 이 와중에 대학살은 빠짐없이 등장합니다.

하지만 당장 천자문에서도 함께 언급되는 염파와 이목, 왕전 등
의 뛰어난 명장들이 있으며, 이목은 별다른 손실 없이 흉노족 10만

기를 일방적으로 몰살시켰고, 망해가는 조나라를 붙잡은 채 왕전과 같은 진나라의 명장들을 상대로 조나라를 지켰습니다. 결국 진나라는 매국노 간신인 곽개를 통해 이간질로 이목을 경질시키고 나서야 조나라를 멸망시켰습니다. 기전파목과 별개로 춘추 전국 시대의 대표적인 명장으로 꼽히는 악의·전단·사마양저[71] 등과 『손자병법』[72]을 쓴 손무[73], 『오자병법』[74]을 쓴 오기[75] 등이 있기 때

---

71) **사마양저**: 춘추시대에 가장 먼저 등장한 체계적인 전략·전술가이자 명장이다. 본래 이름은 전양저지만, 그가 제나라에서 맡은 직책이 사마(司馬, 군사관련 총책임자)였기 때문에 씨족의 이름보다는 관직의 이름으로 불려지는 경우가 많다. 천하수안 망전필위(天下雖安 忘戰必危: 천하가 비록 평안하더라도 전쟁을 잊으면 반드시 위태로워진다)라는 말로 유명하다. 혹은 전정저라고 적혀있는 역사서도 있다. 당시 제나라는 긴 내란이 끝나고 경공景公이 즉위하였고, 유명한 신하 안영이 경공을 보좌하고 있다. 또 진나라陳의 망명 귀족인 전씨의 세력이 급격하게 확대되어, 전씨의 대두에 기존의 귀족으로부터 질시와 경계가 심해지고 있다. 그러한 중에 제나라는 진나라晉와 연나라燕에 의해 공격받고 영토를 빼앗기고 경공은 빼앗긴 영토를 되찾고 싶었다. 안영이 경공에게 추천한 인물이 있다. 그가 바로 사마양저이다.

72) 『**손자병법**』: 고대 중국의 병법서다. 동양에서 가장 위상이 높던 병법서들인 무경칠서 중에서도 가장 중요한 병서로 꼽힌다. 병법서들 가운데서도 특히 공세와 세력확대에 중점을 두었으며, 수성전을 중점적으로 다룬 묵자와 좋은 대비를 이룬다. 춘추시대 오왕 합려를 섬기던 손무의 저작으로 여겨진다. 처음에는 13편이 저술되었으나 전국 시대를 거쳐 광범위하게 유포되면서 필사되다보니 후대 사람들이 가필, 첨삭하면서 다양하게 중복, 수집되어 서한 초기 한무제, 한성제 시기에 선진시대의 대대적인 문헌의 수집, 감수, 목록화가 이루어지는 시기에 유향이 82편의 『오손자병법』으로 정리했다.

문에 백기를 춘추 전국 시대 최고의 명장이라 쉽게 부르기는 어렵다. 왕전은 진나라에 의한 중국 통일의 주역이며, 진나라 다음 강대국인 초나라의 대군을 1년 여에 걸친 지구전으로 격파했습니다.

73) **손무**孫武 : 춘추시대 오나라의 인물이다. 춘추시대 최고의 명장으로, 고대 동양 군사전략의 최고봉이자 당대 최고의 책략가이다. 제나라齊 낙안 출신이며, 그 유명한 『손자병법』 13편의 저자이다. 기원전 627년, 공자 완公子完이 제나라로 망명해 정착했을 때 전田으로 씨를 바꾸고 100여 년 동안 전씨 일족이 번성했는데, 손무의 조부인 전서가 거 땅을 정벌하는 데 공을 세움으로써 손孫이라는 씨를 받았다고 한다. 이후 손무도 조상이 그러했듯 제나라에서 살았으나 손무가 장성했을 때 제나라에서 내란이 일어나자, 아버지 손빙孫憑과 함께 전국을 정처없이 떠돌아다닌 것으로 추정된다.

74) 『**오자병법**』 : 고대 중국의 병법서이자, 무경칠서 중의 하나이다. 손자병법과 함께 무경칠서의 양대산맥으로 불린 병법서로, 흔히 손자병법과 하나로 묶어 『손오병법』이라 칭했다. 저자는 손자를 비롯하여 춘추 전국 시대의 저명한 병법가 중 한 명이자 정치가이기도 했던 76전 무패의 오기. 저서인 『오자병법』은 원래는 48편이었다 하나 현재 전해지는 것은 6편뿐이다. 현재 전해지는 『오자병법』의 내용은 위나라 문후와 무후와의 대화 내용을 담은 것이다.

75) **오기** : 중국 전국 시대 명장, 병법가, 정치가. 전국 시대를 대표하는 전략 전술의 귀재 중 한 명으로 오기傲氣도 많았고, 인간적으로는 너무나도 차가운 냉혈한이었지만 병사들의 상처를 친히 입으로 빨아 주었다는 유명한 일화를 생각하면 상당히 다양한 면모를 보여주는 인물이다. 일생도 꽤나 극적이었다. 우연의 일치로 남에게 지기 싫어하는 마음을 뜻하는 동음이의어 오기의 뜻에 맞게 파란만장하고도 오기 있는 삶을 살았던 인물이다. 실제로 오기의 삶을 보면 진정한 오기란 이런 것이다 싶을 정도. 오기의 처절하고도 섬뜩한 독심과 비정함까진 배울 필욘 없어도, 여러 차례 모함을 받으며 자리에서 쫓겨나더라도 포기하지 않고, 그야말로 오기 있게 살았던 것만큼은 후대의 사람들에게도 의미심장하다.

또한, 시야를 중국사 전체로 넓힌다면, 뛰어난 일신의 무력과 지휘력으로 중국의 통일을 목전에 뒀던 항우나 천재적인 전략과 전술로 그 항우를 격파하는데 결정적인 역할을 한 한신, 더 후대에는 흉노 전쟁에서 크게 활약한 곽거병과 위청·후한 광무제·유송 무제 유유·진경지·곽자의·악비·맹공·홍무제·서달 등 중국사에는 기라성 같은 명장들이 많아 단순히 백기를 중국사 최고의 명장의 반열에 올리기는 어려운 측면이 있습니다. 정복왕조까지 포함할 경우 더 많은 명장을 꼽을 수 있습니다. 북위의 기틀을 마련한 태무제, 요나라의 대군을 격파하고 금나라를 건국한 태조(금), 명나라의 지배를 벗어나 대제국 청의 기틀을 마련한 천명제 등도 손꼽히는 명장이라 할 수 있습니다.

❝백기가 죽다   진나라 백성들에게는 전쟁 영웅이라서 그런
지 민중들은 그의 죽음을 동정하여 사당을
세우고 매년 제사를 지냈습니다. 진나라 백성들 입장에서는 그가
외국인을 많이 죽이든 말든 알 바 아니었을 것입니다.

전설에 따르면 당나라 때 어느 소가 벼락에 맞아 죽었는데 나중
에 살펴보니 소에 '백기'라고 쓰여 있습니다. 그래서 사람들은 백
기가 사람을 많이 죽인 죄로 소로 태어난 것도 모자라 벼락을 맞아
다시 죽은 것으로 여겼다고 합니다.

당시의 상당 지역은 오늘날의 산서 성 고 일대에 해당하는데, 이
지역에는 '바이치러우'라는 음식이 있습니다. 물론 백기의 고기를
사용하는 것은 아니고, 두부 요리인데, 이 '바이치러우'를 한자로
쓰면 '白起肉'입니다. 즉, 백기의 고기라는 의미입니다. 허연 두부를
백기의 뇌수를 상징한다고 생각하며 삶아 먹어 장평의 학살에 복수
하는 의미라고 합니다. 이렇게 보면 백기는 옛 조나라 땅의 민중들
에게 잔혹한 학살자이자 원수로 수천 년 동안 기억되어 온 듯합니
다. 고기처럼 네모지게 잘라 이것을 구운 뒤 다시 삶아 먹는 식의 요
리로, 현지에서는 노점에서 제법 흔한 모양이며, 이름에 얽힌 피비
린내 나는 역사도 유명합니다. 공원국이 쓴 『춘추 전국이야기』에
는 백기를 먹는다는 뜻의 '츠바이치吃白起'라고 기록되어 있으나, 정

작 바이두 백과에는 '바이치러우'라는 이름만 등록되어 있습니다.

백기의 전공은 중국사 최고의 명장들 중 한 명으로 꼽아도 손색이 없지만, 민심을 헤아리지 않고 과도한 대학살을 빈번히 자행해서 백기에 대한 후세의 평가는 위인 반열에는 오르지 못하고 대학살자, 잘 쳐줘도 전쟁병기 정도로 인식되고 있습니다.

백기가 죽은 뒤 50여 년 후에 진나라는 백기가 벌였던 일과 비슷한 참사를 당하는데, 진나라 병사 20만 명이 항복한 뒤 결국 신안新安에서 초나라의 무장인 항우에 의해 불시에 습격을 받아 태반이 죽고 살아남은 자들도 모조리 생매장을 당한 '신안대학살'이 그것입니다.

하지만, 장평대전에서 벌어진 학살에서 그 대상은 포로가 된 군인들만이었지만, 신안대학살은 전쟁포로는 물론이고 수도 함양으로 쳐들어간 뒤 벌어진 민간인 학살도 포함되며, 거기다가 여러 이유로 끌려온 외국 출신의 사람들도 있었고, 심지어 초나라 출신도 있습니다. 이러한 민간인 학살에 대해서는 농민 출신이었던 유방이 항우를 비판할 때 반드시 언급했을 정도였습니다.

그리고 초나라의 땅은 사방 수천 리에 무장한 병사가 100만 명에 이르는 큰 나라였으나 백기가 수만 명의 군대를 이끌고 초나라와 싸워서 첫 번째에 언鄢, 영郢을 함락시키고 이릉을 불살랐으며, 두 번째에는 촉나라와 한중漢中을 합병했습니다. 또 한나라와 위나라를 넘어 강한 조나라를 쳐서 북방에서 마복군의 아들을 생매장시키고 40만 명이 넘는 병사들을 모조리 장평성 아래에서 죽이니 흐르는 피가 강을 이루고 울부짖는 소리는 하늘을 울렸습니다. 그리고 한단邯鄲을 포위·공격하여 진나라의 제업帝業을 위한 기초를 세웠습니다.

원래 초나라와 조나라는 천하의 강국으로 진나라의 원수였지만 이로부터 초나라와 조나라는 모두 굴복하고 감히 진나라를 공격하지 못하니 이는 백기의 위세 때문이었습니다. 백기는 몸소 70여 개의 성을 정복하는 공업을 이루었으나 끝내 왕의 명을 받고 두우에서 자살했습니다.   － 『사기』 「범수채택 열전」

- 10년 만에 전국의 여섯 국가를 멸망시키고, 가혹한 통치를 한 탓에 과거 6국 백성들의 증오를 한 몸에 받았고 수많은 암살 시도가 있었습니다. 대표적으로 연나라 형가의 암살 미수와 형가의 친구 고점리, 훗날 한나라 개국 공신이 되는 젊은 시절의 장량 등이 있습니다. 이연걸 주연의 2002년 영화 〈영웅: 천하의 시작〉도 보면 이 암살 시도를 모티브로 한 것을 알 수 있습니다. 이렇듯 중국 역사를 통틀어서도 시황제는 유난히 암살 위협을 많이 받은 황제였고 이 때문에 불로불사에 더 집착했다는 주장도 있습니다.

- 시황제의 황후나 후궁에 대해서는 전혀 알려진 바가 없습니다. 그렇지만 황후를 두지 않았다면 그것도 당시로서는 특이한 일이었을 텐데 그런 기록도 없습니다. 『사기집해』에는 이사가 17형을 폐하고 호해를 세웠다고 하는데 그렇다면 유명한 부소와 호해 이외에도 아들이 많았던 것이니 당연히 황후와 상당수의 후궁을 거느렸을 것입니다. 이세 황제가 말하기를 "선제의 후궁들 중, 자식이 없는 자를 내쫓는 것은 옳지 않다." 명령을 내려 (그들을) 모두 죽게 하니, 죽은 사람이 매우 많았습니다.

03

통일 전쟁의 시작

**❝ 조나라를 1차
공격하다**

본격적인 통일 전쟁을 시작하기에 앞서 진나라는 6국 겸병의 가장 큰 걸림돌인 조나라를 공격하기로 합니다.

기원전 236년(진왕 정 11년, 조도양왕 9년) 진나라는 조나라를 본격적으로 공략하기 전에 이사의 계략을 써, 간첩으로 하여금 조나라와 연나라의 관계를 이간질하여 양국이 상대방을 향해 전쟁을 일으키도록 합니다. 이 계책이 먹혀들어 조나라는 연나라와 전쟁을 개시했고 진나라가 침공할 당시 조나라의 주력군은 연나라를 공격합니다. 황당하게도 조나라의 수뇌부는 연나라를 공격하기에 앞서 거북의 등껍질로 친 점에서 매우 길하다는 점괘가 나오자 바로 앞에서 언제든 자신들을 집어삼키려고 입을 벌리고 있는 진나라를 놔두고 연나라와 전쟁을 벌이기로 결정합니다. 더욱 어이없는 것은 연나라의 수뇌부도 거북점으로 조나라와의 전쟁을 결정한 전적이 있었습니다.

조나라가 연나라와 전쟁을 일으키자 연나라를 돕는다는 구실로 진나라는 대군을 일으켜 남과 북 양로의 길을 빌려 조나라로 진격합니다. 번오기와 양단화의 남로군은 안양과 업으로 진격하고, 왕전[76]의 북로군은 요양과 언여로 진격하여 점령합니다. 진나라

---

76) **왕전** : 진나라의 무장으로 빈양 동향 사람이다. 당시 남아 있던 진나라의 주변

의 군대는 주력군이 빠진 조군을 격파하며 9개의 성읍을 점령하고, 조나라의 영내를 파죽지세로 장악해 가며 남로군과 북로군으로 하여금 남북에서 한단을 협공해 일거에 조나라를 멸망시키려고 했습니다. 예상치 못한 진나라의 침공으로 국내 형세가 매

왕전

우 위급해진 조나라는 설상가상으로 조 도양왕이 병사하고 그의 아들 조 유목왕 천[77])이 뒤를 이었습니다. 유목왕은 연나라 정벌에 나가있던 조나라의 주력군에 귀환을 명령하고, 한단 북쪽 태항산[78])의 험함과 한단 남쪽 장수와 그 연안을 따라 축조된 장성에 의

국을 모두 멸망시켜 춘추 전국 시대를 종결시킨 명장이며, 그 과정에서 뛰어난 처세술을 보인 것으로 이름이 높다. 전국 시대 가장 뛰어난 무장 가운데 한 명으로 평가받는다. 왕전과 그의 아들 왕분王賁이 멸망시킨 국가는 연나라, 조나라, 초나라, 위나라, 제나라를 비롯한 다섯 국가였으며, 이 과정에서 수백 곳의 성을 함락시켰다. 게다가 또 다른 진나라의 명장인 백기와 달리 학살자의 이미지는 없으며, 처세술도 능통하여 의심많고 성격도 안 좋았던 진시황 휘하에서 진나라가 동원할 수 있는 모든 군대의 지휘권을 받았는데도 불구하고 천수를 누렸다.

77) **조 유목왕 천**趓 : 조유류왕이라고도 한다. 중국 전국 시대 조나라의 제10대 국 군이자 제5대 왕이었으며, 조씨의 제24대 종주였다. 이름은 조천이었으며, 도양왕의 서자였고, 대나라 왕 조가代王嘉의 이복동생이었다. 조나라의 마지막 군주로 간신 곽개를 중용해 나라를 멸망의 구렁텅이에 빠뜨렸다. 『사기』에서는 시호를 붙여 조 유목왕이라고 부르는데, 유류왕의 오자일 공산이 크다.

지하여 굳게 지킴으로써 진군과 대치 상태에 들어가게 됩니다.

이때 진나라에서 몇 가지 문제가 발생합니다. 하나는 여불위에 관한 문제로 노애의 반란 사건과 연루되어 승상직을 박탈당하고 하남의 봉지에 들어가 지내던 여불위에게 관동의 여러 제후들이 사람을 빈번히 보내 왕래를 한다는 것을 진왕 조정이 알게 되었고, 이는 여불위에 대한 경각심을 높이게 하는 원인이 되어 결국 여불위 일가를 귀양보내듯 사천으로의 이주 명령을 내렸습니다. 다음 해 여불위는 스스로 목숨을 끊었습니다.

다른 한 가지는 조나라를 수월하게 공략하기 위해 조나라를 공격하기 전 진나라와 위나라가 우호 조약을 체결했는데, 위나라는 진나라의 힘을 빌려 초나라의 영토를 빼앗으려고 기도했습니다. 또한 진나라에서도 위나라와 협력하여 초나라를 공격해야 한다는 여론이 강해져 결국 진나라는 공격 목표를 조나라에서 초나라로 전환했고, 이러한 일들로 인해 제1차 조나라 정벌이 흐지부지 끝나고 두 나라는 1년간의 휴전 기간을 갖게 됩니다.

---

78) **타이항 산맥**太行山脉 : 중국 산시성과 허베이성을 가르는 거대한 산지이다. 산시성과 산둥성 지명을 구분하는 기준이며, 남북으로 400㎞, 동서로 150㎞에 이르는 규모를 자랑한다. 보통 해발 1,500～2,000m에 이르는데 가장 높은 봉우리는 샤오우타이산[小五台山]으로, 해발 2,882m이다. 산지의 중심인 타이항산(태항산)은 중국의 그랜드 캐년으로 불릴만큼 웅장한 협곡이 유명하다. 우공이산 고사에 등장하는 타이싱산[太形山]이 바로 타이항산의 옛 이름이다.

❝ **조나라를 2차,
3차 공격하다**

시황제 13년, 기원전 234년(조 유목왕 2년) 진나라의 수뇌부는 조나라와의 전쟁이 채 끝나지 않은 상태에서 위나라와 함께 초나라를 공략하는 것에 대해 부정적인 생각을 갖게 되었고, 다시 조나라를 침공하는 것으로 결정을 내려 번오기를 대장으로 하여 10만 명의 진군을 동원해 조나라 남부로부터의 공격을 개시했습니다. 번오기가 이끄는 진군은 조군의 방어망을 피해 장하漳河의 하류를 우회하여 한단의 남동쪽 평양(현 하북성 임장현)과 무성(지금의 산동성 무성현)을 공격했습니다. 조나라에서는 대장 호첩이 대군을 이끌고 두 성을 구원하러 갔다. 6월 번오기[79]가 이끄는 진군은 대장 호첩이 이끄는 조군과 회전을 벌여 조군을 대파하고, 10만 명의 조군의 목을 베

---

79) **번오기** : 본래 진나라에서 장군을 지냈으나, 사연 불명의 이유로 진시황에게 죄를 얻고 연나라에 망명하였다. 이후 연나라에서 거주하였다. 번오기가 진나라에서 저지른 죄가 무엇인지는 기록에 없다. 사기 자객열전에서 형가의 말에 따르면, 번오기의 부모와 가족은 모두 죽거나 노비가 되었고 번오기의 목에만 황금 1천 근과 식읍 1만 호의 막대한 현상금이 걸려 있었다고 한다. 이 대목과 태자 단이 진시황을 암살하기 위해선 당신의 목이 필요하다고 한 대목을 보면 살인 같은 잡범(?)은 아니고 뭔가 중대한 잘못으로 보인다. 훗날, 연나라 태자인 단과 함께 진시황 암살을 모의한 형가가 번오기를 찾아와서 구체적으로 진시황 암살 계획에 대해 설명한 후 "진시황을 죽이려면 당신의 목이 필요합니다."라고 말하자 기뻐하며 스스로 목숨을 끊었다. 형가는 번오기의 잘린 머리를 미끼로 삼아 진시황을 알현한 후 숨겨놓았던 단도로 그를 살해하려 했으나 실패하고 죽게 된다.

며 호첩을 참살했습니다. 평양과 무성은 진군에 점령당했습니다.

진왕 영정 14년, 기원전 233년(조 유목왕 3년) 일전에 대승리를 거둔 번오기는 다시금 출격합니다. 상당에서 출발하여 태행산을 넘은 진군은 조나라 중부로부터 진격을 개시했습니다. 번오기는 조군의 주력을 격파하고, 적려와 의안을 공격하여 점령한 다음 한단의 배후로 진격합니다. 조나라의 주력군을 섬멸하고 한단을 향해오는 진군에 위기감을 느낀 조 유목왕은 흉노군을 방어하고 있었던 이목을 대장군으로 임명하여 북방의 군사를 이끌고 진군을 영격하도록 명령했습니다. 이목은 유목왕의 명령을 받아 대군의 5만 정병 가운데 1만을 남겨두고 나머지 병사들을 이끌며 신속하게 남하합니다.

한단의 조군과 합세한 이목의 북방군은 지금의 하북성 고성현 서남쪽에 있는 의안과 인근의 비하에 도착하여 보루를 높게 쌓고, 잇단 승리로 사기가 충만한 진군을 막아내며 싸움에 응하지 않았습니다. 이목이 의안의 성문을 걸어잠그고 매일 소를 잡아 병사들을 배불리 먹이며 활쏘기 연습이나 시키자 군사들이 오히려 진군과 싸우게 해달라고 요청했으나 이목은 듣지 않았습니다. 번오기는 의안까지 내려온 조군이 싸움에 응해주지 않자 조바심을 냅니다. 왜냐하면 진군은 먼길을 돌아서 온 마당에 지구전을 펼칠 여력이 없었기 때문입니다.

진군은 어떻게 해서든 거점 안의 조군을 밖으로 끌어내 단기 결전을 유도해야만 했고, 이에 번오기는 주력부대를 이끌고 비하 땅을 맹공했습니다. 이를 통하여 조군의 구원군이 나오도록 한 뒤 조군의 영채를 급습하려고 했지만 번오기의 속셈을 꿰뚫고 있었던 이목은 '위위구조'80)의 전략을 써 조군을 3로로 나누어 진군의 진지를 기습공격하여 점령합니다. 진군의 주력부대가 나가 있어 수비군이 적어진 데다가 조군이 굳게 수비만 한 까닭에 갑작스런 공격을 예상치 못했던 진군은 방비가 소홀했고, 그로 인해 조군에 쉽게 본채를 함락당하게 됩니다.

비하를 공략 중이던 번오기는 본채가 함락당했다는 소식을 듣고 크게 놀랍니다. 이목에 의해 보급이 끊겨버린 것입니다. 선택의 여지가 없었던 번오기는 다급하게 군사들을 되돌렸습니다. 하지만 이것은 이목이 기다리던 바였고 이를 미리 예상하여 매복하여

---

80) **위위구조**圍魏救趙 : 병법 삼십육계 중 승전계의 제2계이다. 한자 그대로 해석하면 "위나라를 포위해서 조나라를 구한다."라는 뜻이다. 간단하게 풀이해보자면 적의 약점을 후벼파는 것이 중요하다고 할 수 있다. 사기의 손자오기열전에서 유래된 말. 적이 집중된 곳을 공격하는 것보다 적을 분산시켜서 약해진 곳을 공략하는 편이 더 싸우기 쉽다는 뜻으로, 적의 정면에 공격을 가하는 것보다 적이 숨기고 있는 약점을 노리는 전법이다. 즉 정면 대결을 피해서 적의 약점을 급습하거나, 우회해서 적의 배후를 타격하는 등의 경우를 위위구조라고 부른다.

진을 친 후, 황급히 되돌아오는 진군을 정면에서 막게 하고 주력부대로 하여금 양쪽에서 치게 하여 수차례의 접전 끝에 진군을 대패시키고 진군 10만 명을 섬멸했습니다. 이를 비 전투[肥之戰]라 합니다. 이목이 번오기의 진군을 전멸시키자 본국의 처벌이 두려웠던 번오기는 연나라로 도주하게 됩니다. 진나라 입장에서는 원정군 10만이 전멸하고 그 총사령관마저 도주한 기상천외한 일이 벌어진 것입니다. 그리고 이것은 번오기의 일가가 멸족되는 원인이 됩니다.

❝조나라를 4차 공격하다　진왕 영정 15년, 기원전 232년(조 유목왕 4년) 진나라는 다시금 대군를 일으켜 군사를 양로로 나누어 남로군은 업성에 집결시키고, 북로군은 태원에 집결시켜 남북에서 한단을 협공해 일거에 멸망시키고자 했습니다. 태원에서 출발한 북로군은 지금의 산서성 양곡현 부근인 낭맹을 점령한 다음 태항산을 넘어 계속 진격하여 지금의 하북성 평산현 남쪽의 번오를 공격합니다. 진나라가 침공하자 조 유목왕 천遷은 이목을 불러들여 대장으로 삼습니다. 당시 유목왕에게는 걱정거리가 있었습니다. 조나라에는 그해 가뭄이 와

농지는 많은 피해를 입었고, 일부 지역에서는 농작물이 아예 죽어 버려 곡물을 수확할 수가 없었고 게다가 진나라의 잦은 침공으로 국내는 혼란스러웠습니다. 기근이 덮친 데다 전쟁으로 인해 혼란이 계속된다면 조나라의 통치 체계에도 균열이 올 것이 분명했습니다. 그래서 유목왕은 이목에게 첫 번째 전투에서 되도록 빠른 결전을 내 승리하여 전쟁을 오래 끌지 않도록 요청했습니다.

이목은 남수북공의 계획을 세우고, 북로군을 집중적으로 공격하여 승리한 후에 남로군을 공격하기로 합니다. 그리하여 사마상에게 업을 지켜 남로군을 막게 하고 이목은 주력군을 이끌고 북쪽으로 내달아 진군을 공격합니다. 잇다른 회전에서 북로군을 번오에서 격퇴(번오 전투)하고 진군이 후퇴하게 한 다음 곧바로 군사를 이끌고 남하하여 남로군과 조우합니다. 북로군이 이목이 이끄는 조군에 의해 패퇴했다는 소식을 듣고 승산이 없다고 판단한 남로군도 잇달아 퇴각하게 되어 진나라의 제4차 조나라 침공전이 끝나게 됩니다. 이목이 전투에서 승리했지만, 조나라의 손실도 막대했으며 인력과 물자의 부족으로 인해 추격전을 펼칠 수 없어 진군을 섬멸하지는 못했습니다.

거의 매해 수십만 대군을 이끌고 침공해 온 진나라로 인해 물적, 인적 자원의 소모가 막심하여 조나라는 도저히 홀로 진나라의 침공을 저지할 수 없다고 판단합니다. 초나라와 위나라는 국력이 약화되었고, 연나라와 조나라는 불편한 관계였기 때문에 제나라의 인적·물적 지원을 뒷받침해야만 비로소 진나라에 맞설 수 있었습니다. 조나라는 사신을 파견하여 제나라와의 동맹을 도모했지만, 이런 조나라의 로비 행위를 알아챈 진나라는 이를 와해시키기 위해 즉시 사람을 보내 제나라 조정에 수 만에 달하는 황금을 뿌렸고, 성사될 뻔한 제나라와 조나라의 동맹을 무산시켜 조나라를 고립시킵니다.

" 기원전 230년 한나라가 멸망하다

조나라를 멸망시키기 위해 수십만 명을 동원한 수 차례의 원정이 조나라의 명장 이목의 저항에 막혀버리자 진왕 조정은 큰 고민에 빠집니다. 이때 울료가 대규모 군사작전을 통하여 6국을 직접 타격하는 방식을 바꾸어 6국의 호신豪臣들을 매수해 6국을 내부로부터 붕괴시키는 방법으로 대응하자고 진왕 조정에게 건의했습니다.

"진은 강하고 제후는 비유하자면 군현의 군주와 같으나, 신臣은 다만 제후의 합종이 두렵고, 한꺼번에 뜻하지 않게 일어난다면 이는 곧 지백·부차·민왕이 망한 이유입니다. 원컨대 대왕께서 재물을 아끼지 마시고 그 호신豪臣에게 뇌물을 주며 그 지모를 어지럽힌다면, 불과 30만 금金을 잃고 제후를 모두 얻을 수 있습니다."

30만 금은 진나라 국고의 거의 전부에 달하는 것이었지만, 울료의 계략이 30만 금보다 훨씬 큰 이익을 가져올 것임을 안 진왕 조정은 이를 받아들였고, 아예 국고를 울료에게 넘겨주어 마음껏 쓰게 하며, 어디에 쓰는지 묻지 않기로 했습니다. 그리하여 울료는 본격적으로 사람을 보내 6국의 관리들을 매수하기 시작했습니다.

울료의 첫 번째 목표는 한韓나라였습니다. 한나라는 삼가분진三家分晉 이후 상당군과 삼천군을 점거해 강한 국력으로 위세를 떨쳤지만, 소후의 짧은 번영이 끝나고 곧바로 쇠락하기 시작합니다. 그리고 한나라는 6국 중에서 가장 약한 나라였습니다. 오랜 기간 진나라의 동진을 막아내며 분전했지만, 한나라는 크게 쇠락하여 대부분의 영토를 빼앗기고, 남은 영토는 수도인 신정과 옛 도성이었던 양적뿐이었습니다. 양적이 위치한 지역을 한나라 사람들은 남양라고 불렀습니다. 당시 한나라 남양의 가수(임시 군수)였던 등騰은 출신이 불분명했습니다. 이름은 있지만 성이 없습니다. 그는 한나라의 명문 거족 출신도 세습 귀족도 아니어서 충성도가 낮았고, 매수 가능성이 높았습니다. 울료가 매수하려는 사람들이 바로 이와 같은 사람들이었습니다.

진왕 영정 16년, 기원전 231년 한나라의 남양태수 등이 남양땅 (하남성의 태항산 산맥 남쪽, 황하 이북 지역)을 통째로 들어다 진나라에 투항하는 일이 발생했습니다. 진나라는 한나라의 남양이 통째로 투항해 오자 본래의 조나라를 멸망시키려던 계획을 바꿔 한나라를 먼저 멸망시키기로 결정합니다. 진나라는 남양을 접수한 뒤 등을 태수로 임명하고, 실제로는 이곳을 전진 기지로 삼아 언제든 한나라를 공격해 멸할 만반의 준비를 마치도록 합니다. 진왕 영정 17년, 기원전 230년 내사로 임명된 등이 진왕 영정의 명령을 받아 10만 명의 진군을 이끌고 조나라를 공격하는척 하다가 기습적으로 남하해 황하를 건너 한나라의 신정(허난성 신정현)을 공격했습니다. 갑작스러운 공격이었고, 설사 알았다고 해도 진군의 공격을 저지할 무력조차 없었던 한나라는 속수무책으로 당할 수밖에 없었습니다. 진군은 빠르게 한나라의 수도인 신정에 다다랐습니다.

한나라의 조야는 경악했습니다. 등은 오랫동안 한나라의 관리로 있었고 한나라의 내부 사정을 잘 알고 있었기에 그가 한나라 정벌의 사령관으로 온 이상 한나라가 살아남을 가능성은 낮았습니다. 또한 내사라는 관직은 관중의 전체 방어 업무를 관장하는 진나라의 고위층이었습니다. 투항자인 등이 진나라에서 받는 대우를 보고, 한나라의 대신들과 한왕 안韓王安은 자신들도 투항을 고려하게 됩니다. 이때, 울료는 한왕 안에게 서신을 보내 항복을 권유했고, 후작 지위의 보전을 약속합니다. 진나라의 철저한 준비하에 계획된 침공이었습니다. 한나라는 강력한 진군에 의해 막다른 곳에 몰렸고, 타국의 지원은 요원해 보였습니다. 저항이 무의미해 멸망이 단지 시간문제임이 분명했습니다. 조정에서의 짧은 담론이 있은 후, 한왕 안은 진나라에 항복했고 한나라는 멸망하게 됩니다.

한나라의 멸망 이후 한왕 안은 남군 영도의 황산에 유배되었고, 진나라는 새로운 관리를 대거 파견해 신정을 접수합니다. 한군의 대다수는 진군으로 편입되었고, 한나라의 관리와 귀족들은 쫓겨났으며, 영지도 대부분 몰수당합니다. 진나라는 피 한 방울 흘리지 않고 고스란히 한나라의 군민을 얻었지만, 조야에서 철저히 배제된 한나라 귀족들의 불만은 고조됩니다. 피 한 방울 흘리지 않은 것은 그들도 마찬가지였고 세력도 온전했습니다. 후에 신정에서 한나라의 구 귀족들은 집단으로 반란을 일으켰으나 진압당합니다.

[❝] 기원전 228년 조나라가 멸망하다

제4차 대조 침공 이후 진나라 군대는 3년의 휴식 기간을 가집니다. 그동안 진나라가 가만히 있기만 한 것은 아니었습니다. 기습적으로 한나라를 공격하여 항복을 받아 멸망시킴으로써 근 10만 명에 달하는 한군 병력을 고스란히 얻었으며, 잦은 전쟁으로 줄어든 병력을 회복하고 호적제도를 정비해 국가 통제력을 강화함으로써 동원력을 높여 다시금 정벌전을 기획하고 있었습니다.

한편 조나라는 몇 년 동안 천재지변에 시달렸습니다. 기원전 231년에는 대군에 대지진이 일어나 낙서(허베이성 만청현)쪽부터 북쪽으로는 평음(산시성 양원현)까지 대부분의 건물이 무너져 큰 피해를 입었고, 이듬해 나라 전체에 가뭄이 들어 기근으로 고통받습니다. 연속된 재해로 인해 백성들은 도탄에 빠지고 군사력은 약화됩니다. 마침 한나라를 정벌하던 해, 진나라의 관중 지방에도 기근이 들어 고통받는 백성들이 많았습니다. 이로 인하여 시황제는 조나라 정벌을 미루려고 했으나 조나라 정벌을 주장하는 이들이 있었습니다. 울료와 이사를 위시한 강경파는 조나라를 6국 겸병의 가장 큰 적으로 봤습니다. 장평대전에서 대패해 쇠락했어도 삼진(조·위·한) 중 가장 강한 나라가 조나라였기 때문입니다. 일찍이 망명한 염파가 초나라의 장수로 지낼 때, 그는 초나라의 군사가 조나라의 군사만 못하다고 탄식했습니다. 그만큼 조나라의 군대는 질적으로 강했습니다. 진나라 조정의 강경파는 지금이 아니면 조나라를 정벌할 수 없다고 주장하며 나라에 기근이 들었음에도 불구하고 진왕에게 조나라 정벌을 강력히 건의합니다. 진왕은 그것을 타당하다 여겨, 조나라가 약화된 틈을 타서 대대적으로 군사를 일으켜 진격합니다.

진왕 영정 18년, 기원전 229년(조 유목왕 7년) 진왕의 명령하에 진나라는 30만 명에 이르는 대군을 소집한 후, 3로로 방향을 정해 한단으로 진격합니다. 제1군은 왕전이 이끄는 주력군으로 20만 명에 달했습니다. 태항산에서 출발해 정형을 점령하고, 조나라의 중부를 공격해 들어갑니다. 제2군은 양단화와 강외가 지휘했는데, 하내의 진군 8만 명을 이끌고 임장(허베이성 임장현)을 지나 조나라의 수도 한단을 향해 북상하여 포위하려고 했습니다. 이신이 이끄는 제3군은 태항산에서 출발해 운중을 건너 대군을 공략합니다.

이번 전쟁에 국력을 총동원한 진·조 양국의 총병력은 45만 명 이상이었고, 병력의 수는 진나라가 조나라를 상회했습니다. 진나라의 전략적 목표는 왕전이 이끄는 주력군이 조나라의 중부를 공략하여 조나라를 남북으로 갈라놓아 조나라 북부로부터 한단으로 가는 지원을 차단하면서 한단을 향해 남하하고, 양단화의 남로 군은 왕전의 주력군이 조나라의 중부를 유린하며 한단을 향해 남 진하는 사이 북상하여 병력이 열세에 놓인 조나라 남부의 방어선 을 돌파하고 한단을 공격하는 것이었습니다. 진나라의 공격에 대 비해 조나라의 여러 성들은 성문을 걸어 잠그고 농성을 준비합니 다. 조나라의 대장 이목은 사마상으로 하여금 업을 지키게 하여 양 단화의 남로군을 막게 하고, 자신은 10만 명이 넘는 조나라 주력군 을 이끌고 북상합니다. 왕전의 20만 진군이 한단을 향해 진격했지 만, 이목은 수십 리에 걸쳐 해자와 보루를 쌓아놨고, 진군은 수차례 의 공세를 펼쳤지만, 이목에게 격퇴당하며 양군은 교착상태에 들 어가게 됩니다.

왕전과 이목의 대결에서 모든 조건이 왕전에게 유리했고, 특히 군사의 수에서 왕전이 유리한 만큼 군을 나누어 조나라의 요충지 들을 협격할 수도 있었습니다. 그러나 왕전은 노련한 장수였고, 성 급하게 행동하지 않았습니다. 이목이 오랫동안 경영해 온 북방의 병사들은 오랜 기간 흉노와 싸워와 용맹하며 기동전에 능했고 기 병이 많았습니다. 왕전이 군을 나눈다면 각개 격파될 위험성이 존 재하는 데다가 늘어진 보급로를 이목이 기병 전력으로 차단해 버 릴 위험이 있었습니다. 왕전은 대군을 이끌고 이목의 조군과 대치 상태에 들어간 후, 장병들에게 굳건히 지키라는 명령을 할 뿐 아무 것도 하지 않았고, 그저 진나라 조정에 이목의 제거를 요청하는 파발을 보낼 뿐이었습니다.

한편, 이 시기 장수 사공마와 조 유목왕 천의 대화가 전해집니다.

사공마가 말했습니다.

"그렇다면 대왕의 국가는 백을 들어도 진에 미치지 않으니 대왕의 국가는 망할 것입니다."

조왕이 말했습니다.

"경은 조와 멀지 않으며 국사를 모두 가르쳐주셨으니, 부디 계략을 따르겠소."

사공마가 말했습니다.

"대왕께서 조의 반을 찢어서 진에 선물한다면 진은 칼날을 맞대지 않고도 조의 반을 얻으니, 진은 반드시 기뻐할 것입니다. 안으로는 조의 수비가 싫고 밖으로는 제후의 구원이 두렵기에 진은 반드시 이를 받을 것입니다. 진이 땅을 받고 병사가 퇴각하면 조는 절반의 국가를 지키며 스스로 보존하면 됩니다. 진이 선물을 받고 스스로 강해지면 산동은 반드시 두려워할 것인데, 조가 망하면 스스로 위험하기에 제후는 반드시 두려워할 것입니다. 두려움에 서로 구원하며 곧 합종의 일을 이룰 수 있습니다. 신이 청하건대 대왕께서는 합종을 맺으시지요. 합종의 일을 이룬다면 이는 대왕께서 명목으로는 조의 반을 잃어도 실제로는 산동을 얻고 진에 대적하는 것이기에 진은 망할 것입니다." 81)82)83)

---

81) **사공마**: 진나라와 조나라의 고위직을 두루 거친 인물로 두 나라의 내부 사정과 그 강약을 훤히 꿰뚫고 있었다. 결과적으로 보았을 때 이 말은 옳은 말이다.

82) 다만 이에 대한 조유목왕의 반응도 나름 정당한데 일단 조나라 땅을 반이나

조왕이 말했습니다.

"전날에 진이 병사를 보내서 조를 공격하자 조는 하간에 12개의 현을 선물해서 땅이 깎이고 병사는 약해졌는데도 끝내 진의 근심을 면하지 못했소. 지금 다시 조의 반을 나누고 강한 진에 준다면 힘써도 능히 스스로 보존할 수 없으니, 이 때문에 망할 것이오. 부디 경은 계략을 고쳐주시오."

사공마가 말했습니다.

"신은 어릴 적에 진의 도필刀筆이 되었으며 관장의 도움으로 작은 벼슬을 얻었기에 일찍이 병사의 수장이 되어보지 못했는데, 대왕을 위해 조의 모든 병사를 얻기를 요청합니다."

조왕이 장수로 삼지 않았습니다.

줘버리면 조나라 자체의 힘은 매우 약화된다. 때문에 다시 진나라가 침공해오면 자력으로는 도저히 막을 수 없을 것이다. 물론 이에 대한 대비책으로 사공마가 제나라와의 합종을 내세운 것이고 그래서 '조나라 반을 잃는 대신 산동(제나라)를 얻는 것입니다.' 라고 말한 것이고 실제로도 제나라가 제민왕 말엽에 거하게 털리긴 했어도 실시간으로 진나라에게 털려가며 망국의 길을 걷던 위, 한(이미 멸망), 조, 초보다는 사정이 낫고 연나라는 제나라보다 국력이 좀 그래서 조나라 반을 주고 제나라와 합종을 이룬다는 전략은 현명하다 그게 가능하다면 말이다. 유목왕이나 사공마가 알지는 못했기에 그들에게 변호거리는 되지만 이 당시 제왕 건은 간신 후승에게 놀아나던 왕이었고 진나라는 육국 전부에 뇌물뿌리며 단합하지 못하게 했으며 실제로도 합종은 깨지기 쉬웠고 또 그러했다. 전국 시대 말기를 보면 거의 진나라가 주도권을 잡고 있어서 신릉군, 춘신군, 소진 같은 인물들이 합종을 이루건말건 정작 왕이 진나라에게 속아넘어가는 등의 이유로 쓸데없이 의심하는 바람에 결국은 실패했다.

83) 엄밀히 장평대전 이후 연나라가 수 차례 조나라에 진화타겁에 들어갔던 것을 수차례 격퇴한 역사를 겪은 조나라라 연나라를 믿기는 어려웠을 것이다. 게다가 이기면 모를까 저러고 오히려 수도인 계가 포위당할 정도로 몰린 연나라에게 힘을 빌려달라느니 차라리 제나라가 더 믿음직했을 것이다.

사공마가 말했습니다.

"신이 어리석은 계략을 바쳐도 대왕께서 쓰지 않으니, 신은 대왕을 섬길 수 없기에 스스로 떠나기를 원합니다."

사공마가 조를 떠나서 평원을 건넜습니다.

평원진령 곽유가 위로하며 물었습니다.

"진의 병사가 조를 공격한다던데 상객께서 조에서 오셨으니, 조趙의 일은 어떻습니까?"

사공마는 그의 조왕을 위한 계략을 쓰지 않았던 것과 조가 반드시 망한다는 것을 말했습니다.

평원령이 말했습니다.

"상객의 생각으로는 조가 어떤 때에 망하겠습니까?"

사공마가 말했습니다.

"조의 장수가 무안군(이목)이면 1년 만에 망할 것인데, 만약 무안군을 죽이면 반년도 지날 수 없소. 조왕의 신하에 한창이 있는데 아첨으로 조왕과 투합하여 그 교분이 매우 친하며, 그 사람됨이 현명함을 미워하고 공신을 시기하고 있소. 지금 국가가 위태롭고 망하는데 왕이 반드시 그 말을 쓸 것이기에 무안군은 반드시 죽을 것이오."

이미 제3차 대조 침공 전부터 진나라의 공격은 이목 개인의 능력으로 멈춰낼 수 있는 성격의 것이 아니었습니다. 비하 전투와 번오 전투에서 진군을 격퇴했다고 하지만 진나라에게 있어 그것은 일종에 소모전에 가까웠습니다. 전략적으로 보더라도 진나라가 4차례의 침공 중에 2번의 패배를 했지만 거의 매해 되풀이된 대규모

전쟁에 조나라는 수십만 명의 장정을 잃으면서 빈사 상태에 빠져버렸고, 한나라를 멸망시킬 때도 진나라는 후방을 걱정할 필요가 없었습니다. 이목이 또다시 수많은 진군을 죽여 없앤다고 해도 상앙의 개혁으로 탄생한 병영국가인 진나라는 그것으로 인해 무너질 성격의 국가가 아니었습니다. 한시적으로 진군을 격퇴한다 해도, 진군은 다음번에 더 강한 병사들과 더 교묘한 방법으로 조나라를 침공해 올 것이었습니다. 소모전을 반복하면서 더 열세의 국력을 가진 조나라는 무너져 내리고 있었습니다.

진나라와 조나라의 주력군이 장기간의 대치상태에 들어가고 양단화의 남로군마저 사마상이 이끄는 조군의 수비를 뚫지 못해 전황은 지지부진했습니다. 조나라의 민심도 흉흉했습니다. 거듭된 전쟁과 재해로 민간에는 조나라가 망한다는 요언이 공공연하게 떠돌고 있었습니다. 조나라 조정 내부의 상황도 바깥의 민심과 크게 다를 바 없었습니다. 조나라 조정의 대신 중에도 자신의 안위를 걱정하는 자들이 생겨납니다.

이런 상황에서 진나라는 반간계[84]를 획책합니다. 목표는 조나

---

84) **반간계**反間計 : 일종의 이중간첩. 적의 간첩을 잡아 역이용하는 것. 혹은 적진에 귀순한 것처럼 위장잠입해 적에게 거짓정보를 흘려 적을 혼란케 만드는 술책. 통상적으로 반간계로 부른다. 손자는 손자병법에서 '간첩은 특히 반간에 중심을 둬야한다.'라고 언급했다.

라의 대장 이목과 사마상이었습니다. 진나라는 반간계를 펼치기에 앞서 조나라의 재상 곽개를 매수하기로 합니다. 상인 출신의 재상 곽개는 아첨에 능해 조 유목왕 천이 태자 시절부터 총애해오던 대신이었습니다. 소인배에 탐욕스러웠고, 앙숙이었던 염파마저 모함하여 망명시킨 바 있었던 곽개는 진나라의 훌륭한 내통자가 될 수 있었습니다. 조나라 조정에는 진나라의 첩자가 많았습니다. 진나라는 곽개 주변에 있는 첩자들을 통해 수많은 황금을 곽개에게 바치고 감언이설로 상국 곽개를 진나라로 끌어들였습니다. 곽개는 중상모략으로 이목을 몰아낼 계획을 세웁니다.

곽개의 모략이 성공하는 데 큰 도움을 줄 존재가 있었으니, 조나라의 태후 창후[85]였습니다. 조도양왕[86]이 살아있었을 때, 당시 후

---

85) **창후** : 조나라의 왕후. 무려 창기에서 태후로까지 나름대로 입지전적인 출세를 했지만 좋지 못한 행실을 일삼았으며 결정적으로 곽개와 함께 이목을 죽게 하여 조나라의 멸망에 일조한 여인이다. 본디 조나라 도읍인 한단의 창기 출신으로서 도양왕과 만나기 전에 이미 한 번 결혼했는데 무슨 이유에서인지 집안을 망쳤다고 한다. 여튼 이렇게 다시 홀몸이 되고 나서 도양왕을 만났다고 하는데 아들인 조유목왕의 출생 연도가 기원전 245년이니 아마 도양왕이 태자 시절에 만났을 것으로 추정된다. 본격적으로 창후가 등장하는 것은 도양왕 말년으로 이 때에 도양왕은 그녀를 왕후로 삼으려 했는데 이 때에 당시의 상방인 이목이 나서서 창후가 이전에 한 집안을 망친 일이 있음을 예로 들어 반대하였으나 도양왕은 내가 정치를 잘 하면 문제가 생기지 않는다며 이를 묵살하고 창후를 왕후로 삼았다.

86) **조도양왕** : 전국 시대 조나라의 9대 국군, 4대 왕, 조씨 23대 종주. 이름은 언偃이

궁이었던 기녀 출신의 태후는 계략을 세워 태자인 조가와 그의 모후인 왕후를 빈번히 모함했습니다. 도양왕은 이 기녀 출신의 여자를 총애해 결국 조가를 폐하여 조천을 태자로 세우고 기녀를 왕후로 세웠습니다. 이때 도양왕이 태자 가를 폐하고 천을 태자로 세우는 것에 대해 이목에게 의견을 물었는데, 이목은 천의 어머니를 창기라 칭하며 반대해 모욕을 준 적이 있습니다. 창기 출신의 태후는 사치스러웠고 큰돈과 미남에 약했습니다. 그리고 과거의 모욕 때문에 이목을 증오했습니다. 이런 역학관계를 이용한 진나라의 공작은 성공했고, 곽개와 태후를 비롯한 조나라 조정안의 반역자들은 계속해서 이목을 모함하기 시작합니다.

곽개는 이목의 필체를 조작하여 만들어낸 서신을 가지고 이목이 함양의 사람들과 내통하고 반역을 모의함을 주장했습니다. 유목왕 천에게는 충직함과 간사함을 구별할 수 있는 능력이 없었습니다. 이를 본 유목왕은 크게 분노하여 일의 시비를 따짐없이 이목을 파면하고 병마지권의 회수를 명령한 다음 왕족인 조총에게 통솔을 대신하게 합니다. 하지만 이목은 전장의 장수는 왕의 명령조차 거부할 수 있다는 이유를 들어 병권을 반납하지 않았습니다. 이에 유목왕은 은밀히 계략을 세웠고, 비밀리에 사람을 보내 이목을

참살합니다. 장군 사마상은 당황하여 급히 입조해 유목왕에게 간언을 올렸지만, 사마상의 감정이 격동하여 과격한 언행을 함에 따라 사마상 마저 파면당하게 됩니다.

조나라의 역대 국군들은 모두 11회에 달하는 쿠데타에 노출되어 왔었습니다. 그래서 조나라의 군주들은 군대를 통솔하는 장군들에게 늘 경계심을 가지고 있습니다. 몇몇 중요한 상황에서 장병들은 국왕보다 장군의 명령을 받드는 경향이 있습니다. 무령왕[87]이 호복기사로 시작해서 여러 가지 군 개혁을 시도했으나, 사구에서의 내부 정변으로 비참하게 굶어 죽음에 따라 개혁은 좌초됩니다. 이로 인해 조나라는 군대를 통솔하는 장군을 효율적으로 감시, 통제하는 제도가 전무했습니다. 조나라를 수차례 멸망의 위기에서 구해낸 이목은 조나라의 구국 영웅이었지만 경계의 대상이기도 했습니다. 진나라의 반간계로 인한 것이긴 하나, 조나라의 군주에게 있어서 쿠데타의 의혹이 있고 통제할 수 없는 장군에 대해서는 극단적인 선택 외에 다른 방도가 없었습니다. 이것은 조나라 체

---

87) **무령왕**: 중국 전국 시대 조나라의 6대 국군, 초대 왕이다. 조씨 20대 종주. 본인은 죽을 때까지 왕을 칭하지 않았고 무령왕이라는 시호는 아들인 혜문왕이 추증한 것이다. 본명은 조옹이다. 호복을 채택하고 기마 전술을 도입하여 군사 개혁을 시도해, 변방을 개척해 나간 조나라의 중흥 군주였다. 호복을 입고 말타기와 활쏘기를 시행한 덕분에 강화된 군사력으로 조나라 한복판에 있던 중산국을 정복하고 임호와 누번을 격파하는 등 국세를 크게 신장시켰다.

제의 근본적인 문제이기도 했습니다. 다만 11회에 달하는 쿠데타가 있었던 것은 사실이나 이는 군부가 아니라 전부 조나라의 왕족들이 주도한 것이었습니다. 조나라의 구국 영웅인 염파마저 장평대전 당시 혜문왕의 뜻에 따라 경질되어 손님이 모두 떠나는 수모를 겪었고, 혜문왕의 아들인 도양왕은 약간의 마찰이 있긴 했으나 집권하고 난 뒤 염파를 성공적으로 숙청합니다. 이로 미루어 보아 당시 조나라 군부가 왕과 힘 자랑을 했을 정도로 강력한 권력을 쥐고 있었다는 해석은 조금 무리가 있습니다.

사마상은 이목의 죽음에 크게 슬퍼했습니다. 그는 조나라의 간신들이 자신마저 죽이지 않을까 근심했습니다. 하여 사마상은 일가를 추스려 조나라를 떠나 발해만으로 도주했습니다. 조나라의 많은 장병들은 그들이 존경하던 육군 원수의 비참한 죽음을 애통해했습니다. 이목의 죽음으로 인하여 조군의 사기는 땅에 떨어지고 말았습니다.

이목과 사마상을 대신해 조총과 안취가 새로운 대장으로 부임했으나, 본디 그들은 용렬한 자들이었습니다. 두 사람은 대군을 지휘할 능력이 없습니다. 진왕 영정 19년, 기원전 228년(조 유목왕 8년) 봄, 왕전의 지휘하에 진군은 대대적인 공세를 펼쳐 조군을 대파합니다. 조군은 대파당해 대장 조총은 참살되었고, 장군 안취는 패잔병을 이끌고 한단으로 달아나 서둘러 방어에 나섰지만, 진나라 군대는 빠르게 조나라 영토를 점령하고 진군하여 한단에 도착합니다.

> "진나라군의 세력은 강대하고, 조나라의 병사는 적으며 장수도 진나라에 못합니다. 더이상 항쟁하는 것은 계란으로 바위를 치는 것과 같습니다."

조 유목왕은 조군이 대파되고 조총이 죽었음을 알고는 경악하며 급히 대신들을 불러 모아 대응책을 논의합니다. 곽개는 강대한 진군에 더 이상 맞서도 소용이 없음을 주장했습니다. 그는 유목왕에게 항복을 권유했습니다. 결국 유목왕은 항복을 결정했고 조나라는 멸망합니다. 유목왕은 상용의 방릉에 유배됩니다. 이후 유목왕은 병으로 죽었는데 이유는 어린시절 조나라에서 안 좋은 추억이 있던 진시황이 일부러 냉방에 감금했고 이로 인해 죽었다고 합니다. 그리고 유목왕의 어머니는 어떻게 되었는고 하니 조나라가 멸망하기 직전 대부들이 망국의 책임을 물어 그녀와 함께 일족 전체를 죽였다고 합니다.

이때 공자 조가는 조왕의 사신이 진나라에 항복을 청함에 따라 대세가 기움을 알고 장군 안취와 씨족 수백 가구를 이끌어 북쪽의 대군으로 도망쳤습니다. 북쪽으로 도망쳐 잔병을 수습하고, 상곡군과 대군을 점거한 조가는 왕으로 옹립되어 조왕을 칭하여 저항했으나 시황제 25년, 기원전 222년 요동을 정벌하고 돌아온 왕분[88]의 진군에 의해 멸망합니다. 통상적으로 사가들은 조가를 대왕代王이라 칭합니다.

"기원전 225년 위나라가 멸망하다

진왕 영정 21년, 기원전 226년 진군은 연나라의 수도 계를 점령하고 북방에서 결정적인 승리를 취함과 동시에 주공을 남쪽으로 틀었습니다. 진나라 명장 왕전의 아들 왕분은 10만 명의 대군을 이끌고 초나라의 북부 지역(허난성 남부)을 공략하여 열 개의 성을 점령해 초군을 위협하며 전선을 형성했습니다. 갑작스럽게 불의의 타격을 받은 초나라는 진군의 위세에 압도되어 감히 군대를 움직이지 못했습니다. 그렇게 초나라와 위나라에 대한 양면 전선을 형성하며 위나라에 대한 초나라의 지원을 차단했습니

---

88) **왕분**王賁 : 중국 전국 시대 진秦나라의 장수이다. 진나라의 명장 왕전의 아들. 기원전 226년에 초나라를 공격하였으며, 다음 해에는 위나라를 공격, 수공 작전으로 위나라의 수도인 대량을 파괴하고 위왕의 항복을 받아내는 데 성공한다. 기원전 222년에는 연나라의 요동을 공격하여 연왕 희를 사로잡았으며, 회군 도중에 대나라를 공격하여 대왕 가代王嘉를 사로잡았다. 또한 기원전 221년에는 제나라를 공격하여 제왕 전건齊王田建을 사로잡고 천하통일을 완수했다.

다. 시황제 22년, 기원전 225년 왕분이 이끄는 10만 진군은 북상하여 위나라를 기습적으로 공격해 위나라의 경내로 들어서 빠르게 위나라의 수도 대량(허난성 개봉)에 다다른 다음 성을 포위했습니다.

갑작스럽게 진나라의 침공을 받아 수도가 포위되었지만, 위왕 가[89]와 대량의 군민들은 요새화된 도시의 방어력에 의지하여 결사 항전을 택합니다. 대량성은 왕분에 의해 이미 고립무원의 처지가 됐지만, 이 성은 유구한 항전의 역사를 가지고 있었습니다. 위 무후[90] 시기에 건설되어 위 혜왕 때 수도가 된 대량성은 주도면밀

---

89) **위왕 가**魏王 假 : 위나라의 8대 국군, 마지막 왕이다. 위경민왕의 아들. 망국의 군주여서 시호가 없다. 위왕 가 원년(기원전 227년), 연나라의 태자 단이 형가를 보내 진시황을 암살하게 했으나 실패했다. 위왕 가 2년(기원전 226년), 진나라가 점령한 옛 한나라 땅인 신정에서 반란이 일어났으나 금방 진압된다. 위왕 가 3년(기원전 225년) 3월, 진나라의 장수 왕분이 대량大梁을 포위해서 수공을 하자 성 대부분이 수몰되었고 결국 성이 함락될 위기에 처하자, 위왕 가가 진나라에 항복을 하니, 위나라가 멸망한다. 위나라가 건국된 지 179년 만의 일이었다. 진시황은 거기에 군현을 설치했다. 멸망 이후 진나라로 압송되는 과정에서 병으로 죽었다. 망국의 서러움에 대한 화병이라는 서술도 있다.

90) **위 무후** : 전국 시대 위나라의 2대 군주이다. 위문후의 아들. 양혜왕의 아버지. 아버지 위문후 대에 비해 정복 활동에 많이 나서서 영토를 넓혔지만 반대로 위나라 몰락의 단초가 된 군주기도 하다. 원래는 위의 태자로써 조나라에 둘러싸여 있던 위나라의 월경지이자, 악양이 멸망시킨 중산 땅을 봉지로 가지고 있었던 중산후였다. 위문후가 위독해지자 황급히 수도로 복귀해 지위를 이었다. 위무후 원년(기원전 395년), 불행히도 명재상 이회가 죽었다. 이회는 위문후 밑에서 법을 제정하여 위나라를 부국강병의 길로 이끌었다. 이회 사후 무

하게 계획되어 완성된 도시였습니다. 대량성은 크기 자체도 거대한 데다 성벽도 높았습니다. 주위에 종횡으로 그물 같은 수운망을 가지고 있어 물자 공급이 원활한 데다 적의 공세를 저지하는 데도 유용했습니다. 이와 같이 도시 전체가 유기적으로 돌아가는 방어 체계의 대량성은 침략군에게는 골칫거리였습니다. 진나라의 군사가 용맹하다 하나 대량성의 견고한 방어시설은 아무리 진군이라 해도 어찌할 도리가 없었습니다. 왕분이 이끄는 진군은 여러 날에 걸쳐 대량성에 수차례의 맹공을 가했지만, 요새화된 성을 함락시키는 것이 불가능해 사상자만 늘어날 뿐 아무런 소용이 없었습니다. 대량성의 군사는 10만에 달했고, 성내의 군량과 양초는 충분했습니다. 이대로라면 아마 몇 년이 걸려도 함락시키지 못할 것이었습니다.

수차례의 공세가 대량성에 아무런 영향을 주지 못했습니다. 전황이 장기전으로 가면 불리해지는 것은 진나라였습니다. 진군이 착실히 관동 제후들의 영토를 잠식할수록 그에 상응하여 전선이 늘어나 신경 쓸 것이 많아졌습니다. 북방에서는 조나라와 연나라의 잔여 세력이 버티고 있고, 언제 터질지 모를 점령지의 반란을 대비해야 했습니다. 한 해 전에는 한나라의 구귀족들이 구도 신정에

후는 전문을 상방으로 삼았다.

서 집단으로 반란을 일으키기도 했습니다. 원교근공 정책과 진나라의 내부 공작에 힘입어 그동안 제나라는 진나라의 충실한 우방국을 자처하며 타국의 멸망을 방관해 왔지만, 6국의 멸망이 실제적 위협으로 다가온 이상 언제까지 방관하리라고 장담할 수 없었습니다. 만약 진나라의 대군이 계속해 위나라에 묶인 채로 있는다면 분명히 새로운 위협이 진나라의 야욕을 좌절시킬 것이었습니다.

"무릇 한이 망한 뒤에 출병하는 날이면 위가 아니면 공격할 상대가 없습니다. 진은 본디 회懷·모茅·경구邢丘를 소유했는데, 궤진에 성을 쌓고 하내에 임한다면 하내의 공共·급汲은 반드시 위태롭게 되며, 정鄭 지역을 소유하고 원옹을 얻어서 형택의 물을 사용해 대량大梁에 붓는다면 대량은 반드시 망합니다."

일찍이 신릉군91)이 한나라를 구원하자며 위왕에게 유세할 때

---

91) **신릉군**: 전국 시대 위나라의 정치가이며 장군이다. 전국사군자 가운데 한 사람으로 이름은 무기이다. 위나라의 왕 안희왕의 이복동생으로 전국 시대 명장이었다. 기원전 277년 소왕이 죽고 안희왕이 즉위한 뒤에 진秦의 군대는 여러 차례 위나라를 상대로 공세를 퍼부었다. 기원전 273년 백기가 이끄는 진의 군대가 위를 침공하였고, 당시 위의 재상이었던 맹상군이 천거한 망묘가 이끌던 위의 군대는 화양에서 크게 패퇴한다. 이 일로 맹상군은 실각하였고, 신릉군이 위의 정국을 주도하게 된다. 신릉군은 성품이 인자하고 겸손하며 선비들을 잘 대해 여러 식객들이 몰려들었다. 그래서 그에게는 삼천 명에 이르는 빈객이 모여들었다고 하며, 그의 세력을 두려워하여 주변 나라들도 10년 동안 위나라를 침공하지 못했다고 한다.

수공의 위험성을 경고한 바 있습니다. 대
량은 오늘날의 허난성 개봉으로 황하의 거
센 물줄기가 인접한 곳입니다. 또한 대량성
은 그 지세가 낮아 고도가 황하를 밑돌았습
니다. 정공법으로 대량성을 함락시키기 힘
들다고 판단한 왕분은 방법을 바꾸어 대량

신릉군

을 수몰시키기로 했습니다. 대량의 지세를 파악한 왕분은 군사들
로 하여금 대량성 주위의 수운로를 장악하여 개조하게 하고 대량성
을 둘러싸는 제방과 대량성 서북쪽에 물길을 틀게 하여 황하의 물
을 끌어들여 그 하류를 막는 제방을 쌓도록했습니다. 때는 초봄에
지나지 않았는데도 진군이 제방을 쌓자 10일에 걸쳐 쉬지 않고 비
가 내려 둑에서 진동하는 물살이 거대했습니다. 충분한 물이 쌓이
자, 왕분의 명령하에 둑은 파괴되고 대량성은 물에 잠겼습니다.

대량성이 물에 잠기고 시간이 지날수록 많은 사상자가 생겨납
니다. 구원군은 오지 않았고 한번 대량성을 덮친 물은 빠질 기미를
보이지 않습니다. 성내가 물에 잠기자, 물에 닿은 곡식은 썩어들어
갔으며 오랫동안 물에 잠긴 군민들의 피부마저 썩어들어가기 시
작합니다. 우물마저 오염되어 오염된 물을 먹고 죽는 자가 속출합
니다. 대량성이 물에 잠긴 지 3개월이 되어 물에 잠긴 성벽이 무너

지지 않을 수 없었습니다. 점차 대량성의 성벽이 무너지기 시작해 성의 곳곳이 뚫리게 됩니다. 대량성의 성벽이 무너지자 왕분은 총 공세를 명령합니다. 여러 차례의 공방전 후, 위왕 가는 더 이상의 저항이 무의미하다고 판단해 성문을 열고 진나라에 항복했고 위나라는 멸망합니다. 위왕 가는 머지않아 살해당했고,[92] 격렬한 저항에 분노한 진왕 영정은 대량을 철저히 파괴합니다.

❝ 기원전 223년 초나라가 멸망하다

시황제 21년 기원전 226년 시황제는 신정에서 일어난 한나라 구 귀족들의 반란을 무자비하게 진압하고, 영진郢陳에 있었던 한왕 안을 사사했습니다. 예상치 못하게 한나라의 구도 신정에서 반란이 일어난 것은 시황제로 하여금 점령지의 군민들에 대해 경각심을 가지게 했습니다. 비록 당장은 진나라의 세력이 강해 점령지의 군민들을 힘으로 누르고 있어 감히 반기를 들지 못하지만, 만일 진나라의 형세에 균열이 일어난다면, 지하의 역도들은 반란을 일으킬 것이었습니다. 이로 말미암아 진왕은 초나라의 공자 창평군(초나라의 마지막 왕이었던 부추의 이복동생)을 초나라의 옛 도

---

92) 『열녀전』에서는 살해당했다고 적혀 있지만 『사기』에서는 위왕이 진나라에 의해 살해되었는지는 기록되지 않는다.

읍지였던 영진으로 보내어 초나라 군민들을 위무하게 했습니다. 혹은 신정의 난 이전에 갔다고 하기도 하고, 또는 초나라 정벌에 반대하여 좌천되었다고도 합니다. 연나라를 멸한 후 진군은 초나라를 겨냥하였는데, 초나라는 비록 회왕 이후 쇠락해져 있어도 여전히 남방의 대국이라 신중을 기할 수 밖에 없었습니다.

진나라 장수 이신[93]은 젊고 용감해 일찍이 병사 수천 명을 이끌고 연나라 태자 연단을 연수까지 뒤쫓아 적군을 무찌르고 연단을 사로잡은 적이 있었는데, 시황제는 그를 현명하고 용감하다고 여겼다. "내가 초나라를 공격해 빼앗으려고 하는데, 장군이 생각하기에 병사가 어느 정도면 되겠소?" 이신이 답했습니다. "20만이면 충분합니다." 시황제는 거듭하여 왕전에게 물었다. 왕전이 답했다. "반드시 60만이 아니면 안 됩니다." 시황제는 말했다. "왕 장군도 늙었구려, 무

---

93) **이신**李信: 생몰년이 불명인 만큼 이신의 초기 행적 또한 불명이다. 주요 기록은 조나라 남쪽 태원에서 진을 치고 있었다는 기록과 기원전 227년에 연나라를 정벌할 때, 수천 명만을 이끌고 요동까지 가서 연나라 태자 희단을 추격하여 잡아온(혹은 목을 가져온) 공적이 남아 있다. 진시황은 이신을 젊은 나이에 현명하고 용기 있는 장수라 여겼다. 그의 이름이 가장 유명하게 남은 것은 기원전 224년에 초나라 정벌 실패인데, 「왕전 열전」에 따르면 진시황이 초나라 정벌에 병력이 얼마나 필요하겠냐고 묻자 이신은 병력 20만으로도 충분하다고 주장했고, 이에 진나라의 백전노장 왕전이 60만은 필요하다고 반박했다. 이에 진시황은 왕전 그대도 나이가 들더니 담력이 작아졌소 하면서 이신에게 20만 장병을 데리고 초나라를 정벌하라고 명령했다. 초반에는 몽염과 함께 군을 나누어 진격해 평여에서 초군을 격파하고, 언영을 함락하는 등 승승장구했으나, 초나라 장수인 항연에게 대패했다.

엇을 그리 겁을 내시오! 이 장군이 과연 기세가 용
맹하다더니, 그 말이 옳소." 드디어 이신과 몽염[94]
을 장수로 삼아 병사 20만 명을 이끌고 남쪽으로
초나라를 정벌하게 했다. 왕전은 자신의 말이 쓰
이지 않자 병을 핑계대며 빈양 땅으로 돌아가 노
년을 보냈다.

몽염

시황제 22년, 기원전 225년 왕분이 이끄는 10만 진군이 위나라
를 공격하는 동안, 시황제는 초나라에 대한 총공격을 명령합니다.
그 용맹함과 과단성을 증명한 바 있는 이신을 대장에 임명하고 몽
염을 부장으로 삼아 20만 대군으로 초나라를 대대적으로 공략하
게 합니다. 진군은 초군이 유리할 늪지와 물을 피해 기병이 활동하
기 편한 평원 지형을 주공으로 하여 공격로를 잡았습니다. 이신은

---

94) **몽염**蒙恬 : 중국 춘추 전국 시대 진나라의 장군이다. 몽무의 장남이자, 몽의의
형이다. 몽염이 속한 몽씨 가문은 몽오-몽무-몽염과 몽의에 이르기까지 3대에
걸쳐서 진나라의 공을 세우며 고위 관직을 역임했다. 기원전 224년, 몽염은 이
신과 함께 초나라를 공격했다. 몽염과 이신은 각기 침과 평여에서 초나라 군
대를 크게 격파하였으나, 이신이 언영을 격파하고 성보에서 몽염과 합류하려
다가 항연의 기습을 받고 크게 패하는 바람에 달아났다. 때문에 진시황은 이
신과 몽염 대신에 왕전과 몽무에게 초나라 정벌을 지시했다. 기원전 221년, 제
나라를 멸망시킬 때 큰 공을 세워서 내사에 임명된다. 특히 중국을 통일한 진
시황은 그에게 대군을 주어 흉노와 융족 등의 북방의 기마민족들을 견제하게
했다. 이때 몽염은 30만 대군을 이끌고 흉노족을 쓸어버렸는데, 이때 빼앗긴
땅을 흉노는 묵돌 선우가 나오기 전까지 회복하지 못했다.

군사를 둘로 나누어 자신은 평여를 공격하고, 부장 몽염은 침구를 공격하게 해 함락시켜 초군을 대파합니다. 이신은 재차 언영을 깨뜨리고 성부(안후이성 박주 동남)에서 몽염과 회합하기로 합니다. 이신과 몽염이 지휘하는 진군은 영진과 동남부에서 초군을 대파합니니다. 초나라 정벌은 순조롭게 진행되었고, 이신은 원정군을 합세하여 초나라의 수도인 수춘으로 남하해 일거에 초나라를 멸망시킬 계획이었습니다.

초나라는 회왕[95] 이후 몇 대에 걸쳐 용렬한 군주의 지배하에 있어와 국력은 취약해졌고, 국내에는 쓸 만한 장수가 항연[96] 뿐이었

---

95) **초회왕**: 전국 시대 초나라의 37대 군주, 21대 왕. 경양왕의 아버지다. 유세가 장의에게 놀아나 아버지 위왕이 쌓아 놓은 국력을 기울게 만든 암군이다. 초 위왕이 죽고 그 뒤를 이어 왕위에 올랐다. 초 회왕 원년(기원전 328년), 위나라에서 초나라에게 잃은 땅을 수복하려고 왔다. 그때 초나라의 경산을 치려 했으나 초나라 측에서는 반격하지 못했다. 초회왕 6년(기원전 323년), 주국 소양에게 명령해 위나라를 침략해 양릉의 8개 성을 얻었다. 초 회왕은 그 기세를 타고 제나라를 치려고 했다. 그러나 제위왕은 진진을 보내 설득하여 제나라를 치는 일이 백지화된다.

96) **항연**: 중국 전국 시대 초나라 최후의 명장. 항량·항백의 아버지이며, 항우의 할아버지다. 하상 사람으로 장군이 되어 기원전 224년에 이신이 진나라 병사 20만을 이끌고 평여, 영, 언 등을 함락시키자 이신을 기습해 남군을 탈환했으나, 기원전 223년, 진나라 장수 왕전이 60만 병사를 이끌고 왔을 때 1년간 장기전 끝에 패하여 초왕 부추가 포로로 잡혔다. 한편 항연은 창평군을 초왕으로 옹립해서 회남으로 들어가서 저항을 계속했지만 기록에 따라서 항연의 죽음에 관한 기록이 달라서 대치되는데, 기원전 223년에 기에서 왕전에게 패해서 죽었

습니다. 초군은 진군에 연이어 패배하였고, 다급해진 초나라 조정은 계속해서 진나라에 땅을 떼어줄 것을 약속하며 강화할 것을 요청했습니다. 전황은 초나라가 불리해 진나라의 초전 기세를 막지 못했지만, 초나라의 최정예 군단은 보존된 상태였습니다. 항연군이 인근에 도착했을 때 마침 창평군이 거병하여 영진 일대를 장악하고 이신의 퇴로와 보급을 끊습니다.

진군이 점령한 많은 지역에서 반란 모의가 존재했습니다. 초나라의 옛 수도인 영진도 그와 다르지 않았습니다. 시황제는 초나라를 정벌하기에 앞서, 초나라의 공자라는 특수한 신분을 가진 창평군이 초나라의 군민들을 위무하여 영진의 시국을 안정시키길 원했습니다. 진나라의 천하통일이 가시화되면서 초나라 정벌은 피할 수 없는 일이 됩니다. 진나라의 재상을 지냈으나 초나라의 왕족이기도 했던 창평군은 조국 초나라의 멸망을 두고만 볼 수 없습니다. 창평군이 반란을 일으키게 된 경위와 경과는 사서에 기록되지 않거나 기록이 일치하지 않아 현재 중국에서도 연구 중에 있습니

거나 또는 창평군이 죽자 항연이 자살한 것으로 나온다. 그러나 전국 시대 말기에 진나라에 맞서 저항한 이미지는 중국 전역에 강한 인상을 남겨서 한동안 생존설도 나돌았으며, 후에 진승·오광의 난 당시엔 진승과 오광이 각각 부소와 항연을 사칭하는 등 반反 진 운동의 상징이 된다. 이러한 배경이 있어 이후 실제 항연의 후손인 항량과 항우가 봉기할 때 많은 이들이 항씨 가문이라는 이름만으로도 호응해 들어왔다.

다. 창평군은 초나라의 공자라는 신분을 활용하여 반진 세력을 결집한 후 진군의 후방에서 반란을 일으킵니다. 본래 초나라의 땅이었던 영진 일대의 초나라 인민들과 가까운 한나라 인민들도 그에 호응하여 반란 세력은 순식간에 영진을 장악하며 진군의 후방 보급을 차단하고 진군의 퇴각로를 막아 이신 군에 대한 포위 섬멸을 도모하게 됩니다.

초나라 정벌을 진행하던 이신 군은 예상치 못한 창평군의 반란으로 포위·섬멸될 위기에 처합니다. 일단 반란을 진압하기 위해 성부에서 물러나 일단 후방의 위협이 되는 창평군을 진압하기로 했고, 퇴각하여 반란군과 전투를 벌입니다. 결과적으로 본다면 20만 명의 진군은 초나라를 정벌하기에 부족한 숫자였습니다. 진군에 균열이 생기자 곧바로 초나라가 반격할 여지를 주게 되었기 때문입니다. 20만 대군을 이끈 초나라의 총사령관 항연은 성부에서 남하할 이신군을 대비하고 있었으나 갑자기 진군이 사라졌고, 이에 항연은 진군에 모종의 균열이 일어난 것을 짐작하여 진군을 추격하기 시작합니다. 항연은 진군을 3일 밤낮 동안 추격한 후 반란을 진압하기 위해 퇴각했던 진군을 후방에서 기습합니다. 이신은 이에 침착하게 지휘하여 초군을 막아냈으나 진군의 상황은 좋지 않았습니다. 시간을 끌면 끌수록 적국의 포위망은 완성되어 본군은 전멸을 피하지 못할 것이었습니다. 얼마의 희생을 감수하더라도 빠르게 퇴각하는 것만이 최선의 선택이었습니다. 항연은 계속되는 추격전 끝에 진군을 무찔러 일곱 명의 도위와 무수한 군사를 죽였습니다. 이신은 패잔병을 이끌고 퇴각합니다. 항연은 조나라 국경까지 추격해왔으나 보루에 막혀 할 수 없이 선회해 남군을 공략했습니다. 항연은 초나라의 옛 실지를 되찾고 계속해 서진하여 한나라의 경내로 들어섭니다. 혹은 창평군이 공략했다고도 합니다.

시황제가 이를 듣고 크게 노하여 스스로 빈양땅으로 달려가서 왕전을 만나 사죄하며 말했다.

"과인이 장군의 계략을 쓰지 않아 이신이 과연 진나라 군대를 욕보였소. 지금 들으니 초나라 병사가 날마다 서쪽으로 진격하고 있다고 하니, 장군께서 비록 병중이라고 해도 과인을 버리지 말아 주시오!"

왕전이 사양하며 말했다.

"노신은 지치고 병들어 정신이 혼미하니, 대왕께서는 부디 현명한 장수를 택해 주십시오."

시황제가 사죄하며 말했다.

"그만둬주시오, 장군께서는 다시는 그런 말을 하지 마시오!"

왕전이 말했다.

"대왕께서 어쩔 수 없이 신을 쓰고자 하신다면, 60만 명의 병사가 아니면 안 됩니다."

진왕이 말했다.

"장군의 계략을 따르도록 하겠소."

이에 왕전이 장수가 되어 병사 60만 명을 이끄니, 진왕이 몸소 파수까지 나와 왕전을 전송했다. 왕전이 가면서 훌륭한 논밭과 저택, 정원과 연못을 달라고 심할 정도로 거듭 요청했다.

진왕이 말했다.

"장군은 가면서 어찌 가난을 걱정하시오?"

왕전이 말했다.

"대왕의 장수가 되어 공을 이루었음에도 끝내 후에 봉해지지 못했으니, 대왕의 관심이 신에게 쏠려 있을 때를 이용하여 정원과 연못을 청해 자손들에게 남겨 주기 위해서입니다."

진왕은 크게 웃었다. 왕전이 관에 이르러 5번이나 사신을 보내어 좋은 논밭을 요청했다.

어떤 사람이 말했다.

"장군께서 대가를 구걸하는 게 너무 지나치십니다."

왕전이 말했다.

"그렇지 않다네. 무릇 진왕은 교만하며 사람을 믿지 않는 성격일세. 그런데 지금 진나라가 텅 빌 정도로 나라의 병사를 모두 나에게 맡기고 있으니, 내가 자손에게 물려주기 위해 논밭과 저택을 요청해 다른 뜻이 없음을 알리지 않으면 진왕께서는 가만히 앉아 생각하며 나를 의심하지 않겠는가?"

시황제는 초나라가 비록 쇠약해졌으나, 땅이 넓고 인구가 풍부해 여전히 강한 국력을 가지고 있어 쉽게 멸망시킬 수 없음을 알았습니다. 시황제는 친히 왕전의 집이 있는 빈양으로 가 그에게 60만 대군을 지휘해 줄 것을 간청하여 왕전이 60만 대군을 이끌고 초나라로 출정하기로 합니다. 노장군이 60만 대군을 지휘할 수 있었던 것은 그가 능히 군주의 신임을 얻어냈기 때문입니다. 60만 명의 병사는 진나라의 모든 병력을 동원하였습니다. 만약 왕전이 이번 전쟁에서 패배하여 초군이 북상한다면 삼진(한·위·조)의 귀족들이 호응하여 진군을 몰아낼 것이었습니다.

시황제 23년, 기원전 224년 왕전과 몽무는 60만 대군을 이끌고 초나라를 재차 공격하여 평여로 진출합니다. 이에 초왕 부추는 전국의 병력을 동원하였고 항연에게 진군을 물리칠 것을 명령합니다. 초나라의 대장 항연은 본래 이끌던 20만 명의 군사와 초왕 부추[97]에게서 증원받은 20만 명을 합친 40만의 대군을 이끌고 평여에서 진군과 대치했습니다. 그러나 왕전은 10여 리에 걸친 진을 펼치고 견벽거수(벽을 맞대고 수비만 함)하며 지킬 뿐 전투를 하지 않았습니다. 초나라 조정에서는 진군의 이러한 행동에 대해 그 의중을 파악할 수 없었습니다. 왜 왕전은 나라를 통째로 끌고 나온 거나 다름

---

97) **부추**: 중국 전국 시대 초나라의 42대 국군이다. 『사기』「초세가」에서는 고열왕의 서자라고 하며 「열녀전」에서는 고열왕의 아우라고 한다. 초애왕 원년(기원전 228년), 애왕이 즉위하자 두 달 만에 반란을 일으켜서 애왕을 시해하고 자신이 왕이 된다. 초왕 부추 4년(기원전 224년), 진나라의 장수 왕전이 초나라를 침공하자 초나라는 항연을 보내 맞서 싸웠으나 '기' 지역에서 패배하고 항연은 잡혀 죽는다. 같은 해에 진나라의 장수 왕전과 몽무가 초나라의 수도를 공격하고 점령하고, 초왕 부추가 진군에 사로잡혀 초나라는 진나라에 의해 멸망 당했다. 물론 초왕 부추가 진군에게 잡히고 난 이후에도 진군에 항거하는 세력이 존재했지만, 끝내 해를 넘기지 못하고 왕분과 몽염에게 진압당한다.

없는 대군을 이끌고 왔으면서도 아무것도 하지 않는가? 어쨌든 진군이 견고한 요새를 쌓고 굳게 지키자 항연도 일단 대치하는 수밖에 없었고, 이후 초군이 진군을 도발하며 전투를 유도했을 때도 진군은 대응하지 않았습니다. 진군은 60만 명에 달하여 수는 초군을 능가하지만 잘 조련되지 않은 신병이 많았기 때문입니다.

시간이 지나 왕전이 사람을 시켜 군사들을 보게 한 다음 물었습니다.

"군중에서 무엇을 하며 놀더냐?"
"투석과 멀리뛰기를 하고 있습니다."
왕전이 말했습니다.
"이제야 쓸 만하겠구나!"

왕전이 초나라 정벌에 대하여 시황제에게 간언한 것은 국가 전체의 역량으로 총력전을 펼쳐 초나라를 정벌하자는 것이었습니다. 진·초 양국 군대만의 대결이 아닌 양국 국력의 대결로 몰고 가서 국력이 강하고 상앙 변법으로 동원력마저 더 강한 진나라의 우위를 십분 활용하자는 것이었습니다. 장평대전에서 조나라가 조급히 군사를 움직여 대패한 것은 대군이 여러 해를 대치함으로 인해 나라 전체가 피폐해져 더 이상 견딜 수 없는 상황에 이르렀기 때문입니다. 그렇게 평여에서 100만 명에 달하는 군사가 대치 상태에 들어갔습니다. 삼진을 멸망시킨 진나라는 후방의 걱정 없이 대량의 물자를 지원하며 장기전을 벌였습니다. 왕전은 매일 양과 소를 잡아 병사들과 식사를 하고 훈련시켜 점차 병사들의 투지와 사기가 높아졌습니다. 진·초 양국의 병력이 총동원된 후 한 해를 넘기자 초나라는 농업 수확에 차질이 생겨나게 되었고, 정치적으로도 균열이 생기기 시작합니다. 중원의 인구 밀집 지역에서 떨어져 있는 초나라는 영토와 인구가 많다고는 하나 정치적·군사적으로 낙후돼 있어 군세를 진나라만큼 안정적으로 유지할 수 없었습니다.

대치가 1년을 넘기자 항연은 초군에 동쪽으로 철군하라는 명령을 내렸습니다. 혹은 초왕 부추가 항연을 의심해 철군 명령을 내린 것이라고도 합니다. 조용히 기회를 봐왔던 왕전은 즉시 출병해 암암리에 초군을 추격하여 용맹한 용사들을 선봉으로 앞세워 초군을 강타합니다. 초군은 예기치 못한 공격에 다급히 응전했지만 예봉이 꺾인 초군은 사기충천한 진군을 당해낼 수 없어 결국 대패하고 말았습니다. 교활한 왕전은 항연이 이신을 무찌른 계책과 똑같은 것으로 항연을 무찌른 것이었습니다. 초군은 기蘄의 남쪽에서 대파되었고, 왕전은 이를 추격하여 연달아 초군을 격파해 결국 대장 항연마저 죽였습니다. 항연은 왕전과의 전투 때 죽었다고도 하고, 창평군과 함께 저항하다 죽었다고도 합니다. 왕전은 수도 수춘을 공격하여 초왕 부추를 포로로 잡습니다.

초왕이 사로잡힌 이후 창평군은 강남으로 패퇴하여 회남에서 초왕으로 옹립됩니다.[98] 오월을 점거하고 장강의 지세를 경계로 삼아 진나라에 저항했으나, 시황제 24년, 기원전 223년 왕전은 회남을 공격해 격파하여 창평군을 죽이고 끝내 초나라를 완전히 멸망시킵니다.

"기원전 222년 연나라가 멸망하다

한단이 함락되고 공자 조가가 대군으로 쫓겨들어온 후에 얼마 지나지 않아 진군은 역수에 이르렀습니다. 한나라와 조나라를 멸망시킨 진나라 군대의 위용에 연왕 희[99]와 군신들

---

98) 창평군이 아닌 다른 사람이 옹립되었거나, 아예 왕을 칭한 적이 없거나, 사마천이 잘못 기록한 것이라고도 한다.

99) **연왕 희**燕王 喜: 연나라 제43대 국군이자 마지막 왕이다. 연효왕의 아들. 형가에게 진시황을 암살하도록 시킨 것으로 유명한 태자 단의 아버지다. 연왕 희 4년(기원전 251년), 연왕 희는 상국 율복의 말에 따라 조나라의 왕인 효성왕에게 500금을 보내 만수무강을 빌었다. 하지만 율복으로부터 조나라가 장평대전에서 막대한 피해를 입어 장성한 사람들이 모두 죽었으므로 이때 조나라를 공격하면 된다는 말을 듣고 조나라를 침공하기로 했다. 연나라와 조나라를 오가는 객경이자 제-연 전쟁의 영웅이었던 악의의 아들로 창국군에 봉해져 있었던

은 놀라 전전긍긍하며 진나라의 대군이 머지않아 연나라로 닥쳐올 것임을, 그리고 막을 수 없을 것임을 직감했습니다. 태자 단의 태부太傅 직책에 있었던 국무는 태자에게 서쪽으로는 대(폐위된 태자 조가가 이끄는 조나라의 잔존세력), 남쪽으로는 제나라와 연합하고, 초나라와 동맹을 맺은 다음 북쪽으로는 흉노와 우호 관계를 형성해 진나라의 야욕에 공동으로 저항할 것을 건의했지만 태자 단은 관동 제후의 많은 관리들이 진나라에 복종함을 알고 있었습니다. 재차 합종군을 결성하는 것은 불가능했습니다. 하여 시황제 20년(연왕 희 28년), 기원전 227년 '형가자진왕'의 모략을 꾀하나 실패하고 말았습니다. 6국의 국력이 비교적 온전했을 때도 합종군은 제대로 된 시도도 못 해보고 와해됩니다. 사실 연나라 자체도 장평대전 직후 조나라에 진화타겁[100]을 시도하는 등 6국 간의 신뢰 관계는 원래

악간에게 조나라를 칠 뜻을 말하니 악간은 반대했지만, 연왕 희는 그 말을 씹고 기어코 조나라를 침공합니다. 송자에서 조나라의 명장 염파가 조나라 침공을 간언했던 율복을 죽였고, 악승이 대에서 경진을 포로로 잡으며 연나라군을 대파했다.

100) **진화타겁**殘火打劫 : 병법 삼십육계 중 승전계의 제5계이다. 한자 그대로 해석하자면 "남의 집에 불난 틈을 타 도둑질하다."라는 뜻. 이 무슨 엉뚱한 소리인가 싶겠지만 여기서 남의 집에 불이 났다는 것은 상대가 혼란스럽거나 위기가 왔을 때에 공격하는 것이 승리를 쟁취하기 쉽다는 이야기다. 사람을 낚기 위한 어떤 무공에서 나오는 "오줌 마려운 사람을 상대하는 것보다 쉬운 일은 없다."와 비슷한데 한창 싸우는 중에 오줌이 마려운 것이 바로 위기인 것이다. 어떻게 보면 굉장히 비겁하다고 생각될 수도 있겠으나 승자만이 남는 전쟁에서는 강한 상대가 약해졌을 때 치는 것이 아군의 피해는 적게 하면서 적

좋지 못했습니다.

연의 태자 단은 진이 통일전쟁을 본격화한 형세에 큰 위협을 느껴 스승인 국무에게 의견을 물었다. 국무가 말했다.

"진나라 땅은 천하에 두루 퍼져서 한나라·위나라·조나라를 위협하며, 북쪽으로 감천산·곡구 같은 요새가 있고 남쪽으로 경수·위수의 기름진 땅이 있으며, 파巴 땅·한중漢中 땅의 풍요로움을 차지하고 오른쪽으로 농서 땅·촉 땅의 산지에 왼쪽으로 동관·효산의 험난함이 있으며, 백성은 많고 병사는 사나우며 병기도 남아돕니다. 출병할 뜻만 있다면 장성의 남쪽과 역수의 북쪽은 안정될 수 없습니다. 어찌하여 업신여겨졌다는 원한[101]으로 역린을 건드리고자 하십니까!"

태자 단이 물었다.

"그럼 어찌하는 게 좋겠소?"

국무가 답했다.

"청하건대 제가 깊이 생각해보겠습니다."

형가가 태자 단에게 말했다.

"태자께서 말씀하시지 않아도 신이 뵙고 말씀드리려고 했습니다. 지금 떠나봐야 믿을 만한 것이 없으니 진나라에 가까이할 수가 없습니다. 연에 망명 온 번오기 장군은 진왕이 1,000근의 황금과 10,000호의 식읍을 내걸고 찾고 있습니다. 만약 번 장군의 머리와 연나라 독항督亢 땅의 지도를 얻어 진왕에게 받들어

군에게는 최대의 피해를 입힐 수 있는 기본적인 방침이다. 반대로, 진화타겁을 당하지 않으려면 오줌 마려운 틈, 즉 빈틈을 주지 않아야 한다는 말도 된다. 굳이 군사적으로 공격하지 않아도 상대의 위기를 기회로 유리한 협상을 하거나 이익을 갈취하는 것 또한 진화타겁에 해당된다.

101) 태자 단은 볼모 시절 시황제에게 모욕을 당한 일이 있다.

바친다면 진왕은 반드시 기뻐하며 신을 만날 것이니, 이때 진왕을 죽이고 신은 비로소 은혜를 갚을 수 있습니다."

태자 단이 말했다.

"번 장군은 곤궁에 처해 나에게 와서 몸을 맡겼는데 내 사사로운 욕심으로 덕 망 있는 자의 뜻을 해치는 건 차마 할 수 없으니, 부디 그대는 다시 생각해주십 시오!"

형가는 태자가 차마 할 수 없을 것을 알고 마침내 사사로이 번오기를 만나 말했다.

"진나라가 장군을 대우하는 것이 심하여 부모와 종족은 모두 도륙당했다고 들 었습니다. 지금 듣기에 장군의 머리에 1,000근의 금과 10,000호의 식읍을 내걸 고 구한다는데, 장군께서는 어찌하실 겁니까?"

번오기는 하늘을 우러러보며 탄식하고 눈물을 흘리며 말했다.

"나는 그 일을 생각할 때마다 항상 골수에 사무치도록 괴로운데 어찌할 것인가, 그 계략을 모르겠습니다!"

형가가 말했다.

"지금 단 한마디로 연나라의 걱정을 해결하고 장군의 원한을 갚을 방법이 있는 데 어떻습니까?"

번오기가 앞으로 나와 말했다.

"어찌해야 합니까?"

형가가 말했다.

"부디 장군의 머리를 얻어 진왕에게 바치면 진왕은 분명 기뻐해 신을 만날 테 니, 신이 왼손으로 소매를 잡고 오른손으로 가슴을 찌르면 장군의 원수를 갚고 연나라의 치욕도 씻길 겁니다. 장군은 어찌 생각하십니까?"

번오기는 한쪽 어깨를 드러내고 팔을 움켜잡고 나아가 말했다.

"이는 신이 밤낮으로 이를 갈고 마음을 썩히던 일이니, 지금 가르침을 듣게 되 었습니다!"

마침내 스스로 목을 찔렀다. 태자가 이를 듣고 달려와서 시체에 엎드려 통곡하
며 매우 슬퍼했다. 이미 어쩔 수 없는 일이었기에 마침내 번오기의 머리를 상자
에 담고 봉했다.

진시황 벽화

■ 시황제는 시호가 없는 탓에, 선진 · 양한先秦兩漢 시대 탁월한 군사적 업적을 이룬 시황제와 한무제를 함께 일컬을 때 특이하게도 진황한무秦皇漢武라고 표현합니다. 어차피 진나라의 2세 황제 호해는 황제라고 하기에도 민망한 수준의 치세를 보냈고, 재위 기간도 짧아 따로 언급할 일이 적고 그 다음 군주인 자영 역시 한 달 조금 넘게 재위한 데다 아예 황제 칭호를 포기하고 왕을 칭했습니다. 시황제가 사실상 진나라의 유일한 황제라고 볼 수도 있으므로 진황이 딱히 틀린 표현은 아니다. 물론 진황한무 대신 진시한무秦始漢武라고 쓴 예도 옛 문헌을 검색해 보면 발견되긴 하지만 진황한무가 더 일반적으로 쓰입니다.

■ 시황제는 시호와 묘호가 없는 황제로 나름 유명하다. 흔히 불리는 시황제는 시호가 아니라 첫 번째 황제라는 의미일 뿐입니다. 시황제가 '황제'라는 칭호를 만들면서 시호를 폐지했다. (죽은) 황제에게 시호를 올리는 건 (그 다음 군주가 된) 아들이 아버지에 대해 논하고, 신하가 (죽은) 군주에 대해 논하여 적당한 글자를 정하는 것이기 때문에 (시법), 철권 독재자인 시황제의 눈에는 매우 건방진 관행으로 보였다. 그래서 아예 시호를 없애버리고 황제의 대수만 표기하게 했습니다. 호해가 이세황제라고 불리는 것도 이런 이유에서입니다.

04
암살 시도를 세 번 당한
시황제 암살 미수사건

**❝시황제는 황제 즉위 전에도
많은 암살 시도를 받았다**

시황제는 황제 즉위 전 많은 암살 시도를 받았습니다.

고점리는 전국 시대에 중국 연나라의 음악가로, 주筑 또는 지주击筑라고 불리는 타격을 연주했습니다.

그의 친구 징케가 진시황에 대한 암살 시도에서 살해당한 후, 고점리는 진시황의 보복이 두려워 이름을 바꾸고 주점의 조수가 됩니다.

고점리의 주 선수로서의 솜씨는 결국 와인 가게 주인의 눈에 띄게 됩니다. 진시황은 고점리를 소환하여 그를 위해 놀게 했습니다. 결국 고점리의 정체가 밝혀졌을 때, 진시황은 그를 실명시켰지만, 음악에 대한 사랑 때문에 그를 용서했습니다.

몇 번의 공연 후 황제는 고점리에 대한 경비를 느슨하게 했습니다. 변화를 감지한 고점리는 악기에 납 조각을 몰래 숨기고 기회가 생기면 황제를 직접 암살하려고 시도했지만 성공하지 못했습니다. 고점리는 그 후 처형됩니다. [102]

대표적인 것은 훗날 유방의 총애를 받는 장량이 창해 역사와 시황제 암살을 노렸지만 실패합니다.

---

102) Museet, Östasiatiska (2003). 게시판. Vol. 75. 스톡홀름. 87-88쪽.

❝ 형가가 시황제의 암살 시도가 실패하다

형가는 중국 전국 시대의 협객이자 유명한 자객입니다. 시황제를 암살하기 위해 갔으나 실패한 일화로 유명합니다. 그의 생애에 대해 잘 알려진 것은 없으나 『사기』「자객열전」이나 『십팔사략』[103)에 그에 관련된 이야기가 남아 있습니다. 특히 「자객열전」에 있는 형가의 기록은 중국 고서상 가장 기억할 만한 손에 꼽는 대목입니다. 전한초에 이미 여러 버

형가

전으로 부풀려 전해지던 형가의 일화가 「자객열전」에서 이토록 생동감 있고 구체적인 기록으로 남은 이유는 저자 사마천의 스승인 동중서와 동중서의 친구 공손홍이 실제 사건의 목격자이자 등장인물인 하무저와 친구였으므로 내막을 자세히 알고 사마천에게 전해주었기 때문입니다.「자객열전」형가 이야기에서 진나라

---

103) 『**십팔사략**十八史略』: 남송 말 원나라 초의 사람인 증선지가 중국의 정사 18사를 축약하여 만든 역사책이다. 전설의 시대인 삼황오제기부터 남송의 멸망까지를 다루고 있다. 십팔사략은 역사서들을 편집한 축약본이다. 그래서 사료적 가치보다는, 교육용 교재로 썼던 책이었다. 그러나 축약했다고는 해도 2000년이 훨씬 넘는 기간을 다루고 있기 때문에 분량 자체는 상당히 묵직한 데다가 고대 중국사를 대강 훑어볼 수 있으므로 한국과 일본에서 애호 받는 책이다. 조선 초기에 전파되어 널리 읽혀지게 되었고 일본에서도 무로마치 시대 때 전파되어 널리 읽혀졌다.

가 형가의 암살미수에 대한 보복으로 연나라를 공격하여 태자 단을 죽이고 그로부터 5년 뒤에 연나라가 멸망했다고 기록되어 있습니다. 그렇다면 암살 미수사건은 기원전 227년 이전입니다. 공손홍이 기원전 199년생, 동중서가 기원전 179?년생이므로 하무저와 이들의 나이 차가 어마어마합니다.

❝ 형가는 위나라에서 태어나 연나라에서 살았다

형가의 조상은 강제의 간신이었던 경봉이지만, 태어난 곳은 위나라(하남성 부근. 과거 상나라가 있었던 자리)였고, 본인이 사는 곳은 연나라였습니다. 왜냐하면 초영왕 때, 오나라에 의탁한 경봉과 그 일족이 초군에 의해 주살된 후, 그 후손들이 성을 바꾸고 여기저기 흩어졌기 때문입니다. 형가는 꼬마 때부터 책 읽기와 검술을 좋아했습니다. 검술로 당시 위나라 군주였던 원군에게 출사했으나 외면당했습니다.

형가는 개섭이라는 검객과 검술을 논하다 틀린 사실을 말했고, 말다툼이 일어났습니다. 개섭이 노려보자 형가는 말 없이 도망칩니다. 조나라의 수도 한단에 머물 당시, 노구천[104]이란 사람과 장

---

104) **노구천**魯句踐 : 주나라 제후국 노나라 출신의 기원전 2세기 사람으로서 주공

기를 두다가 말다툼을 했을 때 노구천이 죽일 듯이 위협하자 형가는 도망쳤고 사이가 틀어졌습니다. 이를 두고 형가가 겁이 많았다고 해석하는 사람도 있습니다. 그러나 사람도 죽여본 진무양이 벌벌 떨 때 태연하게 시황제에게 다가가서 검을 휘두른 것만 봐도 형가는 용기와 담력이 어마어마한 사람이었습니다. 『사기』 같은 역사서에서는 형가가 훗날 큰일을 맡을 뜻이 있어 사사롭게 목숨까지 위험할 수 있는 싸움을 피했다고 봅니다. 정황을 보면 불필요하고 사사로운 싸움은 피했다로 것이 더 합당할 것입니다.

그 후 시전 바닥에서 개백정인 아무개 축(현악기의 일종)쟁이 고점리와 한가하게 놀며 소일합니다. 그러다가 감정이 복받치면 셋이

단의 후손이다. 노구천은 주거가 불일정한 남자로서 전국 시대에 여러 나라를 돌아다녔다. 위나라 출신 형가가 조나라의 수도 한단에 들어 갔을 때 노구천을 만나게 된다. 형가는 노구천과 도박하다가 규칙 문제로 다투게 되었다. 노구천이 험악한 말로 고함을 지르자 형가는 아무 말도 없이 그 자리를 떠났다. 형가는 노구천의 험악한 성격과 무사로서의 자질을 파악하게 된다. 노구천은 조나라 수도 한단에서 형가와 언쟁했으나 나중에는 친분 관계를 형성하게 된다. 형가는 진시황제를 암살하려고 할 때 노구천을 부장으로 대동하려고 생각했다. 그러나 노구천은 주거가 불일정한 남자라서 찾기 어려웠다. 형가는 노구천을 고집하였으나 연나라 태자 단이 진무양을 천거하였다. 형가는 번오기의 수급을 가지고 진무양을 대동하여 진나라에 들어갔다. 진무양은 암살 순간에 겁을 집어 먹어 진시황제 암살 실패의 요인이 되었다. 형가가 노구천을 데려 갔다면, 진시황제 암살에 성공했다고 보는 시각이 있다.

얼싸안고 울다가 웃다가 했다고 전하는데, 이때 셋은 주변에 아무도 없는 것처럼 신경 쓰지 않고 행동했다고 합니다. 여기서 나온 말이 바로 방약무인[105]입니다. 이는 원래 주변에 거리낌 없는 당당한 행동을 뜻하는 말이었는데, 뒷날 의미가 바뀌어 제멋대로 날뛰는 것을 뜻하는 말로 바뀌었습니다. 이렇듯 자유분방한 생활을 했으나 당시 연나라에서 은거하던 전광[106]이라는 사람은 그가 평범한 사람이 아님을 알아봤다고 합니다.

그러나 시대는 형가를 가만히 놔두지 않았습니다. 당시 이미 진나라를 제외한 6국 중 3진[107]이 멸망한 상태였고, 그나마 조나라는 왕족인 조가가 대군代郡에서 대나라의 왕위에 올라 저항하고 있었습니다. 조나라를 평정한 진나라는 제나라를 매수해 놓은 상태에서 초나라와의 결전을 앞두고, 연나라를 먼저 손보려 시기를 엿보고 있는 중이었습니다.

---

105) **방약무인**傍若無人 : 곁에 아무도 없는 것처럼 여긴다는 뜻입니다. 이것이 변질되어 '싸가지가 없다'라는 뜻으로 쓰이고 있다. 안하무인眼下無人

106) **전광**田光 : 이 사람에 대한 자세한 기록은 없고 용기와 지혜가 비범해서 연나라 태부인 국무의 추천으로 연나라에 출사하였다고 한다.

107) **3진**三晉 : 조·위·한나라를 말한다. 본디 진나라의 향鄕이었으나 이 세 집안이 진나라를 갈라 먹어 3진이라 불렀다.

❝태자 단은 시황제에 대한 증오심이 깊었다

이런 상황을 타개할 방법을 찾기 위해 전광에게 연나라 태자 단이 찾아왔습니다.

태자 단은 진나라에 인질로 잡혀갔던 시절이 있었기 때문에 시황제에 대한 증오심이 깊었고 그 위험을 잘 알고 있는 터였습니다. 국가의 멸망을 막기 위해 자객을 파견해 일거에 뒤집기를 하려는 단에게 전광이 추천한 사람이 바로 형가였습니다. 단이 전광에게 암살 계획에 대해 절대 비밀로 해 줄 것을 당부하자, 전광은 형가에게 암살 사건에 대해 이야기한 뒤 "근데 태자는 내게 이 일은 국가의 기밀이니 발설하지 말아 달라 하였네. 그러니 태자를 만나면 전하게. '전광이는 이미 죽었다.'고 말일세"라고 말하곤 형가가 뭐라 하기도 전에 자기 목을 끊어버렸습니다.

형가는 태자 단에게 찾아와 조나라의 서부인이라는 사람이 주조한 비수 상절[108], 연나라의 곡창 지대인 독항 지방의 지도[109],

---

108) **비수 상절**霜切: '서리마저 벤다'는 뜻. 강철을 진흙처럼 자를 만큼 명검이라고 한다. 여기에 독을 발라 피부를 살짝만 그어도 즉사할 수 있도록 특별히 준비했다.

109) 특정 나라의 사신이 자기 나라의 지도를 가지고 가서 바친다는 것은, 그 땅을 넘기겠다라는 의미이다.

그리고 진왕 시황제의 미움을 받아 망명한 진나라 항장 번오기의
목을 요구합니다.

비수와 지도는 즉시 준비되었으나, 다정한 성격인 단은 차마 번
오기의 목을 내올 수는 없었습니다. 그러자 형가는 슬그머니 그의
집으로 가 "이러저러할 건데 당신의 목을 주시면 안 되겠소?" 하고
돌직구를 날렸습니다. 번오기는 이 말을 듣고 잠시 침묵하더니, 놀
랍게도 "아아! 저의 원한을 풀 방법을 갖고 계시다니 기쁘기 그지없
습니다. 부디 성공하시기를!" 한 뒤 형가에게 절하고 스스로 목을
찔렀습니다!

그 뒤에 필요한 것은 자신과 같이 보조를 맞출 담대한 부사로 13
세 때 대낮에 길거리에서 사람을 죽였다는 진무양[110]이란 장사를
선택합니다. 형가는 본래 이름이 기록되지 않은 다른 누군가를 기
다렸지만, 그는 너무 멀리 살고 있어 제 시간에 오지 못했고, 태자
단의 재촉에 어쩔 수 없이 진무양과 함께 거사를 치르게 됩니다. 『
십팔사략』에는 그 사람을 예전 저잣거리에서 형가와 다투었던 노
구천이라고 했습니다. 노구천은 형가의 부름에 서둘러 달려오다

---

110) **진무양**秦舞陽 : 『사기』 「흉노열전」에 그의 집안 내력이 언급되는데, 진무양의
조부는 연나라의 명장인 진개로, 흉노에 인질로 잡혀 있다가 기회를 봐서 도
망쳐 귀국했다고 한다. 진개는 한국사와도 관련이 깊은데, 고조선을 쳐서 서
쪽 영토 2,000리를 빼앗았다고 전해지는 인물이다.

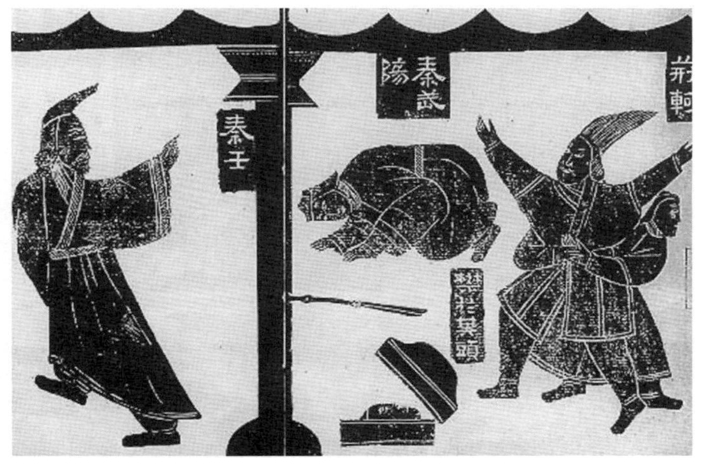

진왕(왼쪽)을 습격하는 형가(오른쪽). 한가운데에 진무양이 있고, 아래에는 상자에 담긴 번어기의 목이 보인다.

가 하필 비가 내려 강이 범람하는 바람에 길이 막혀서 오지 못하고 있던 중이었다고 합니다. 이 때문에 과거의 사사로운 다툼이 훗날 형가의 운명을 결정지었다는 장치로 작용해서 형가의 스토리를 더욱 처절하게 만들었습니다. 또 다른 기록에는 형가, 고점리와의 형제를 맺은 개백정이 그 사람이라고도 합니다.

진나라로 가기 위해 역수를 건너며 형가가 남긴 노래인 「역수가」는 아직도 남아 있습니다.

風蕭蕭兮易 水寒(풍소소혜역수한) 바람은 쓸쓸하게 불고 역수 강물 차갑도다
壯士一去兮不復還(장사일거혜불부환) 장사 한번 가면 다시 돌아오지 못하리!
探虎穴兮入蛟宮(탐호혈혜입교궁) 호랑이 굴은 어디인가! 이무기의 궁으로 들어 가는도다
仰天噓氣兮成白虹(앙천허기혜성백홍) 하늘을 우러러 한번 외침이여! 흰 무지개를 이루었도다

연나라 태자와 빈객들은 거사의 내막을 알고 있었기 때문에 모두 흰색의 의관을 차려 입고 송별을 나와 이윽고 역수 강변에 이르렀습니다. 노신에게 제사를 지내 장도를 기원한 후에 길을 떠날 때 고점리가 축을 타자 형가가 곡조에 맞춰 노래를 불렀습니다. 변치의 곡조로 부르는 형가의 노래를 들은 사람들은 모두 눈물을 흘리며 울었습니다. 또 곡조를 우羽로 바꿔 부르니 전송 나온 사람들은 모두 눈을 부릅뜨고 머리에 쓴 관이 다 들릴 정도로 머리털이 곤두섰다고 합니다. 이윽고 형가가 수레에 올라타고 길을 떠났는데 한 번도 뒤를 돌아보지 않았습니다.

형가는 함양에 도착한 뒤 진왕이 총애하던 신하인 몽가[111]에게

---

111) **몽가**蒙嘉 : 몽무·몽염·몽의 등을 배출한 진의 명가인 몽씨 가문의 일원으로 여겨진다. 이 사람이 진왕 암살 실패 후 어떻게 되었는지 구체적인 기록은 없지만, 『사기』에 '형가의 암살 미수 사건 후 공이 있는 자에게는 상을 주고 죄가 있는 자에게는 벌을 내렸다.' 라고 기록되어 있어 어떤 형태로든 처벌은 받았을 가능성이 크다.

뇌물을 바쳤고, 이에 기뻐한 몽가는 연나라에서 항복하러 온 사절단이라며 형가 일행과 진왕과의 만남을 주선하였고 진왕도 기뻐하며 알현을 허락합니다. 그렇게 아무 의심받지 않고 당당하게 시황제 앞까지 온 형가였지만, 뜻밖에도 세상 무서운 줄 모르던 진무양이 갑자기 낯이 새파래지며 바들바들 떠는 바람에 의심을 사고 말았습니다.

형가는 태연히 웃으면서

"북번 오랑캐 시골뜨기가, 일찍이 천자를 뵈온 적 없으니, 떨며 두려워합니다. 대왕께서는 작은 잘못을 용서하시어, 어전에서 사자의 임무를 마치게 하소서."

라고 둘러댔습니다. 하지만 진왕은 이상하게 여겨 형가에게 부사는 놔두고 혼자 올라와 진상물로 가져온 독항의 지도를 올릴 것을 명했습니다. 그러자 형가가 편 두루마리가 끝까지 펼쳐지자 그 속에 숨겨둔 비수 상절이 드러났습니다. 여기서 도궁비현(일이 탄로남)이라는 고사성어가 나왔습니다. 이에 놀란 진왕이 재빨리 일어나는 바람에 형가가 내지른 보검은 상처도 내지 못하고 진왕의 옷소매만 스쳤을 뿐이었습니다. 여기에 대해서는 형가가 짧은 단검을 휘두르기 위해 진왕의 옷소매를 잡아챘는데, 그 옷소매가 북 찢어졌다는 설도 있습니다. 형가는 원래 한 손으로 진왕의 의복을 잡고 다른 손으로 단검을 쓰면 암살이 성공할 것이라고 여겼으나, 추운 북쪽 나라라 두껍고 질긴 옷을 입는 연나라에 비해 진나라에서는 훨씬 얇고 부드러운 옷을 입었기 때문에 소매가 찢어질 수도 있다는 것을 계산하지 못한 것으로 보입니다. 또 다른 설로는 형가의 원래 계획은 부사 역을 맡은 신뢰하는 친구가 두루마리를 펼치면 형가가 재빨리 비수를 꺼내 찌를 계획이었으나 친구가 오지 못해 대신 데려온 진무양이 겁을 집어먹는 바람에 형가 혼자 단상에 올라와 지도를 펼치는 작업과 비수를 꺼내는 작업을 혼자 하느라 비수를 뺄 때 진왕이 눈치채고 피할 수 있었다는 설이 있습니다.

"몸에 닿기 전에, 진왕이 놀라, 스스로 몸을 일으키면서, 소매만 후두둑 떨어져 나갔다."

어쨌거나 형가는 포기하지 않고 비수를 쥐고 시황제를 쫓아 전상 단상 기둥 사이에서 술래잡기를 시작합니다. 당시 진나라 국법에 대전에서 무기를 지참할 수 없었기에 병기를 가진 사람은 진왕 혼자였고 너무 급박한 나머지 대전 밖의 군사를 부를 겨를이 없었습니다. 진나라만 그랬던 게 아니라 애초에 고금·동서를 막론하고 국가원수 앞에서 무기를 휴대할 수 있는 사람은 극도로 한정되어 있었습니다. 당시 진왕은 보검을 패용하고 있었는데, 길이가 길어서 허리가 아닌 등에 차고 있어서 급박한 상황에 제대로 뽑질 못했습니다. 사실 장검은 안전을 위해 일부러 자루에서 쉽게 빠지지 않게 만듭니다. 다만 이 시기의 장검은 중세 유럽의 롱소드보다 더 긴 검이었습니다. 신하들이 맨손으로 형가에게 달려들었고, 어의인 하무저가 약주머니를 던져 형가를 방해했습니다. 또 신하들은 칼을 등에 지고 뽑으라고 소리쳤습니다. 야사에 조고가 외쳤다거나, 한 호녀가 저 말을 해서 이후 진시황의 총애를 얻었고 그래서 낳은 아이가 호해라는 이야기도 있습니다. 하무저의 활약이 돋보이는데, 이후 진시황에게 크게 치하받고 200금을 하사받았다고 합니다. 헌데 사마천의 기록의 출처가 하무저에게 직접 이야기를 전해 들은 동중서와 공손홍이기 때문에 약간 의심스러움이 있습니다. 열전과 본기의 암살 사건 후 최소 5년 후 연나라가 망하므로 암살 사건은 늦어야 기원전 227년인데 둘중 연장자인 공손홍이 기원전 199년생입니다. 하무저가 10대에 어의가 되었다 해도 40년 넘게 차이 나는 할아버지와 손주뻘입니다. 교차검증도 할 수 없는데 할배가 손주뻘 되는 이들에게 소싯적 얘기를 한다고 생각해 보면 본인 역할에 과장되었을 수도 있습니다.

"좌우에서 외쳤다, 대왕께서는 칼을 등지십시오!"

　　결국 시황제는 칼을 뽑을 수 있었고, 짧은 비수를 들고 있는 형가를 내리쳤습니다. 형가는 쓰러진 채 마지막으로 비수를 던졌으나 기둥에 맞았습니다. 그 틈을 노려 시황제는 칼로 형가를 여덟 번이나 내리칩니다. 형가는 시황제를 보고

“일이 실패한 것은 너(진왕)를 사로잡아 약속을 받아내어 태자에게 보답하고자 했기 때문이다!”

　　라고 말했습니다. 근위병들이 달려들어 형가를 죽였습니다. 마지막에 한 말만 들으면 형가는 진왕을 죽일 생각이 아니라 붙잡은 후 협박해서 불가침조약을 맺거나, 빼앗긴 땅을 돌려받으려 한 것일 수 있습니다. 춘추 전국 시대에 노나라의 조말이 제

제환공

환공[112]을 칼로 협박해 빼앗긴 땅을 받아낸 적이 있었습니다.

---

112) **제환공**: 춘추시대 제나라의 16대 군주이자, 춘추시대 최초의 패자이다. 제나라의 13대 군주 희공의 셋째 아들로, 포숙아를 스승으로 모셨다. 희공이 죽고 형인 제양공이 즉위 했는데 연칭과 관지보에게 살해당한 후 양공의 사촌 형제 공손무지가 즉위했고, 공손무지도 얼마 지나지 않아 살해당해 제나라의 군주가 없게 된다. 이때 형인 규(糾)는 노나라에, 소백(제환공)은 거(莒)나라에 있었는데 거나라가 제나라에 더 가까웠기 때문에 소백이 더 유리한 상황이었다. 규의 스승인 관중은 규를 제위에 앉히기 위해 지름길로 가서 소백의 진영

전상 아래에 있던 진무양에 대해서는 별다른 언급이 없지만 당연히 살해당했을 것으로 추정되며, 형가를 방해한 어의 하무저는 시황제에게서 '그대가 나를 위해 약봉지를 던졌도다!'는 칭찬과 함께 금 200일이라는 큰 상을 받았습니다.

❝ 우리나라 고조선도 진나라에 스스로 신하라고 자처하였다

이 사건 직후 분노한 진왕 시황제는 왕전과 왕분 그리고 이신을 보내 연나라 침공을 시작합니다. 연나라 왕 연희는 수도 계성까지 함락당하자 대나라의 왕 조가(조도양왕의 장자이자 조유류왕의 이복 형)의 주장을 받아들여 암살을 주도한 아들 단의 목을 잘라 진나라로 보내

에 도착하여 화살을 쐈고 화살은 소백에게 명중했다. 그래서 규와 관중은 소백이 죽은 줄 알고 천천히 제나라로 갔지만 사실 관중의 화살은 소백의 허리띠의 쇠고리를 맞춰 튕겨 나갔지만, 소백은 관중의 짓임을 알고 일부러 죽은 척하여 관중 일행을 방심시켰던 것. 이렇게 소백은 규보다 먼저 제나라에 도착해 즉위하여 환공이 되었고, 규의 편을 들고 쳐들어온 노나라의 군대를 포숙아를 시켜 무찔렀다. 그리고 노나라에 압력을 넣어 규와 그 일당을 죽이도록 했다. 관중도 처치하려고 했지만, 관중의 절친 포숙아가 말리며 말하기를 "제나라 하나만을 다스리려면 이 포숙아만으로도 충분하지만, 천하를 다스리려면 관중이 필요합니다." 환공은 관중을 용서하고 재상으로 임명했다. 이후 환공은 관중의 추천으로 습붕·영척·빈서무·동곽아·공자 성보를 등용하여 각각 맡은 분야를 책임지게 한다.

지만, 진군은 무시하고 계속 연왕을 추격합니다. 또 다른 설로는 도망친 단을 이신이 수천 기의 병사만을 데리고 추격하여 잡아 왔다는 설도 있습니다. 연왕은 요동을 거쳐 압록강을 넘을 시도 직전에 진나라 군대에 따라 잡혀 포로가 됩니다. 이때 우리나라 고조선도 진나라에 칭신하였다고 합니다.

「형가열전」의 후일담에 의하면 형가와 장기를 두다가 다툼으로 사이가 벌어진 노구천은 형가의 시황제 암살미수 소식을 듣고 이렇게 말했다고 합니다.

"아아, 그가 칼로 찌르는 법[113]을 배우지 않은 것이 애석하구나! 내가 사람을 잘 못 보았습니다.[114] 예전에 내가 그를 꾸짖었을 때, 그는 나를 자신과 뜻을 같이 할 수 있는 사람으로 보지 않았을 것이다!"

형가가 죽고 연나라가 멸망하자 형가의 벗 고점리는 머슴이 되어 송자宋子 땅에 잠적했지만 축 솜씨 때문에 정체가 발각되었고, 그의 축 솜씨가 시황제에게 알려지자 시황제는 고점리를 용서하

---

113) 검술에 나름 일가견이 있던 형가지만, 진왕을 반드시 처치할 정도의 검의 달인이 아니어서 아쉽다는 뜻일 것이다. 뛰어난 검객이었던 개섭과의 일화가 그러하고, 도연명도 형가의 검술이 미숙했던 게 아쉽다고 시로 탄식했다.

114) 형가를 욕하거나 폄하하는 게 아니라 그가 그만큼 담력 있는 호걸임을 미처 알아보지 못한 자신을 탓하는 말이다.

는 대신 그의 눈을 멀게하고 악공으로 삼았습니다. 악공으로 일하면서 시황제와 가까워진 고점리는 축에 납을 넣어서 암살 기회를 노립니다. 어느 날 연주를 하다 말고 시황제를 향해 축을 냅다 후려갈겼으나 계산을 잘못했는지 시황제가 정말 왕운을 타고났던 건지 어깻죽지를 스쳤을 뿐이었고 그대로 맞아 죽었습니다. 고점리가 살해를 시도한 공간이 궁중 악단 연주회였는데, 이 자리에 있던 커다란 징에 시황제의 목소리가 울려퍼져서 고점리의 계산이 실패했다고도 전해집다. 형가와 고점리에게 연이어 죽을 뻔한 시황제는 다시는 멸망 당한 6국 사람을 자신에게 들여보내지 말라고 했습니다.

형가가 협객으로 평가되다

이처럼 멸망당하고 멸망당하기 직전인 6국의 한을 풀려는 듯한 형가와 태자 단의 의기로운 모습은 후에 많은 시인들과 서사가들에 의해 칭송되거나 협객이라고 평가됩니다. 시황제와 통일 진나라가 통치를 잘했으면 몰라도 그 정치가 매우 가혹하고 심하였기 때문에 후대 사람들에게 기억될 수밖에 없었던 것입니다. 특히 장량과 창해 역사와 더불어서 노래되고 많은 협객들과 호걸들의 그의 모습을 따라하고자 합니다. 장량 또한 형가와 태자 단의 영향을 받았을지도 모르는 일입니다.

형가의 행위에 대해서는 평가가 다소 엇갈립니다. 결국 이 문제는 진의 통일을 어떻게 바라보는지에 따라 달라집니다. 진의 통일을 긍정적으로 평가한다면 형가는 다소 부정적으로 평가받을 것이고, 반대로 진의 통일을 부정적으로 평가한다면 형가는 긍정적으로 평가받을 것입니다. 진시황이나 형가나 둘 다 각자의 입장이 있으므로 반드시 어느 쪽이 좋고 어느 쪽이 나쁘다는 식으로만 이야기할 것도 없습니다. 대체로 현대 중국에서는 진시황의 통일 공적과 형가의 의협심을 둘 다 좋게 평가합니다.

형가에 의한 시황제 암살 미수 사건 이후, 분노한 시황제는 즉시 대군을 일으켜 왕전과 신승에게 연나라를 공격하게 했습니다. 연나라는 대왕 가가 이끄는 조나라의 잔여 세력과 연합하여 진군에 저항했지만 진군은 역수의 서쪽에서 이를 물리쳤습니다. 시황제 21년(연왕 희 29년), 기원전 226년 진왕은 왕전의 원정군에 수많은 병사를 증원하였고, 이에 왕전은 연군을 대파하여 수도인 계성(베이징)을 점령했습니다. 하지만 연왕 희와 태자 단은 동군의 주도인 양평(요양)으로 도주했습니다.

연왕 희가 동쪽으로 도망칠 때, 왕전의 본대는 조가의 후방 공격을 염려하여 연왕 희를 무리해서 추격하지 않았지만, 조나라 멸망 때 3군을 이끌고 소수의 병력으로 운중을 공략하여 능력을 입증한 진장 이신과 그를 비롯한 강경파는 연군을 추격해야 함을 강력히 주장했습니다. 이에 왕전은 군 내의 정치적인, 전략적인 입장에서 이신에게 수천 기의 병마를 주어 연군을 추격하도록 했습니다. 이신이 이끄는 진군의 별동대는 수천의 병마를 이끌며 연군을 추격했습니다. 이때 태자 단과 그의 책사들은 진군의 추격을 예상하고 후방에서의 공격을 대비하여 군을 나누어 후방에 대한 여러 겹의 방어선을 유지한 진형으로 군을 움직이고 있었는데 이신은 연군의 후방을 직접 공격하지 않았습니다. 대신 연군의 척후병에 발각되면 몰살될 가능성이 농후한 채로 야음을 틈타 몇날 며칠에 걸쳐 행군하여, 양평의 앞에 있는 연수를 건너서 태자 단이 이끄는 연군을 기다렸습니다. 연군은 추격대의 공격을 받지 않은 채로 긴장을 풀고, 본래 목표였던 양평의 바로 앞에 있는 연수를 건너기 시작했는데, 이때 이신이 도하를 완전히 마치지 못한 연군을 총공격하여 연나라의 주력군을 소멸시켰습니다. 패퇴한 태자 단은 연수 부근에 숨었습니다.

진나라 장수 이신이 연왕을 급히 추격하자 대왕 조가는 연왕 연희에게 글을 전했습니다.

"진나라가 연나라를 다급하게 추격하는 이유는 태자 단 때문입니다. 지금 왕께서 진실로 단을 죽여 진왕에게 바친다면 진왕은 반드시 마음을 풀고 다행히도 사직에 제사를 지낼 수 있을 것입니다."

이때 대왕 가는 대군에 돌아가 있었습니다. 본래 대왕 가는 2년 동안의 준비로 능히 진군과 일전을 치를 능력이 있었으나, 동맹을 맺은 연군이 진군의 맹렬한 공세에 너무나 맥없이 무너진 것은 그도 예상하지 못한 바였습니다. 연나라는 진군에 속절없이 무너지고 있었습니다. 삼진三晉과 진나라는 한 해도 거르지 않고 전쟁을 벌여 투쟁한 결과, 그 군사력이 타국과 비교할 수 없습니다. 동맹국인 연나라의 멸망은 어떻게든 막고 훗날을 도모해야만 했습니다. 대왕 가는 연왕 희에게 서신을 보내 전쟁 발발의 원인이자 '형가자진왕荊軻刺秦王'의 배후인 태자 단을 죽여 진나라에 바치도록 종용했습니다. 그 외에 시간을 벌 수 있는 방법은 없었습니다. 연왕 희는 대왕 가의 말을 따라, 태자 단이 몸을 숨긴 곳으로 사람을 보내 태자를 죽이고 그 목을 진나라에 바쳤습니다. 연왕 희가 태자 단의 목을 바침으로써 평화를 구걸하여 진나라의 공세는 멈추었지만, 진나라는 위·초 두 나라에 병력을 집중했기에 연·조 양국의 잔존 세력에 대한 공격을 잠시 멈춘 것에 불과했습니다. 시황제 25년(연왕 희 33년), 기원전 222년 멸초, 멸위 후에 시황제는 왕분에게 명령하여

군대를 이끌고 요동을 공격하게 했습니다. 이후 연왕 희는 포로로
잡히고 연나라는 멸망했습니다.

고점리가 암살을 시도하다

고점리는 중국 전국 시대 말기 연나라의 악사이자 암살 미수범입니다. 진시황을 암살하려 했던 자객 형가의 친구입니다. 축(고대의 현악기)을 연주하는 솜씨가 상당히 뛰어났던지 그 실력을 인정받고 있었으며, 진시황을 제거하기 위해 역수를 건너는 형가를 축을 연주하며 배웅합니다. 형가가 암살에 실패하고 살해 당하자 그 뛰어난 축 실력을 발휘하여 진나라의 궁중 악사가 되어 시황제 곁에서 연주하게 됩니다. 그러나 한때 형가의 절친한 친구였던 그의 정체를 아는 자가 있어 이후에는 눈을 가리고 연주를 하게 합니다. [115] 비록 진나라의 궁중 악사로 활동하고 있기는 하였으나 고점리는 친구인 형가의 유지를 받들어 진시황을 암살하고자 했습니다. 이후에 축 안에 납을 부어넣어 흉기로 개조하고는 연회에서 시황제를 향해 휘두르지만 실패하고 처형되었습니다. 다른 이야

---

115) 기록된 책에 따라선 진시황이 고점리의 정체를 알고도 그 재주를 높이사서 죽이지는 않고 눈을 뽑히게 되었다는 설도 있다. 그 시대라면 충분히 가능한 이야기를 말한다.

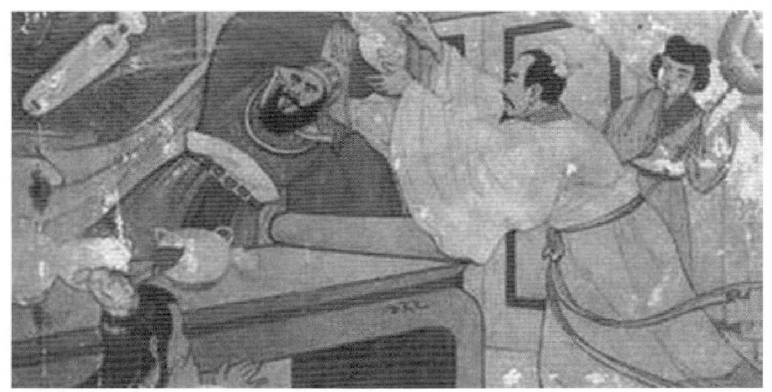

고점리 시황제 암살 미수 사건

기에서는 고점리의 눈이 보이지 않아서 자신의 귀로 목소리가 들리는 거리와 방향을 계산해서 던졌는데 그곳에 있었던 커다란 구리 징이 시황제의 목소리를 되받아 버리는 바람에 거리 계산이 틀려서 빗나가고 말았다는 설도 있습니다.

" 장량은 한나라의 귀족 가문 출신이다

장량은 중국 초한쟁패기부터 전한前漢 한고조 시대의 정치가 및 전략가입니다. 본래 한나라의 귀족 출신으로, 유방[116]의 참모로 활약하며 그의 천하통일에 크게 공헌

116) **유방**劉邦 : 400여 년 동안 이어진 통일 제국 한나라를 건국한 창업군주이자 초

했습니다. 이 공으로 유후留侯에 봉해으며 현재까지 중국사를 대표하는 책략가로 꼽히는 인물입니다.

대 황제였다. 중국사에서 진나라의 시황제, 이세황제와 후초의 의제에 이어 네 번째로 황제라는 칭호를 공식적으로 쓴 인물이었으며, 휘는 방邦이다. 일반적으로는 본 문서의 표제인 고제 보다는 한 고조나 유방으로 불린다. 중국 역사상 최초의 평민 출신 황제로, 기존의 지배층이었던 제후나 귀족과 아무런 연관이 없는 피지배층에서 황제라는 최고의 자리까지 오른 입지전적인 인물이다. 진秦나라 말기의 대혼란

유방

에서 세력을 일으켜, 초한대전에서 숙적 항우를 제압하고 천하를 차지했다. 중국 전 역사를 통틀어서 이렇게 평민이 패업을 이루고 왕조를 연 사례는 약 이로부터 1,500여 년 뒤의 시대인 명태조 밖에 찾아볼 수 없을 만큼 유례없는 일이었다. 이후 각지의 반란을 평정하고 이성왕異姓王들을 숙청하여 대제국 한나라의 기틀을 닦았다. 특히 한漢족, 하나의 중국과 같은 오늘날까지 엄존하고 있는 중국의 국가적 문화 정체성을 만들어낸 왕조의 창시자로서 중국사에 엄청난 영향을 끼친 인물이라고 할 수 있을 것이다. 시황제는 처음으로 중국을 통일했으나 완벽히 하나로 묶어내는 것에는 실패했고, 시황제가 시작한 황제 체제는 한고조가 이를 완성했다고 평가된다. 또한 이후 중국에 분열기가 찾아왔어도 그때마다 통일 국가의 대의명분을 제공해 줬다. 따라서 오늘날 중국, 혹은 한족의 중시조에 해당하는 인물이라 할 수 있을 것이다. 황제黃帝 헌원씨로 대표되는 삼황오제가 있고 역사적 실증으로만 따져도 상나라 등 한나라 보다 이전의 시대가 있지만, 한고조가 창설한 한나라가 후세에 통일된 중국과 중화 문명의 큰 기반을 제공하고, 오늘날까지도 중국인들이 자신들을 한족漢族이라고 칭하는 것만 봐도 충분히 중시조라 부를 만한 사람이다.

유방이나 소하, 한신 같은 한삼걸 내 다른 인물들이 별볼일 없는 평민 출신인 것에 비해, 장량은 한나라의 귀족 가문 출신으로 그들과는 출신 성분 자체가 많이 달랐습니다. 그것도 그냥 귀족 가문도 아니라, 한나라 최고 명문 귀족이었습니다. 장량의 조부

장량

장개지는 신불해를 재상으로 삼아 한나라의 짧은 전성기를 만들었던 한소후를 비롯하여 선혜왕·양왕 등 세 명의 왕 밑에서 상국을 지냈고, 아버지 장평은 희왕·환혜왕 두 명의 왕 아래서 상국을 지냈습니다. 사기 색은에서는 장량이 한나라의 공족으로 희성이나 진나라에 쫓겨 성명을 바꾸었다고 합니다.

한신이 강소성 회음 출신이고 소하 역시 강소성 패현 출신인 데 비하여, 장량은 출신이 사기에 명확하게 언급이 되진 않습니다. 추측해 보자면 장량의 조상들은 바로 아버지 시기까지 한나라의 상국을 지내던 인물인 만큼 전국 시대 한나라의 수도였던 신

한신

정에 살았을 테고, 장량도 여기서 태어났을 가능성이 높습니다.

그러나 기원전 230년 압도적인 기세를 타고 있던 진나라의 군사

력에, 장량의 조국 한韓나라는 속절없이 무너집니다. 장량의 아버지나 할아버지도 고관대작이었으니 장량도 시간이 지났으면 그렇게 되었겠지만, 아직 나이가 어려 장량은 벼슬을 하고 있지 않았습니다. 이 당시 장량의 집에서 일하는 가노家奴만 300명이 넘었다고 합니다.

"장량이 진시황 암살을 계획하다

그만큼 유력한 가문 출신이었던 장량이었기에 조국이 진나라에 의해 멸망하자 복수심에 불타 전 재산을 털어 유능한 자객을 찾으러 다녔습니다. 목적은 원수 진나라의 수괴, 진시황을 암살하려는 것입니다.

회양 땅에서 잠시 예를 공부했던 장량은 이후 동쪽으로 여행하다가 창해군[117)]이라는 사람을 만났고, 그에게 한 명의 역사를 소개받게 되었으니 그가 바로 창해 역사滄海力士입니다. 그를 위해 장량은 무려 120근(이때의 1근은 2백 그램이었으므로 24kg)이나 되는 철퇴를 만들어주었고, 진시황이 동쪽으로 순수巡狩하러 나오는 시기를 노려

---

117) **창해군**倉海君 : 진시황 암살시도에 가담한 점을 볼 때 장량처럼 진나라에 멸망한 육국 출신 협객이거나 유민일 가능성도 있다.

장량의 시황제 암살 미수 사건

마침내 지금의 하남성 원양현 동남쪽인 박랑사에서 황제를 저격
합니다.

> "장량은 일찍이 회양에서 예禮를 배웠는데, 동방으로 가서 창해군을 만나 역사
> 를 얻고 120근 나가는 철퇴를 만들었다.
> 진나라 황제(진시황)가 동쪽으로 순시를 나왔을 때 장량과 자객은 진시황을 박
> 랑사에서 저격했으나 잘못하여 뒤따르는 수레를 맞추었다. 진시황은 크게 화
> 가 나서 천하를 대대적으로 수색하며 자객을 아주 급하게 찾았는데 장량 때문
> 이었다. 이에 장량은 이름과 성을 바꾸고 도망쳐 하비에 숨었다."
>
> ─「사기 권55 유후세가」

그러나 뒤따르던 부거副車를 잘못 공격했기 때문에 진시황은 목숨을 건졌고, 암살미수에 대노하여 천하에 대수색령을 내리고 자객이라고 의심가는 인물들은 어김없이 잡아들이게 했습니다. 원래부터 암살의 공포에 시달려왔던 진시황이 일부러 가짜 수레를 여럿 대동하고 다녔다고도 합니다. 『초한지』를 기반으로 할 경우, '원래는 수레 한 대 뿐이라고 소문이 나서 수레가 여럿일 경우를 고려하지 못했습니다.'는 설정이 나오기도 합니다. 장량은 이름과 성을 모두 바꾸고 하비[118]로 들어가 소동이 가라앉을 때까지 몸을 숨겼습니다. 그와 함께 행동한 창해 역사가 어떻게 되었는지에 대해서는 사기에서 언급이 되진 않습니다. 다만 황제를 직접적으로 노

---

118) **하비**下邳 : 오늘날의 중국 장쑤성의 쉬저우시 산하 현급시인 피저우시에 해당하는 곳이다. 피저우가 한국 한자음으로는 비주이고 비는 당연히 같은 邳자를 쓴다. 군웅할거기 초반에 서주 일대를 중심으로 이야기가 전개될 때 집중적으로 나오고 그 이후로는 잘 안 나오는 바로 그 하비다. 합비와는 다르다. 한때 손견이 이곳의 승丞으로 있었으며, 이곳에서 손권이 태어났다. 이후 서주자사로 임명된 도겸의 영토가 되었다가 도겸으로부터 서주를 물려받은 유비의 세력하에 귀속된다. 그 뒤 유비를 배신하고 서주를 강탈한 여포의 지배를 받게 되었다가 여포가 조조에게 쫓기다 영토를 빼앗기고 마지막으로 이곳에 머무르며 전투를 벌인 끝에 처형된 뒤에는 조조의 관리하에 들어갔다. 이후 원술을 정벌한다는 명분으로 조조의 밑에서 빠져나온 유비가 일시적으로 서주를 수복해 다시 유비의 영토가 되었고, 조조가 유비를 공격할 당시에는 관우가 이곳을 지키며 계속 항전하다 결국 조조에게 투항했다. 그 뒤에는 계속 조조와 그를 이은 화북 정권(위·진)의 영토로 있게 된다.

렸으니, 만약 잡혔다면 자신은 당연히 곱게 죽지는 못했을 뿐더러 삼족이 날라갔을 것입니다.

멸망한 나라의 후예가 전 재산을 털어 자객을 찾아다니고, 수수께끼 같은 인물에게 역사를 소개받아, 혈혈단신의 몸으로 전국칠웅 중 여섯 나라를 평정한 제국의 황제를 기습한 것입니다. 비슷한 시기에 유방은 고을의 하급 관리 소하에게 허풍이나 치고 다니는 백수였고, 번쾌[119]는 개 도살로 먹고 살았습니다. 그리고 한신은 남의 가랑이 사이를 기어가고 있었다(…).

이때 일도 그렇고 젓가락 설교에서도 볼 수 있듯 장량의 성질이 사실 보통이 아닌데도, 이 사건 후에는 어지간해선 자기주장을 삼

---

119) **번쾌**: 중국 초한쟁패기, 전한前漢 한고제 시대의 군인이다. 유방의 최측근 무장으로 함께 하며 그의 천하통일에 공헌했다. 출신은 개백정이었고 유방의 친구였다고 전해지는데, 관상을 볼 줄 아는 여문이 그의 장래를 알아보고 그의 둘째 딸인 여수를 아내로 주었기에 여문의 첫째 딸인 여치(여후)와 결혼한 유방과는 동서지간이다. 삼국지연의의 장비와 비슷한 포지션이지만 천한 출신과 산적 두목 같은 겉모습과는 달리, 번쾌는 윗사람에 대한 예의가 바르고 아랫사람들을 잘 대우했다고 한다. 백정 시절부터도 사람들을 잘 대우하여 그가 장군이 되었을 때도 옛 인연으로 따르던 사람들이 많았다. 실제 역사에서 장비가 연나라 왕족의 후예로 명문귀족 출신이었고 군자에게는 잘 대했지만 범인들에겐 가혹하게 대했으며, 고고하고 귀족적인 이미지이지만 거진 평민 신분의 협객에 가까웠던 관우가 아랫사람들에게는 잘 대했지만 사대부와 윗사람을 업신여겨 결국 사망으로 이어진 것하고는 정반대. 그야말로 인성 면에서는 둘의 상위호환. 다만 이런 점 때문에 유방이 그를 견제했을 수도 있다.

가는 모습을 보입니다.

이러한 행동이 후대의 사람들에게도 매우 인상 깊었는지, 남송[120]의 위대한 충신으로 손꼽히는 문천상[121]은 걸작 중의 걸작

120) **남송**南宋 : 북송의 후신, 수도는 임안(오늘날의 항저우시)이다. 1127~1279년까지 152년간 존속했다. 나라에 일어난 변화가 너무 커서 역사학에서는 북송과 남송으로 시대를 구분하여 고찰하는 것이 일반적이나, 당시 사람들의 의식으로는 황실의 교체 없이 이어져 왔기 때문에 별개의 나라가 아니라 조송趙宋 단일 왕조가 화북지역을 상실한 형태로 명맥을 유지한 것으로 인식되는 것이 일반적이다. 명맥은 유지하였으나 원래 근거지가 포함된 고토를 상실했다는 점에서, 동로마 제국이나 웅진·사비의 백제와 비슷하다. 대륙이 분할된 난세에 마지막 한족의 보루였으며 악비 등 한족 명장들이 나타났다. 그러나 몽골제국과 남송의 결전으로 남송은 멸망해 전국에 행성들이 설치되고 이윽고 원나라의 탄생을 맞는다.

121) **문천상** : 중국 남송의 정치가 겸 장군이다. 지고의 충신이자 망국 유신의 꺾이지 않는 절의가 무엇인지 보여주는 인물이다. 남송 최후의 승상으로 잘 알려져 있으며 장세걸, 육수부와 더불어 남송을 대표하는 세 명의 충신인 송말삼걸의 일원이다. 강서성 여릉 길수현 출신. 태어날 때 문천상의 아버지는 아기가 보라색 구름을 밟고 지나가는 꿈을 꾸었고 태어날 때 아이를 운손雲孫이라고 명명하고 후에 천상이라고

문천상

이름을 고쳐 지었다. 18세 때 여릉향교시험에서 1등을 하였고, 1256년 과거에 장원으로 급제했는데, 이때 시험관이 당시 황제인 이종에게 각별한 인재를 얻은 것을 경하했다고 한다. 그러나 4일 후 문천상의 아버지가 돌아가셨고 문천상은 3년 동안 삼년상을 치르고 이후에 다시 조정에 출사했다. 당시 금나라를 멸망시키고 하북을 아우른 몽골 제국이 남진을 준비하던 상황이

으로 손꼽히는 정기가正氣歌에서 역대 의사들의 행동을 거론하면서, 장량의 이 일화 역시 '진나라 장량의 추在秦張良椎'라고 언급하고 있습니다.

📌 장량이 하비에서 황석공을 만나다

장량 한 사람으로 인해 천하가 소란스럽게 되고, 진시황이 눈에 불을 켜고 대수색령을 내리던 판이라 장량은 이름과 성을 바꾸고 하비로 도망쳤습니다. 그리고 어느 날 물가의 다리 위를 노닐고 있었는데, 노인 한 사람이 그에게 다가오더니 느닷없이 신발을 벗어 다리 아래로 내던지고 이렇게 말합니다.

"젊은이, 내려가서 내 신발 가져와."

황당해진 장량은 순간 그를 패고 싶은 충동이 들었지만, 무려 황제를 살해하려고 했을 정도로 무시무시한 성깔의 소유자였습니다. 노인인지라 억지로 참고 내려가 신발을 주워 와서 건네주었습니다.

라, 바야흐로 남송은 위기를 눈 앞에 두고 있다. 1259년 몽케가 직접 이끄는 몽골군이 사천을 침공해 합주가 포위되자 조정에서는 천도를 결정했으나, 이에 강경하게 반대하는 상소를 올려 그날로 면직된다. 그후 복직했으나 재상 가사도와 견해가 맞지 않아 다시 물러났다.

그러자 노인은 고맙다는 말을 하는 게 아니라 도리어 "신겨 줘"라며 발을 내밀었는데, 장량은 예의바르게 윗몸을 꼿꼿이 세우고 무릎을 꿇며 신발을 신겨주었습니다. 그러자 노인은 웃으면서 자리를 떠났는데, 이에 충격을 먹은 장량은 떠나는 노인을 멍하니 쳐다봤습니다. 그런데 잠시 후 노인이 다시 돌아와 이렇게 말합니다. "젊은 이가 가르칠 만 하군. 닷새 후 새벽에 여기서 다시 만나자고 하니." 이에 장량은 황당했지만, 무릎을 꿇고 "예"라고 대답합니다.

장량은 약속대로 닷새 후 아침에 다리로 가봤지만, 이미 기다리고 있던 노인에게 지각이라며 욕만 된통 얻어먹습니다. 다시 닷새 후 보자는 말에 장량은 새벽부터 일찍 다리로 갔으나, 이번에도 미리 기다리고 있던 노인에게 욕만 얻어먹습니다. 노인은 또 닷새 후에 보자는 말을 남기고 가버립니다.

오기가 생긴 장량은 닷새 후, 아니 나흘 후 해가 저물자 다리로 가서 밤을 샐 각오를 합니다. 아니나 다를까, 장량이 기다린 지 얼마 안 되어 노인이 곧 모습을 드러냅니다. 노인은 장량을 크게 칭찬하며 책 한 권을 건네 주었습니다. 지금과 같은 종이책이 아닌 대나무 가지에 적은 죽간 서적이었을 것입니다. 한 권이 아닌 세 권을 받았다는 기록도 있습니다. 책이 육도삼략이었다는 설도 있습니다.

"이 책을 읽으면 제왕의 스승이 될 것이다. 10년 후에는 뜻을 이룰 터. 그리고 13년 후 젊은이는 나를 제북濟北의 곡성산에서 만나볼 수 있으리라! 곡성산 밑에 노란 돌이 하나 보일 것이니, 그 돌이 바로 나다."

그런 말을 남긴 의문의 노인은 홀연히 사라져버렸고 두 번 다시 그 모습을 볼 수 없습니다. 이윽고 날이 밝아 책의 이름을 보니, 『태공병법』이라는 책이었습니다. 장량은 기이한 일이라고 여기면서, 이 책을 열심히 보면서 공부하게 됩니다.

그야말로 소설 등에서나 나올 이야기랄까 하지만 이 기록은 엄연히 정사인 『사기』에 언급되는 기록입니다. 물론 갑자기 노인의 존재를 현대인의 관점으로는 믿을 수 없으나, 적어도 장량 사후 불과 100여 년 뒤에 사기를 완성한 사마천의 시대에는 이미 그 이야기가 널리 퍼져있었다는 정도는 알 수 있습니다. 이에 어떤 사람들은 장량이 자신의 명성을 위해 일부러 신비로운 이야기를 지어냈다는 식으로 추측을 하기도 합니다. 여하간에 그 내막이야 2200년 뒤의 사람들인 우리가 정확히 알 수는 없습니다.

장량이 가르침을 받은 이 수수께끼의 인물은 황석공이라고 불리는데, 이는 천하를 통일한 13년 뒤, 장량이 유방과 함께 제북을 가다가, 곡성산 밑에서 황석黃石을 발견했다는 후일담 때문에 나온 이야기다. 즉, 그 돌이 바로 노인의 정체였다는 것입니다.

❝ 장량이 항백을 만나다

이때, 하비에서 장량이 만났던 인물 중엔 항백[122]도 있습니다. 사실 항백의 정체는 초나라 최후의 명장이었던 항연의 아들이자, 훗날의 서초패왕 항우[123]의 숙부였던 것입니다. 이때 항백은 살인죄를 저질러 위기에 처해있었는데, 망국의 귀족끼리 동질감인지 장량은 항백을 숨겨 주어 위기를 벗어나게 해 주었습니다. 둘은 이때 친분이 생겼는데, 이 친분은 훗날 유방에게 있어 어마어마한 도움으로 작용하게 됩니다.

항우(초패왕)

---

122) **항백**: 초나라 명장 항연의 아들이며, 항량과 형제, 서초패왕 항우의 숙부이다. '백伯'은 자고, 이름은 '전纏'이다. 조카와 마찬가지로 본명보다 자가 더 유명하다. 항연의 아들 3명 중에서 유일하게 본명과 자가 다 알려졌다. 초나라 귀족이며 항우의 숙부인 만큼 당연히 반진전쟁 전부터 항우 측의 핵심인사였지만, 무슨 운명의 장난인지 항우와 범증으로부터 유방의 목숨을 구하고 한제국의 개국공신이 된다. 비꼬는 의미가 아니고 항백 역시 초한전쟁에서 살아남아 유방과 장량과의 인연 덕에 한제국의 신하가 되어 천수를 누렸다.

123) **항우**: 고대 중국 진나라 말기의 군벌이자 초한전쟁 당시 서초를 건국한 서초의 패왕이다. 즉 본명은 '항적'이지만 본명보다는 자로 더 널리 알려져 있어 항우라는 이름으로 불리는 경우가 많다. 초나라 부흥 운동의 선봉장으로서 임하는 모든 전투에서 백전백승의 위업을 달성했으며, 서초를 건국하고 패왕을 자칭하며 한漢의 한고조 유방과 천하의 패권을 두고 자웅을 다투었으나, 사면초가에 몰리면서 패배 후 최후를 맞이했다.

이때, 장량은 『사기』에서의 기록을 보면 거의 10년간 협객 생활을 하고 있습니다. 임협任俠으로 얽힌 태도도 분명히 영향이 있었을 것입니다. 아무래도 이런 행적 때문인지 사마천은 본래 장량에 대해 '우락부락한 사람이었겠지?'라고 생각했으나, 훗날 초상화를 살펴 보니 아녀자와 같이 예뻤다고 기록했습니다. 협俠의 세계라면 누가 생각하더라도 상당히 무력을 추구하는 거친 세계인데, 그런 생활을 했던 사람이 여자같이 예쁜 외모였으니 사마천이 놀랄 만도 한 것입니다. 게다가 그냥 이름만 협객이 아니라 실제로 영향력이 꽤 있었는지, 진승이 난을 일으킬 무렵에 사람을 모으자 100여 명 정도가 장량에게 몰려왔다고 합니다.

당시 진나라의 상황은 말이 아니었습니다. 진시황의 시대부터 이어진 압정으로 백성들은 신음했고, 이세황제는 환관 조고에게 일을 맡긴 채 사치와 방종에 빠졌다. 그런 외중에 진승[124]이 진승·오광의 난을 일으켜 장초를 건국해서 불꽃을 당기자, 진나라 패망이 일생일대의 목표였던 장량 역시 사람들을 불러 모은 것입니다.

하지만 100여 명 가지고 뭘 할 수도 없고, 먼저 일어난 사람에게

---

124) **진승**: 진나라 말기 농민 봉기의 주도자이다. 무능한 황제인 호해와 환관 조고 때문에 몰락해 가던 진나라에서 진승·오광의 난을 일으켜 결정적 몰락의 원인을 제공한 중국의 반역자이다. 동양 역사상 최초의 민중 혁명가이자 초한 전쟁의 계기가 된 인물이다.

붙어보려고 했는데, 당초에 장량이 생각하고 있던 사람은 진가라는 사람이 초나라에 내세운 가왕假王 경구라는 인물이었습니다.

❝장량이 유방을 만나다

그렇게 장량이 진가를 찾아가던 중에 유방과 운명적인 만남을 합니다. 당시 유방은 옹치[125]의 배반으로 근거지를 잃은 처량한 신세로, 진가에게 붙어먹고 있습니다. 장량과 만날 당시 유방은 수천 명을 이끌고 하비의 서쪽 지역을 공격하고 있었는데, 유방은 장량에게 말을 관리하는 자리인 구장廐將 직위를 주고 부하로 맞아들입니다.

유방과 장량은 출신 배경도 살아온 방식도 너무 달랐으나 의외로 처음부터 죽이 잘 맞았습니다. 장량은 곧잘 유방을 찾아가서 자신이 익힌 태공병법에 대해 설명하곤 했는데, 그럴 때마다 유방은 열심히 경청하고 태공병법을 실전에서 다양하게 활용했다고 합니다. 장량은 이전부터 다른 사람들에게도 태공병법을 유세해 봤지만, 대부분이 잘 이해하지 못하거나 일반적인 전투법과 동떨어졌

---

125) **옹치**雍齒 : 기록이 거의 없는 인물이지만 한고조 유방을 엿 먹이고도 나중에 열후로 봉해진 일이 유명하다. 사실 이는 휘하 공신들의 불만을 잠재우기 위한 장량의 계책이었다. 유방과 동향 사람으로 호족 및 유력자 출신이다.

다며 회의적인 반응을 보였습니다. 그러다가 자신의 병법을 알아주는 사람을 만났으니, 장량으로서는 아주 흐뭇한 일이었습니다.

유방은 400여 년 동안 이어진 통일 제국 한나라를 건국한 창업 군주이자 초대 황제였습니다. 중국사에서 진나라의 시황제, 이세 황제와 후초의 의제에 이어 네 번째로 황제라는 칭호를 공식적으로 쓴 인물이었으며, 일반적으로는 본 문서의 표제인 고제 보다는 한 고조나 유방으로 불린다.

중국 역사상 최초의 평민 출신 황제로 기존의 지배층이었던 제후나 귀족과 아무런 연관이 없는 피지배층에서 황제라는 최고의 자리까지 오른 입지전적인 인물입니다. 진秦나라 말기의 대혼란에서 세력을 일으켜, 초한대전에서 숙적 항우를 제압하고 천하를 차지했습니다. 중국 전 역사를 통틀어서 이렇게 평민이 패업을 이루고 왕조를 연 사례는 약 이로부터 1,500여 년 뒤의 시대인 명태조 밖에 찾아볼 수 없을 만큼 유례없는 일이었습니다.

이후 각지의 반란을 평정하고 이성왕들을 숙청하여 대제국 한나라의 기틀을 닦았습니다. 특히 한漢족, 하나의 중국과 같은 오늘날까지 엄존하고 있는 중국의 국가적 문화 정체성을 만들어낸 왕조의 창시자로서 중국사에 엄청난 영향을 끼친 인물이라고 할 수 있을 것입니다. 시황제는 처음으로 중국을 통일했으나 완벽히 하나로 묶어내는 것에는 실패했고, 시황제가 시작한 황제 체제는 한고조가 이를 완성했다고 평가됩니다. 또한 이후 중국에 분열기가 찾아왔어도 그때마다 통일 국가의 대의명분을 제공해 주었습니다. 따라서 오늘날 중국, 혹은 한족의 중시조에 해당하는 인물이라 할 수 있을 것입니다. 황제 헌원씨로 대표되는 삼황오제가 있고 역사적 실증으로만 따져도 상나라 등 한나라 보다 이전의 시대가 있지만, 한고조가 창설한 한나라가 후세에 통일된 중국과 중화 문명의 큰 기반을 제공하고, 오늘날까지도 중국인들이 자신들을 한족漢族이라고 칭하는 것만 봐도 충분히 중시조라 부를 만한 사람입니다.

주로 한고조라는 호칭으로 불리는데, 이는 정식 묘호나 시호는 아니다. 유방의 묘호는 태조이며 시호는 고황제다. 즉 정식 호칭은 태조 고황제이며 사마천이 유명한 저서『사기』에서 고조라는 용어를 사용하여 그것이 유방을 가리키는 일반적인 칭호로 굳어진 것입니다. 정확히 말하자면 고조는 태조 고황제의 약칭인 것입니다. 다만 이 고조라는 용어가 한고제 본인을 칭하는 상징적인 칭호를 넘어, 후대 왕조의 창건자들에게도 붙는 묘호가 된 것은 고제의 영향이 컸다고도 할 수 있습니다.

유방은 병법을 배운 적이 없었기 때문에 처음으로 병법에 통달

한 사람을 만나고는 흥미가 돋아난 것으로 볼 수도 있을 것입니다. 배운 게 없으니 일반적인 전투법이라는 것도 잘 몰랐고, 장량이 설명하는 태공병법을 의심하는 일 없이 스펀지처럼 흡수할 수 있었을 터였습니다. 그리고 실제로도 효과가 좋자 더욱 장량을 신뢰하게 되고, 계속 적극적으로 배우려고 하는 선순환이 일어난 것입니다. 장량 역시 자신의 병법을 지지해주는 사람을 만나 기뻤고, 패공沛公은 필시 하늘이 낸 사람일 것이라고 여겼습니다. 그래서 장량은 진가와 경구가 죽은 김에 그냥 유방의 휘하에 머물기로 결정합니다.

💬 장량이 조국 한나라 부흥을 위해 노력하다

진가는 회계會稽에서 올라오던 군웅인 항량[126]에게 털리고 죽었으며 경구도 얼마 못 가 죽었고, 항량은 남은 세력을 자신의 세력에 편입했습니다. 유방은 당시에 여기저기 나가서 전투하던 중이라 그 피해에 휘말리지는 않았고, 항량이 세력을 잡자 설읍薛邑으로 가서 그를 만나 그 세력에 함께하기로 했습니다.

---

126) **항량**: 진말 초한쟁패기의 인물이다. 항연의 아들로, 항연의 손자인 항우에게
　　는 숙부가 된다. 진승이 초한쟁패기의 계기가 된 인물이라면 항량은 초한쟁
　　패기를 실질적으로 연 인물이라 할 수 있다.

당시 항량은 초나라의 새 왕제로 회왕[127]을 옹립했었습니다.
이 모습을 본 장량은 직접 항량에게 발언했습니다.

"장군께서 이미 초나라 왕실의 후손을 찾아 왕으로 세우셨으니, 한나라 왕실의 후손들 중 횡양군橫陽君 성成이 어진 이름을 얻고 있어 그를 한왕으로 세울 수 있을 것입니다. 그를 한왕으로 세워 한나라의 남은 세력들을 규합하시기 바랍니다."

즉 한나라 왕실의 후손인 한성을 한왕으로 인정해 주라는 부탁이었는데, 이때 장량은 영리하게 '한나라의 남은 세력을 규합할 수 있습니다.'는 미끼를 내걸어 승낙을 얻어내었습니다.

멸망한 조국을 부활시킬 수 있는 기회를 잡은 장량은 잠시 유방과 떨어져, 한성과 함께 1천여 명의 병력을 이끌고 서쪽으로 나아가면서 몇 개의 성을 함락시켰습니다. 그런데 곧 진나라 군이 거세게 반격을 하여 근거지를 잃어버렸고, 현재 하남성 부근인 영천 일대를 떠돌아다니는 신세가 됩니다.

---

127) **희왕**(초 의제) : 고대 중국의 진나라 말기와 초한쟁패기의 인물로 초나라의 유일한 황제이다. 의제가 군주로서 존재하던 초나라는 후초後楚라고도 부른다. 당시 사람들이 정통성 있다고 널리 인정할 만큼 직계에 가까운 초나라 왕족 혈통인 건 확실하지만 초회왕의 손자 혹은 현손이라는 설과 초나라 마지막 왕 웅부추의 아들이라는 설이 있다.

❝ 장량이 다시 유방에게 가다

이 무렵 항량은 장한[128]에게 대패하여 전사하였고, 송의[129]가 잠시 그 자리를 맡아 조나라를 구원하러 나서는 군대의 상장군이 되었다가, 항우에게 살해당합니다. 그 혼란의 와중에 유방은 초회왕의 명령을 받고 병사를 규합하여 서쪽으로 나아가 관중을 공격하는 임무를 맡았는데, 지금의 하남성 언사현 부근인 환원에 이르렀습니다.

이에 장량도 그 뒤를 따라나서, 10여 개의 성을 함락시키고 양웅의 군사를 격파했습니다. 이 시점부터 장량은 다시 유방과 함께했으며, 유방은 한성에게는 양책(하남성 우현. 한나라의 옛 수도)을 지키게 하고는 장량을 데리고 같이 움직이며 완성宛城을 공격했는데, 당초

---

128) **장한**: 진나라의 장군 및 정치인. 죄수 부대를 이끌고 출진, 진 제국 말기에 각지에서 일어난 반란군들을 하나하나 분쇄한 명장이었으며, 항우만 없었더라면 반反 진 반란을 거의 종식시킬 뻔했다. 진나라가 멸망한 뒤인 초한쟁패기 때는 초楚나라에 항복하여 18제후왕 중 옹왕으로 임명된다. 『초한지』에도 등장한다. 한자를 다르게 읽어 '장감', '장함'으로 불리기도 한다.

129) **송의**: 고대 중국의 초한쟁패기의 인물, 항량과 함께 초회왕을 옹립했다. 초의제 원년(기원전 208년), 진나라가 무너지기 시작하고 중국 대륙 전역에서 옛 6국을 재건하려는 움직임이 일었다. 초나라의 방계 왕족이자, 귀족 출신인 경구가 초왕이 되어 팽성에서 웅거하자, 회계에서 세력을 키운 항량과 송의는 왕실 직계로 정통성이 경구보다 훨씬 앞서는 웅심을 찾아내어 초나라의 회왕으로 추대했다.

에는 완성을 그냥 지나칠 요량이었지만 '후방에 적군을 남겨두면 좋지 않다.'는 장량의 발언에 완성을 공격했고, 진회라는 인물이 완성을 지키던 남양 태수를 설득하여 성을 함락시킬 수 있습니다. 유방 일행은 이윽고 무관武關으로 들어갑니다.

유방이 2만의 군사로 요관[130]을 공격하려고 했는데, 장량은 이를 말리면서 계책을 권했습니다.

"진나라 군대는 아직도 그 세력이 강하여 결코 가볍게 보시면 안될 것입니다. 제가 듣기에 진나라 장수들은 모두 장사꾼 출신들이라, 장사꾼은 이로써 유혹하면 마음이 쉽게 움직이게 할 수 있습니다. 패공께서 일단 보루를 지키면서, 사람을 앞서 보내 5만 명의 식사를 준비하도록 하고, 산봉우리에는 모두 깃발을 빽빽이 꽂아 의병疑兵을 세우고, 다시 역이기[131]에게 금은보화를 주어 진나라 진영으로 보내 적장들을 이로써 달래 항복을 권유하시기 바랍니다."

---

130) **요관**嶢關 : 지금의 섬서성 상현 서남의 요산에 설치했던 남양 분지에서 관중으로 들어가는 관문이다.

131) **역이기** : 진나라 말기와 전한 초기의 진류현 고양 사람이다. (현 허난성 카이펑시 일부) 유방을 섬겼다. 역생이라고도 한다. 여기서 生은 '선생님' 정도의 의미로 '역 선생' 정도의 뜻이다. 사기에도 그의 열전이 육가와 함께 역생육가열전에 들어가 있다. 공자처럼 본명이 아닌 한자 때문에 '역식기'라고 읽는 경우도 있는데 이는 잘못이다. 역이기가 맞다. '食'자는 물론 '밥 식'이지만 사람 이름으로 쓰일 때는 '이'라고 읽는다. 같은 공신이면서 이름까지 똑같은 심이기審食其 역시 마찬가지이다.

계책대로 역이기를 보내 설득하자, 진나라 장수는 싸울 생각을 버리고 항복하여 함께 함양을 공격하자는 말까지 전해왔다. 여기서 장량은 다시 태도를 바꾸어 냉정하게 말합니다.

> "장수는 항복한 것 같은데 부하들까지 그럴 지는 알 수 없습니다. 차라리 방비가 풀어진 틈을 타서 섬멸해버리십시오."

유방은 장량의 계책을 따라 주저없이 성 안의 군대를 습격하였고, 항복할 생각에 아무런 대비도 하지 못했던 진나라군은 공중분해됩니다. 크게 기세를 드높이고 진군한 유방은 마침내 함양에 입성, 진왕 자영[132]의 항복을 받아내는 데 성공했습니다.

❝ 유방이 장량에게 인심을 사게 하다

패현 출신의 건달이었던 유방은 대제국(진나라)의 수도였던 함양의 황궁에 들어서게 되자 그 휘황찬란함에 혼을 빼앗겨 어쩔 줄을 몰랐습니다. 이에 황궁에 머물면서 제대로 고삐 풀린 망

---

132) **진왕 자영**子嬰 : 진나라의 마지막 국군이자 마지막 왕이다. 왕호로는 '항왕'이다. 진나라 황제 칭호를 포기하긴 했지만, 위진남북조시대의 도사인 도홍경이 상황제로 사시私諡를 올려서 황제로 추존하여, 그 영향으로 후대인들이 '삼세황제'로 부르기도 한다.

나니짓을 한번 해보려던 순간에 번쾌가 '그러면 안 된다'고 설득했지만, 유방은 번쾌의 말 따위는 가볍게 씹어버리고는(…) 사치와 향락을 즐기려고 했습니다. 그때, 장량이 나섭니다.

> "진나라가 포학무도 했음으로 해서 패공께서 이곳에 이를 수 있습니다. 무릇 천하 사람들을 위해 진나라의 남은 포악한 잔적들을 제거하려면 마땅히 청렴하고 검소한 것을 그 본분으로 삼아야 할 것입니다. 지금 막 진나라 도성에 입성하자마자 그 즐거움만 찾으려고 하는 것은 마치 사람들이 말하는 걸桀을 도와 학정을 펼치는 것'과 같다고 할 수 있습니다. 더욱이 충언은 귀에 거슬리지만 어떤 일을 행하는 데는 이롭고, 성분이 독한 약은 입에 쓰지만 병에 이롭다고 했습니다.[133] 원컨대 패공께서는 번쾌의 간언을 받아들여야 하실 것입니다."

번쾌가 간언할 때는 들은 척도 안 하던 유방은 장량이 말을 하자 씁쓸 어쩔 수 없지 하며 보물을 놔둔 채, 그대로 함양에서 나와 주변에 주둔합니다. 그렇게 되자 함양 백성들은 군대가 입성해서 일으키는 온갖 문제와 약탈을 당하지 않아도 되었고, 유방이 여러 현의 사람들을 불러 위로하자 크게 인심이 동하면서 "패공이 진나라 왕제가 되지 않으면 어떡하지?" 하고 걱정하게 됩니다.

---

133) **충언역이**忠言逆耳 : 『사기』의 「유후세가」에 나오는 말이다. 좋은 충고는 귀에 거슬리지만 행함에 있어 '이롭다'는 뜻으로 쓰인다.

홍문의 회라고도 합니다. 기원전 207년 12월에 진나라가 멸망한 후 초한쟁패기 직전에 진나라의 수도 함양 근처의 홍문이라는 곳에서 있었던 사건입니다. 『초한지』의 명장면 중 하나로 꼽히는 장면입니다.

『사기』「항우 본기」와 「번역등관 열전」에 기록되어 있는 사건입니다. 하지만 허구로 보는 설도 있긴 합니다.

진나라 말엽에 봉기한 초나라의 항량은 옛 초나라 왕실의 혈육을 찾아 왕으로 삼아서 초군의 구심점을 찾고자 했습니다. 이렇게 해서 옹립된 사람이 바로 미심이라는 양치기로 이 사람이 이른바 '초의제'[134] 이자 '초회왕'이라고도 불리는 사람입니다. 사실 초회왕은 진나라의 농간 때문에 진으로 끌려가 타지에서 객사한 왕이지만, 미심을 찾아내서 왕으로 올린 후 일부러 같은 이름인 초회왕으로 받든 것입니다.

---

134) **초 의제**: 고대 중국의 진나라 말기와 초한쟁패기의 인물이다. 초나라의 유일한 황제입니다. 의제가 군주로서 존재하던 초나라는 후초라고도 부른다. 당시 사람들이 정통성 있다고 널리 인정할 만큼 직계에 가까운 초나라 왕족 혈통인 건 확실하지만 기록이 정확하지 않아 가계에 대해선 초회왕의 손자 혹은 현손이라는 설과 초나라 마지막 왕 웅부추의 아들이라는 설이 있다.

회왕은 항우와 유방에게 병사를 나누어 서쪽의 진나라를 치도록 했는데 유방은 진나라의 심장부인 관중으로 바로 진격하게 하고, 항우는 북진하여 조나라 일대를 평정한 후 관중 지방으로 내려가는 경로를 지시했습니다. 그리고 이 두 명 중에서 진나라의 수도인 함양을 먼저 점령하는 사람에게 관중왕의 자리를 내리겠다고 약속했습니다. 이건 항우에게 대단히 불리한 명령이었는데, 거리상으로만 봐도 항우의 경로는 유방에 비해서 돌아가기 때문에 훨씬 멀었고, 무엇보다도 진나라의 명장인 장한이 이끄는 진나라 주력군이 조나라 일대에서 버티면서 다른 봉기군을 박살내고 있었기 때문이었습니다. 초회왕이 이런 결정을 내린 건 항우가 민간인 학살을 일삼았기 때문에 많은 제후들이나 백성들이 항우를 두려워만 할 뿐 진심으로 따르지는 않았기 때문이었습니다. 이 때문에 진나라의 심장부인 관중 지방에는 보다 온화한 면모로 사람들의 인망을 얻고 있었던 유방을 보내는 게 낫다고 평가한 것입니다.

어쨌든 유방은 진군 도중 책사인 역이기 등을 얻었고 그들의 도움에 힘입어 차근차근 관중으로 가는 길목에 있는 거점들을 돌파하거나 항복을 받아 항우보다 한발 앞서 진나라의 수도인 함양에 입성했습니다. 유방은 이른바 '약법삼장'[135]을 발표하여 진나라

---

135) **약법 삼장** : 1. 사람을 죽인 자는 사형에 처한다. 2. 재물을 훔치거나 사람을

의 가혹한 법을 폐지하고 항복한 진왕 자영의 목숨을 부지해 주는 등 인기 정책을 펼쳤습니다. 이때 추씨 성을 가진 사람이 유방을 만나고는 제발 관중의 왕이 되어달라면서 함곡관을 봉쇄해버리고 다른 제후들을 들이지 말라고 했습니다. 항우가 장한을 옹왕으로 봉한 것을 이야기하면서 유방에게 관중 땅을 줄 생각이 전혀 없을 거라며 설득합니다. 스스로도 관중왕에 대한 욕심이 있었던 유방은 주변 모사들과 상의 한마디 나누지 않고 이 계책을 따른다. 다만 항우가 무섭긴 했는지 군사들을 함곡관으로 보내면서 그저 지키기만 하라고 애매하게 명령을 내렸습니다.

한편 항우는 회왕이 군통수권자로 임명한 상관 송의를 살해해 구원군의 지휘권을 탈취한 후 거록에서 장한의 진나라 주력군을 박살내는 등 여러 곳에서 전투를 벌인 후에야 관중으로 향할 수 있었는데 함곡관이 열리지 않는 것에 대해 처음엔 진나라 군대가 버티는 것이겠거니 하고 생각했던 항우는 유방이 먼저 함양에 입성했다는 소식을 듣자 격노하여 순식간에 함곡관을 돌파하고 함양 근교에 진을 쳤습니다. 원래 군사를 일으킨 건 항량이 다 해놓았고, 명분을 세우기 위해 회왕을 세워놨던 것인데 그 항량이 장한과의 정도 전투에서 전사하면서 항우는 낙동강 오리알이 되었고 회왕

상하게 한 자는 죗값을 치른다. 3. 이 두 가지 외의 진나라 법은 모두 철폐한다.

과 과거 초나라 귀족들이 부상하고 있습니다. 그리고 이 초나라 귀족들의 우두머리 뻘인 송의는 제나라 등과 협상을 하면서 가던 중이라 그렇잖아도 먼 길에 더욱더 시간을 지체하고 있었고, 다혈질인 항우를 거친 무부라고 생각해서 매우 싫어했습니다. 이때 유방의 좌사마인 조무상이라는 사람이 항우에게 몰래 사람을 보내"패공(유방)이 관중왕이 되고 자영을 재상으로 임명하여 보물을 모조리 독차지하고 있습니다." 라고 모함하면서 자기가 제후가 되려고 했습니다. 꿍꿍이는 뻔히 보였던 것 같지만 항우의 책사인 범증이 항우에게 '유방은 보통 사람이 아니니 반드시 이번 기회에 없애야 합니다.'고 진언했고 항우도 유방을 죽일 기회만을 벼르고 있습니다. 항백이 살인을 하여 위기에 빠졌었는데 장량이 이를 구해준 인연으로 친교를 맺었다고 합니다. '유방이 재물을 다 취했습니다.'고 조무상이 고하는 바로 다음 줄에서 범증이 '욕심 많던 유방이 재물을 하나도 가지지 않았다니 그 뜻이 거대함을 알 수 있습니다.'고 말합니다.

  항우의 삼촌이 되는 항백이라는 사람이 있었는데, 그는 유방의 책사인 장량과 친밀한 사이였습니다. 항백이 살인을 하여 위기에 빠졌었는데 장량이 이를 구해준 인연으로 친교를 맺었다고 합니다. 항우의 총공격 계획을 알고 장량에게 가서 그 계획을 알려주고 장량에게 몸을 피할 것을 권했습니다. 장량이 이 사실을 주군인 유방에게 알렸습니다. 평소 온후했던 장량조차 화가 나서 도대체 어떤 작자의 말을 듣고 함곡관을 막았느냐고 따지자, 유방은 궁색해져서 자신에게 간언한 사람을 핑계 대었지만, 그럼 그쪽 군사들이 항우네보다 나을 것 같았느냐고 꾸짖자 더는 변명하지 않고 어떻게 하면 좋겠느냐며 장량에게 빌다시피하며 조언을 구합니다. 장량은 우선 항백을 소개시켜주고 용서를 청하게 했습니다.

이에 유방은

"난 항우 장군이 오시기만을 기다리고 있었을 뿐이지 사사로운 마음은 털끝만치도 없었소. 병사들로 하여금 함곡관 틀어막은 것도 도적들을 경계해서일 뿐이오. 저희가 뭘 잘못했습니까. 제발 항장군께 잘 말씀해 주시오."

라고 간청했습니다. 이때 유방과 항백은 술잔도 나누고 혼담까지 나눴다고 합니다. 그만큼 유방이 발등에 불 떨어진 나머지 항백에게 싹싹 빈 것입니다. 「초한전기」에서 꽤나 실감나게 묘사됩니다. '난 이제 억울하게 죽겠구려…이게 다 항 장군을 위한 거였는데…이제 와선 다 부질없는 짓이군요. 죽는 건 두렵지 않으나 항 장군과 이렇게 되는 것이 안타깝구려' 등등 온갖 청승을 떨면서 감성팔이를 시전하는 유방과 장량이 거기 걸려들어서 점점 불쌍해 죽겠어서 울상이 되어가는 항백의 얼굴이 백미다…. 항백은 잘 말하겠다고 하면서 유방에게 다음날 직접 항우의 진영까지 와서 사죄할 것을 권했고, 유방은 그렇게 하겠다고 했습니다.

항백은 항우에게 돌아와서 유방의 말을 전하면서 유방이 관중에 들어와 진나라를 격파하고 진왕 자영을 사로잡은 공이 있는데 이런 사람을 죽이는 것은 도의에 맞지 않다고 진언하자 항우 역시 유방을 칠 계획을 거두어들였습니다. 항백이 유방 군영에 다녀온 것을 안 범증은 항우에게 내일 유방과 만나는 자리에서 유방의 목을 칠 것을 진언했는데, 자신이 옥결을 들면 유방을 죽이라는 신호로 받아들이라고 했습니다.

❝ 유방이 위기에 빠지다　　이윽고 다음날 유방은 장량과 번쾌 이하 100여 기만을 데리고 홍문의 항우 군영에 나타나 사죄를 했습니다. 유방은 이런 말로 자신을 변명했습니다.

"저는 장군과 힘을 합쳐 진을 공격했습니다. 장군께서는 하북에서 싸우고, 전 하남에서 싸웠습니다. 그러나 저도 제가 먼저 함곡관에 들어와 진을 격파하고 여기서 장군과 다시 만날 줄은 몰랐습니다! 지금 소인배의 말 때문에 장군과 제 사이에 틈이 생겼습니다."

항우는 이 변명을 받아들였고, 친절하게 유방의 좌사마 조무상이라는 자가 말한 것이라고 말하기까지 했습니다. 범증이 머리끝까지 화가 난 이유가 있습니다. 밀고자의 정체를 그냥 대놓고 공개했으니….

"이것은 패공의 좌사마인 조무상이 말한 것이오. 그렇지 않았다면 내가 무엇 때문에 이렇게 했겠소"

분위기는 일단 잘 풀리고 술자리가 열렸습니다. 항우와 항백은 동쪽을 보고 앉고[136] 범증은 남쪽, 유방은 북쪽, 장량은 서쪽을 향해 앉았습니다. 연회가 한창 진행되고 항우도 기분 좋게 술을 마시고 있었는데 범증이 세 번이나 항우를 향해 옥결을 들어 유방을 죽이자는 신호를 했으나 항우는 모두 무시했습니다. 『초한지』에서는 유방에게 술을 많이 먹임으로서 그가 술로 인한 실수를 하여 항우가 죽이도록 유도하려 했으나 술을 따르던 진평이 눈치채고, 정확히 그 반대로 행동해 항우가 먼저 취하도록 해서 실패했다고 합니다.

계획이 틀어질 것을 염려한 범증은 밖으로 나와 항우의 족제(친척동생)인 항장이라는 사람에게 "군왕(항우)께서 모질지 못하시니 아무

---

136) 동향으로 앉는 것은 존귀함을 상징한다.

래도 직접 행동을 해야 할 듯합니다. 그대가 들어가서 패공에게 술잔을 올리고 술잔이 비면 검무를 추어 흥을 돋구겠다고 한 뒤 즉시 패공을 베어버리도록 하라."라는 지시를 내렸습니다.

항장은 곧장 연회장 안으로 들어가 유방에게 술을 올리고 말합니다.

"이런 술자리에 따로 즐길 만한 것이 없으니 제가 검무를 춰서 흥을 돋궈볼까 합니다."라며 항우에게 청하자 항우는 이를 허락했습니다. 그러나 검무의 의도를 바로 눈치챈 항백이 "검무는 원래 둘이서 추어야 제맛이죠!"라고 외치며 끼어들어 항장이 유방에게 접근하는 족족 막아 세웠기 때문에 항장은 유방을 죽이지 못하고 있습니다. 그러나 연로한 항백의 체력이 먼저 소진되었으므로 유방의 생명은 바람 앞의 등불과 같았습니다.

번쾌가 난입하다

분위기가 유방에게 극히 위태로움을 눈치챈 장량은 급히 군문으로 나갔고, 번쾌를 불러 "사정이 급하니 당장 들어가서 패공을 구하시오!"라고 말했습니다. 번쾌는 "내가 안에 들어가서 패공과 생사

번쾌

를 같이 하겠소."며 결연히 칼과 방패를 들고 연회장 안으로 들어섰

습니다. 물론 위병들이 저지했지만 번쾌는 방패로 냅다 이들을 밀쳐버리고 난입해 항우를 쏘아보았습니다.

「항우 본기」에 의하면 "번쾌가 들어서니 머리카락이 곤두서고, 눈초리는 찢어져 있었으며, 천하의 항우도 그 모습에 대경실색하여 검을 잡고 몸을 일으켰다."고 합니다. 항우가 "넌 누구냐?"라고 묻자 장량이 번쾌를 소개합니다. 항우는 번쾌의 풍채와 패기가 마음에 들었는지 "참으로 장사로구나! 저 자에게 술을 내 주어라!"라고 명령합니다.

항우의 명령에 따라 내려진 커다란 술잔(또는 술 단지)을 단숨에 들이키는 번쾌를 본 항우는 돼지 다리 고기를 내렸는데, 이것도 넙죽 받은 번쾌는 방패를 도마 삼아 고기를 그 자리에서 썰어(또는 아예 다리째로 손에 들고서) 마구 먹었습니다.

이런 상남자 먹방이 어지간히 마음에 들었는지 항우는 다시 한 번 "그대는 참으로 장사로다! 더 마실 수 있겠는가?"라고 물어보았고, 번쾌도 "죽음도 두려워하지 않는 장부가 술을 마다하겠습니까?"라고 호쾌하게 대답했습니다. 번쾌의 이 행동에서 나온 말이 주당들을 가리킬 때 쓰는 말인 두주불사[137]입니다.

---

137) **두주불사**斗酒不辭 : '말로 퍼담은 술도 마다 않는다.'는 뜻으로, 주량이 엄청난 사람을 일컫는 말이다. 초한쟁패기, 항우와 유방의 부하 장수인 번쾌 사이에서 일어난 일에서 유래했다. 홍문연에서 범증이 유방을 죽이려고 하였으나

재차 술잔을 비운 번쾌는 문득 항우에게 의義가 무엇인지 아시 느냐고 물었고, 왜 그런 걸 물어보냐는 항우에게 번쾌는 말을 이었 습니다.

"우리 패공께서는 장졸들과 수고로움을 같이 하며 관중까지 왔습니다. 운 좋게 도 관중을 먼저 점령하는 공을 세웠으나, 패공께서는 장군만을 기다리며 어떠 한 재물도 탐내지 않고 고스란히 보전하고 있습니다. 그런데 장군께서는 포상 을 내려주시지는 못할망정 비겁한 멍청이들 말에 넘어가 패공을 의심해 해치 려 하십니다. 어떻게 이러실 수 있습니까?"

어떤 반박도 하지 못한 항우는 검무를 추던 항장과 항백을 물리 게 한 뒤 번쾌에게 자리에 앉아 진정하라고 달래는 것이 전부였습 니다. 번쾌는 당황하는 기색 없이 장량 옆자리에 앉았습니다.

정작 항우는 그를 죽일 뜻이 없자 이에 범증이 항장에게 칼춤으로 유방을 죽 이라 지시하였고, 이 때문에 장량은 유방이 위험한 것을 알고 사람을 보내어 번쾌를 불렀다. 번쾌는 이 때 들어오지 말라는 병사들의 저지를 뚫고 들어왔 고 항우의 다른 부하들은 그가 오는 것을 무례하다고 꾸짖었지만 항우는 거 침없이 당당한 그의 풍채를 보고 좋은 장수라고 말하며 그에게 술 한 말과 고 기를 주었고 번쾌는 무장을 한 채로 술 한 말을 마시고 도마를 방패로 한 채 칼로 고기를 썰어 먹었다는 데에서 나왔다.

❝유방이 도주하다　　　　얼마 후 유방은 자리에서 일어나 용변을 보러 가는 척 하면서 번쾌를 밖으로 불러 냈습니다. 그런데 빨리 도망치지 못하고 우물쭈물하는 유방에게 번쾌가 이유를 묻자, "지금 내가 항우한테 하직 인사도 제대로 못 했는데 그냥 가도 될까?"라고 말했습니다. 번쾌는 버럭 성질을 내 더니 "지금 항우의 진지는 칼과 도마이고 패공께서는 생선이나 다름없는 이 마당에 예의범절을 지키냐 마느냐가 중요합니까?"라고 일갈하며 바로 도망갈 것을 강권했습니다. 유방과 번쾌는 먼저 떠나면서 장량에게 대신 사죄해 달라고 부탁하고는 항우에게 바치려 했던 백벽 한 쌍과 범증에게 바치려 했던 옥두 한 쌍을 건네주었습니다.

장량은 항우와 범증을 찾아가 유방 대신 하직 인사를 전했습니다. 장량은 "패공께서 만취하시어 예를 갖추기 힘들기 때문에 직접 인사를 드리지 못했습니다. 그 대신 제가 인사를 드리러 왔으니, 부디 이 선물을 받으시고 노여움을 푸십시오."라고 말하며 선물을 건 넸습니다. 항우가 유방을 걱정하는 척 말을 건네자 장량은 "패공은 낮이나 밤이나 장군의 위엄을 두려워하십니다. 지금은 이미 돌아 갔을 것입니다." 라고 둘러댔습니다. 장량이 물러가고 나서, 항우 는 유방이 술도 몇 잔 못하는 약골이라 생각했던지, 아니면 자기한

테 겁먹고 황급히 달아났다는 사실에 흡족해졌는지 그를 겁쟁이라 비웃으며 선물 받은 백벽을 옆에 두고 장식했습니다.

하지만 범증은 자신의 처소로 돌아와 옥두를 칼로 깨뜨리더니, 분노를 참지 못하고 내뱉었습니다. "아! 애송이와는 큰 일을 도모할 수 없구나! 항장군의 천하를 빼앗을 자는 바로 패공입니다. 우리는 모두 그에게 포로로 잡히게 될 것이다!" 한편, 죽다 살아난 유방은 잊지 않고, 귀환하자마자 조무상의 목부터 날렸습니다.

❝ 유방은 항우의 결정으로 천하의 벽지인 파촉에 처박히는 신세가 되다

유방은 항우의 결정으로 천하의 벽지인 파촉에 처박히는 신세가 되었지만, 그래도 목숨은 건질 수 있습니다. 때문에 고마움의 뜻으로 각종 재물을 장량에게 주었습니다. 장량은 모든 재물을 항백에게 가져다 주었고, 항백을 이용해서 촉 지방뿐만 아니라 한중漢中까지 유방에게 줄 수 있도록 설득했습니다. 이에 항우는 한중 역시 유방의 세력에 포함시켜 주었습니다.

장량은 일단 조국의 부활이 목표였기에, 벽지로 떠나는 유방과 함께 할 수 없습니다. 그래도 사천성 포중까지 따라와 유방을 전송하였는데, 이때 떠나기 전 항우의 의심을 덜기 위해 여러 절벽 등에 설치된 잔도(험한 벼랑에 선반처럼 달아 낸 길)를 모두 불태워 버리도록 권합니다.

유방과 헤어지고 옛 한나라 땅으로 돌아온 장량이었지만, 항우는 한왕韓王 성成이 예전에 유방과 함께 움직였다는 이유를 구실삼아 그를 한나라 땅으로 보내지 않고, 자신의 세력권인 팽성에 데리고 가버렸고, 어쩔 수 없이 장량도 그런 항우를 따라야만 했습니다. 느낌이 나는 대신 재수가 없는 칭호인 패왕[138]을 지어서 항우에게 바친 인물이 장량이었다고 합니다. 하지만 본래부터 항우보다는 유방과 가까웠던데다, 장량의 주군인 한왕 성을 유방과 친했다는 이유로 군공에서 배제하는 식으로 푸대접하는 항우가 장량의 마음에 들 리 만무했기 때문에 계속해서 그의 대항마인 유방을 위해 계책을 짜내게 됩니다.

"한왕漢王이 한중으로 들어가면서 잔도를 불태워 길을 끊은 것을 보면 아마도 그는 그곳에서 중원이나 관중으로 나올 생각이 없는 듯 합니다."

항우에게 그렇게 말해 유방에 대한 경계심을 줄이게 한 장량은,

---

138) 패왕은 춘추시대 제후들의 우두머리를 가리키던 패霸 전국 시대 각국의 군주를 가리키는 말인 왕을 합쳐서 만든 말로 진한 교체기 장량이 고안 해내서 초 패왕 항적에게 바친 칭호이다.

이윽고 제나라의 전영이 반란을 일으킬 것이라고 편지를 써서 항우에게 보냈습니다. 이에 항우는 유방에 대한 경계심을 풀고 제나라를 막기 위해 북진합니다. 유방이 진군해 온다는 소식이 항우에게 들어가자 '패공은 당초 자기 땅으로 약속받은 관중만 먹을 생각이지 초나라 땅에 관심이 없는 듯함'이라는 보고로 또 다시 항우를 현혹시켜 제나라 원정을 지속합니다. 기어이 초나라 수도인 팽성까지 함락당하는 상황을 이끌어냅니다. 그러나 대략 이때 즈음 한왕 성이 결국 항우에 의해 제거되었고, 장량은 간신히 달아나 서쪽으로 도망쳐 마침 한신을 앞세워 삼진을 돌파하는 유방과 합류하게 됩니다. 또 다시 헤어졌다가 재회한 유방은 장량을 성신후成信侯에 봉합니다.

❝ 장량이 천하를 논하다

기세 좋게 진군하여 초나라의 본거지인 팽성까지 점령했던 유방은 그러나 곧 팽성 전투에서 항우의 공격으로 엄청난 대패를 당하여 밀려납니다. 여후의 오빠인 여택과 장량을 하읍에서 다시 만난 유방은 말안장에 기댄 채로 "내가 천하를 먹으려는데, 누가 나를 도울 수 있겠는가?" 하고 질문했고, 장량은 이렇게 대답했습니다.

"구강왕 경포[139]는 초나라의 맹장입니다. 그러나 지금은 초왕과 틈이 벌어져 사이가 소원한 상태고, 팽월은 제왕 전영과 함께 양나라 땅에서 항우에게 반기를 들었으니 이 두 사람을 급히 불러 쓰시면 될 것입니다. 그리고 대왕의 장수 중에는 오직 한신만이 큰 일을 맡기면 한 방면의 일을 능히 감당할 수 있을 것입니다. 대왕께서 땅을 나누시려고 하신다면 이 세 사람에게 나누어 주어야만 초나라를 무찌를 수 있을 것입니다."

이에 유방은 즉시 경포에게 수하를 보내 자신의 편으로 끌어들였으며, 팽월에게도 별도의 사람을 보내 연락을 계속합니다. 경포로 인해 항우가 초나라로 돌아간 사이 관영·한신 등과 함께 경색 전투[140]에서 초나라의 추격군을 격퇴했으며 또한 위표[141]

---

139) **구강왕 경포**黥布 : 원래 평민이었는데 소년 시절에 누군가가 그의 관상을 보고 "자네는 형벌을 받은 후에 왕이 될 상"이라고 말했다고 한다. 조금 커서 법을 위반하여 칼로 죄인의 얼굴에 글씨를 새긴 후 그 위에 먹물을 칠하는 벌인 경형黥刑을 받았는데 이 벌을 받은 영포는 "옛날에 내 얼굴을 보고 누군가가 형벌을 받은 후 왕이 될 관상이라고 했는데 이거구나!"라며 좋아했다고 한다. 그후 경형을 받은 전력 때문에 경포라고도 불린다.

140) **경색 전투**京索之戰 : 중국 초한쟁패기 시절 벌어진 한漢군과 초楚군의 전투를 말한다. 진秦 제국이 멸망하고 각지에서 군웅들이 할거할 무렵, 초나라의 초회왕은 "관중에 먼저 입성하는 사람이 왕이 될 것이다."라고 공언한다. 이에 유방은 수하들을 이끌고 누구보다 먼저 관중에 입성하는데 성공했지만, 거록전투에서 엄청난 승리를 하고 서둘러 진격해 온 항우의 세력은 가히 압도적 그 자체였기에 유방은 쪽도 못쓰고 홍문연에서 목숨만 간신히 건질 수 있다. 이후 항우의 18제후왕 분봉에서 유방은 파촉으로 그야말로 내던져졌고, 복수를 위해 이를 갈며 절치부심하게 된다.

가 배신하자 한신을 보내 안읍 전투[142]에서 그를 격파하게 했고, 곧 북벌에 나설 수 있게 조치합니다. 결과론적으로 보면 정말 예언이나 다름없는 장량의 밝은 눈인데 사마천은 이 일에 대해 한왕이 초나라를 격파할 수 있었던 것은 이 세 사람의 힘 때문입니다라고 합니다.

❝장량이 젓가락으로 천하를 설명하다

한신이 별동대를 이끌고 진격을 벌이고 있을 무렵, 항우의 본대를 상대하고 있는 유방은 형양·성고 전역에서 그 무지막지한 압력을 정면으로 막아내며 안간힘을 쓰고 있습니다. 기원전 204년, 저 무시무시한 항우를 조금이라도 약화시킬 수 있는 방법이 없는지 역이기와 대화를 나누었습니다. 역이기는 자신의 의견을 밝혔습니다.

---

141) **위표**: 초한쟁패기의 인물이자, 군벌 또는 제후왕 중 하나. 보통 『사기』 등에선 위왕 표魏王豹로 기록되곤 한다.

142) **안읍 전투**: 중국 초한쟁패기 당시 벌어진 전한군과 서위의 전투르 말한다. 팽성대전 이후 수세에 몰리던 한군이 처음으로 공세적으로 전환하게 된 계기이자, 한신의 북벌을 가능하게 만든 전투이다. 서위는 이 전투 이후 멸망하여 한나라에 흡수된다.

"옛날 탕왕은 하나라의 걸왕을 토벌하고 나서 하나라의 후손들을 기杞에 봉했고, 주무왕은 은나라의 주왕을 토벌한 다음 그 후손들을 송宋에 봉했습니다. 그러나 진나라가 나타나 덕과 도를 저버리고 각 제후국들을 침략하여 6국을 멸하고 그 후손들의 대를 끊어 그들은 송곳 하나 세울 곳이 없게 됩니다. 대왕께서 진실로 육국의 후예들을 제후로 다시 세우시고 그들 모두에게 제후의 인수印綬를 나누어주신다면, 그 나라의 군신들과 백성들은 대왕의 은덕에 감읍하여 대왕에게 달려와 귀의할 것이고, 대왕의 도의를 앙모하여 기꺼이 대왕의 신민이 되기를 자청할 것입니다. 세상에 도덕과 정의가 행해지면 대왕께서는 남면하여 패자를 칭하게 될 수 있으며, 초왕은 틀림없이 의관을 정제하여 공손한 태도로 달려와 대왕께 조배를 드릴 것입니다."

즉, 육국의 후예들을 제후로 삼아, 과거의 봉건제를 부활시키자는 것. 이에 유방은 좋은 생각이라고 여기며 제후들에게 나눠줄 인장을 만들게 했습니다. 그런데 잠깐 외지에 나가 있던 장량이 도착했고, 밥을 먹으려던 유방은 식사를 하다 말고 장량에게 '좋은 일이 있습니다.'면서 그 일을 설명해 주었습니다. 그런데, 뜻밖에도 장량은 평소답지 않은 격렬한 반응을 보였습니다.

"아니 어떤 놈이 그딴 계책을 올린 것입니까? 그 말대로 했다간 끝장입니다."
"무엇 때문이오?"
"청컨대 앞에 있는 젓가락을 빌려주시면 대왕을 위해 당면한 형세를 하나하나 따져보겠습니다."

그러더니 유방의 앞에 있는 젓가락을 자기가 들어 올리고는, 그 젓가락을 하나하나 꺾어가며 형세를 설명하기 시작했습니다.

"옛날 은나라 탕왕이 하나라 걸왕을 토벌하고 그 후손들을 기杞땅에 봉한 것은 걸왕[143]을 사지에 몰아 넣어 능히 제압할 수 있기 때문이었습니다. 지금 대왕께서는 능히 항적[144]을 사지에 몰아 넣어 그를 제압할 수 있습니까?"

"그렇게 할 수 없소."

"그것이 제후들을 새로 세울 수 없는 첫 번째 이유입니다. 무왕이 상나라의 주왕[145]을 정벌하고 그 후예들을 송나라에 봉한 것은 주왕의 머리를 이미 얻었다고 여겼기 때문이었습니다. 그런데 지금 대왕께서는 항적의 머리를 능히 얻을 수 있습니까?"

---

143) **걸왕** : 중국 고대 국가 하나라의 제17대 왕이자, 마지막 국왕이다. 하나라 제16대 왕 발왕의 아들이며, 성은 사姒, 이름은 이계이다. 걸은 후에 폭군이라는 뜻으로 붙인 것이다. 기록에는 웅장한 궁전을 짓고 보화와 미녀를 모았으며 궁전 뒤뜰에 강을 만들어 그곳에 뱃놀이를 즐겼고, 장야궁을 건설해 그곳에서 유흥에 빠졌다고 한다. 비妃는 말희였다. 『맹자』「양혜왕장구 상」에는 『서경』「탕서」편을 인용해, 걸왕이 자신의 통치를 한껏 자신만만해하면서 호언했다.

144) **항적**項籍 : 항우를 가리킨다. 羽는 자字, 籍이 이름이다. 당시 예법으로 타인의 이름을 함부로 부르는 것은 실례였기 때문에 자인 항우가 더 많이 쓰였다. 여기에 대놓고 항적이라고 부른 것은 항우를 깎아내리는 의미에서 쓴 것이다.

145) **주왕**紂王 : 중국 상나라의 마지막 국왕으로 왕호는 제신帝辛, 휘는 수受 또는 수덕受德이다. 하나라의 마지막 군주로 전하는 걸과 함께 걸주로 불린다. 선대 왕인 제을의 작은 아들로 형인 미자계가 서자라서 왕위를 이어받을 수 없었기에 적자였던 제신이 왕위를 승계했다.

"그렇게 할 수 없소."

"그것이 불가한 두 번째 이유입니다. 주무왕이 은나라에 들어갈 때 상용이 살았던 마을의 이문里門에서 그의 어진 마음을 표창했고, 감옥에 갇혀있었던 기자箕子를 석방했으며, 또한 주왕에게 죽임을 당한 비간의 무덤에 흙을 더 쌓아 그 높이를 높여주었습니다. 지금 대왕께서는 능히 성인의 분묘를 다시 새로 쌓고, 현인이 살았던 마을의 이문에서 그의 덕을 칭송하며, 재능있는 사람들이 살고 있는 마을의 모든 문 앞을 지나며 그들에게 존경하는 마음을 표현하실 수 있습니까?"

"그렇게 할 수 없소."

"그것이 불가한 세 번째 이유입니다. 주무왕은 거교의 창고에 있던 식량과 녹대에 쌓여있던 금품을 꺼내어 가난한 백성들에게 나누어주었습니다. 지금 대왕께서는 능히 부고 있는 식량과 금품을 모두 꺼내어 가난한 백성들에게 대가 없이 베푸실 수 있습니까?"

"그렇게 할 수 없소."

"그것이 불가한 네 번째 이유입니다. 주무왕은 은나라를 멸한 일이 끝나자, 병거를 개조해서 수레를 만들고, 병장기를 모두 거꾸로 세워 창고 속에 넣고 모두를 호랑이 가죽으로 덮음으로써 천하에 다시는 군사를 일으키지 않겠다는 의지를 행동으로 보였습니다. 훗날 대왕께서는 무력의 사용을 중지하고 문치를 행하여 다시는 병장기의 사용을 금하겠다 다짐할 수 있습니까?"

"그렇게 할 수 없소."

"그것이 불가한 다섯째 이유입니다. 주무왕은 다시 화산의 남쪽 기슭에 전마들을 풀어놓고 다시는 사용하지 않을 것임을 천하에 보였습니다. 대왕께서는 전마들을 풀어주어 다시는 그 말들을 전쟁에 쓰지 않겠다 다짐할 수 있습니까?"

"그렇게 할 수 없소."

"그것이 불가한 여섯 번 째 이유입니다. 주무왕은 은나라를 멸하고 돌아와 소들을 도림 북쪽 기슭에 풀어놓고 다시는 용병의 일로 군수품과 양초를 운반하거나 모으지 않겠다고 천하에 보였습니다. 대왕께서는 수레를 끄는 소들을 영원히 풀어 방목시킴으로써 천하에 군수품과 양초를 운반하거나 모으지 않겠다는 뜻을 보일 수 있으십니까?"

"할 수 없소."

"그것이 불가한 일곱째의 이유입니다. 또한 천하를 돌아다니는 선비들이 그의 친척과 이별하고, 그 조상의 분묘를 버리며, 옛 친구들과 떨어져 대왕을 따라 천하를 전전하는 것은 단지 매일 밤마다 한 뼘의 땅이나마 떼어주지 않을까 하는 바람에서 비롯된 것입니다. 오늘 육국을 복국시켜 한·위·연·조·제·초 등의 후손들을 제후왕으로 세운다면, 천하의 선비들은 되려 각기 그 주인을 섬긴다며 그 친척과 친구 그리고 조상의 무덤이 있는 곳으로 달려가 버릴 텐데, 대왕께서는 천하를 얻기 위해 누구와 함께 싸우려고 하십니까? 그것이 바로 불가한 여덟째 이유입니다. 더욱이 지금 초나라보다 더욱 강대한 나라가 없어, 세력이 약한 육국의 제후국들은 결국은 초나라를 다시 따르고 말 것입니다. 대왕께서는 그들을 신하로 삼으실 수 있겠습니까? 문객의 계책을 시행하신다면 대왕께서 도모하려고 하는 일은 모두 그르치게 됩니다."

그 성군들이 그런 행동을 했던 건 이미 적을 다 이겨놓고 목만 안 친 상태에서 자비를 베풀며 여유 부린 것입니다. 그런데 그거랑 똑같은 짓을 적인 항우보다도 약세인 지금 상황에서 우리가 시행하겠다는 겁니까? 그리고 우리들의 덕이나 능력은 은 탕왕이나 주 무왕만 못합니다. 지금 항우와의 싸움이 한창인 데다 이 전쟁을 압도적인 무력이나 그에 필적할 만한 덕으로 그치게 하실 수도 없으시면서 그 와중에 옛 육국의 제후들을 다시 세우신다면 육국의 제후들은 결국 강대한 초나라를 따르게 될 것이고, 천하의 선비들은 모두 강대한 제후인 항적에게로 몰려가버려 천하통일은 불가할 것입니다.

이렇게까지 설명을 듣자 유방은 먹던 음식을 뱉어버리고 "세상 물정 모르는 유생 놈 때문에 하마터면 천하의 공사公事를 망칠 뻔 했구나!"라고 격노하며 만들던 인장을 녹여 없애게 했습니다. 장량의 이러한 태도는 봉건제에 대한 명백한 반대 의사표시였으며, 이후 유방은 천하를 통일한 후에 군국제를 실시했고, 이는 훗날 오초칠국의 난[146]을 거쳐 한나라가 군현제를 실시하는 밑거름이 됩니다. 이렇게만 보면 역이기는 이상주의에만 집착하는 무능한 선비로 보이겠지만, 그 역시 유교적 이상주의를 위해 백방으로 노력하던 충신이었습니다. 그가 있었기에 곡창 지대인 제나라를 설득할 수 있었기 때문. 문제는 외교활동을 하던 중 한신이 제나라를 향하는 바람에 그 여파로 당시의 제나라 왕제인 전광의 분노를 사 애꿎

---

146) **오초7국의 난**: 기원전 154년, 중국 전한前漢 경제景帝의 시기에, 중앙 정부와 오왕 유비를 비롯한 제후왕들이 벌인 전쟁. 반란을 일으킨 일곱 제후국인 오·초·교서·교동·치천·제남·조 중에 오나라와 초나라의 세력이 가장 강성했기에 오초7국의 난이라고 불린다. 이 반란의 진압을 기점으로 중국은 군현제를 확립하였고, 향후 2,000년간 이어지는 중앙 집권 시스템의 근간이 된다.

은 역이기가 비참한 최후를 맞게 됩니다. 이렇게 보자면 이때 장량이 봉건제에 대한 반대 의사를 표시한 것은, 한나라가 나아갈 그림에도 영향을 주었다고 볼 수 있습니다.

이에 반해서 항우는 자신이 봉건제를 선호한다는 사실을 진나라 멸망 시에 이미 보여주었습니다. 장량으로 인해 유방은 국가체제의 큰 그림에서 항우와는 다른 길로 나아가게 됩니다. 당장에 유방만 해도 항우가 분봉한 제후왕입니다. 자신이 그 신분으로 이 일을 저질렀는데 그 뒤엔 제2 제3의 자신이 나타나지 않으리란 법이 없습니다.

여담으로 장량은 이를 설명한다고 이유를 하나씩 설명할 때마다 젓가락을 하나씩 부러뜨렸는데 이를 생각해 보면 멀쩡한 젓가락을 여덟 개나 부러뜨린 셈입니다. 이를 듣고 음식을 뱉은 유방까지 보면 한의 인물들이 상당히 거칠고 과격한 집단이었음을 엿볼 수 있습니다.

한나라가 본격적으로 군국제와 군현제를 운용하면서 중국사의 중앙집권 전통이 시작되다 보니, 장량의 젓가락 부러뜨리기 일화가 주나라식 봉건제와 구체제에 대한 반대라고 여겨지기도 합니다. 그러나, 사실 젓가락 부러뜨리기를 봉건제에 대한 적극적인 반대라고 보기는 어렵다. 장량의 말을 요약하자면,

"우리는 상나라를 무너뜨리고 그 유민을 분봉한 주나라랑은 다르다. 지금 우리가 초나라랑 싸워서 이길 수 있나? 일단 이겨놓고 땅을 주든지 말든지 해야지, 지금 주면 한나라는 위계질서의 측면에서 다른 나라랑 똑같은 위치가 되어버린다. 게다가 신하들은 어쩔 건가? 우리 애들이 당신을 따르는 건 땅뙈기 얻으려고 그러는 건데, 구 왕족들한테 땅을 주면 당신 신하들이 뭐가 좋아서 당신을 따르겠나? 육국의 옛 왕족들을 그 땅에 봉한다고 해서 걔네들이 바로 우리 편이 되어주는 게 아니다. 오히려 왕들은 우리와 항우 사이에서 각을 재기 시작할 거고, 그럼 우리 보다 강한 항우 쪽으로 붙을 놈들이 무조건 나올 거다."

라는 정도인데, 딱히 '중국을 위해서 봉건제를 결연히 버리고 중앙집권을 해야 한다!' 같은 말은 보이지 않습니다. 기본적으로 장량의 간언은 기술적인 문제에 대한 조언이었습니다. 상대적으로 시달리는 자신들의 상황을 통찰하고, 한나라의 편이 될 것이라고 장담할 수가 없는 구 육국 왕들에 대한 분봉은 유방에게 도움이 되지 않을 것이라고 조언합니다. 즉 장량이 반대한 것은 여러모로 위험한 육국 왕들에 대한 분봉인 것입니다.

장량이 유방의 신하들에 대한 분봉을 주장한 사례는 여럿 있습니다. 제나라의 뒤통수를 갈겨버린 유수 전투[147] 이후 한신이 제

---

147) **유수 전투**: 중국 초한쟁패기 시대 벌어진 전한漢의 군대와 초나라, 제나라 연합군의 대결을 말한다. 한나라 군대라고 하였지만 사실상, 이 싸움은 한신韓信의 독자적인 싸움이나 다름 없다. 전투까지 이른 계기 역시 한신의 독자적인 판단이었기 때문이다. 정작, 한나라의 지도자인 유방은 그 이전에 역이기

나라의 왕을 시켜달라 하자, 장량은 한신의 팀킬과 하극상 시도에 완전히 극대노한 유방을 진정시키며 한신에게 제왕 자리를 주지 않는다면 변고가 일어나리라 말해주었습니다. 또한 고릉 전투[148] 이후, 장량은 유방에게 팽월과 한신의 봉지를 넓혀 준다면 그들이 협조하리라 조언합니다. 유방은 장량의 모든 조언을 따르며 그들

의 제안을 바탕으로 제나라를 회유하려고 했었기에 이러한 싸움을 반길 이유가 없었다. 엄밀히 말해 이 싸움은 한신이 주도적으로 결정한 싸움이었으며, 사실상 한군에서 한신이 별도의 세력으로 자리매김 하기 시작했다는 증거이기도 하다. 다만, 한신 자신이 그러한 정치 상황을 감지하고 있었는지는 사실 알 수 없다. 이러한 한신의 독립적인 정치 상황이야말로 괴철이 바라고 만들어낸 그림이었지만, 정작 상황을 유도하는데 성공한 괴철은 한신을 설득하는데는 실패하고 만다. 한신이 괴철의 제안을 거절하면서 정치적 이유가 아닌 개인적 은혜를 근거로 든 것은, 괴철이 한신을 설득하는 데 완전히 실패했음을 보여준다.

148) **고릉 전투** : 기원전 202년(한 5년), 중국 초한쟁패기 시대에 전한漢의 군대와 초나라 군대가 고릉에서 벌인 회전이다. 광무산에서 대치하고 있던 한나라와 초나라는 휴전 협정을 맺고 천하를 반으로 나누어 각자의 근거지로 돌아갈 것을 약속한다. 하지만 이것은 항우項羽가 인질로 붙잡고 있던 유방의 가족들을 안전하게 데려오기 위한 꼼수였다. 초나라의 군대가 후퇴하자 장량과 진평은 지금이야말로 초나라를 칠 수 있는 절호의 기회라고 생각하였고, 유방에게 진언을 올려 한신, 팽월 등과 함께 연합을 이루어 항우를 포위할것을 제안하고 유방은 이를 받아들여 퇴각하는 초나라의 군대를 추격해 서서히 압박한다. 그러나 한신과 팽월이 약속한 기일에 맞추어 움직이지 않았고, 초나라의 군대가 고릉에 이르도록 포위망이 형성되지 않았다. 결국 퇴각하던 항우가 뒤로 돌아서 유방의 군대를 급습하였고, 한나라의 군대는 대패하게 된다.

에게 땅을 주었습니다.

그럼 옛 왕족들에 대한 분봉과 신하들에 대한 분봉의 차이는 무엇일까? 왜 장량은 왕족들에 대한 분봉은 반대했지만, 신하들에 대한 분봉은 추천했을까? 그것은 바로 명분의 문제였습니다. 옛 육국의 왕족들을 제후왕으로 세우는 것은 역이기의 말대로 너무나 명분이 넘치는 일입니다. 그래서 문제였습니다. 장량이 말했듯이 육국을 되살린다면 천하의 인재들은 자기 옛 조국을 되살린다면서 신나게 달려갈 것이고 그러면 유방에게 남는 사람은 패현 친구들 말고는 아무도 없습니다.

그러나 자기 신하들에게 땅을 주는 것은 다릅니다. 한신은 그 스스로가 말했듯이 그를 알아봐 준 사람이 유방밖에 없습니다. 즉, 한신에게는 뒷배가 유방뿐이었습니다. 한신의 군사적 업적은 유방의 전폭적인 지원 덕분에 이뤄질 수 있습니다. 유방이 한신에게 땅을 준다면, 유방이 뺏을 수도 있는 것입니다. 그가 왕이 된 이유가 유방 덕이었으니까. 그러나 육국의 왕족들은 혈통 덕분에 현지의 지지를 쉽게 얻을 수 있을 것이기 때문에 유방이 중앙집권을 위해 그들을 토사구팽하여 땅을 빼앗는 것은 사람들에게 한나라의 침략이자 배신으로 받아들여지게 됩니다.

6국의 왕족을 제후왕으로 만들어주는 것은 그 시대 사람들에게 너무나 당연하고 정당한 일이었기에 유방은 그것을 반드시 막아야 했습니다. 유방이 천자로 등극하여 그들의 권한을 가져간다고한다면, 사람들은 그를 우리나라 왕족의 정당한 권한과 우리나라의 자주독립을 침해하는 비열한 침략이라고 느끼게 될 것입니다. 그러나 신하들에게 주는 것은 다릅니다. 신하들에게 땅이 떨어진이유는 혈통이나 현지 지지 따위가 아니라 온전히 유방 편을 들었다는 것입니다. 그러므로, 황제가 그 땅을 가져가는 것은 원래 내것인데 잠깐 맡겨뒀다가 가져가는 것이 됩니다. 이때 신하들이 황제에게 반항하면서 땅을 안 주려고 한다면, 사람들은 바로 그런 신하를 은혜도 모르는 배은망덕한 인간이라고 욕하게 됩니다.

만약 이때 역이기의 말을 들어서 육국 왕족들에게 분봉을 해주었다면 어떻게 되었을까요? 우선, 천하 통일 자체가 불가능합니다. 인재들은 자기 나라를 지키겠다며 유방을 떠나 버릴 것이며, 땅을받으려 한 신하들은 자기한테는 대체 무슨 땅을 줄거냐 하면서 반항할 것입니다. 정말로 신이 도와줘서 천하통일을 했다고 해도, 중앙집권의 길은 너무나 요원합니다. 사람들은 왕들의 권한을 빼앗으려는 황제 대신 자기네 나라 왕을 전폭적으로 지지할 것이고, 아무도 황제를 도와주지 않게 됩니다. 결국 고생해서 천하통일을 했다 해도 또 전쟁을 해야 하는 것입니다.

그렇다면 신하들에게 분봉해준 원래 역사에서는 어땠을까? 한 신은 제왕에서 초왕으로 강등되고, 초왕에서 또 회음후로 강등되고, 끝에는 여후에게 잡혀 죽었습니다. 그 과정에서 한신은 자신의 억울함과 유방의 토사구팽을 성토합니다. 그리고 놀라울 만큼, 그 누구도 한신에게 관심을 주지 않았습니다. 유방 정도만 좀 안타까워하고 끝난다. 제나라 사람들도, 초나라 사람들도, 고향의 회음 사람들 그 누구도, 한신에게 아무 관심도 주지 않습니다.

역이기의 말대로 육국의 옛 왕족들을 제후왕으로 세우는 것은 옛 육국의 사람들에게 아주 기분 좋은 일입니다. 그러나 장량의 말대로, 유방에게는 아무짝에도 쓸데없는 일입니다.

장기적으로 본다면 장량이 한나라의 중앙집권에 도움을 주었다고 볼 수 있기는 하지만, 장량이 젓가락을 부러뜨린 것은 유방의 천하통일에 도움 안 되는 분봉을 반대한 것입니다.

많은 매체는 장량의 이 일화를 언급하며 중국의 역사를 내다본 장량의 통찰력을 찬양합니다. 그러나 장량이 초한 전쟁으로부터 2,100여 년간 이어질 중화 제국의 미래를 내다보았다고 말하기는 어렵습니다. 정확하게 말하자면, 장량은 미래를 만들었습니다.

한편, 이 당시 한신은 위·대·조·연나라를 멸망시키고 동쪽 끝의 제나라까지 공격합니다. 제나라는 멸국의 위기를 맞이하자 어쩔 수 없이 원수였던 항우에게 도움을 청하였고 항우 또한 한신이 제나라까지 정복하는 것 만큼은 막아야 했기에 용저와 함께 대군을 보냈습니다. 그러나 한신은 용저가 이끄는 20만에 달하는 초·제 연합군을 유수 전투에서 대파함으로써 결국 하북을 평정하였고, 한신의 기세는 그야말로 하늘을 찌를 듯 했습니다. 그 명성이 온 천하에 떨쳤는데 이때, 한신은 유방에게 자신을 제나라의 가왕, 즉 임시적인 왕제로 봉해주기를 청합니다.

“제나라 사람들은 속임수가 많고 변화무쌍하니 반복이 심한 나라입니다. 또한 초나라와 국경을 접하고 있어 제가 이곳의 가왕假王이라도 되어 진정시키지 않는다면 정세가 안정이 안 되어 후일 어떻게 될지 모르겠습니다.”

이 한신의 제안이, 천하 삼분의 일을 차지하고 있는 사나이의 야심인지, 아니면 진실로 그저 일시적인 계책으로 제안을 하는 일인지, 그 동기에 대해『사기』나『한서』에서는 별다른 언급이 없습니다. 협박인지 요구인지 제안인지 애매하게 운을 뗐다는 것입니다.

이때 유방의 상황을 보자면 사수에서 초나라 대사마 조구와 장사 사마흔을 격파했으나, 소식을 들은 항우가 팽월을 공격하다 말고 돌아와서 안심할 수 없는 상황이었습니다. 이 상황이 『사기』「회음후열전」이나 『한서』「한신전」에는 유방이 형양성에서 포위당하여 그야말로 위기일발의 상황으로 묘사가 되는데, 『고조』「본기」나 『한서』「고제기」를 보면 이미 형양은 5월 기신의 일이 있었을 때 함락당했고, 한신이 용저를 격파하고 왕제 자리를 요구한 일은 11월의 일이며, 한서의 언급을 보면 당시 유방은 광무에서 대치하다가 성고에 머무르고 있었습니다.

게다가 이미 한신은 역이기 사건으로 유방의 의중을 거스른 전례도 있었기 때문에 유방은 몹시 분개했습니다. 한신의 서신을 가지고 온 사자 앞에서 "이놈이 지금 가왕 시켜달라는 거냐?" 하고 외치며 앞뒤 생각하지 않고 한신을 공격해 버리려고 했습니다. 이때 곁에 있던 장량이 유방의 발을 슬쩍 밟고 "지금 한신을 건드려서 좋을 게 없습니다."라고 귀띔해 주자 무슨 소린지 알아들은 유방은 화를 참고 (고의적으로) 더 크게 소리쳤습니다.

"사내대장부가 왕 노릇을 하려면 그냥 진왕眞王이 될 것이지, 무슨 가왕이라는 거야?"

그리고 곧바로 장량을 한신에게 보내 한신을 제나라 왕제로 임명했고, 곧바로 초나라를 치도록 명령했습니다. 전쟁은 최후로 접어들었고, 항우는 팽월과 유방의 협공 때문에 어떻게 하지도 못하고 있었고, 군량도 부족해졌으며, 또한 한신의 기세 때문에 두려움에 떨었습니다. 결국 항우는 먼저 유방에게 홍구(카이펑 부근) 이서의 땅은 한나라에, 그 이동의 땅은 초나라 땅으로 하여 천하를 양분 하자는 제안을 합니다. 유방도 이에 승낙하여, 두 사람은 각자 동쪽과 서쪽으로 떠나기로 합니다.

그러나, 서쪽으로 떠나던 유방은 장량과 진평의 제안으로 항우의 뒤를 치기 시작했고, 동시에 팽월과 한신에게도 연락하여 움직이기를 권합니다. 그런데 한군이 고릉(하남성 태강현)에 이르렀음에도 불구하고 팽월과 한신은 꼼짝도 하지 않고 버티기만 했고, 유방은 초나라의 반격을 받아 패배했습니다. 그나마 다행으로 이러는 틈을 타 후방으로 돌아간 관영[149]이 팽성을 함락시키는 데 성공하여 항우의 퇴로를 끊어주기는 했습니다.

유방은 화를 꾹꾹 눌러 참으며 장량의 제안에 따라 팽월과 한신의 봉지를 넓혀주기로 약속하고 경포를 통하여 항우의 대사마 주

---

149) **관영** : 전한의 개국공신, 공신 서열 9번째, 영음후에 봉해지고 식읍 5,000호를 하사받았다. 유방 세력의 최고의 기병 대장으로서 큰 활약을 한다.

은을 회유하였고, 수춘을 공격하던 경포와 유가까지 합류시켰습니다. 한신과 팽월이 결국 유방의 제안을 뿌리치지 못하고 군대를 이끌고 옴으로서, 영웅들은 마침내 해하에서 모두 집결합니다. 기원전 202년, 해하에서 집결한 연합군은 항우의 최후를 장식하기 위해 진격합니다.

이때, 한신은 무려 30만 대군을 이끌고 초군과 해하 전투[150]에서 정면으로 격돌합니다. 한신은 처음에 초나라 군대에게 밀리는 듯 물러나다가 측면 부대를 이용해 초나라 군대를 요격했고 다시 본대가 뒤돌아 공격을 퍼부어서 초군을 대파합니다. 결국 항우가 달아나다 자결함으로써 전쟁은 끝납니다.

> **장량은 유방에게 무엇을 달라고 먼저 요구하지 않았고, 유방을 떠나지 않았다.**

전쟁이 종결되자 그때까지 수고한 공신들에 대한 논공행상도 벌어지게 됩니다. 그런데 장량은 몸

---

150) **해하 전투**: 중국 초한 쟁패기, 한漢과 서초가 치른 최후의 회전이다. 사실상 초한대전의 대단원이라 할 수 있다. 유방과 항우가 치른 마지막 대결로 이 승리로 길었던 전쟁을 종결지었다. 항우로선 스스로 군을 이끌고 한 번도 패한 적이 없었지만, 이 전투에서 최초이자 최후의 패배를 당하며 몰락했다. 그럼에도 전투 후, 엄청난 무용을 보여주며 도주에 성공하였으나, 끝에 자결하고 만다.

이 아프고 하여 직접 칼을 들고 전쟁터에서 세운 공이 없었는데, 유방은 스스로 장량의 공을 언급하며 칭찬하는 것이었습니다.

> "자방은 군중의 장막 안에서 계책을 내어 천 리 밖의 승부를 결정지었으니 제나라 땅에서 원하는 곳 3만 호를 골라 갖게 하라."

이게 얼마나 어마어마한 대우였냐면, 한나라 조정에서 공식적으로 인정한 최고 공신 소하가 찬후로 봉해질 때 받은 식읍[151]이 7천 호였습니다. 조참이나 진평도 1만 호가 넘는 식읍을 하사 받았으나 이것은 여러 차례에 걸쳐 나누어 받은 것을 모두 합친 것이었습니다. 그런데 장량에게는 무려 3만 호를 그것도 열국의 으뜸인 제나라에서 원하는 대로 골라 갖도록 하는 특혜 중의 특혜를 내려 주었습니다.

이런 경위를 살펴보려면 장량과 유방의 관계를 돌이켜 생각해 보아야 할 필요가 있습니다. 장량은 유방에게 절대로 무엇을 달라고 먼저 요구하지 않았고, 유방을 떠나지 않았습니다. 그 소하도 한신이 유방에게서 떠날 때 그를 붙잡기 위해 달려감으로써 유방이 그마저 자신을 떠났다고 여겨 낙담한 적이 있습니다. 그리고 장량

---

151) **식읍**食邑 : 국가에서 공신에게 내리어, 조세를 개인이 받아 쓰게 하던 고을을 말한다.

의 계책 덕분에 유방은 승리할 수 있습니다. 이는 유방 사후에 실권을 모두 가져간 여치와 장량의 관계를 보아도 알 수 있는데, 장량은 유방과 여후 모두에게 미움을 사지 않았고 오히려 믿을 수 있는 든든한 우군이었습니다. 따라서 전후의 논공행상에서 유방이 장량을 최고의 공신으로 꼽아 대우하려 했던 것은 이상한 일이 아닙니다. 아무튼 장량에 대한 유방의 고마움과 신임은 그 정도로 대단했던 것인데, 장량은 이를 사양했습니다.

> "원래 저는 하비에서 몸을 일으켜 경구를 찾아가다가 도중에 유留 땅에서 폐하를 우연히 뵙게 됩니다. 이것은 하늘이 저에게 폐하를 만날 수 있도록 배려를 해준 것입니다. 폐하께서는 저의 계책을 받아 주셨고, 다행히 저의 계책은 적중하게 된 것입니다. 이것은 제가 이룬 공이 아니라 폐하의 배려로 인한 일입니다. 그러니 다만 유留에 봉해주십시오."

이에 장량은 3만 호 대신, 유방과 장량이 처음 만난 그곳, 유留 땅 3천 호 식읍을 갖는 유후가 됩니다. 비록 스스로 식읍을 낮춰 공신 순위도 62위로 기록되었으나, 이 일화를 보아 하면 순위란 단순히 숫자에 불과했던 것이었습니다.

유방으로서는 그 부유한 제나라 땅이 아니라, 처음 만난 그곳을 달라고 한 장량에 대해 그야말로 폭풍 감동을 해도 무엇 하나 이상하지 않을 지경입니다. 가령 한신이나 팽월만 해도 자기들을 왕제를 시켜주지 않는다고 원군도 보내지 않아 유방을 항우에게 깨지게 했고, 왕제로 임명하자 겨우 그 무거운 엉덩이를 움직여 해하 전투에 참가한 바 있습니다. 그러니 이런 여타 공신들에 비해 장량을 각별히 여기고 아끼는 건 지극히 당연한 일입니다. 물론 한신과 팽월은 천하가 평정된 뒤, 자신들이 욕심부린 대가를 톡톡히 치르게 됩니다.

❝ 폐하께서 가장 미워하는 사람이 누구입니까?

이때 유방은 주요 공신들에 대해 상과 봉읍은 주었지만, 그 밑의 공신들은 매일 같이 "내가 잘났다.", "아니다 내가 더 잘났다." 하며 공을 다투는 통에 골머리를 썩히며 오랫동안 결정을 내리지 못합니다. 그 무렵 유방이 낙양의 남궁에 머물며 다리 위를 지나가다가 다리 밑의 모래밭에 일단의 장수들이 모여 앉아 서로 간에 무엇인가를 쑥덕쑥덕하고 있는 것을 봅니다.

유방은 곁에서 시종하고 있던 장량에게 "저들이 무엇을 하고 있는 건가?" 물었고, 장량은 반역을 모의하고 있는 중이라고 대답했습니다. 유방이 저들이 무엇 때문에 그러느냐고 묻자, 장량은 이렇게 대답합니다.

"폐하께서는 평민의 신분으로 일어나, 저들의 힘으로 천하를 얻으시어, 지금은 황제의 자리에 오르셨습니다. 그러나 봉읍과 상작을 내린 사람들은 모두 소하나 조참과 같은 폐하와 가깝거나 총애하는 옛 친구들 뿐이고, 폐하께서 살해한 자들은 모두 살아오시면서 원한을 품은 자들입니다. 지금 군리軍吏들이 저들과 같은 사람들의 공로를 모두 계산해 본 바, 천하의 땅을 전부 가지고도 그들 모두에게 봉읍과 상작을 주기에는 부족하다고 했으므로, 저들은 폐하께서 자기들 모두에게 봉읍을 내려주지 않을까 걱정하고, 또 평소에 자기가 저지른 실수로 인해 의심받아 살해될까 두려워하고 있었기 때문에 저렇게 삼삼오오 모여서 모반을 하려고 의논하고 있는 것입니다."

이에 유방이 걱정하며 어떻게 해야 하냐고 묻자, 장량은 뜬금없는 질문을 합니다.

"저 무리 중에서 폐하께서 지금까지 살아오시면서 알고 있는 사람 중에서 가장 미워하고 있는 사람은 누구입니까? 그 이유를 다른 사람들도 익히 알고 있어야 합니다."

이 질문에 유방은 '저 중에서는 옹치'라고 대답했습니다. 이에 장량은

"그렇다면 지금 당장 옹치부터 봉하십시오. 옹치가 봉읍과 상작을 받게 되는 것을 보게 되면, 나머지 사람들은 자기도 틀림없이 봉작을 받을 수 있게 될 것이라고 믿고 의심하지 않을 것입니다."

라고 대답했습니다. 이에 유방이 옹치를 섭방후什方侯에 봉하고 주연을 베풀자 불만을 가지고 있던 다른 신하들은 폐하가 원수처럼 여기던 옹치까지 봉토를 받는 걸 보니 우리 차례는 틀림없이 오겠구나 하며 모반할 마음을 모두 버리게 됩니다.

사마광은 이 일에 대해 "장량은 틀림없이 모반에 대한 이야기를 미리 들었지만, 일부러 말을 안 하고 있다가 유방이 눈앞에서 사태를 직면할 때 충고를 한 것입니다. 그리고 황제는 사사로운 감정으로 누구를 해치지 않게 하고, 아랫사람들은 더 이상 불안하지 않게 되었으니 참 좋은 일입니다. 간언을 올리는 사람은 장량처럼 해야 합니다."고 평가합니다.

❝ 유방이 제국의 수도를 고민하다

이때, 유방은 한나라의 수도를 어디로 할지 고민 중이었습니다. 대부분 관동 출신들인 공신들은 관중에 들어가는 게 싫어서 "낙양이 최고죠." 하고 유방을 설득하는 중이었는데, 공신들이 내세운 표면적인 이유는 이러합니다.

"낙양의 동쪽에는 성고成皋가 있고, 서쪽에는 효산과 민지澠池가 있습니다. 그리고 북쪽으로는 황하에 의지하고 있고, 이수伊水와 낙수洛水를 마주 대하고 있어 그 험준한 지형과 견고한 성곽에 의지한다면 가히 마음을 놓을 수 있습니다."

그런데 갑자기 촌동네 농사꾼 누경이란 자가 나타나 '낙양은 방어에 용이하지 않아 덕이 많은 자에게만 어울리는데, 폐하는 워낙 전쟁만 벌이시던 분이라 전혀 아니올시다. 관중 쪽이 반란 같은 게 일어나도 안심입죠.'라는 거칠지만 적절한 조언을 올렸고, 이에 고민하던 유방이 마지막으로 부른 사람이 장량이었습니다. 장량은 둘 중 어디가 낫겠느냐는 질문에 다음과 같이 답했습니다.

"낙양은 비록 그와 같이 지리적인 이점과 견고한 성곽을 갖고 있다 하지만, 그 사이의 땅은 너무 협소하여 사방 백 리에 불과합니다. 또한 토지는 척박하고, 사면에서 적군의 침입을 맞이할 수 있으니 이와 같은 땅은 결코 군사적으로 유리한 땅이 아닙니다. "뭐야, 결국 낙양이 수도로는 부적합하다는 소리 아닌가? 그렇습니다. 그런데 관중의 동쪽에는 효산과 함곡관이 있고, 서쪽에는 농산과 민산이 있어 그 사이의 비옥한 땅은 사방 천 리에 달하고 있습니다. 또한 남쪽으로는 물산이 풍부한 파巴와 촉蜀 두 군郡과 접하고 있고, 북쪽에는 호胡 땅의 대초원이 있어 능히 가축을 방목하여 기를 수 있는 이점이 있습니다. 그래서 삼면은 험준한 지형에 의지하여 굳게 지킬 수 있고, 단지 동쪽 한 방면만을 통해 제후들을 제압할 수 있습니다. 만일 제후들이 안정되어 있으면, 하수와 위수를 이용하여 관동에서 산출되는 양식과 물자들을 관중으로 수송할 수 있을 것이며, 제후들이 반하여 천하에 변란이 일어나면 위수나 하수의 순류를 타고 병사들과 그 군수품을 수월하게 수송할 수 있습니다. 그것은 소위 말하는 천리에 달하는 철옹성과 같은 땅이며 하늘이 내려준 천혜의 창고입니다. 누경의 올린 건의가 옳습니다.”

이 말을 들은 유방은 그때까지의 논쟁이 무색하게 즉시 관중에 들어가 장안을 수도로 삼고, 누경에게 자신의 성을 내려 유경으로 부르게 합니다.

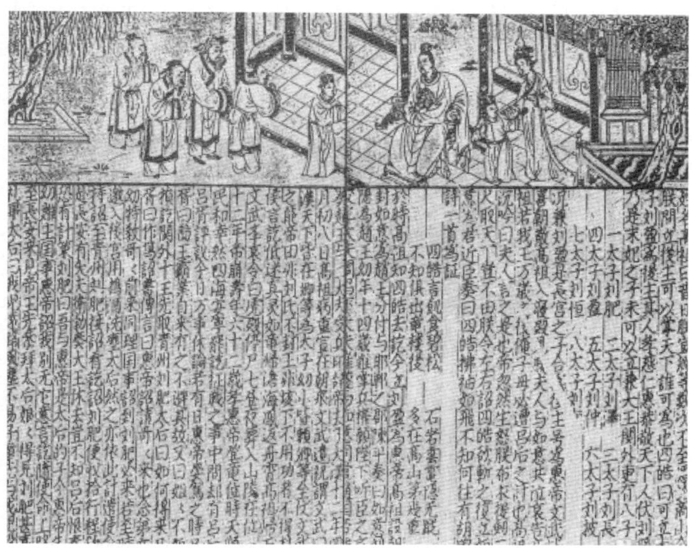

네 명의 노인이 태자를 보필하다

유방이 관중으로 들어가자, 장량도 이를 따라갔다. 하지만 본래 건강이 극도로 좋지 않았던 장량은 양생법(도교나 한의학에서 사용하는 건강 관리법)을 쓰면서 밥도 거의 먹지 않고 집 밖으로도 나서는 일이 드물었습니다.

이 무렵 유방은 척(戚)부인의 아들을 태자로 세우려는 문제로 여후[152]와 갈등을 벌이고 있습니다. 태자를 폐하고 새로 다시 임명하는 일이라, 대부분의 공신들은 비판적이었지만 유방의 결심이 너무 확고해서 아무도 함부로 말을 못하고 있었고, 이에 애가 탄 여후는 어찌할 바를 모르고 두려워했습니다. 그러다가 누군가가 폐하는 유후의 말은 무조건 들어줍니다 하자 여후는 오빠인 건성후(建)여택을 장량에게 보내 계책을 물어보았습니다. 사실, 여택의 작위는 주여후고 건성후는 여택의 동생으로 여후의 작은오빠인 여석지의 작위입니다. 이 때문에 여기서 나온 여택은 여석지를 잘못 쓴 게 아닌가 하기도 합니다.

---

152) **고황후 여씨** : 전한의 초대 황제인 고조(고제) 유방의 아내이자 황후였다. 시호는 남편인 유방의 시호인 고황제에서 따와 고황후였다. 그리고 기록에 남은 중국 최초의 황후이자 최초의 황태후 및 태황태후의 이력을 가진 여인이었다.

고황후 여씨

처음에 장량은 "황실 가족의 일인데, 나 같은 사람 백 명이 있다
해도 폐하가 무슨 말을 들으시겠나?" 같은 반응을 보였지만, 마음
이 급해진 여택이 장량을 위협하며 뭐든 방법을 내놓으라고 윽박
지르자 유방이 그토록 초빙하려고 했지만 초빙하지 못한 상산사

호(商山四皓 : 동원공東園公, 기리계綺里季, 하황공夏黃公, 각리선생角里先生)라는 인물들을 초빙하여 태자 옆에 있게 하면 황제를 놀라게 할 수 있다고 말해주었습니다. 여담으로 여후가 죽자마자 공신들도 이때의 여택처럼 여 씨와 친했던 역상을 협박, 그의 아들인 역기를 조종해 여산을 속여 군권을 빼앗은 뒤 몰살시킵니다.

여후는 즉시 많은 재물을 써가며 그들을 초빙했고, 훗날 경포의 반란을 진압하고 태자를 바꿀 생각을 하고 있던 유방은, 그들까지 여후가 초빙한 모습을 보자 "이제는 나도 어쩔 수가 없구나." 라고 하며 울면서 태자를 바꾸는 일을 그만두었습니다.

다만 상산사호와 관련된 이야기는 사기에 일종의 야사처럼 서술된 이야기이고『자치통감』에서는 "그 성깔의 유방이 고작 선비 몇 명 불렀다고 기죽을 리가 없습니다." 며 상산사호 설의 신빙성을 부정했으며, 유방이 유영을 폐태자하지 않으려 했던 근본적인 이유는 당시 조정 전체가 여후와 유영에게 우호적이었기 때문이라고 추정했습니다. 현대의 관점에서야 여후가 악녀지만 폐태자 당시 여후는 초한 쟁패에서 오랫동안 항우의 밑에서 포로 생활을 한 것에 대해 동정적 여론이 강했으며, 멀쩡하게 정통성을 가진 후계자를 유약하다는 이유만으로 폐태자에 찬성할 공신은 없었으니, 처음부터 유영이 폐태자 될 가능성은 희박했습니다. 그리고 혜제는 이미 오래 전부터 태자로 임명되어 비록 전쟁터에는 나서지 않았지만, 관중 땅을 지키면서 사람들에게 후계자로 각인되어 있습니다. 그리고 어차피 여의는 혜제보다도 더 어렸기 때문에 유약함으로 따지면 여의가 더 했습니다. 거기다 혜제는 당시 시점에서는 외척이 배경이 될 수 있지만 여의는 그런 것도 없습니다. 다만 고제는 오히려 외척인 여 씨들을 탐탁찮게 여겨서 혜제를 폐하는 것에 대해 생각하지 않았나 싶습니다. 그러나 후술할 여후와 장량의 이야기에서 알 수 있듯이 상산사호 설의 신빙성은 차치하더라도 장량이 여후의 편을 들었던 것은 확실하며, 장량을 비롯한 공신들의 폐태자 반대가 최종적으로 유방의 결정에 관여했다는 것까지는 추측할 수 있습니다.

장량은 장자제 지역에서 신선처럼 살다가 세상을 떠났다

장량은 대代 땅의 반란을 평정하기 위해 출정한 황제를 따라 종군하다가 마읍에서 기이한 계책을 내거나, 한신의 반란을 진압한 소하를 상국에 추천하기도 했습니다. 그 무렵에 장량은 이렇게 말하곤 했습니다.

"우리 집안은 대대로 한나라의 재상을 지냈고, 이윽고 진나라에 의해 한나라가 멸망하자, 만금의 재산을 아까워하지 않고 한나라를 위해 강포한 진나라에 원수를 갚으려고 하다가 천하를 진동시켰다."

"오늘 이 세 치 혀로 황제의 스승이 되고 만호의 봉읍을 받았으며, 그 지위는 열후에 이르렀으니, 이것은 포의로 시작한 사람으로는 지극히 높은 자리에 오른 것이라 나는 이것을 매우 만족스럽게 생각하고 있다. 이제는 인간 세상의 일을 모두 잊어버리고 적송자의 뒤를 따라가 노닐고자 한다."

이 '적송자' 언급 때문에 장량이 제때 물러나서 숙청을 피했다는 등의 말이 많은데, 그래서 초한지에는 대개 천하통일 이후 장량이 정계에서 물러나 신선을 지향했습니다. 유방은 장량을 숙청할 생각 같은 건 하지도 않았고, 장량도 물러나거나 속세를 떠나기는커녕 계속 장안에 남아서 지속적으로 정치적 조언을 했습니다. 심지어 대외적으로 은퇴한 혜제 시기에도 아들 장벽강을 통해 막후에서 조정을 움직였다는 의혹도 있습니다. 다만 폐태자 문제로 여후의 편을 든 것이 크게 섭섭했는지는 몰라도 영포의 반란 때 장량이 출병하는 유방을 아픈 몸으로 배웅하면서 초나라의 정병들은 매서우니 앞서 싸우지 말라고 말했으나, 유방은 장량의 말을 귀담아 듣지 않았습니다. 그리하여 결국 유방은 앞장서 싸우다가 영포군의 화살에 맞은 상처가 덧나 세상을 떠나게 됩니다.

이때 장량은 밥도 거의 먹지 않으면서 몸을 가볍게 유지하고 있었는데, 곧 유방이 세상을 뜨자 태자의 일을 고마워한 여후는 억지로 음식을 먹이면서 이렇게 말합니다.

"한 번 살다 가는 인생이란 날랜 백마가 지나가는 것을 문틈으로 보듯 쏜살같은 것[人生一世間, 如白駒過隙]입니다. 그런데 어찌 그렇게 고통스럽게 살기를 바라십니까?"

이에 장량은 별 수 없이 억지로 음식을 먹게 되었으며, 그 뒤로 8년 뒤에 은거하여 장자제 지역에서 신선처럼 살다가 죽습니다. 몸이 약해 골골대긴 했지만, 소하나 조참 등이 죽고 난 후에도 살아 있었습니다. 덧없이 빠른 세월을 뜻하는 백구과극[153]이라는 사자성어는 여기에서 유래됩니다.

장량이 다리 밑에서 노인과 만난 13년 만에, 그 노인이 말했던 곡성산을 가보자 그 밑에서 황석黃石을 하나 발견했고, 이후에 이 황석을 자신의 스승인 황석공으로 여겨 집으로 가져와 보물처럼 여기며 제사까지 지내주었습니다. 장량의 후손들은 장량이 죽자 그 황석을 장량과 같이 묻어줍니다.

---

153) **백구과극**白駒過隙 : 흰 망아지가 빨리 달리는 것을 문틈으로 본다는 뜻으로, 인생이나 세월이 덧없이 짧음을 이르는 말이다.

[❝]장량 자신은 재산이나 지위에 초탈했다

그의 삶 자체만으로도 흔치 않은 걸물이었음이 드러납니다. 초나라의 항씨 일족에 못지 않은 재상 지종의 명문 귀족이었지만, 평민 출신 호걸들과도 교만함 없이 의기투합하였고, 온갖 호걸들이 부귀영화와 봉작을 탐하여 싸웠으나 정작 자신은 재산이나 지위에 초탈했으며, 망국의 후예였음에도 다른 옛 귀족들과 달리 가문의 기득권을 되찾는 데는 관심을 두지 않았을 뿐더러 침략자 진나라에 대항하여 희성 한씨 왕가의 부활에 평생을 바쳤지만, 옛 열국 체제가 그 수명을 다하였음을 인정하고 유씨의 천하라는 새로운 체제의 창출을 주창하였다는 점에서 그러합니다. 장량의 이런 삶과 정확히 정반대로 살다가 결국 패망한 게 항우임을 볼 때 항우의 진정한 맞수는 장량이 아니었을까 하는 생각이 듭니다.

또한 그는 패현 풍읍에서 유방과 함께 일어난 거병 동지도 아니었고 그렇다고 항우 진영에서 있다가 유방 진영으로 넘어온 귀순 용사도 아니었으며 본디 희성 한씨 왕가의 재상 지종 출신으로서 평민 유방이 이끄는 패현 일당의 입장에서는 파트타임 객원 어드바이저였을 뿐이었음에도 유씨의 천하가 건립되는데 가장 크게 공헌한 3대 준걸 중 하나가 된 점은 특기할 만합니다.

다만, 한신은 천재 대장군으로 소하는 위대한 재상으로 각각 그 맡은 바가 뚜렷한데 비하여 한삼걸 중 하나인 장량은 이미지가 명확하지 않아 "장량이 대단하긴 대단하지. 그런데 뭘 했더라?" 같이 행적을 잘 모르는 사람들도 있습니다. 하지만 그는 'ㅇㅇ의 장자방'이라는 표현의 주인공인 만큼 자신이 모시는 군주를 큰 틀에서 이끌어 천하를 거머쥐게 하는 책사이자 스승의 전형으로서 강태공과 더불어 동아시아 역사에 그 이름을 남긴 인물입니다.

개국 특성상 지도자가 부각되어야 했기에 장량의 업적은 눈에 띄지 못했고, 장량 본인도 이를 잘 알고 있었음을 그의 행적을 보면 쉽게 알 수 있습니다. 관련 문서들을 대충 훑어보더라도 중국사에서 손에 꼽힐 위대한 업적을 일궜으나 깔끔하게 욕심을 내려놓은 것을 보면, 역사에 조금이라도 식견을 가진 사람이라면 그가 동서고금을 통틀어 얼마나 현명한 인물인지 혀를 내두를 지경인데, 이는 역이기의 주장을 젓가락으로 박살 내는 장면에서 절정에 이릅니다.

장량은 유방과 함께하며 천하통일을 위한 큰 그림, 즉 대국적인 전략부터 유방의 개인적인 대소사에 이르기까지 유방의 생애에 전체적으로 막대한 영향을 끼쳤습니다. 옛 진나라의 영토를 빠르게 확보하여 안정적인 근거지를 다지고, 항우로부터 분봉받은 제후들을 외교로 회유하거나 힘으로 꺾어 항우의 세력을 줄이고, 근거지에서 생산되는 물자와 회유한 제후들을 이용해 항우를 끝없는 소모전으로 몰아갑니다.

소하는 전쟁이 벌어지는 내내 관중에 있으며, 관중의 자원을 끊임없이 유방에게 보충해 줬고, 한신은 별동대를 이끌고 위·조·연·제 등 하북의 제후들을 제압해 항우를 고립시킵니다. 그들과는 달리 장량은 계속해서 유방의 옆에 머물며 그의 크고 작은 모든 결정에 영향을 주었습니다. "약탈을 금지하고 진나라의 백성들을 위로할 것, 호해처럼 황음무도에 빠지지 말고 진나라의 백성들에게 좋은 모습을 보일 것"이라고 조언한 장량으로 인해 유방은 진나라 백성들의 신뢰를 얻을 수 있었고, 팽성 전투에서 최악의 대패를 당한 바로 그 시점에서 장량의 건의로 경포와 팽월 등과의 연대를 더욱 강화하여 오히려 우군을 더 끌어들여 항우를 압박할 수 있게 됩니다. 그리고 "항우와 전쟁이 한창인 지금 분봉을 하면 대왕의 신하들이 봉지로 뿔뿔이 흩어질 텐데 누가 대왕을 위해 계속 싸우겠느냐."라고 조언하여 역이기의 봉건제를 거절하도록 한 것은 이후 한나라의 정치 판도에 매우 큰 영향을 끼쳤으며, 개국 초기에 있을 공신들의 반란과 반발을 최대한 억제할 수 있던 것도 장량의 덕택이었습니다. 제국의 수도를 관중 지방에 있게 한 것도 장량의 공이었습니다.

사마천은 천하통일에서의 장량의 공을 『사기』「유후세가」에서 이렇게 정리합니다.

"장막 안에서 계책을 내어 눈에 보이지 않는 가운데 승리한 것은 유후 장량인 자방 즉 장자방의 계략이었기 때문이다. 그에 더해 인품도 빼어나고 학식도 뛰어나며 기상은 높았으므로 한韓나라 출신임에도 중용되었던 것이다. 유후는 하비의 다리 위에서 황석공으로부터 태공병법을 배워 유방을 도와 소하와 한신과 더불어 한漢나라를 세웠다. 그가 세운 계책들은 한결같이 천하쟁패에 승부수를 던질 만한 것이었다."

이렇게 일일이 공적을 나누어 말하지 않더라도, 장량은 유방이 내린 거의 모든 결정에 관여합니다. 특이한 점은 유방이 여러 공신들을 의심하고 심지어 소하마저 의심했던 적이 있었음에도 장량에게는 절대적인 신임을 보였다는 점입니다. 유후세가나 사기의 여러 언급에서 장량의 제안을 유방이 거절한 적은 단 한 번도 없습니다. 거절은커녕 심지어 장량의 말을 듣고 고민했다는 식의 기록도 거의 없습니다. 유방이 장량의 말을 들어주지 않았다라고 볼 수 있는 기록은 딱 하나 있습니다. 『사기』「유후 세가」에서 '한 12년에 주상이 경포의 군사를 격파하고 돌아왔는데 부상이 더욱 심해지자 태자를 더 바꾸려고 했습니다. 유후가 간했으니 듣지 않았습니다. 유후는 병을 핑계로 일을 돌보지 않았습니다. 숙손통이 고금의 사례를 들어가며 설득하는 등 죽음으로 태자를 위해 맞섰다. 주상이 짐짓 거짓으로 들어주는 척했으나 여전히 태자를 바꾸려 했습니다.'이 기록이 그것입니다. 그러나 본래부터 장량은 태자 문제에 적극적으로 끼어들고 싶은 마음이 없었고, 상산사호를 초빙하라고 여후에게 말한 것도 여씨 일족이 워낙 적극적으로 부탁을 하기에 어쩔 수 없이 그랬을 뿐이었습니다. 이 기록은 여택이 간절하게 부탁하자 장량이 어쩔 수 없이 계책을 내준 이후의 기록인데, 본래부터 잔병치레가 잦았던 장량이 태자 문제를 유방에게 이야기한 뒤 받아들여지지 않자 '병을 핑계로 이를 돌보지 않았습니다.'는 것은 여 씨 일족에게 "부탁한 대로 반대는 했다."는 표시를 보여준 뒤 "나 이제 아프니까 뭘 더 할 수 없다."는 제스처를 보여줬다고 해석하는 편이 자연스럽습니다. 상황이 그러했으니 태자 문제를 유방에게 이야기했다고 해도 그렇게 애를 쓰지는 않았을 것입니다. 장량에 대한 유방의 신뢰는 상상을 초월하는 수준이었습니다. 여후가 장량에게 조언을 구한 것도 유방이 장량의 말은 거부하지 않기 때문입니다.

물론 대군을 이끌고 하북을 제패한 한신이나, 유방이 없을 동안 본거지인 관중을 그대로 장악하고 있는 소하에 비해 별다른 직책도 없이 유방의 주위에 머물러 있기만 하는 장량은 의심의 여지가 적긴 합니다. 그러나 무려 3만 호 식읍을 내려도 이를 거부하고 자신과 유방이 처음 만났던 땅을 달라는 장량의 태도 역시 유방에게 인상 깊게 심쿵 다가왔을 것은 분명합니다. 이는 개국공신들 노고를 치하하기 위한 포상 중에서도 가장 큰 포상이었습니다. 당장 공신 순위 1등이었던 소하는 7천 호였으며, 조참과 진평은 겸병을 해서 겨우 1만 호를 넘겼다. 그런데 당시 중국에서 가장 비옥한 지방인 제나라(산둥성)에서 자기 마음대로 골라서 가져가라 했으니 고제의 무한한 신뢰를 엿볼 수 있습니다. 유방은 장량과 함께 뭔가를 논의한 적이 대단히 많았는데, 사마천 역시 황제와 함께 천하 대사를 표시나지 않게 논의한 적이 매우 많았지만, 모두가 천하의 존망에 관한 것이 아니기 때문에 더 이상 기록하지 않는다라고 기록했을 정도입니다.

본래 세가나 열전마다 평론을 내리는 사마천은 대부분의 학자들은 '귀신'이 없다고 말하면서도 또한 '괴이'한 일이 있다고 말합니다. 한 노인이 장량에게 병서를 준 일과 같은 것은 기이한 일이라고 할 수 있다며 장량의 신비스러운 행적에 대해 외경심 비슷한 태도를 보여주고 있습니다. 사마천이 노장사상[154]이 강하긴 했어

---

154) **노장사상**老莊思想 : 무위자연을 도덕의 표준으로 하며, 허무를 우주의 근원으로 삼는 노자老子와 장자莊子의 사상이다.

도, 괴이한 이야기에 대해서는 『대완열전』 등에서 "곤륜산에 대한 이야기를 들었는데, 장건이 서역에 다녀왔지만 그런 게 어딨었나? 우본기나 산해경에서 말한 기괴한 물체에 대해서 나는 감히 말하지 않겠다는 식으로 배척해버린 사람입니다. 애시당초 삼황에 대한 이야기를 사기에서 잘라버린 것도 '말도 안 되는 것 같다.'는 게 이유였고 사마천은 이렇게 평론합니다."

대부분의 학자들은 귀신이 없다고 말하면서도 또한 괴이한 일이 있다고 말합니다. 한 노인이 장량에게 병서를 준 일과 같은 것은 기이한 일이라고 할 수 있습니다. 고조가 여러 번 위험한 처지에 놓이게 되었으나, 그때마다 장량이 계책을 내어 공을 세웠으니 어찌 그것이 하늘의 뜻이 아니겠습니까?

고조가 "무릇 장막 안에서 계책을 세워 천 리 밖에서 승부를 결정 짓는 것은 내가 장량만 못합니다."고 했습니다. 나는 장량의 외모가 매우 우람할 것이라고 생각했으나, 그의 화상을 보니 참으로 아녀자와 같이 예뻤습니다. 그래서 공자가 한 말이 있습니다. "외모로써 사람을 취한다면 내가 담대자우에게 실수를 한 것과 같게 되리라!" 이는 유후에게도 해당된다고 하겠습니다.

처세술 또한 뛰어나서 한고제가 공신들을 이성왕으로 봉할 때에도 왕위와 영토를 거부하며 권력에 욕심이 없음을 드러내 훗날 한고제와 여후의 토사구팽에서 무사할 수 있습니다. 단 이 점은 단순히 처세술 이전에, 장량이 물욕이나 권력욕과 거리가 멀었던 인물이란 점 또한 한몫합니다. 어찌 보면 그런 세속적인 것들에 집착하지 않는 것도 넓은 의미에서는 탁월한 처세술이라 할 수도 있겠습니다.

❝ 기원전 221년 제나라가 멸망하다

제왕 건建이 진秦에 입조하고자 했는데 옹문 사마가 앞에서 말했습니다.

"왕을 세우는 것은 사직을 위한 것입니까? 왕을 위해 왕을 세우는 것입니까?"
왕이 말했다.
"사직을 위해서다."
옹문 사마가 말했다.
"사직을 위해 왕을 세우면 왕께서는 어째서 사직을 떠나서 진秦에 들어갑니까?"
제왕이 수레를 돌려서 돌아갔다.
즉묵 대부가 옹문 사마의 간언을 듣고 모책을 세울 만하다고 여기고 곧 입궁하여 제왕을 만나 말했다.
"제의 땅은 사방 몇천 리이며 대갑이 몇 백만입니다. 무릇 삼진의 대부는 모두 진秦을 불편하게 여기며 아阿·견鄄의 사이에 몇 백 명이 있는데, 왕께서 거두신다면 백만의 무리와 함께 삼진의 옛 땅을 거두고 곧 임진관에 들어갈 수 있으며, 언鄢·영郢의 대부도 진을 위하고 싶어 하지 않으며 성남 아래에 몇백 명이 있는데, 왕께서 거두신다면 백만의 병사와 함께 초의 옛 땅을 거두고 곧 무관武關에 들어갈 수 있습니다. 이렇게 된다면 제는 위엄을 세울 수 있고 진국은 망하게 됩니다. 무릇 남쪽을 향하여 천자를 칭하는 것을 버리고 서쪽을 향하여 진을 섬기는 것은 대왕을 위해 취할 것이 아닙니다."155)

제왕은 듣지 않았다.

진秦이 진치를 시켜서 제왕을 국내로 유인하며 500리의 땅을 주기로 약속했다.

제왕은 즉묵 대부의 말을 듣지 않고 진치의 말을 들어 마침내 진에 들어갔다.

공共의 소나무와 잣나무 사이에 살게 하며 굶겨 죽였다.

일찍이 제에 노래가 있다.

"소나무냐! 잣나무냐! 건建을 공共에 살게 한 것이 손님이냐!"

기원전 284년에 일어난 제서 전투는 악의가 이끄는 진·연·삼진의 5국 연합군이 제나라 민왕의 주력군을 격파한 전투입니다. 이후 제나라는 급격히 쇠락해 전성기 때의 강역을 회복하지 못했습니다. 이는 제나라의 국책 방향이 멸망의 위기 이후, 철저한 보신주의로 나아갔기 때문이기도 했습니다. 제왕 건이 즉위한 이후 제나라는 40년 동안 출병하지 않았습니다. 이로 인해 동방 국가들과 진나라가 종횡으로 전개하는 정치 군사적 투쟁에 힘을 싣지 못하고 말았

---

155) 분명히 즉묵 대부의 주장은 일리가 있는 점이 있다. 결과적으로 봤을 때 진 제국의 조기 붕괴는 미처 해결되지 못한 반역 세력의 잔재로 인한 것이다. 진나라는 강했으나 그들은 일제히 진나라를 공격했고 결국 진나라는 무너졌다.

습니다. 또한 대규모 전투를 경험하지 못하여 병졸과 장수가 실전 경험을 쌓지 못했고 기강이 해이해졌다. 제나라 사람들은 제왕 건이 6국의 합종에 참여하지 않음을 불평했습니다. 제왕 건 16년, 후승이 재상이 된 후, 진나라는 그가 재물을 탐내는 것을 알고 신속하게 내응하는 활동을 전개하여 대량의 황금과 옥기를 후승에게 선물했습니다. 그 후 후승의 빈객들마저 진나라로부터 자주 뇌물을 받았습니다. 그들은 제왕 건에게 진나라를 섬기고 다른 국가를 돕기 위해 출병하지 말 것을 강력하게 촉구했습니다. 제나라는 눈앞의 이익에 눈이 멀어 진나라에 좋은 정책을 펴고 진나라의 공격을 받는 제후국을 지원하지 않았으며, 일례로 조나라 대군이 장평에서 진군과 대치할 당시 조나라는 제나라에 곡물 지원을 요청했으나 제나라는 진나라의 유세에 설득되어 곡물 지원을 하지 않았습니다. 이로써 진나라는 다른 국가들을 이길 수 있습니다.

제나라 승상 후승은 진나라로부터 수많은 황금을 받아 매수됩니다. 혹은 진나라의 기만책에 속아넘어갔다고 하기도 합니다. 후승은 제나라로 하여금 진나라와 연맹하며, 합종에 참여하지 않았고, 전시 대비를 하지도 않았습니다. 제왕 건은 전적으로 후승의 주장에 의존하여 국정을 운영했습니다. 진나라가 다섯 나라를 집어삼킨 뒤 제왕 건은 진나라에 위협을 느끼고 다급하게 서부에 군사를 집결시켜 진군의 공세를 막아낼 준비를 했습니다. 시황제는 항복을 권유하는 사신을 보냈으나 제왕 건은 이를 거부하고 진나라에 저항할 것을 결정했습니다.

시황제 26년, 기원전 221년(제왕 건 44년) 시황제는 제나라가 진나라의 사신을 거부한 연유로 대군을 동원하고 몽염을 사령관으로 하여 제나라를 공격했습니다. 몽염은 제나라 서부의 제수를 공격합니다. 몽염의 진군이 여러 차례 돌파를 시도했지만, 제나라의 방어선은 견고하여 전황은 교착상태에 빠집니다. 당시 제나라의 서부는 제수를 경계로 삼고, 장성이 서부와 남부를 둘러싸 그 길이가 350㎞에 달했습니다. 하지만 북부에는 이렇다 할 장애물이 없습니다. 이를 이용해 진나라는 허를 찌르는 방식으로 측익을 공격하는 전법을 구사하여 시황제는 연나라에 주둔 중이던 왕분으로 하여 금 군을 이끌고 제나라 북부로 남하하게 했습니다. 연왕 희를 아직 사로잡지 못했기 때문에 연나라 멸망 전은 아직 끝나지 않은 상태였고, 따라서 제나라는 북쪽 방향의 적에 대해 상대적으로 대비에 소홀했는데 이를 이용한 것이었습니다. 제나라 주력군이 서부에 묶인 사이 왕분과 부장 이신은 연나라의 남부에서 출정하여 제나라의 북부를 무인지경으로 진군하며 수도인 임치까지 진격했습니다. 곳곳에 제군이 주둔해 있었지만, 수십 년 동안 평화롭게 지내던 제군은 진군에 감히 맞설 생각조차 하지 못한 채 지레 겁을 먹고 도망가기 바빴습니다.

갑작스럽게 북부에서 나타난 진군의 신속한 남하로 인해 제군은 무력화되었고, 진군은 순식간에 임치성에 다다라 포위했습니다. 임치가 포위되자 제나라의 지휘 통제는 마비되어 사실상 제나라는 진나라에 각개 격파될 일만 남아있습니다. 임치의 군세가 수만 명에 달하고 수년 동안 버틸 군량이 있었지만 이미 6국이 모조리 멸망하여 제나라만이 홀로 남은 상태였고, 버틴다 한들 멸망의 시기만 늦출 뿐이었습니다.

왕분은 임치를 포위하고 섣불리 공격하지 않았습니다. 왕분의 군세로 임치를 함락시키기 힘든 것도 있었지만, 왕분은 진군이 임치를 포위한 것 만으로도 제나라가 내부적으로 붕괴되고 있음을 알았습니다. 이때 왕분은 임치에 사신을 보내 제왕 건에게 항복할 것을 제안했습니다. 진나라는 제왕 건에게 500리의 봉토를 줄 것을 약속한 것입니다. 제왕 건에게 있어, 이미 대세는 기울어졌고 진나라가 약속한 500리의 봉토는 믿을 만한 게 못 되었으나 그나마 없는 것보단 나았습니다. 재상 후승마저 제왕 건에게 항복을 권했습니다. 그리하여 제왕 건은 항복하고 제나라는 멸망합니다.

항복 후, 제왕 건은 압송되었고, 더 이상 이용 가치가 없어진 후승은 처형됩니다. 조나라를 멸망시키며 당장 곽개를 죽이지 않고 후대한 것은 아직 진나라가 6국을 통일하지 못했기에 남은 6국의 반역자들을 더 이용하기 위해서였습니다. 제나라를 멸망시킨 시점에서는 더 이상 그럴 필요가 없어진 것입니다. 제왕 건은 500리의 봉지가 아닌 공성의 송백나무 숲에 연금되어 음식을 거의 받지 못해 결국 굶어 죽었습니다.

“진시황이 마침내 천하통일을 이루다

시황제는 상방 여불위마저 제거하면서 마침내 진나라 최고의 실세로 떠올랐으며, 잠시나마 실추되었던 왕권을 회복시켰습니다. 그리고 자신을 평생토록 보좌할 이사를 만났고, 그와 더불어 군사를 일으켜 조부 소양왕이 쌓은 기반으로 나머지 6국을 통일할 계획을 세웠습니다. 우선 정은 모사인 울료의 주장대로 6국의 대신들을 미리 매수하고, 6국 사이를 이간질했는데, 이는 실제로도 상당한 위력을 발휘했습니다. 조나라의 간신 곽개 등이 명장 이목의 활동을 저지하여 진군은 피해를 최소화하면서 싸울 수 있었고, 6국이 서로를 믿지 않아서 도우려 하지 않게 됩니다. 또한 대대적인 원정을 벌일 수 있도록 군비를 꾸준히 증강하여 함양 일대에 정국거라는 운하를 파고, 촉 지방에는 도강언[156]을 건설했습니다. 이로 인하여 안 그래도 부강했던 진나라는 6국을 모두 상대할 수 있을 정도의 경제력과 병력을 갖추게 됩니다.

이후 영정(시황제)은 본격적으로 전쟁을 벌여 진나라와 인접했던 국가들, 즉 삼진(한·위·조)부터 공격하기 시작했는데 기원전 230년에 한나라를 장군 등이 멸망시켰고, 그다음에는 삼진 중에 가장 강했기에 동방 진출을 위해 반드시 무너뜨려야 했던 조나라를 기원전 228년 장군 왕전이 수도 한단을 함락시켜 멸망시켰습니다. 기원전 225년에는 왕전의 아들 왕분이 위나라를 수공으로 쳐서 대량을 함락시키고 멸망시켰습니다.

그 뒤 이신의 주장대로 200,000명의 군사로 초나라를 공격했으나 초나라의 명장 항연에게 격파당했습니다. 이후 노장 왕전의 주장을 받아들여 진나라의 총병력인 600,000명으로 다시 공격해 기원전 223년 초나라를 멸망시켰습니다. 이때 궁지에 몰린 항연은 결국 자결로서 생을 마감합니다. 『사기』에 의하면 당시 초나라의 군

---

156) **도강언**: 쓰촨성 성도 청두시의 현급도시 두장옌시에 위치한 제방을 말한다. 익주 지방을 최대의 곡창 지대로 만든 일등 공신으로 이 제방이 건설된 이후 파촉 지역은 농업 생산의 중심지로 발돋움할 수 있다. 이러한 가치를 인정받아 유네스코 세계유산에 등재됐다. 중국어 발음으로는 두장옌으로 두장옌시의 이름의 원류이기도 하다.

사도 400,000명이었다고 하는데 이는 사실로 보입니다. 다만 진나라만큼의 중앙집권체제가 없었고, 각 귀족의 사병이라는 성격이 강했기에 진나라에게 패배한 것으로 보여집니다.

한편 정은 조나라 볼모 시절 친구였고, 진나라의 볼모였다가 탈출한 연나라의 태자 단₦은 진나라의 이런 정복 활동을 우려해서 형가를 보내 정의 암살을 시도했다가 실패합니다. 이 암살 미수 사건으로 격노한 정은 이를 빌미로 연나라를 맹공합니다. 동북 변경인 요동까지 도망간 연나라 왕 연희는 아들 연단의 목을 잘라서 바치면서까지 용서를 빌었으나, 정은 거부하고 집요하게 추격해서 왕분이 연나라 왕을 사로잡아 서주 창건 때부터 이어져 온 연나라는 기원전 222년에 완전히 멸망했습니다. 그리고 기원전 221년에 제나라를 쳐서 왕분이 제왕 전건의 항복을 받아내 멸망시켰습니다. 이리하여 재위 27년인 39세 때 정복을 시작한 지 약 10년 만에 정은 광활한 중국 대륙을 통일하는 엄청난 위업을 달성하게 됩니다.

그런데 시황제가 중국의 모든 영토를 완전히 병합한 것은 아닙니다. 전국 시대가 끝난 후에도 엄연히 위나라가 남아 있었기 때문입니다. 시황제는 어떤 이유인지는 알 수 없지만, 스스로 위를 야왕으로 옮겨놓고도 끝까지 멸망시키지 않았고, 2세 황제인 호해가 위나라의 마지막 군주였던 각을 서민으로 만들면서 완전히 멸망시킵니다. 주나라의 대를 잇게 한다는 의미로 존속시켰다는 이야기가 있습니다. 다만, 이 시기 위는 작은 고을 하나 정도에 불과했기 때문에, 진시황의 통일이 완전한 통일이 아니라고 말하는 경우는 없습니다.

" 진시황이 백월을 정벌하다

진시황의 또다른 업적이지만, 천하통일에 가려 잘 알려지지 않은 부분입니다. 만약 진나라의 백월정벌이 없었다면 장강 이남의 현재의 남중국은 현재의 동남아와 마찬가지로 중국 문화권에서 벗어날 수도 있습니다.

천하(당시는 장강이북)를 통일한 진나라는 장강 이남의 영토획득을 목표로 대규모 원정을 실시했습니다. 이곳은 초나라가 건설했던 장강변의 몇몇 도시를 제외하면 거의 개척이 안 된 데다가 밀림으로 뒤덮여 있었고 그 영역 안에는 여러 이민족이 거주하고 있습니다. 이들을 통칭해 백월이라고 하는데, 이는 특정 민족을 지칭하는 것은 아니고 백百이라는 말이 붙어 있듯이 여러 남방 민족을 통칭해서 말하는 것입니다. 월은 원래 장강 하류(절강성 지역)에 있던 남방 민족을 뜻하는 고유명사였지만 이후에는 남방 민족을 통칭하는 명사가 됩니다. 즉 현대의 베트남인들의 조상들도 있지만, 이후 2000년 후인 중화인민공화국 건국 때까지 한족과 별개의 정체성을 지니던 여러 남방 민족의 조상(묘족·이족·투자족 등)들을 포괄하는 개념입니다.

황제는 제나라를 멸하고 전국을 통일한 기원전 221년 도수·조타 등의 장수들에게 명해 50만의 병력으로 장강을 건너가 백월을 토벌하라고 명합니다. 원정군 대부분은 항복한 6국 출신의 병사로 북방인이었습니다. 이것은 후대에 진나라의 지배에 반항할 수 있는 병력을 유용하게 소모시키려는 계책이기도 했습니다.

이들은 5개 부대로 나뉘어 남방으로 쳐들어가 현재의 푸젠성·광둥성·광시성까지 진출하여 중국인들의 영역이 처음으로 남중국해에 이를 수 있었습니다. 하지만 백월족의 저항도 만만찮았고, 거기에 북방인들에게 익숙하지 않은 남방의 전염병까지 돌아서 원정군 50만 명 중에 30만 명이 전사하거나 혹은 병으로 죽습니다. 진나라군은 이렇게 엄청난 피해를 보면서도 현재의 베트남까지 진출할 수 있었습니다. 원정군 장수들은 병사들이 정착하는데는 같이 살 여인이 필요하다고 북방에서 여인을 보내달라고 진시황에게 상주했지만, 진시황은 매우 적은 수의 여인만 보냈고 원정군 상당수는 백월 여성과 결혼하게 됩니다.

이 원정군은 계속 남진하는 도중에 진시황이 죽습니다. 그러자 원정군 총사령관이던 조타는 현지에서 독립하여 현재의 하노이에서 남월을 세웁니다. 이 나라는 진나라가 곧 망하고 중원에서 초한대전이 벌어지자 빠르게 세력을 확장해 현재의 광동성까지 진출합니다. 하지만 곧 대륙을 통일한 한나라에게 칭신(스스로 신하라고 자처함)하면서 책봉을 받지만, 실제로는 독립을 유지하고 있습니다. 이런 상태가 93년간 지속되었으나 이를 고깝게 보던 한무제의 원정으로 고조선처럼 멸망합니다. 한나라는 이곳에 교주를 설치하지만, 실제로는 거의 개척이 되지 않았습니다.

이런 상태로 계속되다가 500년 후인 오나라가 개척을 시작하게 되며, 북방 오랑캐에 서진이 망하고 동진이 이곳으로 대피해 오고 300년이 지난 남북조시대가 끝나고서야 비로소 완전하게 개척이 되어 이후 중국의 경제중심지가 됩니다.

제국을 통치할 '황제' 칭호를 만들다

천하통일 이후 영정(진시황)은 기존의 전국 시대 군주의 호칭인 진왕을 대체할 호칭을 찾습니다. 이에 신하들은 '태황'이라는 호칭을 주장했으나 시황제는 그 주장을 물리고, 태황에서 '황'만을 남긴 뒤 신을 뜻하던 상고의 호칭인 '제'를 붙여 황제란 칭호를 만들었습니다. 그리고 자신이 진나라의 첫 번째 황제, 즉 시황제가 됩니다.

황제의 칭호를 도입하면서 천자의 명령을 '교敎'가 아니라 '조詔'로 바꾸고, 황제의 명령을 가리키는 또 다른 글자 중 하나인 '칙勅' 또는 칙敕은 이때 도입되지 않았고 후대에 추가됩니다. 천자의 자칭을 종전의 '고孤'나 '과인寡人' 대신 '짐朕'으로 바꾸었습니다. 이전까지 '짐'은 고대 중국어의 1인칭 대명사 중 하나였는데 그래서 시황제 이전 시대는 보통 사람이 스스로를 '짐'이라고 부르는 예들을 자주 찾아볼 수 있습니다. 시황제가 '짐'을 천자의 전유물로 바꾼 것이었습니다. 이때 시황제가 확립한 '황제'의 칭호와 '조'와 '짐'의 용법은 후대 왕조에도 고스란히 이어졌습니다.

또 시황제는 황제의 칭호를 도입하면서 천자에게 시호를 올리는 것을 금지했습니다. 시황제가 천자의 시호를 올리는 것을 금지한 이유는 시호라는 것이 군주가 사망한 후에 후대 왕이나 신하들이 생전의 공과 과를 평가하여 정하는 것이라서, 천자에게 시호를 올릴 경우 '감히 아들(새로 즉위한 군주)이 아버지(죽은 군주)에 대해 논하고, 감히 (살아 있는) 신하가 (죽은) 군주에 대해 논하게 됩니다.'는 것이었습니다. 시황제는 이것을 굉장히 무엄하다고 생각해서 폐지했던 것입니다.[157] 그래서 진나라의 황제는 다른 왕조와 달리 시황제(첫 번째 황제), 2세 황제(제2대 황제) 이런 식으로 불리는 것입니다. 하지만 천자에게 시호를 올리는 관습은 시황제의 아들 이후 두 번째 통일 왕조인 한나라때 바로 부활했습니다. 진시황이 죽은지 고작 15년 후에 한고조 유방이 죽으면서 시호를 받았던 것입니다. 그러나 동시에 시황제라는 칭호는 마치 패왕처럼 한 사람만을 가리키는 용어가 되었으니 참 아이러니합니다.

---

157) 전부 『사기』 「진시황본기」에 나오는 이야기다.

05

시황제의 정책과
분서갱유

황제의 자리에 오른 시황제는 본격적인 제국 통치 사업에 몰두하면서 갖가지 개혁 정책을 내놓았습니다. 전체적으로는 춘추 전국 시대[158] 550년 내내 여러 나라로 나뉘어 있었던 정체성과 체계를 하나로 통합하는 데 목적을 두었습니다.

우선 군현제를 실시했는데, 이전에 서주가 사용한 봉건제와는 그 근본이 달랐습니다. 봉건제는 국가 수장인 왕이 중앙을 통치하되, 다른 부분은 쪼개어서 동성인 희성 왕족이나 이성 공신들을 제후로 임명하여 다스리게 하는 형식으로써 중앙 권력에 비해 지방 정권이 비대해질 수 있는 구조였습니다. 시황제는 이러한 봉건제를 폐지하고, 나라를 군과 현의 행정 지역으로 나눈 후, 함양의 중앙정부에서 관리를 파견하여 다스리는 군현제를 실시함으로써 중앙집권체제를 공고하게 다졌습니다. 이 군현제는 진나라의 멸망과 초한전쟁을 거치면서 사라졌지만, 전한의 고조 유방의 치세 때 군국제로 반쯤 부활했고, 개국공신인 이성왕 숙청(고조), 외척 여씨의 난 진압(제5대 한문제), 근친인 유씨 황족들이 일으킨 오초7국의 난 진압(제6대 한경제) 등을 거쳐 제7대 한무제의 치세 때 정식으로 부

---

158) **춘추 전국 시대**春秋戰國時代 : 기원전 770년경 주나라가 견융의 공격을 받아 천도한 뒤(동주시대)부터 기원전 221년 진秦에 의해 중국 최초의 통일 제국이 건국될 때까지의 시기를 말한다.

활했습니다. 하지만 이후에는 좀 더 세분화할 필요성이 있다고 느꼈는지 주-군-현 3단 체계로 개편되어, 원나라 이전까지 그러니까 남송 시기까지 약 1,300년 가까이 중국의 행정제도가 됩니다.

이러한 중앙집권체제의 강화를 위해 진나라의 통치 이념이었던 법가 사상을 중국 전역의 통치 이념으로 내세우는 등 사상 개혁도 시도했습니다. 이때 서적에 대한 탄압을 실시하여 진나라의 역사책과 법령집, 농사, 천문, 점술, 의학 등 실용 지식에 관련된 서적을 제외한 대부분의 경서들을 없앨 것을 명령했습니다. 이 과정에서 유학자들과 충돌했고, 이로 말미암아 갱유와 같은 참혹한 사건이 발생하기도 했습니다. 시황제는 '분서갱유'로 악명을 떨쳤는데, 이후 중국 역대 왕조에서도 정권이 교체될 때마다 사상과 서적에 대한 탄압은 자주 벌어집니다. 특히 청나라 때 만주족에 대한 비판을 엄중히 다스린 문자의 옥이 유명합니다. 한편 진나라 시절의 기록이 전해져오지 않는 것은 분서갱유보다는 오히려 함양을 불태운 항우 때문으로 보기도 합니다. 아무튼 이렇게 기록들이 사라지자 한나라 건국 이후 이를 복원하려는 움직임이 나타났는데 문제는 이것이 과거의 기록과 얼마나 일치하는가? 였습니다. 그래서 이를 연구하는 학문 풍토인 훈고학이 나타났고 주희가 확립한 성리학이 나타나는 남송 때까지 유학의 주류가 됩니다. 게다가 이러한 급진적인 사상 개혁은 부작용이 컸는데, 법가의 지나치게 엄격한 법률이 중국 전역의 통치에 쓰이게 되자, 지역적으로도 맞지 않은 법률과 형벌에 익숙하지 못했던데다가 혹법이어서 6국의 유민들이 엄청난 고통을 겪어야 했습니다. 결국 이는 진나라에 대한 증오로 이어져 진시황 사후 각지에서 반진 반란이 들불처럼 일어나게 됩니다.

분서갱유로 진나라 멸망을 초래하다

분서갱유焚書坑儒는 '책을 불태우고 유학자들을 파묻음'이라는 뜻으로, 기원전 213년과 기원전 212년에 일어난 별개의 두 사건을 하나로 합쳐서 일컫는 것입니다. 실용서를 제외한 사상서를 불태우고, 유학자를 생매장한 탄압책으로 중국에서는 분갱으로 줄여서 부르기도 합니다.

"옛것을 배워서 새것을 비방하는 자들은 모두 멸족시키십시오."

— 『사기』 중

분서갱유를 묘사한 그림

　　진나라의 시황제는 이전까지 중국 대륙의 기나긴 혼란을 종식시킨 유능한 군주였지만, 이 사건 하나로 인해 폭군의 이미지를 갖게 되었고 실제로도 이후 폭군의 행보를 걷다가 비참한 말로를 맞이하며 진나라의 멸망을 초래했습니다.

후에 항우는 초한전쟁 중 주가 등의 유학자들에게 욕을 먹자 "시황제 그놈이 왜 그렇게 너희들을 탄압했는지 알겠다."며 이기기만 하면 이것을 벤치마킹하려는 기미를 보이기도 했습니다. 결국 그럴 기회는 없었지만, 항우의 성격과 신안대학살을 봤을 때 만약 천하를 얻은 자가 유방이 아니라 항우였다면 진짜 실행했을 가능성이 높습니다. 다만 항우는 진나라의 수도 함양을 불태우고 약탈하는 과정에서 그곳에 있었던 책들도 불태웠으므로 '갱유'는 몰라도 '분서'는 이미 실행했습니다. 사상적인 탄압이 아닌 순수한 분서로서는 진시황보다 오히려 항우가 한 것이 훨씬 더 심각했다는 말도 있을 정도입니다. 사실 진나라에서 책을 불태운 건 사실이지만, 전부 다 태운 건 또 아니고 각종 학문에 대한 서적을 한 권씩은 남겨두어 함양에 보관하고 있었는데 이를 항우가 와서 죄다 태워버렸던 것입니다. 그렇다 보니 4서 3경 중에서도 몇몇은 소실되어 후대에 전해지지 않았고, 결국 한나라 때 유학은 훈고학이 주류가 됩니다. 이때 소하는 함양에 보관되어 있었던 전 중원의 기록을 빼낸 후, 이것이야말로 중원에서 제일가는 보물이라고 말하면서 유방에게 바쳤습니다. 그리고 한나라는 이 기록에 적힌 대로 세금과 공물을 거두고, 군사를 징병하여 그 물량으로 초나라를 물리치는데 크게 기여했습니다.

❝ 분서갱유는 사상 탄압의 단초가 되었다

진시황 치세 때의 분서갱유, 즉 전국적인 사상 탄압의 단초가 되었다고 평가받는 이 사건은 기원전 213년 함양에서 열린 연회에서 일어났습니다. 이때 전국에서 부로父老70여 명을 초대해 연회를 벌이다가 참가자 중 한 명인 주청신이 황제의 공덕과 군현제의 실행을 찬양하자 다른 참가자인 순우월이 옛것을 버리는 것은 옳지 않다고 주장했습니다.

이때 당시 자리에 있었던 이사가 옛 사상과 제도에 매달려 있다면 통치에 해로울 것이므로 의약·점술·농업 등의 책을 제외한 제자백가의 책들과 시(『시경』), 서(『서경』), 진나라를 제외한 국가들의 역사서를 불태울 것을 주장하여 이를 실행에 옮겼는데 이것이 분서 사건이었습니다. 『역경』이라고도 불리던 『주역』은 당시에도 점을 치는 책으로 분류되어 분서갱유의 화를 피했습니다. 본래 춘추 전국 시대에는 각국마다 역사서를 편찬했는데 현존하는 해당 시대의 역사서는 없습니다. 흔히 공자의 『춘추』는 원래 역사서가 아니었습니다. 『춘추』는 역사에서 예에 걸맞은 것 혹은 예에 어그러진 것을 지적하여 군주와 제후를 바로잡기 위한 목적을 갖고 쓴 책으로 역사평론서에 가까운 책이었는데 하도 그 시대의 기록이 남은 게 없어서 역사 기록으로 의미를 갖게 된 것이었습니다.

1년 뒤 후생侯生과 노생盧生 등이 실패로 끝난 불로초[159] 탐색을 놓고 "불로초 따위에 정신이 팔리다니, 이건 책을 다 불태워서 고전 공부를 안 했기 때문임."이라는 식으로 진시황을 비난했습니다. 이 사건이 발단이 되어 전국의 불온 사상가 460여 명이 함양에 매장되었는데 이것이 후대에 갱유로 불리게 됩니다. 갱유에 대해서는 사실이 분명하지 않고, 이설異說이 많아 후대의 유학자가 꾸며낸 것이거나 그게 아니어도 실상이 상당히 과장된 것으로 추측되기도 합니다.

진시황은 여러 번의 암살위협을 받고 매일 120근의 문서를 검토 결재 하는 등의 과로로 건강이 악화됩니다. 이 때문에 불로불사에 매우 집착했는데, 자칭 도를 깨우쳤다던 후생·노생·한중·서복(혹은 다른 이름으로 서불) 등의 여러 방술사를 곁에 두었습니다. 이들은 진시황에게 불로불사를 위한 불노초를 구해온다고 하고 여러 번 진시황을 꼬드겨서 각종 비용 명목으로 거액을 타내 불노초를 구한다는 명목으로 떠났지만, 대부분 돌아오지 않거나 행방을 감추었습

---

159) **불로초**不老草 : 불로불사, 불로장생를 이루어준다는 전설의 풀이다. 또는 영지버섯의 다른 이름. 진시황하면 이것을 떠 올릴 정도로 진시황을 상징하는 코드가 되어 있다. 진시황이 불로초를 얻기 위해 서복(서불)을 중국 동쪽 바다 건너로 보냈는데, 이에 따라 실제 중국 동쪽에 있는 한국과 일본 곳곳에 서복 및 불로초와 관련된 설화가 전해지는 곳이 많이 있다.

니다.

방사들에 대한 진시황에 대한 분노가 극에 달했고 결국 방술사들을 생매장하도록 명령을 내립니다. 그런데 여기에 몇몇 유가도 끼어들었는데, 아마도 군현제에 사사건건 반대한 몇몇 선비가 이들 방술사들과 함게 묻힌 것으로 보입니다. 그리고 이 명령의 즈음에 이사의 제안으로 분서도 행해지는데, 사실은 두 사건은 별개의 것이라고 할 수 있습니다.

이런 역사적 사건 때문에 이 분서갱유를 연구한 많은 학자들이 갱유의 주된 타깃은 방술사이고 유가는 군현제에 반대한 유가에 한정되었을 것으로 봅니다. 이는 진나라 시기와 가까운 한나라의 대유학자인 동중서나 가의가 분서에 대해서는 진시황을 매우 규탄했지만, 갱유에 대해서는 그다지 비판하지 않았다는 점도 근거로 될 수 있습니다.

❝ 분서갱유의 원인은 법가 통치에 저항한 시도였다

이 사건은 대개 봉건제적인 질서를 옹호하던 유가가 군현제를 철저히 시행하려 하던 법가 통치에 저항한 시도로 보입니다. 봉건제는 책봉을 받아 특정 지역을 대대로 다스리는 대리인을 필요로 하여 지방의 자치적인 질서를 용인하는 반면, 군현제는 전국 통치를 황제가 임명하는 지방관을 통해 철저히 황제와 직결하는 것을 목적으로 했습니다.

유가儒家는 기본적으로 주나라를 중심으로 한 과거의 질서 체계를 옹호하고 있었을 뿐만 아니라, 예禮로써 존중받으며 통치자에게 충고를 보태는 봉건제적 신료의 필요성을 강조했습니다. 반면 법가는 신료로 임명받는 인물은 철저히 법에 의거한 실무 수행만을 담당해야 한다고 주장하며, 법을 거스르는 신료의 자율성과 세습이 용인되어서는 안 된다고 주장했습니다.

이는 혈연 관계로 의제되는 인물을 각 지방의 제후로 임명하여 나라의 안정을 도모하자는 종법제도적인 질서가 왕과 제후 사이의 혈연의 거리가 멀어진 서주 시대 후반부터 완전히 무용지물이 되고, 하극상이 벌어진 것을 목격한 경험에서 우러나온 것이었습니다. 이를 대체할 새로운 통치 구조가 바로 군현제로, 세습되지 않고 철저히 군주에 의해 임명되는 행정 관료인 태수와 현령을 제후 대신 배치하여 고인 물이 썩는 현상을 방지하고 예를 통한 막연한 통제 대신, 법을 통한 철저한 통제로 이들을 제어하자는 이론이었습니다.

진秦나라는 기원전 4세기 상앙의 변법 이래 법가의 군현제 질서에 완전히 익숙해진 국가였으나, 10여 년 만에 급속한 통일을 이루면서 영토가 몇 배나 커졌고, 당연히 각지의 기득권 세력이 표면상으로는 사라졌으나 언제 들고 일어날 지 알 수 없는 상황이었습니다. 일단 전국을 36군으로 편성하여 군현제의 틀을 씌워놓았으나, 이전까지의 중국은 애초에 각지의 문화 자체가 철저히 달랐고, 정치적인 의견도 완전히 달랐습니다. 애초에 춘추시대부터 진나라의 통일까지 텀이 530년이나 되니 모든 게 다를 수 밖에 없습니다. 더군다나 초나라 지역은 완전한 중원도 아니었습니다.

이로 인한 분열을 막기 위해 진시황은 문자의 통일·도량형의 통일·도로 규격의 통일 등을 추진했습니다. 당시 군사력의 중심이었던 전투 마차의 빠른 동원을 가능하게 하여 군사와 행정에 큰 도움이 됩니다. 흔히 통일 중국의 첫 번째 다리를 놓았다고 평가되는 이러한 업적들과 같은 맥락에서 사상적인 통일을 꾀하는 과정에서 분서갱유가 벌어지게 되었다는 것입니다. 즉, 통일 중국의 기초를 닦은 진시황과 사상을 탄압한 폭군 진시황은 전혀 둘로 나누어볼 인물이 아닙니다.

역사 저술을 불태운 것도 진나라의 정통성을 위한 것으로 평가할 수 있습니다. 본래 역사서는 함부로 쓸 수 없는 책으로 철저히 관의 주도에 의해 쓰이는 책이었으나 춘추 전국 시대의 혼란으로 각국이 저술하게 됩니다. 그러나 전국 각지의 역사서가 존재하는 상황은 세계 유일의 황제를 추구하던 진시황의 입장에서는 용인할 수 없는 것이었고, 그 결과 분서가 이루어진 것으로 보인다. 이 때문에 선진先秦시대의 역사서가 『춘추』·『국어』·『죽서기년』 정도만 남은 것은 후대의 역사가들에겐 탄식 거리지만 사마천의 『사기』조차 이보다 100여 년 뒤에 나온 책이며, 그나마도 몇몇 왕들은 뭘 했는지 기록이 없는 등 사마천이 그렇게 고생하며 썼는데도 이 정도였습니다. 덧붙여서 초중기 고조선에 대한 기록이 부실해서 연구가 어려운 이유 중 하나입니다. 즉 고조선은 옆에 위치한 연나라와 적대하고, 바다로 접한 제나라와 활발히 교역했던 만큼 제나라와 연나라의 역사서에 고조선에 대한 기록들이 많이 서술되어 있으리라고 추측되는데 제나라와 연나라의 역사책이 분서로 죄다 날아가면서 고조선에 대한 기록들도 같이 사라졌기 때문입니다. 그나마 『사기』·『정사 삼국지』·『한서』 등에 고조선에 대한 기록들이 일부 실려있기는 하지만 그리 상세하게 실려있지 않기 때문에 초중기의 고조선이 어떤 나라였고, 어떻게 세력을 확장해나갔는지에 대해서 전적으로 신화와 고고학에 의존해야 하는 실정입니다.

❝분서갱유는 과장인가?　　　　춘추 전국 시대의 결정판이라 할

수 있는 제자백가의 서책들과 대

부분의 역사책이 불타 버려서 현재 전해지는 것은 매우 소수에 불

과하며, 분서갱유로 이름만이 남아있을 뿐 아예 소실된 책들이 수

두룩하다고 합니다. 당시 사람들은 벽을 파고 책을 숨기는 등 법을

피해 책을 지키려고 필사적이었습니다. 이 무렵에 사용된 책은 당

연하겠지만 간독이었습니다. 종이가 발명된 것은 채륜이 활약하

던 후한 시대였습니다. 분서갱유는 유가에 한한 것이 아니라 역사

나 문화 등 전방위적으로 행해졌습니다.

서적 탄압을 피해 유생들이 서적을 숨기거나 아예 암송하는 식

으로 대처했는데도 그 이전의 기록이 아예 통째로 소실된 수준까

지 간 건 진시황 만큼이나 항우의 탓도 컸던 것 아니냐는 의견도 있

습니다. 지나가는 길에 고을이 있는 족족 학살로 쓸어버리는 것에

휘말려서 책 내용을 기억하던 사람들이 대량으로 죽은 것이 아니

냐는 이야기입니다. 실제 나라에서 책을 모두 관리하는 방식으로

거두어갔다면 그 책들의 거의 대다수가 함양에 있을 텐데 그 함양

에서 학살과 방화를 저지른 사람은 다름 아닌 항우였습니다.

분서는 둘째치고 갱유도 좀 과장된 것으로 한 고조 유방 밑에서

예법을 부활시키고 유학을 다시 세우는데 지대한 공을 세운 숙손

통[160]만 해도 제2대 황제인 호해 밑에서 눈치 보며 일했습니다. 그 외에도 유학자 여러 명이 호해에게 진승의 반란에 대해 유학자라고 모조리 죽이거나 한 것은 과장되었다고 볼 수 있습니다. 적어도 진나라 밑에서 눈치 보고 숙이는 유학자들은 최대한 봐주며 살려줬다고 봐야 합니다.

덧붙여 분서갱유가 유명해서 그렇지 자기네 사상과 맞지 않는 책을 없애는 일은 역사 속에서 많이 존재했고, 심지어 조선에서도 제3대 태종 때 음양의 술수니 뭐니 하는 건 허황된 거라며 이에 해당하는 책을 소각할 것을 지시한 기록이 있습니다.

분서갱유는 유가를 위축시킨 사건이다

결과적으로 보면 유가를 일시나마 크게 위축시킨 사건이었습니다. 그 증거로 분서의 풍파 때문에 현전하는 중국의 고서 중에 기원전 3세기 이전의 것은 많지 않습니다. 이 때문에 진나라의 멸망과 한나라의 건국을 거치면서 각지에서는 고대의

---

160) **숙손통**叔孫通 : 전한의 박사이자 유학자. 또 다른 이름으로는 숙손하叔孫何로 불리기도 한다. 성이 숙손이고 이름이 통인데, 일설에 따르면 통은 자字라고 한다. 진시황 때부터 문학에 뛰어났다 해서 조정에 불려가 박사 후보자가 되어 진의 조정에 몸을 담았다.

경전을 복원하려는 노력이 시작되었는데, 문제는 기억과 기록 간의 대립이었습니다.

기본적으로 간독은 필사본이었고, 대부분은 글을 외운 유학자들의 기억을 중심으로 경전들이 복원됩니다. 이 시대에는 학자가 되려면 책 몇 권을 외우는 것은 필요조건이었습니다. 애당초 책 자체도 희귀했을뿐더러, 당시 중국은 목간을 쓰고 있었고, 중동에서는 양피치를 쓰고 있습니다. 엄청나게 가격이 비쌌기 때문에 개인이 사사로이 가지는 것은 거의 불가능했습니다. 동시대였던 중동이나 인도, 그리스에서도 대부분의 서적은 학자들 머릿속에 들어있습니다. 책 문서 참고 심지어 고대 악사 시인들은 문자 없이 자기 머릿속에 책 몇 권에 해당하는 지식을 욱여넣고, 지식 계층의 역할을 담당하기도 했습니다. 생매장당한 460명의 학자들은 중국 전토의 기준으로 많은 숫자도 아닌 덕에 그 정도의 피해는 복원할 수 있습니다.

결국 한나라 초기에 『시경』·『서경』·『예기』·『춘추』의 4경이 모조리 복원됩니다. 『주역』은 애초에 점치는 책으로 분류되어 분서갱유의 화를 피했고, 『악경』은 발견되지도 암송되지도 않아 영구히 소실됩니다. 그런데 문제는 각 복원본마다 내용이 다르다는 것입니다. 책을 외운 사람들끼리도 내용이 조금씩 달라지고 필사본 시대에 작성된 책이라 글자가 좀 달라서 내용이 바뀌는 일도 많았습니다. 결국 이걸 정리해서 논리화하는 학문이 필요했는데 이것이 바로 한나라 시대를 대표하는 훈고학[161]입니다.

훈고학으로 성립된 4서 3경을 금문경今文經이라고 부르는데 대표적으로『시경』의 삼가시(『노시』·『제시』·『한시』)와『금문상서』가 있습니다. 이후,『시경』과『효경』,『예기』,『춘추』 등은 노공왕(?~기원전 129년)이 공자의 집을 철거할 때 과두문자로 쓰인 공자 대 원문이 발견되면서 원전을 보존하고 있습니다. 고문경古文經의 발견으로 노공왕은 유교 역사에 빠지지 않는 인물이 되었지만, 공자의 집을 철거하려 한 점에서 보이다시피 노공왕은 유교 학자는 결코 아니었습니다. 오히려 사냥과 유희를 좋아하는 인물로 공자의 집을 철거하려 한 것도 자기 궁전을 넓히려고 그랬던 것이었습니다. 노공왕은 노나라의 왕이 아니라 전한 경제의 서자였던 유여가 제후국인 노나라에 봉해진 것이었고 자신의 유흥을 위해 백성들을 착취한 자에 불과했습니다. 다만 전한시대에는 고문경이 위서가 아니냐는 의심을 끊임없이 받으면서 금문경이 대세를 차지하고 동중서 등의 유가 정책도 이를 기반으로 시행되었으나, 전한 말기 유흠이 고문을 정리하면서 권위를 회복하기 시작하여 후에는 고문경의 권위가 더 높아졌습니다.

---

161) **훈고학**訓詁學 : 유교의 경전을 훈고의 방법으로 연구하는 학문을 말한다.

이런 전례들 덕에 동아시아의 도서 보존은 상당히 뜻밖의 방식으로 이뤄지기도 했는데 가령 "집을 고치려고 벽을 허물며 들보를 들어내 보니 책이 숨겨져 있더라."하는 일들을 쉽게 들을 수 있습니다. 한대부터 일어난 고문과 금문, 비기의 떡밥이 이렇게 일어난 것으로, 분서갱유로 사라진 경전을 학자들이 기억력에 의존하여 복구함으로써 금문이 형성되었으나 학파마다 복구된 내용이 달라 논쟁이 일어나는 찰나에 저런 식으로 숨겨두었던 책이 발견되자 발견된 책들이 원전이라고 권위를 주장하는 이들이 나와 고문이 형성된 것이었습니다.

『시경』은 이 과정을 거치면서 6편이 실전되었고 모형과 모장이 주석을 달았는데 이것을 『모시』라고 합니다. 또 한편으로 『고문시경』의 발견 이후에는 『금문시경』이 묻히는 바람에 현재는 전하지 않으며 『한시』만 본전이 아닌 외전이 10권 전합니다. 반면, 『상서』는 오히려 금문경이 현대까지 전해졌으니 오히려 다른 책들과 같이 노공왕이 찾은 고문경의 원전은 소실되었습니다. 중간에 동진의 매색이 고문경을 다시 찾아서(?) 바쳤고, 상당 기간 동안 진본으로 인정받았으나 후세에 위작임이 밝혀져 『위고문상서』라 하여 원전의 가치는 없는 것으로 여깁니다.

중국에서는 이후에도 여러 번 이런 조치가 벌어졌습니다. 송나라·원나라·명나라 때도 크고 작은 금서령 또는 분서령이 일어났습니다. 청나라 때는 문자의 옥[162], 중화인민공화국에서는 문화대혁명[163]이라는 역사에 길이 남을 만한 문화 탄압이 더 일어났습니다.

분서갱유로 법가 통치의 가장 큰 위협이었던 묵가는 완전히 박

---

162) **문자의 옥**文字一獄 : 중국 역대 왕조에서 벌어졌던 숙청의 한 방식으로, 문서에 적힌 문자나 내용이 황제나 체제에 대한 은근한 비판을 담고 있다고 하여 해당 문서를 쓴 자를 벌하였다. 그리고 대부분은 억울하게 처벌받는 경우가 더 많았다. 문자의 옥의 대표적 사건으로 널리 알려진 것은 명태조 홍무제와 청淸 강희·옹정·건륭 시대에 집중적으로 나타난 필화 사건이다. 한자의 특성을 살려, 실제 예언이나 체제 비판에 널리 사용되었다. 때문에 위정자에게 있어 불온분자를 적발하는 것에는 우선적으로 그가 쓴 문서를 거두어 들여서 그가 자신의 글 속에 무슨 뜻을 숨겨두었는지 찾는 것이 가장 먼저 수행되었다. 그러나 대부분의 경우는 필자가 의도하지 않는 뜻으로 임의로 짜맞춘 엉터리 증거들이었고, 이에 대한 우려와 비판을 담은 말이 문자의 옥이다.

163) **문화대혁명** : 무산계급 문화대혁명, 약칭 문화대혁명은 1966년부터 1976년까지 10년 동안 중국에서 일어난 대규모 파괴 운동, 친위 쿠데타, 내란이다. 한국에서는 간단히 '문혁' 이라고도 부른다. 일명 20세기판 분서갱유는 중국 내에서는 우회적으로 십년동란十年动乱 등으로 부르기도 한다. 명분과는 달리 실상은 대약진 운동의 실패로 권력이 약화된 마오쩌둥의 권력 투쟁, 즉 사욕으로 일어난 사태에 불과하다. 또한 대약진 운동과는 달리 수많은 수천년 문화재까지 회복할 수 없도록 파괴된 사건이다. 문화대혁명에 대한 평가는 중국에서 공식적으로 극히 부정적인 사건으로 명시하고 있으며 그 책임을 마오쩌둥의 책임이라고 단언하고 있다. 다만, 동시에 중국에서는 문화대혁명을 마오쩌둥보다는 장칭 등 4인방과 린뱌오에게 더 큰 책임과 비중을 돌리려는 경향도 존재한다.

살이 납니다. 즉, 묵가는 그 이념을 따르는 집단도 진나라에 의해 해체되었고, 경전도 소실되어 이후로는 명맥이 끊어졌습니다. 다만 유학은 계속 살아남았고, 진나라의 멸망을 이끈 유방과 항우는 둘 다 유학을 경멸한 인물이었지만, 한나라 건국 이후 유학은 정권의 안정을 위협한 게 아니라 오히려 정권 유지에 이용됩니다. 사실 유방은 유학자들을 싫어해서 그들이 쓰는 관에 오줌을 누었다는 말이 나올 정도였지만 그렇다고 그들을 탄압하지도 않았고 필요하면 데려다 쓰는 일도 마다하지 않았습니다. 대표적인 예가 숙손통으로 그들의 제자들도 통일 이후에는 관리로써 대접했던 것. 반면 항우는 바른말 하는 선비들을 싫어한 건 유방과 마찬가지였지만 그런 선비들을 마음에 들지 않으면 마구 죽였고 함양의 서책들도 죄다 불태우는 등 아예 유가와는 상극에 가까운 인물이었습니다.

그 외에도 시황제는 옛 6국의 정체성을 지우고, 통일된 중국을 만들기 위해 여러 정책을 펼쳤습니다. 옛 6국이 각자 만들었던 장성과 요새를 부수라고 명령했으며, 하천의 제방을 터서 험준한 지형들을 평평하게 만들어 만에 하나 반란이 일어나더라도 방어하기 어렵게 했습니다. 또한 격렬했던 전국 시대를 거치며 쌓여있었던 무기를 녹여 없애게 했고 수도 함양으로 6국의 부호와 유력자를 이주시키는 등 지방 세력의 약화를 추구했습니다.

천하통일이 이루어진 이후에도 각지의 나라마다 화폐와 서체가 달라 서로 간에 교류하는 데 효율성이 떨어진다고 여겨 천하의 화폐를 반량전[164]으로, 서체를 소전체로 통일했습니다. 이후 물건의 치수나 길이를 재는 도량형과 수레바퀴의 폭 등도 하나로 통일했습니다. 이 모두가 통일된 광대한 중국 전역의 통치를 원활히 하고, 그 효율성을 높이기 위함이었습니다. 특히 서체의 통일은 단순히 교류를 목표로 한 것이 아니라, 문서에 기반한 중앙집권적인 행정체계를 확립하기 위한 것이었습니다. 모든 보고를 오직 문서로만 하도록 하고, 황제의 명령이 관료제의 피라미드를 따라 전국에 전달되도록 하는데 있어 공문서의 서체 통일은 필수였습니다. 한나라 시대의 반량전

또한 시황제는 온 나라가 들썩일 정도의 대규모 토목공사를 여러 차례 벌였습니다. 엄청난 규모를 자랑하는 아방궁과 여산릉을 건설하여 황제의 권위를 강화하는 한편, 운하를 파서 수로를 통한 교역과 물품의 운송을 원활히 할 수

한나라 시대의 반량전

---

164) **반량전**半兩錢: 중국 진나라부터 전한 시대까지 사용한 청동 화폐를 말한다. 세계 최초의 가장 완전한 형태의 원형주화이기도 하다. '半兩'이라는 글자가 새겨져 있다. 문헌기록에 확인되는 한나라의 반량전으로는 유협반량楡莢半兩, 팔수반량八銖半兩, 오분반량五分半兩, 사수반량四銖半兩, 유곽반량有郭半兩이 있다.

있도록 했습니다. 단, 고고학적 발굴 결과 추정 터만 있고, 건물의 흔적이 없어 실존하지 않았다는 것이 주류 의견입니다. 『사기』에 언급된 규모도 500~100m로 황궁치고는 매우 작습니다. 또한 황제의 명령을 지방 곳곳에 빠르게 전달하기 위해 직도를 건설했습니다. 특히 언제나 중국에 위협이 되어온 흉노의 침략을 방어하고자 기존 7국의 성벽들을 보수해서 긴 성벽을 건설했고, 진나라의 멸망 이후에도 여러 나라들이 이 성벽을 보수·증축·신축하여 만리장성이 건설됩니다. 그러나 이로 인해 민심이 크게 악화됩니다.

❝ 진시황의 말년은 갑작스럽고 또 폭압적으로 이루어지는 바람에 부작용이 심했다

이런 급진적이고 과격한 개혁들은 어느 정도 성과를 거두기도 했으나, 너무나도 갑작스럽고 또 폭압적으로 이루어지는 바람에 부작용이 심했고 진나라 이외에 옛 6국 출신 백성들의 불만이 대단했습니다. 우선 진나라의 통치 이념이었던 법가 사상에 기초한 가혹하고 무거운 통치는 원래 진나라였던 지역 외에 나머지 정복당한 6국의 백성들에게는 지옥이었고 이러한 까다로운 법률과 가혹한 형벌 때문에 민심은 피폐해져만 갑니다. 당시 진나라의 신분제는 20등작이었는데, 전장에서는 수급(전쟁에서 베어 얻은 적군의 머리) 하나마다 한 계급씩을 올려줬고, 죄인은 계급에 따라 감형이나 형벌을 계급 강등으로 교환할 수 있습니다. 진나라의 백성들이야 지난 정복 전쟁에서 획득했던 군공과 계급이 있었지만, 정복당한 6국의 백성들은 진나라를 위해 공을 세운 바가 없었기에 당연히 작위가 상대적으로 낮을 수밖에 없습니다. 결과적으로 보면 6국의 백성들은 안 그래도 가혹한 제도와 형벌에 피지배민으로 그대로 노출되면서 차별받게 됩니다.

뿐만 아니라 여산릉 건설·흉노 정벌·만리장성 건설 등등에 수십만 명의 인력을 동원시켜 국력을 낭비했습니다. 이러한 과정에서 잦은 인력 동원과 과도한 세금 징수로 진승과 오광이나 유방의 경우처럼 민중의 엄청난 반발을 샀고, 이러한 점들이 진나라 멸망의 원인이 되는 농민 반란의 씨앗이 됩니다. 이 때문에 황태자인 장남 부소마저 보다 못해 과도한 사업들을 중단하고 민생을 돌보라는 간언을 했지만, 시황제는 이를 무시하고 오히려 부소에게 화를 내며 그를 몽염이 있는 만리장성 건설 현장으로 추방해 버리는 등 전형적인 암군의 모습을 보였습니다. 이는 후대에 패업을 이룬 군주들 가운데 명군이라 불린 이들이 전란 직후 민심을 수습하고자 조세와 부역을 경감하고, 무리한 사업을 줄여 국고를 절약하는 등의 조치를 취한 것과 대비되는 것이었습니다.

❝진시황이 수은에 중독되다

널리 알려진 시황제 치세 말년의 기행과 폭정과 난치의 행태는 그가 중장년부터 꾸준히 복용했던 것으로 알려진 수은 중독에서 비롯되었을 가능성이 크다는 주장이 있습니다. 수은에 장기간 노출될 시 우울증·의욕 상실·졸음 등 정신 장애를 동반하며, 심할 경우 환각·정신착란·기억 상실로 지능이 극도로 떨어져 뇌가 망가집니다.

따라서 '의욕적인 개혁 군주와 유능한 정복 군주'의 모습을 보이던 치세 전반부와는 달리, 암군의 모습을 보여 황릉 건설에 천문학적인 국가 예산을 쏟아붓고, 불로초를 찾아다니느라 국고를 탕진하며, 각종 미신에 빠져 돈과 시간을 탕진하는 치세 후반부는 시황제가 이미 중증 수은 중독의 증세라는 것입니다. 만리장성 건설과 흉노 정벌은 그나마 외적을 막는다는 명분이라도 있지만, 황릉 건설에 대규모 예산을 쏟아부은 것은 명백한 실책이었습니다.

시황제가 죽을 때 나이 50세는 당시 성인 남성의 평균 수명(40세 근처)으로 보면 오히려 장수한 나이로 딱히 요절이라고 보기 힘듭니다. 또한 여산릉(진시황릉)의 건축은 진시황이 즉위 시작 때부터 시작한 것으로 수은 중독설의 근거가 될 수 없으며 만리장성이나 아방궁의 건축도 당시 사정을 보면 아주 비이성적인 것은 아니었습니다. 바로 다음 왕조인 한나라가 한무제의 대원정 전까지 흉노에 계속 털린 것을 보면 만리장성 건축은 당연히 필요했을 것이고, 아방궁의 경우도 단순히 황제의 거처가 아니라 관공서까지 딸린 것으로 통일제국에 걸맞게 궁전의 크기를 늘릴 필요는 분명이 있습니다. 또한 진시황은 사망할 때까지 계속 수많은 문서를 결재하고 전국을 순행하면서 다녔기 때문에 수은 중독에 의한 정신 문제를 겪었다는 설 자체가 신빙성이 의심됩니다. 이는 진시황릉을 완전히 발굴해서 그의 유해를 부검해 보기 전까지는 알 수 없는 문제입니다.

"진인은 물에 들어가도 젖지 않으며, 불에 들어가도 타지 않습니다. 구름을 타고 다니며 천지와 더불어 영원히 존재합니다. 지금 주상께서 천하를 다스리시지만 욕심 없는 경지에는 이르지 못하셨습니다. 바라옵건대 주상께서 머무시는 궁을 다른 사람이 알지 못하게 하십시오. 그러면 불사약을 구할 수 있을 것이옵니다."
이에 시황은 "짐이 진인을 흠모해왔다. 이제부터 짐이라 하지 않고 '진인'이라 부르겠다."라고 했습니다. 바로 명을 내려 함양 부근 200리 안에 있는 궁관 207곳을 구름 다리와 회랑으로 연결하고, 휘장, 종, 북, 미인들로 채우되 모두 등록된 각자의 부서에서 함부로 옮기지 못하도록 했습니다. 황제가 행차하여 거처하는 곳을 발설하는 자는 사형에 처했습니다.   — 『사기』 「진시황본기」

말년에 들어 시황제는 미신에 집착하여 대규모 국책 사업으로 국력을 낭비했습니다. 대표적인 것이 여산릉으로 「진시황본기」에 따르면 즉위 직후부터 짓기 시작해서 천하통일 이후에는 700,000명(총인원으로 추정)을 동원해 수십년 동안 제국에는 조금도 도움이 안 되는 초대형 무덤을 만들었고, 결국 죽을 때까지 완성시키지 못했습니다. 그 외에도 시황제는 '호' 때문에 망한다는 "망진자호야亡秦者胡也"라는 점쟁이의 점괘를 믿고 수십만 명을 동원해서 흉노를 정벌하고, 만리장성을 쌓아 국력을 낭비했습니다. 이 '호' 자를 오랑캐 말고 제2대 황제였던 호해라고 해석한다면 적중한 예언이 되는데 채만식의 『태평천하』에선 진시황이 저 '호'자가 호해를 뜻하는 줄 몰랐으니 다행이라고 했습니다. 또한 불로불사에 집착해 사기꾼들에게 잡초를 사들이거나, 고가인 경면주사와 수은을 사는 등 국고를 낭비하고, 최후에는 홍의동자 꿈을 꾸고, 꿈속의 홍의동자가 자신의 나라를 빼앗을 거라는 해몽을 믿으며 순행길에 올랐다가 사구에서 병사하는 등 미신에 푹 빠져 버렸습니다. 수은화합물로 도장의 인주와 부적을 그릴 때 사용합니다.

시황제의 미신에 대한 집착의 절정을 보여주는 것이 불로초입니다. 점차 나이가 들어가던 시황제는 죽음을 두려워한 나머지 불로불사에 집착하기 시작했는데, 이 때문에 갖은 사기를 당하며 재정을 낭비했습니다. 특히 서복이라는 사기꾼이 동해바다에 살고 있는 신선으로부터 불로초를 구해오겠다며 뻔히 보이는 사기를 쳤는데도 시황제는 그대로 속아 넘어가 서복에게 엄청난 양의 재물과 동남동녀들을 딸려보내 주었던 일화는 아주 유명합니다. 제주도 서귀포시의 이름도 시황제의 불로초를 찾아 온 서불의 전설에서 나온 지명입니다. 이외에도 수많은 사기꾼들이 돈을 노리고 불로불사의 약을 구해오겠다면서 시황제에게 돈을 뜯어 달아나는 일이 비일비재하게 발생했지만, 그때마다 시황제는 늘 속아넘어갑니다. 당시를 다루는 소설에서는 무덤을 만든 이유가 '불로불사'와 연관된 또 다른 미신의 일환이라는 설정을 쓰기도 합니다.

시황제는 암살의 위험을 두려워해 환관 조고가 없이는 누구도 자신을 만날 수 없게 했고, 그 탓에 조고의 권력이 비대해져, 통일에 큰 공을 세우고 법률 체계를 만든 이사마저도 조고에게 아첨해야 할 정도였습니다.

❝ 진시황이 사구에서 삶을 마감하다

말년에 불로초 찾기 대모험과 같은 삽질을 하던 시황제는 자신이 제패한 중국의 천하를 둘러보고자 여러 차례에 걸쳐 전국 순행을 단행했으나, 제5차 순행 도중에 병에 걸려 회복할 수 없게 되었고, 결국 기원전 210년 7월 사구(하북성 평향현 부근)에서 병사하면서 약 50년 동안의 파란만장했던 삶을 마감합니다.

야사에 따르면, 평소에 미신에 대한 집착이 심했던 시황제가 낮잠을 자던 중 하늘에서 해가 떨어지는 꿈을 꾸었습니다. 곧바로 홍의동자와 청의동자가 나타나 서로 그 태양을 가지기 위해 싸웠는데, 홍의동자는 청의동자에게 수 차례 두들겨 맞아 쓰러져도 일어나 단 한 번의 일격으로 기어이 청의동자를 물리쳤습니다. 시황제가 홍의동자에게 '너는 누구냐?'라고 묻자, "나는 백제(서쪽의 방위신)의 아들이며, 이후 400년 왕조의 기틀을 다질 자이다."라고 했다고 합니다.

사구에서 시황제가 죽은 이후 그의 유서로 인해 멀쩡한 장남 부소가 몽염과 함께 처형되었고 무능하기 짝이 없었던 호해가 제위를 차지하는 바람에 영성 조씨 황족들이 학살당하고, 진나라가 단명하고 말았습니다(사구정변). 이 때문인지 호해가 이사 및 조고 등과 짜고 유서를 위조했다는 소문이 호해의 즉위 직후부터 돌아서, 진승·오광의 난 등 장자 부소를 사칭한 반란이 일어났으며 한나라의 건국 이후 공식화되어서 사마천이 『사기』에 기록해 정설이 됩니다.

그러나 측근들이 정말로 유서를 위조했다고 하더라도 대체 그들이 유서를 위조했는지의 여부를 사마천이 어떻게 알 수 있었겠느냐는 의문점이 남습니다. 2세 황제의 바보짓 때문에 시황제 같은 사람이 정말 2세 황제를 후계로 삼았을 리가 없다고 여긴 사마천이 떠돌던 낭설을 믿어 버렸다고 보기도 합니다. 하지만 사마천이 이 기사의 출처를 밝히지 않았기 때문에 지금은 추측만 할 수 있을 뿐입니다. 또 다른 설로는 사마천이 『사기』를 쓰던 시기에는 모두가 저 밀담에 대해서 당연하게 알고 있었던 사실이라 따로 출전을 적지 않았다는 의견도 있고 혹은 이사가 형을 받으면서 모든 걸 불었다는 의견도 있습니다. 단지 사마천이 따로 적지 않았을 뿐이라는 것입니다.

아들 호해와 관련되어 한 가지 민간 설화가 전해지는데 위에서 언급한 "진나라는 호에게 멸망할 것이다(망진자호야)." 라는 점괘가 사실은 이민족[胡]이 아니라 호해 때문에 진나라가 망하고 말 것이다라는 얘기라는 것입니다. 좀 더 쉽게 말하자면 오랑캐에게 멸망할 줄 알아서 만리장성을 쌓았는데, 되려 나라는 돌보지 않고 놀기만 하는 무능한 아들인 호해 때문에 진나라가 멸망했다는 것입니다.

❝사구 정변은 두 차례 있었다

사구는 중국의 고지명으로 오늘날 허베이성 싱타이시 광종현입니다. 역사에서 사구 정변은 두 차례 있었습니다. 기원전 295년 조나라에서 한 번, 기원전 210년에 천하통일을 이룬 진나라에서 시황제가 천하 순행 도중에 사망하면서 호해가 형을 죽음으로 몰아넣고 제위를 차지한 사건으로 또 한 번 있습니다. 두 사건을 구분하기 위하여 조나라의 사건은 '사구의 난', 진나라의 사건은 '사구의 변'으로 칭하는 듯합니다. 사구 정변 외에도 상나라의 주지육림 또한 이 사구에 있었다고 합니다.

❝분가가 본가를 몰아내는 조나라의 사구 정변이 일어나다

전국 시대 조나라 무령왕의 정실 부인은 한나라 출신으로 그의 아들인 공자 장公子章은 무령왕의 뒤를 이을 태자였습니다. 정실 부인이 죽은 후 무령왕은 한 미녀를 꿈에서 만났고 이에 한 대신이 그 형상을 닮은 미녀인 맹요를 바칩니다. 그 후 맹요도 죽게 되는데 무령왕은 자신을 즐겁게 해준 맹요에게 자신은 준 것이 없다는 죄책감에 사로잡혀 그의 아들인 공자 하公子何를 태자로 세웁니다. 이렇게 어이없이 폐위당한 공자 장에게도 미안한 마음이 있어서 안양군으로 분봉하고 전불례를 보내여 보좌하게 합니다. 그 후 무령왕은 왕위를 태자에게 넘겨주고 자신은 주부의 신분으로 정사에 관여합니다. 하지만 보좌관으로 보내진 전불례는 오히려 공자 장의 야심을 자극하여 반란을 부추겼고 한편으로는 무령왕 본인도 무슨 생각에서인지 대군 지역을 공자 장에게 넘겨주어 대왕으로 봉하겠다는, 그러니까 나라를 둘로 가르겠다는 황당한 계획까지 세웠다가 당시 상국이었던 비의[165]의 만류로 단념합니다. 이때 훗날 평원군으로 불리게 되는 무령왕의 또 다른 아들인 조승 또한 진나라가 분열되어 종국에는 분가가 본가를 몰아낸 사례를 언급하며 반대했습니다.

❝ 공자 장이 반란을 일으키다

결국 조혜문왕 4년(기원전 295년) 사태가 터집니다. 당시 세 부자는 사구 지역에서 따로 별거하고 있었는데 여기서 공자 장은 비의를 죽이고 반란을 일으킵니다. 하지만 비의가 사전에 대책을

---

165) **비의**肥義 : 북방 호인胡人 출신이다. 당연히 후한 삼국지 시대의 비의費禕와는 전혀 다른 사람이다.

세웠기 때문에 혜문왕을 죽일 수 없었고 여기서 제3의 인물인 공자 성과 이태가 군사를 이끌고 난입하여 반란을 제압합니다. 공자 성은 무령왕의 숙부뻘 되는 사람으로 무령왕의 호복기사 개혁을 반대하다가 실각당한 인물로 당연히 자신의 지위를 되찾으려는 속셈이었습니다.

⁶⁶공자 장이 살해당하다　　　결국 실패한 공자 장은 무령왕의 거처로 피신하지만, 무령왕도 공자 장을 보호할 수 없었고 공자 장은 결국 살해당합니다. 하지만 사태가 이로서 종식된 것은 아니었습니다. 공자 성과 이태는 무령왕의 사랑하는 아들을 죽였던 만큼 무령왕의 추궁이 두려웠고 그렇다고 직접 죽이기에는 명분이 없다 보니 결국 사구의 행궁을 포위하여 무령왕을 사실상 감금합니다. 물론 음식 같은 건 일절 제공되지 않았으므로 3개월의 포위 끝에 무령왕은 굶어 죽습니다.

그동안 사구 정변에 대한 전통적인 해석은 '공자 장이 야심을 주체하지 못하고 반란을 일으킨 것이며 무령왕 본인은 피해자'라고 여겨집니다. 하지만 근래에 와서는 해석이 달라졌습니다. 무령왕이 왕위를 물려준 이후 점차 실각당하자 다시 권력을 되찾으려고 공자 장을 끌어들였다는 해석도 제기되고 있습니다. 그럴만했던 게 무령왕은 오직 병권을 쥐고 대외 군사업무에 치중하려고 주부의 자리에 올랐고 내정을 혜문왕에게 맡겼습니다. 이는 혜문왕 입장에선 병권 없는 왕의 위치란 것은 언제 내쫓겨도 이상하지 않을 상황으로 여겼을 것입니다. 권력 앞엔 자식도 없는 법이고 애초에 정통성도 없이 왕위에 올랐으니 견제하지 않을 수 없는 상황입니다. 이 관점대로라면 공자 장의 대왕 분봉 시도도 단순한 미안한 감정 때문이 아닌, 권한과 명분을 심어주기 위한 것으로 해석됩니다. 다만 이건 당시 조혜문왕이 성년도 아니었고, 정치경험이 적었던 데다가 무령왕은 원래부터 태자 교체 건이나, 진나라 탐방을 직접 가는 등 국정 운영을 즉흥으로 행하던 인물이었다는 반박도 존재합니다.

“분가가 본가를 몰아내는 조나라의 사구 정변이 일어나다

중국을 최초로 통일한 시황제는 군현제 도입·문자와 도량형·화폐 등을 통일시키는 등 급진적인 개혁을 실시해 성과를 거두었지만, 모든 것이 갑작스럽게 이루어져 백성들의 불만이 컸으며, 진나

라의 통치 이념인 법가 사상이 전국적으로 이루어져 각 지역에서
는 가혹하고 무거운 통치가 이어졌습니다. 까다로운 법률과 무거
운 형벌로 인해 민심은 피폐해진 상황이었는데, 부소[166]는 법을
엄하게 하는 것에 대해 염려해 간언했지만, 시황제는 노해서 부소
를 북쪽의 상군으로 파견해 군대를 감독하도록 했고 몽염은 그 군
대의 장군이었습니다.

또한 시황제는 나이가 들면서 죽음을 두려워해 불로불사나 미
신에 집착하기 시작했으며, 이로 인해 재정을 낭비하기 시작합니
다. 호가 진나라를 망하게 할 것이라는 점괘를 믿어 몽염에게 만리
장성을 쌓게 하거나 자신의 꿈 속에서 나온 홍의동자가 자기 나라
를 빼앗을 것이라는 해몽을 믿고 5차례 순행길에 올랐습니다.

---

166) **부소**扶蘇 : 진나라의 황자이다. 시황제의 장남, 이세황제의 형. 총명하여 아버
지로부터 장래를 촉망받았다. 영부소는 부황父皇인 시황제의 정치(분서갱
유)에 간언했기 때문에 분노를 사, 북방의 기마민족 흉노에 대한 국경 경비
의 감독을 명령받아 장군 몽염과 함께 벽지로 보내졌다. 기원전 210년에 순
행 중이던 시황제가 급사하자, 시황제의 상喪을 주관하던 환관 조고와 승상
이사는 불필요한 혼란을 방지하기 위해 시황제의 죽음을 비밀에 부쳤다. 앞
일의 두려움을 간파한 환관 조고와 승상 이사는 시황제가 아직 살아있는 것
처럼 꾸며 아들 호해를 옹립해 황제로 받들 것을 결의하고 부소에게는 자해
를 권하는 거짓 성지(聖旨 - 황제의 뜻을 담은 명령서, 임명장 등)를 내렸다. 장
군 몽염은 그것이 거짓 성지인 것을 간파하고 곧바로 부소에게 진언했지만,
부소는 "의심하는 것 자체가 도리에 반한다."고 말하고 성지 내용에 따라 스
스로 목숨을 끊었다.

　승상 이사, 중거부령 조고를 포함해 5차에서는 공자 호해까지 시황제의 순행에 대동했는데, 그 와중에 사구에서 시황제가 죽습니다.

　시황제는 평원진에 이르러 병이 생겼지만, 신하들은 시황제가 죽어간다는 말을 싫어해 함부로 말하지 못했으며, 시황제는 몽의에게 산천의 신에게 기도를 드리도록 여러 산을 돌아다닐 것을 명령했습니다. 시황제는 병이 심해지자 부소에게 돌아와서 상사에 참여해 함양에 안장하라는 내용이 담긴 조서를 썼지만, 사자에게 조서를 주기 전에 죽습니다.

　이사는 시황제가 외지에서 사망한 것으로 인해 모든 공자와 천하에 변란이 발생할 것을 우려해 시황제가 죽은 사구는 오늘날 허베이성 인근으로 진나라 변경 중 가장 먼 지역이었고 후술할 부소가 위린시에 있어서 함양에 더 가까이 있습니다. 이 사실을 비밀로 하고 발상하지 않았으며, 시황제의 관을 수레에 싣고 예전에 총애받던 환관을 함께 타게 해서 가는 곳마다 음식을 올리는 시늉을 하면서 신하들이 예전과 다름없이 국사를 상주하면 환관이 수레 안에서 상주된 일을 허가하는 식으로 속였습니다.

여름철에 시황제의 수레에서 시신이 썩는 악취가 나자 수행 관원들에게 소금에 절여서 말린 물고기 1석을 수레에 싣게 해서 시신의 악취와 어물의 냄새를 구분하지 못하게 했으며, 직도를 따라 함양에 도착한 후에 발상했습니다.

**❝유서 조작과
부소가 자살하다**

이사·호해·조고를 포함한 5, 6명 정도의 환관만이 시황제가 사망한 사실을 알고 있었으며, 호해는 조고에게 서법·옥률·법령을 배운 적이 있어 그를 총애했습니다. 조고는 호해를 설득하고 이사와 모의해서 시황제가 부소에게 보내는 조서를 뜯고 사구에서 시황제의 유조를 받은 것처럼 꾸며서 호해를 태자로 삼도록 했으며, 부소에게는 한 치의 공훈도 없으면서 비방하는 일만 많아 효성스럽지 못하고 몽염은 부소에 대해 바르게 시정하지 못했다는 죄목을 들어 자결하라고 했습니다.

사자의 조서를 받은 부소는 그 내용을 보고 울면서 자살하려고 했는데, 몽염은 부소에게 자신은 30만 대군을 이끌고 변방을 지키게 했고 태자에게는 그 군대를 감독하라는 막중한 임무를 맡았기

에 한 사람의 사신이 왔다고 해서 자살한다면 그 진위를 알 수 있겠
냐면서 다시 용서를 간청한 후에 자살해도 늦지 않다고 만류했습
니다. 사자가 여러 번 자살을 독촉하자 부소는 아버지께서 자식에
게 죽음을 내린 것을 어찌 다시 용서를 간청하겠냐면서 자살했습
니다.

"사자가 이르러 편지를 보고 부소는 울면서 안으로 들어가 자살하고자 했다.
몽염이 부소를 제지하며 말했다. 폐하께서 바깥에 계시며 태자를 세우지 않았
으며, 신을 시켜서 30만 명의 병사를 이끌고 변경을 지키게 하고 공자가 감독
하도록 했으니 이는 천하의 중임입니다. 지금 사자 한 명이 왔다가 곧바로 자
살하면 어찌 그것이 거짓이 아님을 알겠습니까? 청하기를 다시 용서를 빌고
다시 간청한 후에 죽어도 늦지 않습니다. 사자가 몇 번이나 재촉했다. 부소는
사람됨이 인자했기에 몽염에게 말했다. 아버지가 자식에게 죽음을 내렸는데
어찌 다시 용서를 청한단 말이냐! 그리고 곧 자살했다." –『사기』「이사 열전」

❝ 몽씨 형제가 죽다

몽염은 명령을 의심해 다시 한번 명을 내려달
라고 청했다가 사자가 몽염을 관리에게 넘겨
양주현에 감금시켰으며, 사람을 파견해 몽염
의 자리를 대신하게 했습니다. 부소가 죽은 것을 안 호해는 몽염을
놓아주려고 했지만 조고는 몽씨가 다시 귀하게 되어 정권을 잡으

면 자신을 원망할까봐 두려워했습니다.

뒤늦게 몽의[167]가 돌아왔고 조고는 몽의가 법대로 처리해 자기를 위해주지 않은 것에 대해 원한을 품고 그를 죽이려 했는데, 조고는 호해에게 충성하는 척 하면서 몽씨를 없애기 위해 선제(시황제)께서 현명한 아들을 태자로 세우려고 했지만 몽의로 인해 태자를 세우지 않았다고 모함하면서 그를 죽여야 한다고 했습니다. 이로 인해 호해가 몽의를 대의 옥에 가두었고 조고가 호해를 모시면서 밤낮으로 몽씨 형제를 헐뜯고 그들의 죄를 찾아내 탄핵했으며, 영자영이 조나라, 제나라 등이 멸망한 이유가 중신들을 함부로 죽였기 때문이라고 하면서 몽 씨 형제를 죽이지 말 것을 간언했지만 호해는 듣지 않았습니다. 실제로 조나라는 그놈의 곽개가 이목을 쫓아내면서 망했고 제나라도 제경왕이 후승만 총애하다가 망했습니

---

167) **몽의**(蒙毅, ?~기원전 210년) : 중국 진나라의 관료이다. 몽무의 아들이자 몽염의 아우로, 몽염과 더불어 진시황제의 측근이 되어 권세를 누렸으나, 시황제 사후에 조고의 모함으로 사형당하였다. 몽씨 가문은 본래 제나라에 거주하였으나, 몽오가 진 소양왕을 섬기게 되면서 진秦나라에 거주하게 되었다. 몽염의 할아버지인 몽오와 아버지인 몽무는 각기 진 장양왕 시기와 진시황제 시기에 장군이 되었다. 기원전 210년, 진시황제가 순행 중에 병이 심해지자 몽의는 산천으로 가서 기도를 드리러 떠났는데, 그 와중에 시황제가 병사하고 말았다. 몽씨 가문에게 원한을 품고 있었던 조고는 좌승상 이사와 공자 호해 등과 공모하여 시황제의 유서를 조작해서 북쪽 변경의 상군에 파견되어있던 시황제의 장남 부소와 장군 몽염에게 자살을 명하였다.

다. 그리고 이 모든건 진나라가 꾸민 일입니다. 즉 영자영의 말은 "우리가 조나라·제나라 망하게 한 방식으로 망하게 할 생각입니까?"라고 한 셈입니다.

호해는 사자를 보내 몽의·몽염에게 죽음을 내리도록 조서를 보냈으며, 몽의는 정당한 죄명으로 죽게 해달라고 했지만, 사자는 호해의 뜻을 알았기에 몽의의 말을 듣지 않고 죽였습니다. 몽염은 30만 대군을 이끌고 있어 그 세력이 진나라를 배반하기에 충분하고 조상의 가르침을 욕되게 하지 않기 위해 의리를 지킨다면서 잘못을 바로잡아야 한다고 했는데, 사자가 명령을 받고 집행할 뿐이라 이 말을 전할 수 없다고 하자 몽염은 한탄하다가 음독자살합니다.

분노한 사람들이 부소나 항연을 사칭하며 반란을 일으키다

이세황제는 이 사건으로 중국 역사상 최초로 황위를 찬탈한 황제가 되었으며, 당연히 이 과정을 도운 조고가 낭중령이 되어 나라의 실세가 됩니다. 이세황제와 조고는 자신이라는 전례가 남아버린 이상 자신과 똑같이 황위를 찬탈할만한 경쟁자들을 배제하기 위해 다른 형제자매들을 몰살시켰으며, 또한 선제(시황제)의 후궁 중에서 자식이 없는 자들을 궁궐 밖으로 내쫓는 건 옳지 않다며 그대로 무덤에 순장시켰습니다. 거기에 사기의 이사 열전을 보면 이런 일련의 학살극 속에서 호해의 형제 중 한명인 '공자 고高'라는 인물은 자신이 직접 자살할 테니 가족들의 목숨만은 살려달라고 간곡히 청했고 호해는 정황상 이 약속을 받아들인 것으로 추정됩니다.

진시황릉 배장갱에서 발굴된 시체는 골격 등을 보면 대부분 어리거나 젊은 나이에 죽었으며, 두개골에 화살촉이 박혀있거나 사지가 토막 나 있는 잔혹하게 죽은 시체가 많아 위 사건의 관계자들이 묻힌 곳이 배장갱이 아닌가 추측되고 있습니다. 실제로 이 중에서 딱 하나 이상할 정도로 깔끔한 남자 유골이 1구 있는데, 이게 위의 '공자 고' 일화에 나온 장본인일 가능성이 높다는 것도 증거로 제기됩니다.

이세황제가 비정상적으로 승계하고 승계 1순위인 시황제는 죽을 때까지 직접 태자를 책봉하거나 하진 않았으므로, 어디까지나 기존의 서열로 따졌을 경우 장남 부소가 죽은 것은 백성들이 보기에는 너무나도 비상식적인 승계였습니다. 진나라의 중심 사상인 법가는 성리학 못지 않게 적서 차별이 심한 사상입니다. 물론 진나라도 서자가 왕이 되기도 했지만(진소양왕, 장양왕) 소양왕은 형이 죽어서 즉위한 사례고 장양왕은 타고난 서열 자체는 낮았지만 그래도 아버지인 효문왕에게 정부인인 화양부인에게서 난 적자가 없었으며 본인이 그 화양부인의 양자로 들어갔으며 효문왕 생전에 후계자로 공인된지라 계승에는 큰 문제가 없습니다. 이를 증명할 수 있는 것이 호해의 형제자매들에 대한 처분입니다. 물론 어느 역사에서나 왕위 다툼이 있어 왔고 승자가 패자를 죽이는 일 또한 흔하게 있어 왔었습니다. 그러나 호해와 마찬가지로 황제 1인이 황가 일원 대다수를 싹쓸이해버린 경우는 정말로 흔치 않습니다. 오스만 제국처럼 이게 그냥 당연히 되는 나라이거나 남제처럼 개막장인 경우가 아닌 이상은 일어날 수 없는 사례로 특히나 중국사에서는 더더욱 보기 드뭅니다. 하다못해 그런 나라라도 형제들을 학살했지, 누나·여동생까지 죽이진 않았으며 후궁까지 학살하는 일도 없습니다. 즉 호해의 이런 행동은 이렇게 극단적으로 나가지 않고서는 자기 자리를 지킬 수 없다고 판단할 만큼 엄청나게 정당성이 없는 계승이라는 뜻입니다. 당장 벽촌의 하층민인 진승조차도 호해의 승계를 두고 "2세(이세황제, 호해를 가리킴)는 작은 아들로 자리에 오를 수 없다."고 말했습니다. 세간에서는 초나라 항연과 더불어, 부소가 살아서 숨어있다는 헛소문이 돌기 시작했고, 마침 진나라의 폭정으로 분노한 사람들은 부소나 항연을 사칭하며 반란을 일으키기 시작합니다.

이 사건의 결과가 워낙에 충격적이다 보니 유방과 여치의 행보에도 영향을 줍니다. 유방은 폐태자를 시도했다가 이세황제를 거론하며 결사반대하는 숙손통 등 신하들에 가로막혀 포기해야 했고, 여후는 사구 정변을 그대로 재현하려다가 내전이 벌어지면 감당할 자신 있느냐는 역상의 제지로 그만두어야 했습니다.

❝시황제가 순행 중 위독해지자 부소를 처형한 후 승하했다고?

『사기』「이사 열전」에 실려있는 대화의 내용은 옆에서 직접 보고 듣지 않으면 도저히 알기 힘들 정도로 구체적입니다. 따라서 저런 사실을 저렇게 명확하게 알아낸 경위에 대한 의문이 제기되곤 합니다.

물론 상식적으로 당자사들이 최측근들에게 전달 했거나, 조고에게 죽을 위기에 몰린 이사가 마지막 발악으로 발설했거나, 시황제가 죽을 때 모시던 궁관들이 전달했을 가능성도 다분합니다.

기록과 달리 부소의 자살 명령이 이세황제의 조작이 아니라 실제로 시황제가 내린 명령이라는 주장도 있습니다. 사망 직전 시황제는 당시 태자 부소와 사이가 좋지 않았으며, 말년에 수은 중독으로 정신적으로 매우 불안하고 의심이 많았습니다. 더불어 호해도 비록 작은 아들이었지만 후계자로 유력하지 않았을까 하는 이야기인데, 이 주장이 실려있는 책이 2009년 발견된 전한 초기의 목독인 조정서趙正書다. 여기에는 시황제가 순행 중 위독해지자 스스로 이사, 조고 등과 상의해서 영호해를 태자로 책봉하고 부소를 처형한 후 승하했다고 쓰여 있는데, 문제는 조정서는 객관성과 신빙성에서 논란이 있다는 것입니다. 이 목독의 본문에서 시황제를 가리켜 조나라 출신인 '정'이라고 깎아내려서 '조정서'라는 제목이 붙었고, 시황제를 꼬박꼬박 '진왕'이라고 서술하며 황제 취급도 안 해 줍니다. 시황제의 씨氏 조趙와 한자는 똑같습니다. 그러나 이 '조정서'의 제목은 아버지 장양왕이 조나라 인질 핫바지 때 그를 낳았다고 폄하하는 의도가 있습니다. 신빙성도 논란이 있는데, 비록 개인이 편찬했지만, 정사에서도 최고로 치는 '사기'와 사구정변의 기록이 상당히 다른 탓입니다. 『사기』는 시황제가 평원진 지역에서 병에 걸렸다고 하고, 조정서는 백인 지역에서 병에 걸렸다고 하는 식입니다.

게다가 부소는 착하고 어질어 아버지의 분서갱유를 말렸다가 눈 밖에 나서 국경으로 내쫓겼기 때문에 이미 정이 떨어진 데다 수은 중독으로 정신이 이상해 시황제가 부소를 죽였어도 말이 안 되는 소리는 아니라는 주장도 있습니다. 여기에는 오히려 만리장성이 중요한 국책 사업이라 그에게 맡겼을지도 모른다는 반론이 있고, 정말 시황제가 부소를 아꼈으면 옆에다 두고 국무를 거들게 했을 거라는 주장이 있는데, 결국 진시황을 승계한 호해는 단 한 번도 정무를 거든 적이 없는 점에서 설득력이 떨어집니다. 또 정말 마음에 안들어 국경으로 내쫓았어도 죽기 전에 마음을 고쳐 부소에게 제위를 물려준다는 말을 해도 이상할 건 없습니다. 사실 진짜 계승시킬 마음이 없으면, 숙청될 자식에게 언제든 반란을 꾀할 수 있는 진나라의 주력 30만 대군을 움직일 대장군의 직책을 주고 명장 몽염까지 곁에 두게 한 부분이 말이 안 됩니다. 몽염은 본인의 능력이 탁월했을 뿐 아니라 몽씨 가문은 진나라에서 위세가 매우 높은 무관 가문이어서 부소와 결탁해 버리면 시황제에게 대단히 큰 위협이 됐을 것입니다. 몽염의 할아버지 몽오는 소양왕 때부터 육국의 수십 개의 성을 빼앗은 명장이고 아버지 몽무는 창평군 반란을 진압하고 통일 전쟁에서 초왕을 사로잡는 등 굵직한 행적을 많이 남겼습니다.

다만 조고 외에도 호해와 이사를 비롯해서 그들의 측근들이 현장에 있었고, 아무리 은밀하게 모의해서 유서를 조작한다고 하더라도 이사와 조고 정도의 지위에 있는 사람들이 아무도 없는 으슥

한 산속에 들어가서 밀담을 나눈 후 직접 종이를 구해와, 손수 먹을 갈아서 글을 쓰고, 자기 손으로 도장을 꺼내와서 찍었을 리는 없습니다. 물론 시중을 들거나 이런 실무를 담당한 이들은 믿을 만한 측근들이었겠지만, 이사와 조고가 죽고 진나라까지 멸망한 후에도 계속 입을 다물고 있을 이유는 없을 것입니다. 그리고 상술했듯이 이사가 숙청될 때 마지막 발악으로 누설했을 수도 있습니다. 또 역사적으로 교통이 발달하지 않던 고대에 왕위계승자가 멀리 있다면 바로 가까이 다른 왕족이나 다음 계승자가 추대를 받아 등극한 사례도 있습니다. 물론 후대의 윤색이라는 설도 있습니다. 금 애종[168]도 완전 같지는 않지만, 위기 상황에서 친족 완안승린[169]에

---

168) **금 애종** : 금나라의 제9대 황제이다. 성명은 완안수서, 여진 이름은 영갑속이다. 시호는 순황제이고 금 선종의 삼남이다. 민제라고 불리기도 한다. 금나라는 119년간 지속되면서 10명의 황제가 즉위하지만, 황제위가 부자 세습된 경우는 선종에서 애종으로의 세습이 유일한 사례이다.

169) **금 소종 말황제 완안승린** : 금나라의 제10대 황제로 여진 이름은 호돈이다. 아구다의 형인 우야수의 후손으로 금나라 가계의 방계에 해당되며 생년은 알 수 없다. 애종의 치세기간 동안 승린은 황제의 호위대장을 하고 있었다. 1234년, 채주(蔡州, 오늘날의 루난 현)만 남게 된 금 애종은 스스로가 뚱뚱하여 빠르게 달아날 수 없음을 알고 젊고 민첩한 승린에게 양위하려 했다. 더불어 애종은 그 자신의 모든 것을 포기함과 동시에 승린으로 하여금 금나라의 재건에 대한 희망을 걸었다. 승린은 처음에는 사양하지만, 애종은 승린에게 금나라의 재건을 위해서라며 승린을 설득하여 황위를 선양했다. 황제가 된 승린은 곧바로 포위된 채 주성을 탈출하려 했으나 실패하여, 몽골군에 동조

게 제위를 넘기긴 했습니다.

다른 기록이나 증거가 나오기 전까진 당시 역사를 기록한 사마천의 사서를 정사로 삼을 수밖에 없는 상황입니다. 한나라 입장에서는 호해가 정당한 계승자가 아니라고 하는 것이 정통성 측면에서 도움이 될 수 있으니 왜곡했을 가능성이 있습니다. 아무리 사마천이 사실에 입각한 역사를 작성하고자 노력했어도, 이 시대로부터 200년 뒤의 인물인 만큼 남아 있는 기록을 바탕으로 작성할 수밖에 없었고 정황상 여러모로 의심스러운 점도 있을순 있겠으나 다른 교차검증을 할 만한 사료가 나오지 않는 한 어쩔 수 없습니다.

❝ 만약에 부소가 황위를 계승했다면?

이사가 조고의 유혹에 넘어가 호해를 옹립하지 않고, 시황제가 남긴 유언대로 만리장성 축조 현장에 가 있는 부소가 다음 황제라고 공표하여 부소가 황위를 계승하여 2세 황

한 송나라 군인에게 살해당하고 시체는 몽골군에게 이송되어 금 애종과 같이 효수되었다. 결과적으로 그의 재위 기간은 12시간도 채 되지 않았는데, 이것은 중국 역사상 가장 짧은 재위 기간이다. 속자치통감에 따르면 그를 따르던 친족들과 병사들에 의해 소종이라는 묘호가 부여되었다고 하며 정식 추승은 이후 등장하는 그 어떤 왕조에서도 내리지 않았다고 한다.

제가 되었더라면 중국의 역사는 크게 바뀌었을지도 모릅니다.

일단 적서 차별이 심하던 법가 국가 진나라에서 부소는 혈통적으로 시황제의 장남으로 공식 후계자인 태자는 아니었습니다. 진시황은 죽음에 대한 강박관념 때문인지 죽을 때까지 태자를 지정하지 않았습니다. 이것이 호해가 부소를 제치고 황제가 될 수 있는 배경이 됩니다. 정통성에 있어서 어느 누구도 이의를 제기할 수 없습니다. 만리장성 축조 현장에서 장성 건설에 종사하는 최정예 30만 병력 및 명장 몽염이 절대적으로 충성하고 있으므로 무력으로도 맞설 상대가 없습니다. 행실도 올발랐고 흠잡을 데가 없었기 때문에 타국 출신 인물들 백성들조차도 부소에 대해서는 좋게 여길 정도였습니다. 진승과 오광이 궐기할 때 초나라 출신인 항연은 물론이요 진나라 출신, 그것도 시황제의 친아들인 부소를 사칭한 것만 봐도 그의 평가가 얼마나 좋은지 알 수 있는 부분입니다.

실제로 군주국에선 의외로 초대가 제일 불안정합니다. 여기서의 불안정은 약하다의 의미완 다릅니다. 암군이 나라를 말아먹어 망하는 것과 나라로서 여겨지지도 못하는 것은 엄연히 다르고 나라로서의 불안정함은 후자를 뜻합니다. 이 때문에 초대 군주가 엄청 장수하거나 하는 게 아닌 이상 빨라도 2대, 3대 군주까지는 올바르게 내려가야 나라로서의 기틀이 잡히고 체제가 안정됩니다. 하다못해 중국사에서 으뜸가는 성군인 수문제가 다스린 수나라도 수양제의 폭정 한 번에 망했습니다. 물론 수문제가 중국 역사상 가장 위대한 성군 중 하나인 것 못지않게 수양제도 중국 역사상 가장 악랄한 폭군 중 하나였긴 하지만, 한마디로 진나라가 망한 결정적 계기는 초석을 다듬은 시황제를 이어 기틀을 세워야 할 2대 황제에 호해(이세황제) 따위가 올라서 그렇다는 게 현대로선 사실상 정설로 여겨지고 있습니다. 한 문제·당 태종·송 태종·명 성조 등의 사례를 보면 알듯이 즉위 방식이 반란이나 정변 등 뒤가 구린 임금이라도 업무능력은 확실히 좋았기에 초창기에 나라의 기틀을 다졌다고 확증 받는 황제들도 많습니다. 즉 정통성이 딸려도 능력이 확실하기라도 하면 상관없었을 텐데 호해는 정통성도 능력도 심지어 의지조차도 없습니다. 실제로 호해 즉위 이후에도 당장에 그렇게 정통성이 부족함에도 정작 진나라 본토에서는 반란이 일어나지 않았고 진승과 오광도 처음에나 부소와 항연을 사칭했다는데서 보면 옛 육국 사람들에게 정통성이 있는 왕이 즉위하였는가는 전혀 중요하지 않았습니다. 인망 있고 자애롭고 유능하고 관대한 부소가 이세황제가 되어 시황제의 가혹한 통치에 지친 백성들을 적당히 위무했다면, 진나라는 중흥할 수 있었을 것입니다. 게다가 진나라는 봉건제로 되돌아 가버린 대륙에 강림한 항적의 초나라 및 후대에 벼락 출세한 유방의 한나라와는 달리 주나라 때부터 대대로 내려져온 오랜 제후국이란 튼튼한 전통이랑 기반을 가지고 있다는 강력한 이점도 있습니다. 부소가 즉위하여 선정을 베풀었다면 불가능해 보이는 반란 대신 현 진 제국 체제에 순응하는 길을 택했을 사람이 더욱 늘어났을 것은 분명합니다.

부소가 명군이나 범군까지는 갈 것도 없이 암군만 아니었어도 됩니다. 아니, 심지어 호해나 다름없는 위인이었어도 진의 재통일이 가능했을지도 모릅니다. 진의 국력은 전국 시대 당시 국가체계가 제대로 작동하는 6국의 합종을 6대1 맞짱으로 가볍게 털어버릴 정도였고 이는 진의 멸망 시점에서도 달라지지 않았습니다. 실제로 진 멸망부터 초한 쟁패가 끝날 때까지 4년도 채 안 걸렸습니다. 아무리 소하가 내정 천재라 해도 4년 만에 아이를 어른으로 만들어낼 순 없었을 테니 초한 쟁패 당시 쏟아져나온 끝없는 물량과 자원은 진나라가 가지고 있던 것을 거의 그대로 써먹었단 소린데, 이 물량과 자원은 한나라가 몇 번이고 초나라에게 대규모 교전에서 털리고도 끝없이 나올 정도였습니다. 진이 멸망한 가장 큰 원인은 중앙정부가 사실상 붕괴하여 행정체계가 망가진 점에 있습니다. 봉기 초기 몽염의 30만 정예와 조타의 남방군은 써보지도 못하고 사라지고 각지의 진군은 지휘 부재로 우왕좌왕하다 각개격파로 허무하게 소멸된 원인도 중앙 정부가 제 기능을 못했기 때문입니다. 장초의 대군이 함곡관에 육박하기까지 몇 달 동안 군의 집결은커녕 관중에서 새로 징병 조차 못해서 죄수를 데려다 쓸 지경이었습니다. 게다가 이세황제의 병크도 한몫했는데 봉기가 일어났을 때부터 이세황제가 재빠르게 진압을 명하기만 했어도 그래도 멍하니 함곡관 앞까지 대군이 몰려오는 사태는 막을 수 있었을 것입니다. 문제는 이세황제가 유학자들이고 뭐고 다 불러놓고 대책을 내놔봐라 해서 대책을 내놨는데 그 대책이란 "이놈들은 보통 도적떼들이 아니니 재빨리 때려잡아야 합니다."라는 너무 당연하지만 효과적인 대책이었습니다. 그런데도 이세황제는 받아들이기는커녕 불쾌해하며 심지어 그런 말을 한 이들을 죄다 죽여버리라고 지시하기까지 했습니다. 더욱이 숙손통이 이세황제를 달래기 위해 "쟤네들은 실은 별것 아닌 도적떼고 가만 놔두면 알아서 진압될 겁니다." 라고 말하자 좋아한 걸 보면 몽염이 살아 있는 들 결과는 비슷했을 것입니다. 부소는 그 존재만으로도 강력한 정통성이 있었기 때문에 호해와 같은 혼란과 숙청은 없었을 것이고 조고와 같은 자에게 지나치게 의존할 동기도 약했을 것입니다. 즉 부소가 호해와 능력이 비슷하더라도 진 조정이 큰 혼란 없이 제 기능을 했을 가능성이 높은 것입니다.

중앙 정부와 행정 체계가 잘 유지되는 나라는 군주가 아무리 폭군이어도 단기간에 망할 수가 없습니다. 단적으로 명나라의 경우, 중앙집권 체제가 진나라보다 훨씬 발달해있던 것을 감안해도 장장 120년 동안 암군들만 걸려서(중간중간에 괜찮은 인물이 나오긴 했지만, 재위 기간이 너무 짧았다) 호해가 넷이나 나왔다고 할 만한데, 그런데도 명나라는 많이 망가졌어도 당장에 망하지는 않았습니다. 시황제가 폭정은 많지만 적어도 이 두 가지는 철저히 유지했습니다. 부소 수준의 능력과 인품을 가진 사람이 뒤를 이었다면 단기간에 이 두 가지를 망가뜨리는 것은 절대로 불가능합니다. 제대로 된 국가 체계도 없고 구심점도 없는 반군연합 따위야 시황제의 통일 전쟁 상대였던 육국보다 난이도가 훨씬 낮으므로 중앙정부가 진의 국력을 제대로 뽑아 썼다면 어렵지 않게 토벌에 성공했을 것입니다. 실제로 뭉쳐도 될 듯 말 듯 한데 이들은 함곡관에 닿기도 전에 분열부터 했습니다. 반면 유방은 자기 세력만으로 어택을 날렸고 항적은 거록대전을 통해 근방에 있는 제후들을 다 자기 밑으로 모이게 했기에 분열없이 함곡관 공략에 성공했습니다. 사실 후대의 역사를 보면 폭군 한 명의 폭정으로는 기껏해야 쿠데타나 발생하지 멀쩡하던 나라가 망하기도 쉽지 않습니다. 특히 그 폭군 능력이 있다면 불가능에 가깝습니다. 이미 어느 정도 망조가 든 나라에 결정타 역할을 하는 게 보통이고, 멍청하기까지 해서 대규모 원정을 크게 실패하는 정도는 해야 겨우 가능한 정도. 시황제의 폭정을 훨씬 뛰어넘어 중국 역사상 최악의 폭군으로 꼽히는 수양제 조차도 전국적인 반란이 시작되었을 때 뜬금없이 조정을 버리고 혼자 강도의 별궁에 처박혀 허송 세월을 보내지만 않았다면 수습이 가능했을 것입니다. 그랬다면 진나라의 통일은 확립되고 중국사에서 한나라의 역사적 위치를 진나라가 차지하게 되었을 것입니다. 그럼 현재 한족은 진족이 되었을 테고 한자는 진자가 되었을 것입니다. 실제로 국호인 중국이 진에서 유래한 걸 보면 그렇게 될 확률이 높긴 합니다.

❝진나라 멸망설? 진나라의 멸망은 이세황제 호해의 허튼짓뿐만이 아니라 가혹한 법가 통치랑 온갖 정벌과 건설로 천하를 피폐하게 만들고 민심을 떠나게 한 시황제 및 통일 제국 진나라의 취약성에 한계가 있었다는 반론도 있습니다. 진승의 난을 시작으로 한 전국적인 봉기는 호해가 즉위한 지 바로 다음 해에 일어난 일입니다. 아무리 조고와 호해가 막장이라도 단지 1년 사이에 이 정도로 폭발적인 파급력을 불러왔다고 보기엔 무리가 있습니다. 시황제 때부터 곪았던 것이 터졌을 뿐인 것입니다.

실상 이세황제가 한 것이라곤 혜제처럼 선대가 한 것을 그대로 돌리면서 논 것 외에 크게 없음에도 둘의 경우가 완전히 반대인 것이 누구 탓일지는… 각자 선대의 정치로 인한 부분은 배제해도 승계 과정과 정통성이 하늘과 땅차이고 전국 시대의 잔존 세력이 숨죽이며 남아 있던 호해와 구시대 세력이 싹 날라가고 주의할 게 공신과 외척 정도만 남은 혜제는 주어진 환경이 비슷한 게 드믈 정도라 두 사람의 결과로 선대를 평가하는 비교에 의미는 없습니다. 그리고 조고의 허수아비로 보일 지경에 불과한 호해와 달리 혜제는 그 여후를 상대로도 폭주를 그나마 억제해서 혜제 생전엔 여씨 일가의 전횡은 없습니다. 애초에 진나라의 천하 통일에도 춘추 전국 시대 각국을 완전히 통합하는 것은 힘들었고 결국 시황제 사후 옛 육국 지역에서는 부흥 운동을 일으킵니다. 진나라의 멸망은 그 전례 없는 천하통일의 후유증이라는 것입니다. 서주가 망한 후 진나라 통일까지 걸린 시간이 무려 500여 년에 달합니다. 그 500여 년 동안 분열된 걸 갑자기 합친다면 후유증이 없을 리가 없습니다. 뿐만 아니라 초나라 같은 경우는 그 시작이 황하 문명과는 다른 남쪽에서 발생한 이질적인 국가였습니다. 이처럼 중원화 되었다고는 해도 이질적인 국가들까지 모조리 통합한다는 것은 엄청난 행정적 부담이 따를 가능성이 있습니다.

또 하나의 문제점은 부소는 당시 국경 외곽인 상군에 있었다는 것입니다. 시황제의 명령 때문에 부소는 상군에서[170] 만리장성 건설 감독을 맡고 있었는데 진나라 수도 함양(오늘날 시안)과 당히 먼 지역입니다. 그리고 가뜩이나 부소는 진시황의 미움을 받고 있다는 사실이 널리 알려졌는 데다 부소는 왕의 장남일 뿐 정식 계승자 직위인 태자 직위를 받지 못한 상황이었습니다. (『사기』에 따르면) 실제로 그렇게 되었지만, 황족 중 누군가가 부소의 승계 유서를 조작하거나 혹은 부소의 계승에 반대해서 함양이나 함곡관의 문을 걸어 잠글 가능성도 있습니다. 이런 상황이라면 함양을 선점한 세력과 몽염 등 부소 일파간의 진나라 내전의 가능성이 높았고 이런 상황에 육국 반란까지 겹친다면 진나라로서는 버티기 힘든 상황이었습니다.

초한 시대 당시 인물들 같은 경우엔 계포가 '진시황이 그렇게 국력을 낭비해 대니 진승에게 빌미를 준 거 아니냐?'고 까는 등 호해보단 시황제에게 더 책임을 물었던 듯합니다. 맞는 말이긴 하지만 진의 거점인 관중 일대의 낭비된 국력과 피폐해진 땅을 기반으로 천하 통일한 게 바로 다음 타자인 유방입니다. 실제로 장한이 처

---

170) 상군은 산시성 인근으로 부소는 만리장성 공사장인 오늘날 위린시에서 건설을 맡았을 것으로 추정된다.

음 한 말이 당장 데려갈 군대가 없다는 것이기는 했습니다. 정확히 는 적이 코앞이라 당장 징집할 시간이 없다고 한거라 맞지 않습니 다. 흔히 여산릉에 노역형 중인 죄수들만 끌고 나간 것으로 잘못된 이해가 퍼져있는데 죄수 부대로 처음에 출병하고 이후 징발한 대 규모 병력을 추가로 지원했다는 기록이 『사기』에도 나옵니다.

"전국 시대의 재시작설? 부소가 육국의 부흥 운동을 진압 하지 못하더라도 적어도 함곡관 서쪽으로 후퇴하여 옛날 육국 유민들의 반발을 막아 옛 진나라 본 토는 건사할 수 있을 것이라는 관측도 있습니다. 이렇게 되면 진 제 국은 일시 축소되고 전국 시대로 돌아가는 형세가 됩니다. 물론 진 나라 중심 체제로 개편된다면 서주 시대 재시작입니다. 서주보다 야 본토가 넓긴 하지만, 실제 위의 통일설에서 언급한 대로 부소는 다른 지역은 물론 원래 진나라 국민에게 높은 평가를 받고 있었고, 반대로 호해의 평가가 개판이었던 이유가 행적 자체가 나쁜 이유 도 있었지만 적서 차별이 심한 법가 국가 진나라에서 장남을 제치 고 제위에 오른 것 자체가 엄청난 감점 요소였습니다. 그것도 다른 적합한 이유가 있다면 모를까. 가령 장양왕은 아버지인 효문왕에게 적자가 없었고 적모인 화양부인이 자신을 지지해서 계승할 수 있습니다. 심지어 효문왕이 죽기 직전에 지명한 것도 아니고 이미 죽기 7년 전에 후계자로 지정된 상태였습니다. 이해 불가능한 이유로 올랐으니, 뒷말이 없는 게 이상합니다. 이 때문에 호해가 등극한 직후 대규모 숙청을 벌여 형제는 물론이고 특이하게도 누이들까지 잔혹하게 죽이고 수많은 대신과 말단 관리까지 처형하여 조정에 사람이 없을 지경이라는 표현이 쓰일 만큼 참사가 벌어집니다. 부족한 정통성에 무리수를 두어 사실상 중앙 정부가 반송장이 되어버린 것입니다. 그리고 진나라 백성들이 호해는 싫어했지만, 진나라 왕족 자체를 싫어하지는 않았다는 증거를 찾을 수 있는데, 우선 조고가 이세황제를 시해했음에도 황제로 즉위하지 못하고 시황제의 자손(?) 자영을 황제로 받들어야 했고, 광무 대치 때 유방이 항적을 비난하는 10개 죄목 가운데 시황제의 무덤 도굴과 진왕 자영 살해를 가지고 항적을 비난한 것으로 보아 진나라 왕실에 대한 지지가 제법 남아 있었음을 추측할 수 있고, 이런 진 왕실의 지지는 항복한 자영을 자비를 베풀어준 유방이 옛 진나라 본토인 관중 지역을 빠르게 장악할 수 있는 원동력이 됩니다.

때문에 진나라 계승 1순위인 부소가 제위를 계승했다면 적어도 과거 진나라 백성들의 민심은 다잡을 수 있었을 것입니다. 거기에 시황제의 문제도 크긴 했지만, 본격적으로 반란이 터진 건 무능함이 여기저기 널리 퍼진 이세황제 호해 때라는 걸 고려해보면 그전에도 기미가 없던 건 아니지만 시황제 생전에는 있어봤자 장량의 암살 미수 사건 정도였고 대부분의 반란군도 때만 보면서 쉬쉬하고 있습니다. 적어도 부소의 재능이면 반란해 볼 사람들도 좀 더 지켜볼 수준은 되었을 것이고 부소와 육국의 유민들이 협상을 해볼 여지도 있을 것이며 적어도 함곡관이나 몽염의 군대 등으로 적어도 영호해 처럼 단 2년 만에 순식간에 망하진 않았을 것이고, 조금만 장기전으로 간다면 진나라 반란군이 초한 전쟁 때 보여준 심각한 갈등으로 자멸하거나 적어도 함곡관을 넘을 동력은 상실했을 가능성이 높습니다.

거기에 호해와 달리 부소는 초나라 반란군 진승이 사칭할 정도로 높게 평가받았기 때문에 협상의 가능성도 높았습니다. 실제 항적이 금의환향 행보에서 보여주듯이 반란군의 목적은 진나라를 멸하고 대체 신통일 왕조 건국보다는 과거 봉건 제도와 육국의 자치권의 부활 정도였는데 이런 상황에서 호해보다 평가가 나은 부소가 즉위했다면 진나라 황제가 천자가 되는 주나라식 봉건 제도를 다시 도입하는 방향으로 반란군과 협상이 이루어졌을 가능성이 높습니다. 부소의 인품을 생각해 보면 폭군도 암군도 아닐 테니

대의명분이 없고 그럼 반란이 크게 따를 리도 없을 것입니다. 물론 대의명분 없이 병력을 일으킬 수도 있지만 민심은 잃었을 것이고 민심을 버린 분과 인품이 별로인 분 중 누가 최후의 승자였는지 보면 결과는 나옵니다. 물론 중국사에서 손꼽히는 장수라는 걸 감안해 보면 진나라가 그런 게 가능할 때까지 군사적으로 버텨야 한다는 가정입니다. 가령 항적이 봉기를 일으켜서 진나라를 멸망시키는 데 1년도 안 걸린다면 이런 가정은 의미가 없습니다. 그러나 실제로 항적조차도 자기 힘으로 함곡관을 깨부수진 못했기 때문에 가능성이 낮은 가정도 아닙니다. 다만 항적이 강해도 너무 강해서 함곡관으로 버티는 것만 가능하지 나머지 반진연합군을 깨부수는 건 못하거나 힘들 것입니다. 어찌 되었든 함곡관만 아니면 적을 몰살시키다시피 하는 적을 상대로 쉬이 덤비진 못할 테니까요. 긍정적인 점은 대부분인 오합지졸인 반진봉기 세력과 달리 제대로 된 육국의 정예한 군대를 상대로 통일 전쟁에서도 활약하고 두만선우가 통합한 흉노도 박살 낸 몽염이 멀쩡히 살아 있을 거고 실제로 "적이 코앞이라 징집할 시간이 부족해서" 죄수들 데리고 싸운 장한이 패해서가 아니라 조고 때문에 항복했다는 점을 고려하면 순수하게 군사적인 상황도 호해와는 비교도 안 되게 유리합니다. 긴말할 거 없이 아무 대응도 안 한 호해도 봉기가 시작하고 2년 가까이 버렸습니다.

　애초에 진나라의 초대 황제 시황제 대에서 너무 많은 허튼짓이 일어난 것 때문에 나라가 무너지는 건 거의 확정일 수도 있지만 만약 부소가 안 죽었다는 가정이면 몽염과 정예 30만도 고스란히 남았을 것이고 부소의 인품과 군사력 등등을 보면 충분히 가능했을 것입니다. 대장군 몽염과 정예 30만 명에게 인정받을 정도에 진나라 최후의 명장이라는 장한도 있으므로 호해와는 다르게 개념으로 보이는 피를 이은 부소라면 어떻게든 민심을 수습해서 선대의 문제점들을 처리해 가며 적어도 진나라를 수습해 서진이 동진으로, 북송이 남송이 된 것처럼 진나라 본토라는 명목은 꽤나 잘 유지 가능할 것이라고 볼 수도 있고, 더불어 항우 등 반진연합군의 개판인 연합 상황을 생각해보면 제2의 시황제로써 6국의 부흥운동을 평정하고 재통일을 이룩하여 아무 문제 없는 평화로운 통치를 했을 가능성도 어느 정도 있습니다.

■진시황은 일중독 환자였습니다. 그는 매일 120근(약 60kg)의 서류를 정확히 무게를 재서 검토하고 결재했다고 합니다. 당시는 물론 문서는 죽간으로 작성되었기 때문에 문서 자체의 무게가 좀 나가기는 하지만, 그럼에도 불구하고 그 독서량은 하루에 10만 자가 넘었습니다. 이런 진시황의 고사로부터 만기친람萬機親覽, 일일만기一日萬機, 형석량서衡石量書라는 고사성어가 나왔습니다. 또한 중앙 집권제를 확립하기 위해 통일 후에는 암살 음모를 무릅쓰고 계속 수레를 타고 전국을 순행하였으며, 5번이나 천하를 돌았다고 하며, 순행하는 수레 안에서도 계속 지방에서 올라오는 서류들을 검토하고 결재했다고 합니다. 당연히 이런 과로는 중년의 나이로는 감당하기 힘든 것이었고, 결국 천하를 유람하는 도중 객사하는 원인이 되었습니다.

■사마천의 『사기』에서 울료는 시황제의 용모를 가리켜 "코가 높고, 눈은 길게 찢어졌으며 가슴은 매처럼 생기고, 목소리는 들개 같으며 은혜를 베풀 줄 모르는 사람으로 폭압적 정치를 하는 극악무도한 사람"으로 묘사하고 있습니다. 덤으로 "겉으로는 겸손한 척하나 속으로는 인덕이 부족하고 음험해 승냥이나 이리 같은 자"라고 혹평합니다.

06

무리한 대규모
토목 공사

만리장성은 중국의 대표적인 성벽으로, 흉노족이나 몽골족과 같은 북방 유목민족의 침략을 막기 위해 전국 시대부터 건설이 시작되어 후대 왕조에 의해 확장과 보수되어 온 인류 최대의 성곽 구조물입니다.

> "장성에 가보지 않은 자, 사내대장부好漢라 할 수 없습니다. " — 마오쩌둥

진시황의 집권기에는 가장 강했던 북방 이민족이 흉노족이었고, 지금의 만주 땅에 있었던 숙신이나 고조선계 예맥인들은 중원에 대한 적극적인 진출은 시도하지 않았으므로 본질적인 목표는 흉노족의 남침에 대한 예방 차원이었습니다. 시간이 흐름에 따라 후대 왕조들은 약2,000년이 넘는 기간 동안 기타 다른 민족들의 방어에도 아주 잘 써먹었습니다. 사실 이민족 침략 방지가 주목적이지만 이민족의 재산인 가축이 못 넘어오게 하는 것도 포함되어 있습니다. 국경을 넘어선 가축을 핑계로 이민족이 넘어오기도 했기 때문입니다. 실제로 만리장성의 북쪽 경계는 오늘날의 내몽골 자치구의 남쪽 경계와 상당 부분 일치합니다.

만리장성이라고 하지만 실제로는 10,000리보다 조금 더 깁니다. 10,000리는 약4,000km이고, 만리장성의 길이는 6,350km이기 때문

에 실제로는 10,000리의 약 1.5배가 됩니다. 만오천리장성 중국 기준을 적용해 10,000리를 5,000㎞로 환산해도 12,700리 정도 됩니다. 중국에서는 만리장성이 아니라 그냥 장성이라고 부릅니다.

한국어로는 '장성'이라 발음되며, 중국어로는 '창청'으로 발음됩니다. 이름을 본떠서 만든 창청자동차[长城汽车] 라는 국유자동차 회사도 있습니다. 만리장성의 굽은 커브를 전부 펴면 그 길이는 무려 한반도를 감싸고도 남으며, 비행기로 5시간이 넘게 걸리는 길입니다. 동쪽 끝은 허베이성의 산해관 산하 노룡두이며, 서쪽 끝은 간쑤성의 가욕관(자위관) 제1돈입니다.

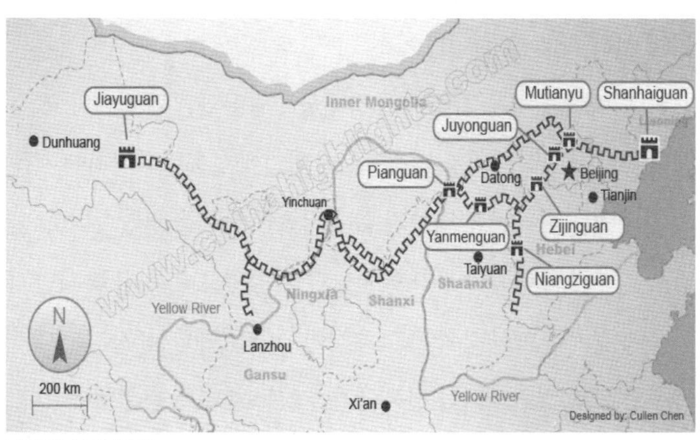

만리장성의 위치

〝중국 최초의 장성은 초나라가 쌓은 장성이다

중국 최초의 장성은 초나라가 쌓은 장성이었습니다. 초나라는 남방에서 광활한 영토를 영유하면서 그를 바탕으로 중원 국가들의 영토를 빼앗으며 서서히 북진했습니다. 그렇게 얻은 영토 중에는 현재의 허난성 남부의 영토도 있었는데 '중원'이라 불리는 하남성 일대는 그야말로 거대한 평원이었으므로 국경으로 삼을 만한 자연 경계가 없습니다. 초나라가 차지한 이 영토는 삼면으로 다른 중원 국가들에게 둘러싸여 있었으므로, 초나라는 이 영토를 보호하기 위해 300㎞가 넘는 장성으로 영토 전체를 둘러싸는 형태의 장성을 건설했습니다. 이것을 장성의 효시라 할 수 있습니다.

이후 장성 건설은 전국 시대 강대국들의 유행처럼 됩니다. 전국 시대 초기에 영역 국가로서 재빠르게 변법에 성공한 위나라는 서쪽의 강국인 진나라를 견제하기 위해 서쪽에 장성을 쌓았습니다. 이 장성은 지금의 함곡관 보다 훨씬 서쪽에 있었으며, 지금의 서안시 동쪽에 위치한 화산 북쪽에 그 유적이 남아 있습니다. 길이는 대략 60㎞ 정도로 진령산맥과 진북산맥을 잇는 형태로 건설했습니다.

제나라도 남쪽에 장성을 건설했는데, 이는 당시 강국이었던 오나라와 월나라, 그리고 초나라를 견제하기 위함이었습니다.

한나라 또한 위나라와의 접경지대에 짧은 장성을 건설했습니다.

한편, 조나라는 적극적으로 장성을 활용했는데, 그 영토 자체가 유목과 농경의 경계지를 대부분 포함하고 있었기 때문입니다. 이로 인해 유목민족과 접촉이 많았으며, 적극적으로 이를 막을 필요가 있습니다. 이 지역 또한 유목민족의 남하를 막을 만한 자연 지형이 없었기에 장성 건설은 필수였습니다. 역시 북방 민족과 접해있었던 연나라는 기동성이 우수한 유목민족을 견제하기 위해 북쪽 국경에 장성을 쌓았습니다.

만리장성을 쌓은 것으로 유명한 진나라 역시 전국 시대 때부터 적극적으로 장성을 활용했습니다. 건국 초기 때부터 상대해 온 오랑캐인 융적과 그리고 북방의 흉노 등의 유목민족을 상대하기 위해서였습니다.

이러한 장성 축조의 목적은 크게 두 가지 정도로 요약할 수 있습니다.

첫째는 자국의 영토와 인구를 보호하려던 것이었습니다. 최초의 장성인 초나라 방성은 중원에서 획득한 영토와 인구를 보호하기 위해서 건설한 것이었습니다. 전국 시대가 되면 기술의 발달과 인구의 증가와 국가 권력의 강화로 중국 내지가 충분히 개간되었기 때문에 이제 자국 영토를 개발하고 개척하는 것보다는 이미 개발된 상대국의 영토와 인구를 빼앗는 형태로 전쟁의 양상이 변했습니다. 이런 변화로 인해 효과적인 영토와 인구의 보호가 절실했는데, 전국 시대 각 국가들이 행한 이른바 변법은 이러한 사회·경제적 상황에 대응하기 위하였습니다. 장성은 그 주요 방편 중 하나로 그 자체가 영토를 둘러싸 보호하기도 하지만, 적의 침입과 기동로를 제한하고, 아군의 빠른 대응을 가능하게 해주어 영토와 인구 보호에 효과적이었습니다. 이러한 목적의 장성 건설 사례는 최초의 장성 건설 국가인 초나라·한나라·위나라·제나라 등 중국 국가들에게서 두드러집니다.

둘째는 북방 유목민족과의 경계선 확립입니다. 장성과 경보 체제를 갖추면 아무래도 유목민족이 남하하기 어려워집니다. 그전에는 주요 감시망을 피해서 목축 동물들을 데리고 내려와 눌러살면 그만이었지만, 장성 축조 이후에는 대규모 군사행동을 하지 않고서는 불가능해지기 때문입니다. 이렇게 자연 경계가 부족한 지역에 장성을 건설함으로써 목축민들이 내려오는 한계를 설정하고, 그를 통해서 수월하게 국경을 통제할 수 있게 됩니다. 이러한 장성 건설의 사례는 북방 유목민족과 접한 북쪽의 국가들, 즉 진나라·조나라·연나라에서 두드러졌습니다.

내지에 위치한 나라들은 전자의 목적이 두드러지는 경향이, 북

중국 서북 돈황의 고비에 있는 만리장성 시작부의 유적으로, 한나라 시기에 건설되었다. 사진을 보면 알겠지만, 고대 중국에는 성벽을 쌓는 방법이 사람들이 흔히 알고 있는 벽돌을 쌓아 만드는 방법이 아니었다. 흙과 건초 반죽을 번갈아 가며 쌓는 방식이다. 이와 같은 방식을 판축기법이라고 한다.

쪽에 위치한 국가들은 후자의 목적이 두드러지는 경향이 강했다고 볼 수 있습니다.

❝조·연·진나라 등 세 나라가 쌓은 장성을 진시황이 통일 이후 연결해 지은 것이 시초였다

전국 시대에 조·연·진나라 등 세 나라가 쌓은 장성을 진시황이 통일 이후 연결해 지은 것이 시초였습니다. 당시 주관자는 몽염이었습니다. 하지만, 이 장성은 진나라의 붕괴와 함께 한동안 역사의 유적으로 남게 됩니다.

이후 전한의 세종 무황제가 한 번 더 대규모 공사를 해서 장성의 위치가 이전되었으며, 그 길이도 진나라 시절보다 길어졌습니다. 그 이후 후한 시대까지는 잘 유지되어 왔지만 후한 말 이후의 사회 혼란과 분열이었던 위진남북조시대에 제대로 손질되지 않아 서서히 무너져 유명무실해졌습니다.

이후 명나라 시대에 이르러서야 지금과 같은 모습으로 다시 완성됩니다. 그래서 현재 부르는 만리장성은 명나라 시대의 장성을 말합니다. 진대와 명대 장성은 위치도 상당히 달라서 사실상 다른 장성입니다. 오늘날에도 진·한 시대에 쌓은 장성의 유적이 남아 있습니다.

진시황이 연결해서 지은 장성은 지금의 벽돌이 아닌 흙을 이용해 지은 토성의 형태였고 높이도 높지 않은 데다가 지켜야 할 영역이 워낙 넓다 보니 감시도 소홀해서 사람이나 말이 맘만 먹으면 쉽게 넘을 수 있었다고 합니다. 심지어는 곡괭이 등으로 성벽을 허문 다음에 우르르 몰려가서 만리장성 아래를 부수면서 박살 낸 적도 있을 정도였습니다.

실제로 진나라 다음 왕조인 전한 시기만 봐도 고조 유방부터 무제 유철이 등장하기 전까지 북방의 흉노에게 관광당하기에 바빴고, 삼국 시대와 서진 시대를 거쳐서는 북방이 전부5호 등의 북방 민족의 손에 넘어가기에 이르렀습니다. 그 이후에도 거란족의 요나라, 여진족의 금나라, 몽골족의 원나라 등 숱하게 황하 이북을 북방 민족에게 넘겨줬던 시기가 상당히 많았기 때문에 장성의 효용성 자체에 큰 의문부호를 다는 사람도 많습니다.

그런데 정말 철옹성 같은 방어를 생각하고 만리장성을 축조했다면 손 안 쓰고 떡 먹으려는 놀부 심보나 다름이 없습니다. 해자·창검벽·외곽 성벽·이중 성벽 등등 온갖 방호시설을 두루 갖춘 성일지라도 함락되는 경우가 부지기수인데, 달랑 성벽 한 겹 둘러놓고 군대의 침공을 막아내겠다니 어불성설입니다. 그래서 어떤 역사가들은 이 시기 만리장성의 용도가 북방 기마민족의 남침에 대한 방어선이 아니라 동·서 교역을 하는 상단을 보호하는 역참과 내몽골과 중국을 가르는 국경선으로 역할이 더 중요했다고 주장하기도 합니다.

그러나 중요한 길목을 통제하고 대규모 적의 침공을 최소 지연시키거나 최대한 방어해 내는 것으로서 만리장성은 그 가치를 충분히 해냈습니다. 그 역할을 할 자연적인 지형이 부족해서 인위적으로 만들어낸 것입니다. 즉 만리장성의 역할은 철옹성 같은 방어 요새의 구축이 아니라 경계의 구축이었습니다.

실제로 백등산 포위전 이후 한고조 유방과 흉노의 묵돌선우 간의 협상에서 만리장성을 흉노와 한나라 간의 국경으로 하기로 합의하기도 했습니다. 그리고 만리장성이 유목민의 침공을 발견하고 잠깐이라도 지연하는 동안 후방에서 방어를 위한 기동군을 편성하거나 거점의 요새화를 하는 등 실질적인 방어 준비를 할 수 있지만, 장성이 없으면 그럴 시간조차 못 버는 것입니다. 역할이 다름에도 불구하고 그저 성이라는 단어에 매달려 비판하는 것은 옳지 못하다고 할 수 있습니다.

애초에 적의 침입을 막기 위해 인위적으로 경계를 만드는 일은 만리장성 외에 세계 곳곳에서 발견되는 일입니다. 가장 비슷한 사례로 이란의 사산 왕조가 중앙아시아의 훈족과 에프탈족, 튀르크족을 막기 위해 북동쪽 중앙아시아 방향으로 수백 km에 걸쳐 쌓았던 '고르간 장성'이 있는데, 이는 만리장성이 있는 중국을 제외하면 가장 견고한 장성이었습니다.

중국은 의외로 평야인 지역이 아주 많습니다. 특정 방어 거점들이 있기는 하지만 그곳만 뚫으면 중국은 영토 자체가 워낙 거대하여 허허벌판인 경우가 대다수입니다. 전체적으로는 산지여도 그 지역의 평야 면적이 한반도 수준이거나 전국 팔도 중 하나랑 맞먹을 수준입니다. 즉 평야가 여간한 국가에 맞먹는 넓이였습니다. 그래서 그런 산지에 사는 사람들조차 다수가 평지에 도시 건설을 해서 평지인이나 마찬가지였습니다. 만약 장성이 없었다면 화북은 유목민족의 침공 및 약탈에 더 시달렸을 것임이 자명합니다. 실제로 석경당이 연운 16주를 거란에게 내주자 이후 수백 년 동안 한족 국가들은 만주와 몽골의 이민족들에게 크게 시달리게 되었고, 이 민족들은 중원에 거대한 국가를 건설할 수 있습니다. 요나라·금나라·원나라가 이런 나라이며, 이들 이민족 국가들은 명나라가 세워지고 나서야 물러나게 되었지만, 명나라는 만주족의 청나라에게 중국 대륙을 넘겨줍니다.

즉 만리장성은 유목과 농경을 나누는 경계선입니다. 화북과 몽골고원에는 지형을 이용할 수 있는 방어선이 부족하기 때문에 인위적인 경계선을 만들어놓고 그것을 기준으로 삼아서 유목민족과 농경민족을 구분해 둔 것입니다. 실제로 유목민들이 돌아다니며 살았던 지역인데도 만리장성을 쌓은 다음에는 중국의 영토가 됩니다. 비록 마음만 먹으면 만리장성을 돌파하기는 용이했으나 대군이 통과할 길목은 한정되어 있기 마련이었으며, 이로 인해 만리장성은 마치 강과 같은 방어 능력을 보여주었습니다. 강가를 따라 방어선을 구축했다고 해서 무적의 방어선이 되는 것은 아니지만, 상대의 입장에서는 작전 지역을 우회하거나, 돌파하기 위해 방법을 찾아야 하므로 방어의 효과는 충분한 것입니다.

명청 교체기 때 청나라는 이미 만리장성을 돌파할 수 있었으나, 만리장성을 돌파한 다음에는 보급선을 걱정해야 하기 때문에 쉽사리 침공하기가 어려웠습니다. 보급선이 끊기면 작전 기한이 매우 제한되기 때문입니다. 그래서 청나라의 침공은 산해관을 통과한 다음에나 이루어질 수가 있었습니다. 산해관을 지키던 명나라 장수 오삼계가 예친왕 도르곤에게 항복하여 산해관의 통제권을 청나라군에게 내어주었습니다.

시황제가 만리장성을 무리하게 축조하다

언급되었듯이 만리장성은 단순히 한 사람과 한 왕조에 의해 세워진 것이 아니라 수없이 많은 건축 시도 끝에 만들어진 것이었지만, 대중매체에서는 진시황의 폭정을 언급할 때 '만리장성을 무리하게 축조하도록 했습니다.'는 점을 강조하여 넣기 때문에 진시황에 의한 축조가 가장 유명합니다. 특히나 그중에서 『초한지』의 영향으로 대중에게 가장 많이 알려진 설화로 '망진자호'[171)]와 관련된 설화가 있습니다.

시황제는 말년에 늙지 않고, 죽지 않게 만드는 불로장생초를 얻기 위해 온갖 미신을 믿고 다녔습니다. 그때 황해를 넘은 땅에 삼신산이 있어, 수많은 선인들이 칩거하고 있으며 그곳에 불로장생의 영약이 숨겨져있다는 방술사方術士들의 말을 들은 진시황은 그중 한 명인 서복에게 그 영약을 찾아올 것을 명령했습니다. 서복은 영약을 위해서는 남녀 동자 500명과 금은보화가 필요하다고 했고, 시황제는 흔쾌히 수락했는데, 서복은 그 길로 불로장생초를 구하기 위해 떠나 다시는 돌아오지 않았습니다.

서복이 사라진 지 3년이 지나도 돌아오지 않자 시황제는 불안하여 노생盧生이라는 다른 방술사를 보내어 서복을 찾게 했는데, 노생은 삼신산 중 하나인 봉래산에서 선문고라는 선인을 만나 "이 책에 담긴 뜻을 해석해 내면 능히 불로장생의 비결을 얻고, 천수를 누릴 수 있을 것입니다."라는 말과 함께 『천록비결』이라는 책을 건네받았습니다. 노생은 『천록비결』을 진시황에게 바쳤으나 『천록비결』은 수많은 은어로 이루어져 도저히 읽을 수 없었고, 이에 진시황은

---

171) **망진자호**亡秦者胡 : 진나라 시황제가 신선에게서 받은 기서奇書를 승상 이사李斯에게 해독하라 했는데 거기서 이사는 단 하나의 4자성어만을 해독했는데 그것이 '망진자호'였다. 즉 '진나라를 망하게 하는 자는 호'라는 것이다. 그래서 진시황제는 호胡를 흉노로 알고 만리장성을 쌓았으나 그 '호胡'는 다름 아닌 막내 아들인 호해였다는 것이다.

수많은 학자들을 총동원하여 『천록비결』을 해독하고자 했습니다. 그 뜻을 해독해내는 데는 결국 실패했으나, 천신만고 끝에 '망진자호'라는 한 글귀를 알아낼 수 있습니다. 시황제는 진나라를 망하게 하는 것은 오랑캐[胡]라는 뜻으로 받아들여 만리장성으로 북방의 오랑캐를 막고자 했으나, 호胡는 오랑캐가 아니라 이세황제 호해를 뜻하는 것이었고, 진나라는 호해에 의해 망하게 되었다는 설화입니다.

실제로 이런 일이 존재했는지는 알 수 없으나 많이 알려진 이야기이며, 원형의 형태를 변화시키는 것도 꽤 있습니다. 신선이 건네준 책에서 비롯된 글귀가 아니라 단순히 점쟁이가 내려준 글귀였다는 설도 있으며, 정치적인 문제를 덮을 목적으로 외부의 적을 만들기 위해 이러한 이야기를 꾸며냈다는 설도 있습니다. 하지만 이 이야기가 당시 진나라의 상황과 기막히게 맞아떨어지는 덕에 많은 사람들에게 알려져 있습니다.

명나라는 헌종 성화제의 치세 때인 1473년부터 산시 일대에서 40,000여 명을 동원하여 장성을 쌓기 시작했다

명나라는 제8대 헌종 성화제의 치세 때인 1473년부터 산시 일대에서 40,000여 명을 동원하여 장성을 쌓기

시작했습니다. 그로부터 1485년까지 거의 960km에 달하는 토성과 망루·요새를 건축하기에 이르렀습니다. 1482년에는 몽골군이 침략했다가 성벽에 막혀 공격을 포기하고 물러가기도 했습니다. 원

나라와 명나라 초기까지 변경 일대에는 만리장성이 없었습니다. 예전에 진시황이 만든 장성은 오래전에 무너졌으며, 이후 한나라와 금나라를 비롯한 여러 왕조가 장성을 다시 쌓았습니다. 그러나 금나라가 세운 장성들은 명나라의 북방 국경보다 훨씬 북쪽에 있었으며, 오랫동안 버려져 있었던 상황이었습니다. 명나라 중기부터 쌓기 시작한 장성은 서북방의 오르도스 일대에 국한되었으며, 동쪽 일대의 장성은 가정 연간인 1540년대 이후부터 축성됩니다. 제11대 세종 가정제의 치세 때 몽골계 튀메드부의 수장이었던 알탄 칸에 의해 베이징이 포위되는 사건인 경술의 변이 일어난 이후, 제12대 목종 융경제 때가 되어서야 몽골족의 침략을 막기 위해 현재와 같은 벽돌을 이용한 장성의 형태로 굳어지게 됩니다. 하지만 명나라의 영역이 기존 한나라의 영역보다 상당히 남쪽으로 축소되었으므로 사실상 장성을 신축해야 하는 데다가 공법의 변화까지 겹쳐서 장성의 재건설은 장기간에 걸쳐서 천천히 지속됩니다. 그리고 장성의 수축은 베이징 중앙 정부의 지시에 따라 체계적으로 진행된 것이 아니라 지역 지휘관의 재량에 따른 판단으로 임의적으로 수축된 것이었고 성벽의 재료도 지역마다 달라 벽돌로 지은 곳과 바위로 쌓은 곳, 흙벽돌로 쌓은 곳 등이 있습니다. 일부 구간은 결국 명나라가 이자성의 농민 반란으로 멸망하는 시점인

1644년까지도 완성되지 않았습니다.

그러나 일부 구간은 완성되어서 상당한 방어력을 부여받았으며, 대표적인 곳이 장성 동쪽 끝의 산해관이었습니다. 실제로 명대 만리장성은 만주족인 청나라군이 돌파한 것이 아니라, 명나라가 이자성의 반란군에게 멸망한 사실을 안 명나라 장수 오삼계가 반란군을 토벌할 때 지원군으로 도르곤의 청나라군을 이용하기 위해 협약을 맺고, 그냥 문을 열어줘서 통과할 수 있습니다. 다만 이 시대쯤 되면 공성 기술이 상당히 발달 되었고, 설령 만리장성이 석조성이 되었다 하더라도 전체적인 양상은 이전 시대와 크게 다르지 않았을 것입니다. 산해관 같은 강력한 점방어가 가능한 몇몇 지역들을 제외하면 여전히 성벽 한 겹인지라 대군으로 밀고 오면 뚫렸습니다. 청나라의 경우에는 북방의 몽골까지 지배하는 상태였으므로 당연히 만리장성의 효용가치가 없어서 베이징 근처의 일부 구간만 약간 보수하는 선에 그쳤습니다.

❝20세기에도 만리장성은 중국 현대사에 영향을 미쳤다

20세기에도 만리장성은 중국 현대사에 계속 영향을 미쳤습니다.

1931년에 발발한 만주사변 이후 일본 제국군이 일으킨 열하사변[172] 때 베이징을 점령하려는 일본군과 방어하려는 국민혁명군이 북경 근처의 만리장성과 산해관에서 격전을 벌인 것입니다. 결국 1933년 1월 30일 산해관이 함락되었고, 만리장성 산악 지역에서도 전투가 벌어진 끝에 중국과 일본은 그해 5월 '탕구 협정'을 체결하여 휴전했습니다. 조약에 의거하여 만리장성 하북 구간은 일본군 관할이 되었고, 장성 남쪽 100㎞ 지역은 비무장지대로 설정됩니다. 따라서 베이징(당시 지명은 베이핑)은 일본군의 위협에 고스란히 노출되었고, 4년 후의 중일전쟁 당시 본격적인 교전 개시 후, 불과 5일 만에 베이징이 함락당하는 결과로 이어졌습니다. 다만 중일전쟁이 점차 중국 중남부로 확산되며 화북 지방의 일본 주둔군의 병력수가 줄어든 틈을 타 중국공산당 휘하의 팔로군이 만리장성의 상당 부분을 수복하기도 했습니다.

---

172) **열하사변**: 러허전투 또한 러허작전은 네카 작전의 두 번째 시기 작전으로 일본 제국이 중화민국의 군벌 장쉐량의 러허 지역에서 내몽골을 빼앗고 신생 국가 만주국으로 합병한 사건이다. 이 전투는 1933년 2월 21일부터 3월 1일까지 이어졌다.

1933년 열하사변 당시, 만리장성에 배치된 국민혁명군.

제2차 국공내전[173] 초기에도 만리장성은 중요한 역할을 했습니다. 아직 양당간 쌍십협정[174]이 맺어져 있었던 1945년 말 국민

---

173) **제2차 국공내전**: 홍군이 괴멸되지 않고 서북부에서 세력을 확장하기 시작하자, 장제스는 만주사변 이후 본거지를 잃고 산시성에 주둔 중인 장쉐량과 봉천군벌 잔당 세력에게 토벌을 명하게 된다. 장쉐량의 군대는 홍군을 공격했지만 참패했고, 중국인끼리 싸우기보다는 일본과 싸우자는 공산당 측의 선전에 설득되면서 비밀리에 홍군은 휴전 협정을 맺고 전투를 중단한다. 이것에 열받은 장제스가 장쉐량을 닥달하기 위해서 산시성으로 오자, 오히려 장쉐량은 장제스를 구금하고 공산당과의 내전 중단 및 전면적인 항일 전쟁을 강요하는 이른바 '시안 사건'을 일으켰다. 결국 시안 사건의 여파로 "제국주의자 일본에 맞서 싸운다."는 명분을 내걸고 공산당의 홍군이 국민당의 국민혁명군의 지휘를 받는다는 형식으로 2차 국공 합작이 성립되었다.

174) **쌍십협정**: +월(10월) +일(10일)에 협정이 발표되었다고 해서 쌍십 협정이다.

당과 공산당은 만주를 장악하기 위해 서로 만주로 병력을 밀어 넣고 있습니다. 국민당은 산해관을 장악하고, 당연히 공산당의 통과를 허용하지 않았기 때문에 화북에 있었던 공산당의 병력은 장성 밖을 넘어가 내몽골을 통과해 만주로 가기보다는 산동반도까지 이동하여 뱃길로 요동반도로 건너가 만주 내륙으로 들어갑니다. 장제스는 해군사령관 천사오콴에게 이동하는 공산군이 탄 배를 격침시키라고 명령했지만, 천사오콴은 휴전협정을 깰 수 없다며 불복종했고, 결국 해군사령관에서 해임됩니다. 마침내 1946년 국민당이 선공함으로써 국공내전이 재개됩니다.

■ 진시황릉에 천하를 꾸밀 때 바다를 나타내기 위해 수은을 사용했다는 기록이 있으며, 실제로 현재 진시황릉 주변의 토양 수은 농도가 다른 곳보다 월등하게 높아서 실제로 다량의 수은이 묻혔을 것으로 보고 있습니다. 하지만, 진시황이 수은을 먹었다는 확증은 없으므로 이는 추측에 불과합니다. 진시황이 불노장생을 위해 도사인 한동이 추출한 원수元水를 먹었다고 사서에는 기록되어 있는데, 이 원수를 수은이라고 보는 학자도 있지만, 정확히 무엇인지는 제대로 알 수가 없으니, 진시황릉이 이후 완전히 발굴되어 그의 시신을 부검하기 전까지는 정확한 사인을 알 수가 없습니다. 이렇게 진시황이 수은을 먹어 요절했다는 주장도 있지만, 진시황의 붕어 당시 나이인 49세는 당대 평균 수명(40세)을 넘는 것이며 약 2000년 후인 조선시대 왕들의 수명(평균 46세)을 볼 때도, 딱히 요절한 것은 아니다. 바로 다음 왕조인 한나라 황제 29명의 수명(평균 33세) 및 아버지 장양왕(34세)와 비교해도 진시황은 장수한 편에 속합니다.

07

진승과 오광의 난과
진나라의 멸망

진나라 말기인 기원전 209년 진승과 오광이 일으킨 농민 반란으로 군웅의 할거를 이끌어 중국 최초의 통일 제국이었던 진나라의 멸망을 가져옵니다.

비록 진승의 세력 자체는 여러 가지 문제 때문에 진나라 군대에게 진압당했으나, 그 여파는 실로 어마어마하여 결국 거대한 진 제국을 멸망의 구렁텅이로 몰아넣게 됩니다.[175) 반란은 결국 실패했지만, 통일왕조가 무너지고 난세로 들어가는 기폭제가 되었다는 점에서 후한 말의 황건적의 난과 원나라 말의 홍건적의 난, 신라 말의 원종·애노의 난과도 성격이 같습니다.

"왕후장상의 씨가 따로 있는가."라는 말로도 유명했으며 이 말은 오늘날까지 중국, 더 나아가 동아시아의 농민 봉기를 상징하는 외침이 되었습니다.

후대에도 평가가 좋았는데, 유교가 완전히 주류이념으로 자리 잡은 동아시아에서 법가에 심취해 유교에 적대적이었던 진 제국이 무너지는 단초를 제공했기 때문입니다. 그리고 현대 중국에서도 다른 의미로 좋은 평가를 받고 있는데, 인민 봉기의 선구자라는

---

175) 중국 최초의 민중 봉기로 잘못 알고 있는 사람들이 있지만, 서주 말기, 여왕厲王의 치세에 일어난 국인國人들의 난이 최초이다.

의미를 붙였기 때문입니다. 이에 반란의 주도자인 진승에게 매년 제사를 지내주고 있습니다. 비슷한 이유로 황건적의 난이나, 명나라 말기의 이자성이나 청나라 말기의 홍수전도 지금 중국에선 평가가 좋습니다.

진나라가 붕괴하기 시작하다

춘추시대와 전국 시대의 대혼란을 겪은 중국은 마침내 진나라에 의해 하나로 통일됩니다. 법가의 학문을 받아들이고, 원교근공의 외교정책을 받아들여 6국을 분열시킨 진나라는 백기·왕전·몽염 등의 장수를 앞세워 전쟁에서 압도적인 힘을 발휘합니다. 기원전 230년에는 먼저 한韓나라를 멸망시켰고, 불과 10년밖에 안 되는 사이에 조·위·초·연·제의 순으로 6국을 통일합니다.

중국의 통일이라는 전대미문의 대업적을 이룬 진시황은 황제로 즉위하며 제국의 시대를 열었고, 군현제를 실시하여 전국을 36개 군으로 하고 각종 통제 정치를 단행하여 획일적인 문화를 창조합니다. 이른바 중앙집권적 전제군주제가 완성된 것입니다.

시황제는 다시 몽염을 파견하여 북쪽의 흉노를 쫓아내어 만리장성을 구축하고, 남쪽은 임효와 조타를 보내 백월족이 거주하던 광동·광서 지역을 정복합니다. 진나라의 위명은 해외에까지 뻗쳐, 중국의 다른 이름을 지나支那 혹은 진단震旦 등으로 부르게 되었는데, 이는 진秦이라는 음이 와전된 것입니다.

그러나 진나라의 천하통일은 곧 진나라의 멸망으로 이어집니다. 진시황은 통일 중국을 완전히 자리잡기 위해서 멸망한 옛 6국의 잔재를 지우려고 노력했는데 문제는 너무 과격하고 급진적이어서 6국 유민들은 진시황과 진나라에 강한 원망을 품게 됩니다. 여기에 더해 시황제의 거대한 대외정책도 결국 국민의 부담으로 이어졌기 때문에 만년에 민심이 동요하자 진시황은 극단적인 탄압 정책을 시작합니다. 또한 전국7웅 중 진을 제외한 다른 여섯 나라는 모두 멸망했지만, 망국의 제후들은 눈을 시퍼렇게 뜨며 살아 있었고, 진나라는 그들을 보듬어줄 어떠한 정책도 펼치지 않았습니다.

결국 이러한 온갖 부담 속에 백성들의 불만은 한계 수위까지 차오르고 있었으며, 7개 나라가 있었던 전국 시대의 질서를 그리워하는 여론이 퍼집니다. 이런 불안한 정국은 시황제 본인의 강력한 카리스마 덕분에 간신히 유지되고 있었지만 결국 시황제가 죽고 그의 뒤를 이어 2세 황제로 즉위한 호해는 이런 난맥상을 해결할 능력과 의지가 전혀 없는 무능하고 타락한 막장 군주였습니다. 호해

는 정치는 간신 조고에게 맡겨둔 채 막장스런 생활만 즐겼는데, 그
러는 사이에 제국은 착실하게 무너집니다.

**❝진승과 오광이
군사를 모으다**

기원전 209년 한 무리의 사람들이 진나라 외곽의 대규모 공사에 소집되어 가고 있었는데, 이 중 진승과 오광은 무리를 인솔하는 지위인 둔장屯長을 맡고 있었습니다. 가는 길에 장맛비가 내려 강이 불어나 기한을 맞출 수 없을 것 같았는데, 진나라의 가혹한 법은 기한을 못 맞추는 정도만으로도 사형이었습니다. 사람들을 끌고 가고 있던 진나라 병사들은 차라리 이들을 죽이고 시간을 맞추지 못한 죄를 피하려 했고, 진승은 이를 알자 '이렇게 죽으나 저렇게 죽으나 어차피 죽을 거, 한 번 왕이 되어보고 죽는 게 낫지 아니한가'라고 외치며 진나라 병사들을 죽이고 같이 길을 가던 사람들을 모아서 관아들을 치며 무기와 군사를 모으기 시작했고 자신들을 장초군이라 부르며 세력을 하나로 집결하기 시작합니다.

진승과 오광은 거사를 시작하기 전에 점치는 사람에게 일의 성패에 대한 이야기를 한번 물어보았는데, 점쟁이는 "성공하면 큰 공을 세울 수 있지만, 성패는 귀신에게 물어보라."라고 합니다. 이에 진승은 "이건 귀신의 위신을 빌려 사람들을 복종시키라는 뜻이다."라고 해석하여 흰 비단에 붉은 글씨로 '진승왕'이라고 쓰고는 물고기를 잡아 그 뱃속에 넣어 두었다가 사람을 보내 사오게 하여 삶아 먹도록 시킵니다. 수졸들은 물고기 뱃속에서 '진승왕'이라고 쓴 백서帛書를 발견하고 매우 놀랍니다.

여기에 더해, 밤에는 몰래 오광을 시켜 수졸들이 숙영하고 있는 부근의 황폐한 사당에 가서 한밤중에 장작불을 피워 놓고 여우 목소리를 흉내 내어 외치도록 합니다.

"진승이 왕이 되어, 초나라는 크게 일어날 것이다."

이러한 소란에 수졸들은 크게 놀랐고, 진승을 새삼 다시 주목하게 됩니다.

오광은 평소에 다른 사람들에게 친절하게 대하는 편이라 인기가 많았으며, 이때 수졸들을 이끄는 진나라의 장위가 취한 모습을 본 오광은 일부러 수졸들에게 이 틈에 달아나자고 소리쳤고, 그 말을 듣고 화가 치민 장위는 오광을 흠씬 두들겨 팹니다. 그리고 마침내 죽여버리려고 칼을 빼 들었을 때 수졸들이 달려들어 막았고 그 틈에 오광은 그 칼을 빼앗아 장위를 죽여버렸으며, 진승도 남은 한 명의 위尉를 죽여버린 다음 수졸들에게 역사에 길이 남을 명언을 소리칩니다.

인부들을 선동하는 진승

"그대들은 비를 만나 모두 기한을 어겼고 기한을 어겼으면 참수를 당할 것이다. 참수를 당하지 않더라도 수자리 지키는 사람 열 명 중 예닐곱 명은 죽을 것이다."
"또 장사壯士란 죽지 않으면 그만이지만, 죽는다면 명성을 드러내야 할 뿐이다. 왕王, 후侯, 장將, 상相의 씨가 어찌 따로 있단 말이냐!" ─『사기』「진섭세가」[176]

이에 모든 수졸들이 오른쪽 어깨를 드러내고[177] 이구동성으로 호응합니다.

"삼가 명령을 따르겠습니다."

---

176) 이 왕후장상 영유종호라는 문장은 일반 민중에게, 특히 반란을 일으키는 민중에겐 하나의 캐치프레이즈로 작용했다. 고려 무신정권 때의 만적의 난에서도 이 말이 나오는 것을 보면 한반도로도 전래되었음을 알 수 있다.

177) 고대 중국인들이 뜻을 같이 한다는 표시로 행하는 의식으로 국인이나 중인의 경우는 왼쪽 어깨를, 죄인이나 하층민이 할 때는 오른쪽 어깨를 드러냈다.

진승과 오광은 살해된 진나라 도위들의 목을 잘라 하늘에 제사를 지냈습니다.

진승과 오광은 백성들에게 인망이 있었으나 호해와 조고의 농간 때문에 죽게 된 사구정변 진나라의 황자 부소와 초나라 최후의 명장이었던 항연을 사칭하면서 국호를 대초大楚로 정하고는, 진승 스스로는 장군이 되고 오광은 도위都尉가 됩니다. 봉기군은 우선 대택향의 관아를 습격하여 무장을 갖추고, 병력을 모아 서쪽의 기현蘄縣을 공격해 함락합니다.

이후 부리 사람 갈영[제갈량의 조상]에게 기현의 동쪽을 공략하게 하고, 본인은 계속 북서쪽으로 진군하면서 질·찬·고, 자·초 등의 고을을 계속해서 점령합니다. 이 과정에서 병력이 크게 불어나 허난성 회양군의 치소군청 소재지인 진성에 이를 무렵에는 전차 600~700승乘, 기병 1,000여 기騎에 보병 병졸은 수만 명에 달하는 엄청난 대군이 됩니다. 이제 더 이상 사소한 도적떼의 난립 정도로 볼 수 없어진 것입니다.

엄청난 대군의 기세에 진성의 회양군 태수는 달아나 버렸고, 태수 대신 군승(사람 이름이 아니라 직책)만이 홀로 용감하게 싸우다가 중과부적으로 이기지 못하고 전사합니다. 마침내 진승은 진성을 점령합니다.

❝진승이 왕이 되다　　진성에 입성한 진승은 며칠이 지나자 지역의 삼로와 호걸들을 불러 일을 논의하였습니다. 그들은 모두 이구동성으로 진승에게 왕이 될 것을 요구하였는데 과거 위나라의 명사였던 장이와 진여는 진승이 왕이 되려는 일이 현명하지 못하다고 반대합니다.

"원컨대 장군께서는 왕이 되는 일을 뒤로 미루시고 급히 군사를 이끌고 서쪽으로 진격하십시오. 동시에 다른 한편으로는 사람을 진나라에게 망한 여섯 나라에 보내 그들의 후예를 찾아 다시 세우도록 하십시오. 천하는 장군의 당이 되어 진나라에게 더욱 많은 적이 생기게 됩니다. 그 결과 진나라에 적이 많이 생기면 진나라의 힘은 분산되고, 당이 불어난 장군의 군사는 강하게 됩니다."

"이와 같이 하면 들판에서는 장군과 교전할 병사들은 없게 되고 장군의 군대에 대항해서 성을 지키려는 현도 사라지게 됩니다. 그 기회를 이용하여 포악한 진나라를 주멸하여 함양에 거하면서 제후들에게 영을 내리십시오. 망한 제후들을 다시 세우고 덕으로써 그들을 복종시킨다면 제업帝業은 자연히 이루어지게 됩니다. 그런데 지금 조그만 진 땅을 근거로 홀로 왕이 되신다면 천하는 마음이 해이해져 흩어지고 말 것입니다."

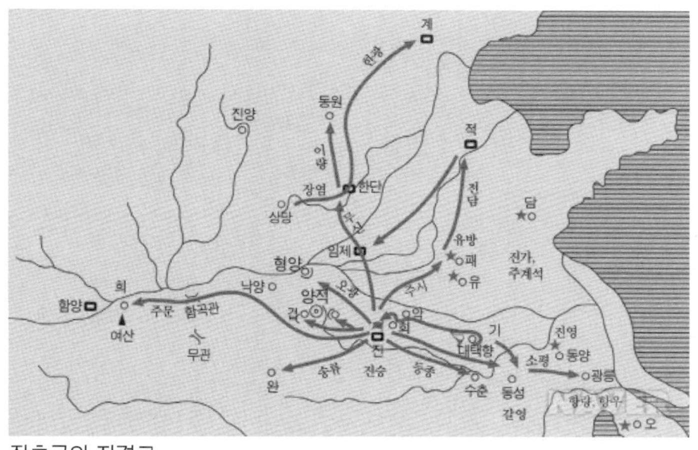

장초군의 진격로

하지만 진승은 "왕이 되는 일을 미루고 진나라의 수도를 먼저 공격하라."는 장이와 진여의 제안을 거절한 후 마침내 스스로 군주가 되고 국호를 '장초'라고 하였으며, 이것이 바로 패망으로 가는 시작이 되었습니다.

진여가 또 다른 제안을 하다

일단 진승이 왕이 되는 것을 막으려는 시도가 실패로 끝나자, 진여는 또 다른 제안을 내놓았다. 진승은 서쪽으로 나아가 진나라를 멸망시키는 일에 전념하고, 대신 하북을 평정하는 일은 따로 별동대를 보내라고 합니다.

이 제안을 받아들인 진승은 무신을 지휘관으로 삼고 소소를 호군으로 삼은 뒤 장이와 진여를 좌우 교위로 삼아 따로 3,000여 명의 북벌군을 편성합니다.

친구이자 같이 봉기를 주도한 오광을 가왕假王으로 삼고, 따로 병력을 편성하여 형양을 공략하도록 합니다. 그리고 등종에게는 구강군으로 나아가게 하고 주불은 위나라 지역으로 나아가게 하였으며, 또한 과거 초나라 명장 항연의 밑에서 시일[178]의 직책에 있었고, 춘신군 황헐의 밑에 있었다는 주문이라는 인물에게 부대를 맡겨 진나라의 수도 함양을 공략하게 합니다. 또한 채사라는 인물을 상주국으로 임명하였습니다.

진승이 서쪽으로 진군할 때 동쪽으로 나아가던 갈영은 현재의 안휘성 정원현 지역인 동성까지 나아갔고, 거기서 갑자기 양강이라는 인물을 초나라의 왕으로 세웠으나 진승이 스스로 왕위에 올랐다는 이야기를 뒤늦게 듣자 양강을 살해하고 본인은 돌아와서 이 일을 해명하려 했는데 그럼에도 격노한 진승은 갈영을 죽여버립니다.

---

178) **시일**視日 : 전문적으로 천상天象을 관찰해서 점을 쳐 전투나 행사에 대한 길흉을 점치던 사람을 말한다.

가왕으로 임명된 오광은 부대를 이끌고 형양성을 포위하고 공격했지만, 삼천군[179] 태수이자 승상 이사의 아들인 이유가 워낙 완강하게 수비하여 그다지 성과가 없었습니다.

위나라 땅을 거쳐 적[180] 땅까지 진군한 주불은 적현의 현령이 거세게 저항하고 있었는데, 마침 옛 제나라 규성 전씨 왕족 출신인 전담이라는 인물이 사촌 동생 전영·전횡 등과 함께 적현 현령을 살해하고 스스로 제나라 왕이 되어 주불을 격파합니다.

주불은 군대가 뿔뿔이 흩어졌다가 옛 위나라 왕족 출신으로 지금은 진승의 옆에 있는 위구를 위나라 왕으로 옹립하였습니다.

"천하가 혼란하니 충성스러운 신하들이 왕을 뵈러 달려오고 있습니다. 오늘 옛 위나라 땅에서 모두 반진의 깃발을 들고 일어선 뜻은 바로 위왕의 후손을 찾아 그 뒤를 잇게 하라는 뜻입니다."

주위에서 수많은 사람들이 주불을 위왕으로 여러 차례 옹립하려 했으나, 주불은 이를 모두 거절했고 무려 다섯 번이나 위구가 위

---

179) **삼천군**三川郡: 황하, 낙수, 이수 등 세 강 사이에 있는 땅이라 해서 삼천이라 이름 붙여진 곳이다. 지금의 황하 이남, 하남성 영보靈寶 이동, 중모中牟 이서를 관할한 지역이다.

180) **적**狄: 진나라가 설치한 현 이름으로 지금의 산동성 고청현 동남지역이다.

나라 왕이 되는 것이 마땅하다고 진승에게 요청하니 진승도 위구가 위나라 왕이 되는 것을 허락하여 위나라가 재건됩니다.

조나라 지역으로 나아간 무신은 여러 호걸에게 유세하여 수만 명의 군세를 얻어 스스로 무신군이라 했습니다. 그리고 조나라의 10여 개 성을 함락시키고 무신을 찾아온 변설가인 괴철의 계략을 이용해 30여 개 성을 싸우지도 않고 함락시키는 엄청난 성과를 거둡니다.

이쯤 되자 무신도 나름대로 욕심이 생기기 시작했고 장이와 진여도 진승이 마음에 들지도 않는 데다 자신들의 계책을 무시했던 것도 괘씸하여 무신에게 독립을 권합니다. 이에 무신은 장이를 우승상으로, 진여를 대장군으로, 소소는 좌승상으로 삼고 마침내 스스로 조왕趙王이 되어 장초로부터 독립합니다.

당연히 진승은 분노해서 무신의 가족들을 잡아서 죽여버리려고 했는데, 채사는 "지금 가장 큰 적이 진나라인데, 무신도 적으로 만들어서 좋을 게 없습니다."라고 주장하자 그럴듯하다고 생각해 무신을 왕으로 인정해 주며 진나라를 공격하라고 명령합니다.

하지만 무신이 이런 명령을 들을 이유도 없었고, 오히려 옛 연나라 지역으로 휘하 장수인 한광을 파견하여 세력 확대만을 노렸습니다. 그런데 한광이 연나라 지역을 평정하기는 했지만, 이번에는 본인이 무신을 따라해서 스스로 연왕의 자리에 올랐다! 화가 치민 무신은 장이와 진여를 데리고 연나라를 치러 갔지만, 어처구니없게도 한밤중에 쏘다니다가 한광의 척후병에게 딱 걸려서 되려 포로가 됩니다. 장이와 진여의 언변으로 풀려나긴 했지만, 무신의 위세는 이미 단단히 꺾여버렸고 이 틈을 노린 진나라 장수 장한은 무신의 부하들에게 무신을 죽이고 항복하면 용서해 준다는 칙서를 위조하여 살포합니다. 이에 넘어간 이량에게 무신이 살해되고 조나라 측 세력은 힘없이 제압당해 버립니다.

한편 진나라 수도 함양을 향해 서쪽으로 진격하는 주문은 이동하는 중에도 지나가는 곳마다 진나라를 타도하자며 모병을 계속했고 진나라 수도 함양으로 통하는 관문인 함곡관 근처에 이를 무렵에는 전차 1,000승, 병력 수십만 명에 이를 정도로 불어났습니다. 이 규모는 춘추 전국 시대에 제후국은 '천승지국'으로 불렸는데, 천승지국의 천승이 바로 마차 1,000승의 그 천승이며 전국 7웅 최약체인 한나라는 30만 대군을 보유하고 있었다고 합니다. 즉 이 시점에서 장초군의 규모는 이미 숫자상으론 춘추 전국 시대의 제후국이나 전국 7웅의 한나라 수준쯤으로는 불어난 셈입니다.

주문은 진나라의 수도인 함양에서 불과 50km 정도 떨어진 거리에 진을 쳤고, 바로 함양을 위협하는 형세를 만들었고 이렇게 되자 진나라는 각지에서 영향력을 모조리 상실하였으며 수도에서 멀리 떨어지지 않는 곳에 수십만 명의 반란군이 버티고 있는 최악의 상황이 되어버립니다.

❝장한이 등장하다　　　당시 진나라의 황제였던 호해는 사태가 이 지경에 이를 때까지 현실을 전혀 파악하지 못하고 있었습니다. 동쪽에서 거대한 변란이 일어났다는 사실을 누군가가 알리자, 호해는 오히려 "그게 말이 되냐!"는 식으로 현실을 부정하며 가두어버립니다. 이후 숙손통이 "이놈들은 그냥 사소한 도적떼인데 이미 다 때려잡았으니 폐하는 아무 걱정도 안 해도 됨"이라고 왜곡하여 이야기를 전달하자 크게 기뻐합니다. 어전을 나온 직후 진나라의 다른 우국지사들에게 '나라가 위험한데 그따위로 아부를 떠냐'고 힐난받자 '내가 그렇게 말해서 우리 모두 호랑이 아가리를 나온 것이다. 빨리 여길 뜨자.'고 합니다. 그리고 숙손통은 초한쟁패기 때 항우의 진영에 있다가 유방에게로 전향했고, 한나라 성립 이후에는 고제의 윤허를 받아 유교적 궁중 예법을 도입하며 중국 황실과 귀족 의례의 골격을 세우게 됩니다.

하지만 눈앞에 수십만 대군이 우글우글한 상황이 되자 어리석은 호해도 현실을 깨닫지 않을 수 없었습니다. 호해가 많은 대신들을 불러 모아 어떻게 해야 하냐고 의견을 구하자, 소부 벼슬에 있던 장한은 이렇게 말합니다.

"도적들이 이미 가까이 다가왔고 또한 그들의 수가 많으니 가까운 군현의 군사들을 징발하여 싸우기에는 이미 시간이 늦었습니다. 여산에 옮겨 노역을 시키고 있는 죄수들의 숫자가 많사오니 그들의 죄를 용서하여 군사로 삼아 도적들을 공격하여 물리치면 될 것입니다."

당시 함곡관 바깥의 동쪽은 완전히 반란군의 소굴이 되어버렸고, 이런 상황에서는 병력을 징발하기도 힘들었으며, 무엇보다 시간이 너무 오래 걸렸습니다. 이에 장한은 임시방편으로 여산에서 일하던 인부들을 용서해 병력으로 쓰자고 건의합니다. 당시 여산에는 진시황릉을 만들기 위해 수많은 인부들이 고통스럽게 노역 중이었습니다. 그들 대부분은 진나라의 엄한 법률에 걸려들어 죄인이 되어 끌려온 사람들입니다.

호해는 즉시 천하에 대사면령을 내리고 장한으로 하여금 여산의 죄인들은 물론, 노비[家奴]들의 아이들까지 모두 사면해서 징발하게 합니다. 어차피 죄인의 신분이었던 여산의 인부들은 계속 일하다 죽느니, 병사로 싸우는 편이 더 나았던 상황이라 순순히 받아

여산에서 노역하던 인부들 모습

들입니다. 만약 싸워서 이기면 이십등작을 받고 출세할 기회가 생기고, 만에 하나 죽는다 해도 적어도 진나라가 망하지만 않으면, 가족들이 어느 정도 대우를 받을 수 있었습니다. 이렇게 장한은 끌어모을 수 있는 병력은 모조리 끌어모읍니다.

❝장초가 패망하기 시작하다

장한은 죄수 군대를 이끌고 나섰고, 첫 싸움에서 주문의 부대를 여지없이 격파합니다. 주문이 모아 온 대군도 진격하는 중에 모인 백성들로 인해 늘어난 숫자일 뿐입니다. 즉, 정예군하고는 거리가 먼 오합지졸에 가깝다는 이야기인데, 따라서 장한의 부대가 급하게 끌어모은 인부들이라고 해도 전투력으로 보자면 기세나 형세가 눌리는 것도 없었습니다. 오히려 장비나 보급 등만 보면 더 나으면 나았지 모자라지는 않았습니다. 썩어도 경제력만큼은 천하 제일인 진나라였으니 오히려 한몫 챙겨 보려고 주문을 따라온 병사들에 비하면 죄짓고 노역하다가 희망을 얻은 병사들이 더 강력할 수도 있었습니다. 심지어 장초(초한쟁패기)의 지휘관은 진승이었지만 진의 지휘관이 장한이라는 것도 크나큰 차이점이었습니다. 몇 번 전투를 치러봤다지만 어차피 무지렁이 출신인 진승과 그래도 글을 읽을 줄 알고 병법이나 기타 행정에 대해 해박한 장한인 만큼 차이가 날 수밖에 없었습니다. 소부라는 관직이 우습게 볼 자리가 아닌 것이 삼공 다음으로 높은 구경에 해당하는 관직 중 하나로 구경은 판서에 비유할 수 있습니다. 이런 자리에 오를 정도면 이미 진시황 시기에 뭔가 활약을 해서 승진을 해서 올랐다는 것입니다.

진나라의 수도를 불과 50㎞ 남겨두고 대패한 주문은 조양으로 물러납니다. 그러나 몇 달 후 병사를 추스른 장한은 이곳까지 추격해서 또다시 주문의 부대를 격파했고, 주문은 민지까지 달아났지만, 10일 정도 지나자 진나라 군은 이곳까지 따라붙습니다. 결국 민지에서도 무너진 주문은 절망하여 칼로 목을 찔러 자결합니다. 총사령관이 전사했으니, 남은 부대들도 더 이상 싸울 수가 없었습니다.

장한은 나라가 멸망 직전의 위기에 처한 상황에서 전세를 바꿔 버리지만, 장한은 여기서 멈추지 않고 계속해서 나아 갑니다. 이제 멸망을 걱정해야 하는 것은 오히려 장초의 군단입니다.

이 무렵 형양을 공격하고 있었던 오광의 부대에도 주문의 대패 소식이 알려집니다. 이 부대에 속해 있던 전장이라는 장수는 다른 생각이 들어 이귀 등에게 이런 의견을 전합니다.

"주문이 이끌던 부대는 이미 패해, 진나라 군사들은 아마도 조석지간에 이곳에 당도할 것이다. 그런데 우리가 형양성을 포위하고 있으면서 성을 함락시키지 못한다면 진군이 당도하여 우리는 크게 패할 것이다. 차라리 형양성을 공격하기에 족한 소수의 군사만을 남겨 놓고 정예병을 모두 이끌고 나아가 진군을 맞이해 싸우는 것이 어떠한가? 더욱이 지금 오광은 교만하고 병사의 일에 무지하니 그와는 계책을 논할 수 없을 것이다. 그를 죽이지 않는다면 일이 그르치게 되어 낭패를 당할 것이 분명하다."

즉 형양에서 소득도 없이 죽치고 있어봐야 장한에게 당할 테니, 총사령관인 오광을 그냥 죽여버리고 이쪽에서 먼저 장한을 공격해서 격파하자는 것입니다. 다른 사람들도 동의했는지, 전장은 오광을 그대로 죽여버립니다. 그리고 그 머리를 오광의 친구이자 자신들의 군주였던 진승에게 보내서 뜻을 전합니다. 일반적인 상황이라면 군주인 진승은 당연히 화를 내야 마땅하지만 진승은 그러지 않았고, 전장을 죽은 오광 대신 상장군에 임명합니다. 이미 이 시점의 진승은 그들이 제 멋대로 행동해도 처벌할 수 있는 통제력이 없었던 것입니다.

상장군이 된 전장은 형양의 포위를 이귀에게 맡겨두고, 본인은 정예병을 모조리 이끌며, 호기롭게 서쪽으로 나아가 오창敖倉에서 진군과 격돌합니다. 그러나 주문을 쳐부수고 온 장한은 전장 역시 어린아이 잡아 족치듯 간단하게 때려잡고, 전장을 죽여버린 후 그대로 형양까지 나아가 남은 이귀의 병력도 쓸어버렸다. 이귀 역시 이 싸움에서 전사합니다.

장한은 멈추지도 않고 등열의 부대를 격파하고, 오서의 부대도 물리칩니다. 두 명 모두 전투에서 패하고 간신히 도망쳤는데, 진승은 도망쳐서 온 등열을 죽여버리고 황제 호해는 장한이 연전연승한다는 소식을 듣고 사마흔과 동예 등의 장수를 보내 장한을 돕게 합니다. 장한은 오서를 추격해서 드디어 진승이 있는 진현까지 당도합니다.

이를 막기 위해 상주국 채사 등이 나섰지만 오히려 격파당해 전사했고, 진현의 서쪽에 부대를 주둔시켰던 장하도 손도 써보지 못하고 진군에 무너집니다. 결국 진현도 장한에게 함락당했고, 진승은 도망을 치다 수레를 몰던 장가라는 인물에게 살해당합니다. 진승이 왕으로 즉위한 지 불과 6개월 만이었습니다.

진승이 죽고 난 후, 그의 시종 출신이었던 여신呂臣이라는 인물이 신양에서 병력을 다시 일으켜 진현을 함락하고 장가를 죽여 일단 원수를 갚습니다. 그러나 곧 이은 진군의 반격으로 다시 진현을 내주었는데, 물러난 여신은 이후 경포와 만나 다시 진현을 함락했고, 때마침 초회왕을 옹립한 항량이 진현을 재건한 초나라의 수도로 삼았습니다.

"진섭陳涉의 지위는 제·초·연·조·한·위·송·위·중산국中山國 등의 군주들의 그것에 비해 보잘 것 없을 정도로 비천했으며, 그가 거사를 할 때 사용했던 호미와 곰방메 그리고 가시나무로 만든 창은 제후들의 군사들이 사용했던 극戟과 갈고리 창에 비해 날카롭지 않았습니다. 더욱이 유배되어 변경을 지키러 가던 군사들의 수는 구국九國의 군주들이 거느린 군사들의 숫자에 비해 턱없이 적었습니다. 또한 심모원려에 의해 행군과 용병의 도리를 깨우친 사람도 예전의 모사들에 비해 상대가 되지 않았습니다.

"그러나 일개 필부였던 진승이 한번 일어나자 진의 칠묘가 무너지고 진왕의 목숨은 다른 사람의 수중에 떨어져 세상 사람들의 웃음거리가 된 것은 어떤 연유에서인가? 그것은 인의仁義를 베풀지 않고 공수攻守의 도리를 잘못 적용한 때문이었다."

– 저소손褚少孫[181]

진나라에게 멸망한 여섯 나라 가운데 특히 초나라의 원한이 가장 컸습니다. 진나라에 억류당해 그대로 죽은 회왕의 사례가 있었기 때문입니다. 오죽하면 남공은 "두고 보라. 초나라가 민가 세 채만 남을 정도로 쇠퇴하더라도 결국 진나라를 멸할 자는 초나라일 것이다." 하지 않았던가? 진승이 초나라에서 일어나자 많은 무리가 따랐습니다. 그 이유가 무엇 때문인지 아는가? 그 모두 진나라의 폭정에… 아니다. 다들 진승이 초나라의 원한을 풀어줄 거라 착각했기 때문입니다. 초나라 사람들은 진승이 회왕의 후손을 왕으로 세워 그 한을 풀어주리라 여겼지만, 진승은 스스로 왕이 되었으니, 민심이 그에게 실망하는 건 당연하지 않겠는가?

거의 성공 직전으로 보였던 진승의 난은 장한의 대반격이 시작되면서 물거품으로 끝납니다. 장초는 건국을 알린 지 1년도 되지 않아 흔적도 남지 않고 멸망합니다.

---

181) 전한 선제 시대의 학자다. 당시 많은 부분이 소실된 『사마천의 사기』 소실 부분을 보완했다.

이렇게 된 이유로는 애당초 진승에게 자체적인 역량이 없었던 점이 큽니다. 진승은 가난한 평민 출신으로 본인도 기반이 없었고, 처음 반란을 일으킨 당시의 상황도 상당히 즉흥적이었으며, 애초에 진승의 행보는 오락가락하는데 처음에는 대흥초 진승왕이라는 구호로 자신이 왕이 될 것으로 선전을 퍼뜨리고 봉기를 일으키면서는 왕후장상 영유종호라 하더니 나중에는 자신이 부소라고 사칭하였으며 그 다음에는 다시 자신이 왕이 됩니다. 그나마 초나라 복국과 자신이 왕이 되려는 마음만은 진짜였던 것 같긴 하지만 부소 사칭은 왜 했는지는 의문입니다. 부소를 사칭한 것도 사람을 모으는데 쓸모가 있을 거라고 생각해서 한 짓입니다. 초나라 복국도 마찬가지로 진승 본인이 초나라 출신이라 그런 것도 있겠지만 당시 가장 마지막까지 진에 저항한 나라가 초나라인 만큼 그 이름을 쓰는 게 도움이 될 거라고 생각해서 그런 것입니다. 이후 반란이 전개되는 과정에서 최대 수십만에 달하던 장초의 거대한 병력은 본질적으로는 오갈 데 없는 유랑민들을 긁어모은 것에 지나지 않았습니다. 이들은 그저 진나라의 폭정 때문에 합류했을 뿐이었고, 갑작스럽게 세력을 불린 만큼, 무너지는 순간도 한순간이었습니다. 사실 아무리 가혹한 폭정으로 다스린다고 해도 중앙정부의 행정력이 살아있는 상태에서 농민 반란이 성공한 예는 세계사를 통틀어 거의 없습니다.

평민 출신으로 갑작스럽게 일어난 진승에게 자체적인 역량이 없었다는 점은 어쩔 수 없는 부담입니다. 그러나 이후 전개 과정을 보면 진승은 좀 더 좋은 방향으로 상황을 이끌 기회가 몇 번 있었는데 이를 놓쳤고, 문제를 간파하지 못하고 스스로의 상황을 너무 과대평가 해버립니다.

평민 출신인 진승은 어떠한 배경도 없었고 그를 따르는 사람들도 그저 진승이 가장 먼저 세력을 일으켰기에 진승을 따랐을 뿐이습니다. 진나라에게 멸망 당한 여러 나라의 유신들에게 있어서 가장 큰 목적은 진나라에게 멸망한 전국 시대 여섯 나라를 부활시키는 데 있었습니다. 만약 이러한 상황에서 진승이 멸망한 나라들의 후예를 찾아 옹립하고 스스로 보좌하는 위치에 있었다면 여러 사람을 이끌 수 있는 명분적 기반을 만들 수 있었겠지만, 진승은 스스로 왕위에 올라 버립니다. 이는 장초의 여러 장수가 줄줄이 서로 독립을 꾀하는 사태로 이어집니다. 장한의 군대가 진군할 때, 독립한 나라 중 단 한 나라도 진승을 도우려 하지 않았습니다. 결국 진승 본인에게는 아무런 힘도, 권위도 없었습니다. 만약 진승 본인에게 실력이 있었거나 혹은 진나라를 쳐서 무너뜨렸다면 그 권위에 힘입어 제위에 오를 수 있었겠지만, 진승은 어느 정도 자리가 잡히자 공동의 적인 진나라를 아직 처리하지도 못했으면서 바로 왕위에 오르는 악수를 둡니다. 진승이 왕위에 오르면 그를 따르던 무리에게 보답을 해줘야 하는데 그러면 결국 무리는 나눠지게 되고 땅도 나눠줘야 하므로 힘 자체가 분산되지만 진승에게 권위는 없으므로 이후 진승이 위험하더라도 떨어져 나간 이들을 부릴 수 있다는 보장이 없으니, 왕위에 오르기보다는 모처럼 모인 수십만 대군으로 진을 쳐서 멸망시킨다면 반대로 그 실적으로 인해 권위가 생기고 그러면 왕이 아니라 황제 자리에 오를 수도 있는 것입니다.

물론 장한의 대처도 빼놓을 순 없었습니다. 장한은 멸망 직전의 상황에서 연거푸 대승을 거두어 장초를 무너뜨리고 진승을 참살하였으며, 이 과정에서 이렇다 할 만한 패전조차 없었습니다. 과거 전국 시대에 육국을 벌벌 떨게 하였던 진나라의 가공할 국력은 이 시점까지 희미하게나마 존재하고 있었습니다.

그러나 저소손의 말처럼 과거 가공할 군세와 엄청난 영화를 자랑하던 전국 시대의 육국들조차 여지없이 무너뜨리던 진나라는 그들과 비교도 되지 않을 진승과 당초 수백에 지나지 않던 진승과 오광의 무리에게 뒤흔들렸습니다. 이는 당시 진나라의 상황이 그만큼 막장이라는 점을 여지없이 보여줍니다. 별다른 힘도 없었던 진승과 오광이 거병하자 천하가 호응하여 들고 일어났다는 점은 진나라를 파국으로 이끌고 간 건 결국 진승과 오광이 아니라 진나라 체제 자체의 모순이었다는 점을 느낄 수 있습니다.

또한 진승의 반란 자체는 허무하게 진압되었으나 그가 반란을 일으키고 스스로 왕이 된 것은 당대뿐 아니라 후대에도 크나큰 충격을 주었습니다. 이후로도 왕조의 혼란과 교체기 때 다른 문화권들이 귀족 혈통의 후예 등을 내세우며 상속권을 주장하면서 들고 일어선 것과 달리, 중국 문명권은 그런 거 없이 신분이 어떻든 무리를 만들 힘이 있는 자들은 누구나 황제를 자처해서 들고 일어났으며 진승보단 조금 나았지만, 마찬가지로 평민 출신이면서 황제에 오른 한고조, 훗날의 명태조, 분열 왕조까지 합치면 노예 출신 황제까지 등장하는 등 혼란기에는 힘을 가지고 있다면 누구나 제위를 주장할 수 있는 풍토가 만들어집니다. 전근대 이전까지 평민이 바로 제국의 황제가 될 수 있던 지역은 중원왕조 국가들과 군인 황제 시대 이후의 로마 정도로 매우 희소한 편입니다.

물론 현재 중화인민공화국이 농민 반란을 숭상하는 것 자체가 그 당시 사람들의 생각과는 조금 거리가 있습니다. 일단 진승 스스로도 왕이 되었기도 했고 모든 중국의 농민반란은 성공했으면 그대로 다음 왕조가 되는 것이고 실패하면 그걸로 끝이었습니다. 왕후장상 영유종호라는 캐치프레이즈 자체가 나도 왕후장상이 되겠다는 욕망을 표현한 것입니다. 다만 그 정도는 무시하고 홍군의 원조를 농민 반란으로 규정하여서 신중국의 역사적 근본을 세우겠다는 의도에 맞추어서 농민 반란이 중시되었습니다.

시황제는 총 3번에 달하는 암살 미수를 겪었고, 이같은 경험은 시황제를 거의 편집증에 가까울 정도로 불로불사에 대한 집착에 몰아넣었습니다. 시황제는 죽는 날까지 불사의 영약을 찾아나섰으나, 결국 동부로 순행을 하던 중 사망합니다. 황제가 사망하자 총애받던 환관 조고와 승상 이사는 그의 죽음을 숨겼고, 올곧은 성격의 태자 부소 대신 그들이 조종하기 쉽고 어리석은 호해를 2세 황제로 옹립하려 했습니다. 사마천의 『사기』에 의하면 이들은 황제의 유서를 조작하였고, 황제가 태자 부소에게 자결을 명한 것처럼 꾸밉니다. 결국 태자 부소와 그를 보필하던 명장 몽염은 목숨을 잃었고 진나라는 점차 혼란 속에 빠져들기 시작합니다. 시황제의 뒤를 이어 황위에 오른 호해는 군사력을 증강하였으며, 온갖 사치를 부렸고 여색을 탐하는 등 폭정을 펼쳤습니다. 그는 수많은 관리들을 숙청하였으며, 세율을 급격히 인상하여 자신의 사리사욕을 채웠습니다. 게다가 수도 함양의 성벽을 유약을 바른 벽돌로 짓는 등 쓸데없는 대규모 사업을 벌이며 국고를 탕진합니다.

이 시기 환관 조고와 승상 이사는 최고 권력자 자리를 두고 싸우기 시작합니다. 결국 승상 이사가 싸움에서 패배했고, 조고는 명실상부한 진나라 최고 권력자가 됩니다. 시황제 사후 다음 해에는 진승, 오광의 반란이 전국으로 퍼져나갔고 전국은 소란 상태로 빠집니다. 상황이 이에 이르자 진 이세황제와 조고는 장한을 장군으로 삼아 토벌군을 보냅니다. 장한은 군사적 능력을 발휘해서 진승군을 격파하고 초나라의 항량군도 격파했으나 장한은 항량의 조카 항우와의 결전에 패배하여 포로로 잡혔고 진나라는 항우에 맞서 싸울 그 어떠한 유능한 인물도 가지고 있지 못했습니다. 한편 항우는 함양으로 향하는 도중에 반역의 기색을 보인 진나라 병사 20만을 죽여 버렸고, 민심을 잃기 시작합니다.

한편 조고는 2세 황제 호해의 도가 지나친 무능함 때문에 그를 죽여버렸으며, 그의 자리에 사람들의 신망을 받던 황족 자영을 세워 민의의 안정을 도모하려 합니다. 허나 자영은 황제가 된 직후 조고를 암살하였고 무너지는 진나라를 다잡으려 시도합니다. 진나라 곳곳에서 유력자들이 왕을 참칭하며 반란을 일으키자 자영은 왕좌를 보전하기 위하여 스스로 황제에서 격을 낮추어 왕으로 불렀으며 어떻게든 살아남고자 하였습니다. 그러나 이미 진나라의 멸망은 막을 수 없는 기정사실이었으며, 자영의 힘으로는 도저히 이를 막을 수 없었습니다. 결국 기원전 206년 유방이 진나라의 수도 함양에 입성하였고 진왕 자영의 목숨을 지켜줄 것을 약속하였습니다. 하나 유방의 뒤를 이어 함양에 입성한 항우는 이만한 아량이 없었고, 함양을 약탈하고 불태운 다음 진왕 자영을 죽입니다. 이로 인하여 진나라는 15년 만에 완전히 멸망하여 역사 속으로 사라집니다.

■ 마오쩌둥은 진시황을 높이 평가한 것으로 보이는데, 그는 자랑스럽게 "우리는 단언컨대 진시황보다 강력하다."고 했으며, 1973년 7월 왕훙원과 장춘차오에게 "나 또한 진시황이다."라고 교시합니다. 린뱌오의 몰락 이후 마오쩌둥은 린뱌오가 자신이 진시황이란 이유로 비판했다고 그를 부관참시하면서 린뱌오는 장제스처럼 공자를 존경했기 때문에 그렇게 된 것이라고 주장합니다. 그리고 "나는 진시황에 찬성하고, 공자에 반대한다."라고 결론을 내렸고 린뱌오 사망 이후 저우언라이의 권위가 상승한 것에 매우 불만이었던 문혁 극좌파는 신이 나서 저우언라이를 공격하기 위해 비림비공운동을 전개하지만, 저우언라이에 대한 4인방의 패악질은 오히려 중국 전역에 방광암으로 투병하고 있는 저우언라이의 상황을 알리게 되었으며 4인방과 마오쩌둥에 대한 민심은 악화되고, 저우언라이의 인기가 올라가는 역효과로 이어집니다.

08
시황제의 평가

"최초로 중국을 통일하다

비록 시황제가 말년의 폭정으로 어렵게 통일한 진나라를 크게 약화시키는 계기를 마련했으나, 최초로 중국 전역을 통일하여 하나의 나라로 만들어 놓은 시황제의 업적은 후세에 큰 영향을 미쳤습니다.

외형적인 통일을 넘어서서 서체와 도량형·화폐·법 등을 통일함으로써 수백 년간 여러 나라로 쪼개져 있으면서 문화가 이질적으로 발전한 각지의 백성들을 하나로 묶어 놓는 역할도 합니다. 서체 통일은 한나라 때 완성됩니다. 특히 시황제 시기에 확립한 통일 제국의 통치 제도와 행정체계 등 근간 시스템은 한나라에서 고스란히 계승되었고, 전근대 시기 2,000년이 넘도록 모든 중화 문명권 국가들에 적용됩니다. 즉, 동아시아 문명권 전체의 국가 시스템을 확립한 시초 중에 하나라는 것입니다.

현재 중국에서는 공자 다음으로 굉장히 추앙받고 있습니다. 특히 최근에 들어 중국 내의 소수 민족과 한족 간의 통일성을 강조하는 분위기에도 잘 어울려 거의 국가 차원으로 띄워주고 있는 듯합니다. 물론 긍정적인 평가는 역사적으로도 있었고, 중국 정부의 평가도 폭군으로서의 실정은 인정하는 등 찬양 일색은 아닙니다. 특히 아방궁과 여산릉 같은 무리한 대규모 토목 공사를 강행한 것을

진시황릉 전경

비롯해 중요한 후계자감인 태자 부소를 내치고, 분서갱유로 학문을 탄압하거나 불로초를 구하려고 벌인 기행 같이 변명의 여지가 없는 실책은 변호하지 않습니다. 이전 시기에도 정국거나 도강언 같이 대규모 토목 공사를 하기도 했으나 농경지 확보라는 민생 사업이었습니다. 그러나 아방궁과 여산릉은 민생과 관련 없는 본인의 영화와 위엄을 위해 벌인 사업입니다.

황하 유역·장강 유역·서부 내륙과 난링·우이산맥 이남 남중국 일원까지 거대한 대륙을 통치하는 하나의 통일 국가를 만든 첫 인물이 시황제임을 상기하면, 그가 중국이라는 하나의 국가 개념과 문명권 개념이 태동함에 끼친 영향은 실로 가공할 만한 것이라 평해도 무리는 없습니다. 즉, 중화라는 관념을 물리적으로 실현한 오늘날 중국이라는 거대한 대륙 국가의 형태를 만든 인물이라 해도 과언이 아닙니다. 하나의 문명을 이루기 위해서는 영토와 통치의 단일화는 필수입니다. 하나의 문명권이라는 개념을 심어주지는 못 했지만, 하나의 영토가 될 수 있다는 점만으로도 중화의 단초를 제시한 군주로 평가할 수 있을 것입니다. 시황제의 통일은 하나 된 중화 문명을 이루기 위한 가장 근본적인 전제 조건인 하나 된 영토를 최초로 달성했다는 측면에서 한나라에 미치지는 못할지라도 시황제의 진나라가 중화 문명의 형성에 상당 부분 기여했다는 점을 간과할 수 없습니다.

또한 시황제의 업적이 아무것도 없던 변방의 후진국을 혼자의 힘만으로 발전시킨 후 여섯 나라를 모두 무너뜨리고 천하 통일을 17년 만에 달성했다는 건 좀 과장된 표현이지만, 그렇다고 단순히 다 된 밥상에 숟가락만 얹었다고 평할 수는 없습니다. 왜냐하면 이전 진 소왕 대에 전국 시대 진나라의 우위를 완성했지만, 막상 진나라는 풍전등화나 다름 없었기 때문입니다. 이무렵 수도까지 함락시켰던 조나라가 다시금 국가를 바로 세운 상황에서 확장에 제동이 걸렸습니다. 그리고 백기의 뒤를 이을 뛰어난 장수를 찾지 못하고,

후계자들이 연속으로 죽음을 당하면서 주춤하고 있던 시기였습니다. 나라는 강성한 것이 맞지만, 내부적으로 우환이 많았습니다.

만약 진시황이 평범한 왕이었다면 그대로 진나라가 쇠락기에 접어들 수도 있었을 정도로 상황이 여의치 않았습니다. 심지어 밥상에 숟가락을 얹기는 커녕 아예 밥상 자체를 뒤엎어버린 무능한 왕도 수도 없이 많았고, 멀리 갈 필요 없이 시황제의 뒤를 이은 이세황제가 그러했습니다. 또한 내부적으로도 시황제의 앞길을 가로막았던 이목(전국 시대)·항연·염파 등 인물들이 즐비했습니다. 이신과 왕전의 기용한 것을 보면 군사적 안목과 재능은 별로 뛰어나지 않더라도 군주로서의 아량과 그릇은 나쁘지 않았습니다. 이신의 대패에 상심하지 않고 바로 백전노장 왕전을 기용하고 이례적으로 패배한 이신을 재신임하여 연나라를 정복하는데 공을 세우도록 다시 기회를 주는 등 군주로서 결단력과 판단력은 탁월했던 것으로 보입니다. 또한 한나라에서 진나라의 국력을 쇠하게 할 목적으로 파견했을 것이라는 의심되는 정국을 능력이 있다 여겨 벌하지 않고, 그대로 기용했습니다. 그리고 시황제의 아량을 베풀어 살아남은 정국은 함양 일대 위수에 운하를 파서 수운과 농업을 크게 증진시켰고, 이때 개간한 대규모 경작지는 그대로 6국 토벌에 사용됩니다.

진나라 이후 일어선 초나라와 한나라는 제후들을 분봉하면서 진나라의 체제를 부정한 것처럼 보였지만, 창업 군주인 유방과 항우도 내심 시황제의 위세를 부러워하여 항우는 "내가 저 자리를 차지하겠다!"고 했고, 고제도 "사내라면 저 정도는 해 봐야지!"라고 말하며, 시황제를 목표로 여겼습니다. 그러나 그들이 선망한 시황제의 위세는 강력한 권위를 가진 통일제국의 군주만이 누릴 수 있었습니다. 일시적으로 분봉제를 시행했던 한나라도 결국은 점차적으로 이성·동성 분봉 왕들의 세력을 약화시켜 중앙집권으로 나아갔고, 항우의 분봉 역시 오래 가지는 않았을 것입니다. 한나라, 초나라가 분봉제[182]를 채택한 이유는 옛 체제가 더 좋았다는 의미가 아니라 구세대 권력층들의 반발을 줄이기 위한 과도기적인 성격이 크다. 한나라의 경우는 한신, 영포, 팽월 등을 포섭하여 자기편으로 만들기 위해서라는 목적 또한 있습니다.

---

182) **분봉제** : 국가 소유권의 절대적이고 주도적인 지위를 의미한다. 즉, 제후의 점유권을 통해 국가 토지 소유제와 농민의 경작 행위 간의 권리관계가 연결 및 체현되었다. 제후는 자신의 영지 내의 토지를 수하 관리인 '경卿'이나 '대부大夫'에게 분배 해주는 '준처분권'을 행사했지만, 토지에 대한 최종 지배권이 국가에 귀속된 상황은 바꿀 수 없었다.

진시황이 최종적으로 완성해 낸 법가적 국가 운영 방략과 그에 기반한 율령제, 관료제는 유교적 이념과 함께 후일 중국을 비롯해 한국, 일본, 베트남의 한자문화권 국가들에게 한 전형성을 구성하는 데 있어 필수 요소로 작용하게 된다는 점까지 고려하면, 그가 적어도 역사의 한 대목에서 기념비적 이정표를 제시한 인물이란 점은 부정하기 어렵다. 물론 효공 이래 진왕조 선대의 유산이라고 볼 수도 있으나 적어도 새로운 황제 시스템의 중요한 부분은 시황제가 결정했음이 사서에도 강조됩니다.

흔히 동아시아 문명권을 유교 문화권으로 칭하지만 실제 통치 체계의 큰 구조와 세세한 부분까지 통일 진나라의 통치제도를 그대로 따라갔다. 물론 선대의 업적을 물려받은 것이긴 하나 통일 이후 어전회의에서 봉건제를 주장한 신하가 『사기』에 남아 있고 진나라를 멸한 후 잠시나마 천하의 주인이 된 항우는 구시대적 질서인 봉건제를 재건했습니다. 유방도 천하 통일 이후 한나라의 제도를 정할 때도 무심코 봉건제로 갈뻔했습니다. 즉 당대 사람들은 새로운 천자의 통치제도로 군현제보단 주나라식 봉건제를 먼저 떠올렸고 익숙했다고 볼 수 있습니다. 이러한 상황에서 이사의 간언을 수용하고 전면적인 군현제의 실시를 밀어붙인 장본인이 시황제입니다. 적어도 아무나 할 수 있었던 일은 아니었습니다.

진을 엎어버리고 세운 게 한나라인 셈이니 한나라에서 편찬된 『사기』에는 전 왕조의 정통성을 부정하려는 분위기가 강했고, 진나라에 대한 부정적인 기록 또한 많은 편입니다. 아방궁 기록만 해도 기초공사만 하다 끝난 궁을 완공된 모습으로 자세히 묘사하고, 극비인 진시황릉의 내부를 직접 본 듯이 생생히 묘사하는데, 사마천의 고의라기보다는 진시황 사후 천하가 난리통에 빠지면서 부정확한 이야기가 만들어지고 이후 반진봉기로 시작한 전한에서 진에 불리한 쪽의 이야기가 주로 보존되거나 확대재생산 될 수밖에 없어 사기에 채택되었을 가능성이 있습니다. 게다가 은근히 위정자들을 비판하는 부분이 있는 『사기』인 만큼 「진시황 본기」자체가 한무제를 어느 정도 빗댄 게 아니냐는 추측도 할 수 있습니다. 만리장성 짓고 궁궐 짓고 봉선하고 전쟁하는 등 한무제와 진시황은 닮은 부분이 상당히 많습니다.

또한 과거 유교를 국교로 숭상한 중국과 한국의 왕조들, 그리고 유학자들은 진시황을 매우 낮게 평가했습니다. 언급이 나올 때마다 거의 폭군의 대명사 수준으로 봅니다. 어찌 보면 당연한 것이 시황제부터가 유교를 매우 싫어했으며 그 유학자들 본인을 마구 죽였기 때문입니다. 분서갱유 같은 초유의 일까지 저질렀던 것이 기록에 남아 있는 판이라 표면적으로라도 좋게 볼 수가 없습니다. 이런 사정은 서양도 비슷한데 기독교가 지배적이었던 유럽에서는 전근대까지만 해도 기독교를 박해한 디오클레티아누스에 대한 평가가 엉망이었습니다.

전국 시대는 당시 기준 10만 명 단위의 병력이 동원되는 대전쟁이 끊임없이 벌어지고 한 전투에서 수만 명씩 죽어나가는 생지옥이었습니다. 전국7웅 전체가 병영사회로 국가 총동원령이 상시 유지되는 체제였다는 점을 고려하면 통일 진나라의 통치가 가혹하긴 하나 전국 시대보다 특별히 더 가혹한 통치였다고 단언하긴 어렵습니다. 물론 법가에 기반한 진나라의 법이 그만큼 엄하고 가혹했긴 하나 이것을 진의 멸망 원인으로 꼽으려면 가장 오랜기간 혹정에 노출된 진나라 내부에서부터 반란이 끊임이 없었어야 하고 통일은 커녕 효공이나 혜문왕대에 망했어야 해야 말이 됩니다. 오히려 진나라 만큼의 전격적인 법치까진 아니어도 전국 시대 말기로 갈수록 전란이 심화되면서 모든 나라가 법가적 통치를 조금씩 수용하는 방향으로 가고 있습니다. 대외 원정과 궁궐 신축 등의 행보는 신생 통일왕조 중에 안 한 왕조를 찾기 힘들 정도기도 하고 특히 아방궁은 폭정의 대표적인 예지만 고고학적으로 실존하지 않았을 가능성이 높습니다. 다만 진나라에게 흡수된 타국의 국민들은 갑자기 접하게 된 진나라의 법이 너무나 고통스러웠을 것입니다. 특히 강력하고 전격적인 중앙집권으로 인한 지역의 이권 상실은 토착 지배 세력에겐 용납이 불가능했을 것입니다. 전국 시대에 펼쳐진 여러 성공한 변법들의 공통점이 처음엔 온 나라가 싫어하다가 10년~20년 후 익숙해지고 효과가 보이니 나중에는 도리어 좋아했다는 기록이 빠지질 않습니다(상앙뿐만 아니라 명재상으로 유명하고 유가에서도 인정받는 자산, 이회 등도 마찬가지). 종실의 권위가 잘 먹히는 본국에서도 단계별로 시행해서 수십 년간 공들여 정착시키면서도 주도자인 상앙이 죽어야 했을 만큼 어려운 개혁을 어제까지 타국이었던 곳을 강제로 병탄하자마자 하루아침에 밀어붙인 개혁 행보는 그 내용이 아닌 전개 과정이 크나큰 무리수였다고 볼 수 있습니다. 그래서 진을 멸한 한고조 유방은 삼장이라고 하여 법을 간편화하고 부드럽게 해 인심을 살 수 있었던 것입니다. 사실 유방도 어느 정도 시간이 지난 후에는 당연히 약법 3장만으로는 제국을 다스릴 수 없다보니 진나라의 법을 많이 통째로 베꼈습니다. 그럼에도 적용 자체는 느슨하고 융통성 있게 해서 부작용을 줄인 것입니다. 즉, 진나라의 법 자체는 나쁘지 않았지만, 그 적용에 있어서 융통성이 없다는 점은 크게 문제점으로 다가왔던 것입니다.

물론 통일 이후 진시황의 통치에 문제가 많았던 것임은 확실합니다. 어디까지나 그 통치의 문제가 『사기』의 기록처럼 고의로 작정하고 나라 말아먹으려는 듯한 폭군 개인의 폭주 때문인지 아니면 통일 왕조를 위한 통합 정책의 결점 혹은 한계 때문이었는지 생각해보아야 한다는 것입니다.

또 진나라 본토인 관중의 진나라 백성들은 큰 반발이 없습니다. 오히려 영성 조씨 황실에 대한 지지가 강했기에 자영이 조고를 축출할 기회를 얻었고, 그를 우호적으로 대우해준 유방은 옛 진나라를 원활히 접수할 수 있습니다. 반反진 봉기도 6국의 정체성과 토착 세력의 기반이 온전히 남은 상태에서 바로 어제까지 원수였던 진나라에 대한 반발심이 있었을 지역에서만 봉기가 일어났으니 단순히 폭정 탓으로만 돌리기엔 무리가 있습니다. 실제로 그 근원이 변방 이민족과 관련이 깊어 전국 시대 말기까지도 진은 초와 함께 반쯤 오랑캐 취급을 받으면서 중원인들에게 상당한 적대감을 받았고 정복전쟁 과정에서 적대감은 심화됩니다. 하지만, 약법 3장을 약속하며 혹법을 완화할 것을 약속한 유방에게 감격하여 그를 왕으로 모실 생각을 한 것을 보면 이들에게도 진나라에 대한 불만은 있었던 것으로 보입니다. 특히 6국의 후예들이 이끈 다른 국가의 세력들과 달리 진나라 쪽은 그럴 만한 사람들이 족족 조고에 의해 제거당하거나 도망치는 바람에 마땅한 구심점이 없었던 점도 있습니다. 그러나 약법삼장은 전시에 행정력을 아직 갖추지 못한 군벌이 임시로 취한 것이고 그마저도 금세 조항이 늘어났습니다. 정작 천하를 본격적으로 운영하는 입장이 된 전한의 법은 진의 그것과 거의 같은 마이너 업데이트였습니다. 결과적으로 진나라를 멸한 것도 6국 지배층의 후예들의 대표인 항우였고, 유방 말년과 오초칠국의 난을 보면 정치를 잘했다는 전한도 통일 이후 중앙집권 과정에서 나라가 망할뻔한 위기가 몇 번 있었습니다.

가혹한 법치에 대해서도 『수호지진간』, 2년 율령 등 진과 전한 초의 법전 및 실제 법 집행 기록을 비교해 보면 덕으로 유도리있게 시행해서 성공했다는 전한의 법치도 상당히 빠르게 진에 견줄 수 있을 만큼 엄격해집니다. 여후 시절인 2년 율령에 드러난 법조문은 진의 법률을 거의 그대로 복붙했고 실제 법 집행에 있어서도 법률에 정해진 형벌을 진나라 대비 두드러지게 유연하거나 관대하게 집행한 판례들을 찾기 어렵습니다. 굳이 찾자면 신체를 훼손하는 육형 중 하나를 폐지하는 등의 변화가 있긴 하나 그것 뿐, 육형의 대부분은 그대로 남아있어 크게 자비로워졌다고 보긴 어렵습니다. 형벌보다는 행정적인 면에서 좀 더 진나라가 빡빡하게 관리한 것 같긴 합니다.『수호지진간』내용을 직접 보면 진시황 당대의 법 집행이 오히려 지금 시각으로도 꽤 융통성 있는 부분이 있어 놀랄 것입니다. 진승·오광의 난의 시발점 이야기에서 지각이 진의 법률에선 사형이 아닌 벌금형이고 심지어 중간에 도망가다 잡힌 자도 태형으로 끝내는 등의 조문도 있어 사서의 기록과 실제 고고학적으로 밝혀진 진나라의 법과 제도가 상충하는 면도 많습니다. 특히 형벌은 속설과 다르게 노동력을 상실하는 사형이나 육형은 시대를 감안하면 그리 많지 않고 대신 벌금형과 노역형이 대부분입니다. 대신 상당히 집요하게 집행한 기록이 리야진간 등에 잘 남아 있습니다. 너무 집요해서 기원전의 행정력으로 이 정도까지 세밀하게 법 집행을 하다가 비용을 감당못한 것이 멸망에 가장 큰 원인이 아닐까 싶을 정도입니다.

통설은 "시황제는 무리한 정치를 자행하여 멸망의 단초를 만들었습니다."이고 이것이 역사적 실체와 한참 멀지는 않을 것입니다. 적어도 6국 유민들 입장에서 폭정으로 받아들일 만한 요소가 매우 많았음은 부정할 수 없습니다. 그러나 폭정으로 거론되는 예의 상당수는 통일왕조에서 통합을 위해 으레 추진하는 사업인 경우도 많습니다. 새로운 궁궐·대외 원정·도로 건설·만리장성 등은 후대에도 통일 후 반복된 사업들이고 봉선 의식과 순행 등은 당시 관념으로 새로운 천하 질서를 위해 정치적으로 필요한 일이기도 했습니다. 이 경우는 성군이나 명군으로 평가받는 군주들도 시행한 사례가 많고 권장되기도 해서 이런 사업들로 소모한 국력을 정량 비교하기 어려운 상황에선 다분히 결과론적인 평가이기도 합니다. 모든 통일 왕조에서 통합이 쉬웠던 적은 한 번도 없습니다. 진의 통일은 원시 부족 시절부터 한 번도 통일된 적이 없던 완전히 별개의 중국을 최초로 하나의 정치체로 만드는 일이었고 그를 위해 당대의 관념을 뛰어넘는 대규모 개혁까지 시도했기 때문에 후대의 통일왕조들 보다 훨씬 난이도가 높았다는 점을 감안해야 합니다. 물론 궁궐을 필요 이상으로 여럿 짓고 거대한 능원을 조성하는 등 명백한 실책도 많습니다. 그러나 당대에 6국 유민들에게 폭정으로 받아들여질 만한 무리한 정치와 각종 정책을 단순히 시황제 개인의 포악함으로 돌리기보다는 수백 년간 분열되어 있던 중국을 최초로 통일한 진나라가 중국 통합이라는 당면 과제를 다루는 방법과 그 한계라는 측면에서 생각해 보아야 할 문제입니다.

통일 이후를 보면 진나라 사람들을 제외한 6국의 후예들은 토목공사·군역·가혹한 세금 때문에 삶이 비참해졌습니다. 그리고 통일 이전까지만 해도 군정과 민정에 걸쳐 유능한 통치를 하던 시황제 본인은 전국 통일을 자화자찬하며 교만해졌고 나중에 가면 쓸데없이 사치스러운 생활을 했습니다. 그 대표적인 예가 아방궁이라는 호화 궁궐과 여산릉이라는 본인의 패업을 과시할 목적의 대규모 토목 공사였고, 불로초를 찾아 헤매고 수은을 복용한 것입니다. 진나라의 멸망 이후 유방은 관리와 제후왕들이 조세법이 애매모호한 걸 툭하면 악용해서 사람들을 혹사시킨다면서 이 부분은 예외적으로 아예 뜯어고쳐 버렸습니다. 온갖 이유로 세금을 깎고 요역을 막았는데도 나라 운영에는 전혀 문제가 없었고 국고는 갈수록 부유해지는 걸 보면 시황제 시기의 세금이 얼마나 불합리했는지 상상이 안 됩니다.

사실 진나라가 가혹할 정도로 민중들을 쥐어짠 것에는 다 이유가 있었는데 시황제가 밀어 붙였던 법가 사상의 "법은 함부로 바뀌어선 안 된다."였기 때문입니다. 법가에서는 법을 자주 바꾸면 사람들에게 혼란만 줄 수 있기에 함부로 바꿔선 안 된다고 주장했습니다. 그로 인해 현실과 맞지 않는 법률들까지 고치지 않고 계속 이어간 게 치명적이었습니다. 현대의 법도 안정성 때문에 그리 쉽게 바꾸진 않지만 그렇다고 해서 법을 맹신하는 주객이 전도되는 상황까지 가도록 하진 않습니다. 특히 법은 사회를 안정되고 질서있게 유지하는 것이 목적이지 법 자체가 목적이 아닙니다. 그러나 시황제의 진나라는 법 그 자체를 지키는 게 목적이 됩니다. 더군다나 법적 안정성이라는 명분도 진나라 본토 사람들에게나 해당되는 명분이지, 구 6국 출신들에게는 과거 자신들 나라의 법령이 폐기되고 진나라 법으로 바뀌면서 법적 안정성이 완전히 붕괴되었는데, 그 새로운 법(진나라법)조차 현실에 맞지 않고 비합리적이고 폭압적으로 적용되는 상황이니 반발이 안 나오면 그게 더 이상한 상황이었습니다. 당시 불합리한 법 조항의 예시 중 하나로 1975년 후베이성에서 발견된 약 1,000여 매 분량의 시황제 시기 법률 관련 죽간을 보면 소를 경작에 이용하여 소의 허리둘레가 줄어들었을 경우 줄어든 치수 1촌마다 그 책임자를 10대씩 매질한다는 내용이 있습니다.

결국 통일 이후 진나라는 전국 7웅 시대와 중국의 첫 통일 제국이라는 새롭게 바뀐 상황과 현실에 대해 과거 전국 7웅 시절의 법가 정책을 고스란히 강요하는 실책을 저지릅니다. 쉽게 말해서 전시 체제 때나 통하던 극단적인 법률을 평시에까지 적용시킨 것입니다. 가혹한 법이라도 전쟁으로 사람 목숨이 마구 날아가던 시대에는 불평을 하지 못했지만, 특히 진나라의 경우 전국 7웅 중에서 가장 서쪽에 위치해 서융과 맞닥뜨리고 있어 진나라의 역대 군주 중에서는 서융과 싸우다 전사한 사람도 있었을 정도로 전쟁이 많았습니다. 사회가 안정기에 들어서고 사람들의 행동양식이 변하였는데도 법의 잣대에 걸리면 가차없이 목이 날아가는 잔인한 통치는 끊임없이 불만들을 가중시켰고, 그로 인해 전국 각지에서 민중들의 반발이 일어나게 됩니다. 결과론적으로 보자면 엄격하다 못해 가혹한 법률들이 후대 왕조의 개창자인 유방이 반란을 일으키는 계기를 만들어주기도 했습니다. 사수정장이었던 유방이 죄수들을 여산에서 노역시키기 위해 데려가고 있었는데 당시 워낙 나라 꼴이 말이 아닌데다 노역하다 죽기 싫었던 죄수들이 하나둘 도망가자 유방 역시 어차피 여산에 도착해봤자 정원에 안 맞는 것을 추궁당해 처형당할텐 데 그럴 바에야 그냥 가지 말자는 이판사판의 심정으로 주변 사람들을 모아 진나라 현령을 죽이고 반란을 일으킵니다. 그러나 실제 시황제 대의 법률과 행정기록이 발굴되면서 사소한 죄로 툭하만 목이 날아간다는 등의 기록들은 사실과 전혀 다르다는 점이 확인됩니다. 때문에 『사기』의 진나라 관련 기록은 다소 걸러보아야 합니다. 진말의 대혼란과 항우의 함양 방화 및 학살로 날아간 공식기록과 사라진 증인들 때문에 어쩔 수 없이 부정확한 기록이 많을 수밖에 없습니다. 결국 중국 최초의 통일이란 대업을 성취하고도 진나라는 3대 만에 허망할 정도로 순식간에 쪼그라들고 멸망합니다. 자신을 시황제로 칭하며 이후의 진나라 황제들이 2대 황제, 3대 황제를 칭할 것을 기대었건만 이세 황제의 폭정으로 진나라는 멸망하고 맙니다.

시황제를 찬양하는 측에서는 진나라의 멸망 원인을 죄다 2대 황제인 이세 황제에게 몰아붙이는 경우가 태반인데 이세 황제의 암정이 큰 비중을 차지했지만, 이러한 진 제국의 혼란의 단초를 제공한 것에는 시황제가 일정 부분 기여했습니다. 진승의 난은 호해 즉위와 거의 동시에 일어났기 때문에 사후 대처 외에 반란의 원인 자체는 진시황의 책임이라고 볼 수밖에 없기 때문. 더욱이 뭐가 어떻게 된 건지 진은 중앙에서 동원할 군사도 15년 사이에 증발해 버렸습니다. 계포 말로는 흉노 원정 탓이라고 합니다. 몽염이 흉노를 대파했고 자결 직전까지 30만 대군을 이끌고 있었으니 이건 아니고, 진승의 군대가 관중에 육박하자 그제서야 징발할 시간이 없다는 기록과 숙손통의 일화를 보면 중앙군 문제는 호해만의 잘못일 수 있습니다. 멸망 직후 겨우 4년간의 초한대전에서 한나라의 물량을 보면 이때도 미리미리 대응했으면 죄수를 데려다 쓸 일은 없었을 듯합니다.

❝후계자가 잘못 선정되다　　시황제는 진 제국을 3대 13년 만에 망하게 하는 폭탄을 여러 개 남기긴 했는데 그중에서도 대표적으로 바로 후계 문제였습니다.

일단 여러 의혹이 있기는 하지만 당시 시황제와 그 태자인 부소 사이의 관계가 너무나도 절묘하게 좋지 않았습니다. 다른 게 아니라, 사구 정변의 참사를 고려하더라도 시황제가 부소를 만리장성 건설 건으로 변방에 보낸 건 순수 100% 시황제 본인의 결단이었기 때문입니다. 물론 부소의 옆에 있었던 게 당시 진나라에서도 손꼽히던 장수였던 몽염이지만, 결과적으로 순방 도중 죽음을 맞이해 후계 문제에 차질이 생긴 건 전적으로 시황제 본인의 탓이었기 때문입니다.

안 그래도 천하통일 후 무리한 문화 통일과 진나라의 엄벌주의 탓에 전체적으로 불만이 만연했는데, 물론 진시황도 바보는 아니라 울료 등의 등용을 통해 상앙 당시의 엄격함에 비하면 다소 순화된 법치를 내세우기는 했지만, 그렇다 쳐도 엄벌주의가 대두하고 있었던 건 변하지 않습니다. 그런 시황제의 장남이었던 부소는 백성 친화적인 태도로 인해 구舊 진나라 영토 내에서는 물론 타국의 영토에서도 상당한 인망을 쌓고 있습니다. 당장 진승·오광의 난의 주동자인 진승과 오광 또한 자신들을 항우의 할아버지이자 초나라 최후의 명장이었던 항연, 그리고 부소라 자칭했던 걸 고려하면 부소의 이름이 당시 민중들에게까지 알려져 있었음을 알 수 있습니다.

거기에 태자를 임명하지 않은 것도 진시황의 큰 실책으로 평가받습니다. 당시 전국 7웅은 공식적인 후계자 제도인 태자 제도가 정비되어서 안정적인 후계시스템을 구축할 수 있습니다. 당장 자기 아버지 장양왕부터가 왕자 시절에 어머니가 천출이라 별 주목 받지 못하고 사실상 버림패에 가까운 조나라의 인질로나 쓰던 왕자였음에도 할아버지 효문왕에게 태자로 임명된 덕분에 큰 무리 없이 진나라 왕위를 이을 수 있었는데, 진시황은 죽음에 대한 두려움 때문인지 죽음직전까지 태자를 임명하지 않았습니다. 장평대전 이후 진나라와 조나라는 수시로 전쟁을 벌였고 당연히 인질의 목숨은 파리목숨이었습니다. 실제로 장양왕도 죽을 위기에 처했다가 여불위의 도움으로 간신히 목숨을 건져 조나라를 탈출합니다. 그 결과 부소의 계승이 무산되고 그나마 부소가 승복해 자결하여 실현되지는 않았지만 잘못했으면 진나라가 부소파와 호해파로 쪼개져서 나라가 작살날 위험을 겪었고 호해는 호해대로 제대로 태자로 임명되지 못하고 급작스럽게 왕위를 이어받게 되어 호해의 승계과정을 의심하는 사람들이 늘어난다. 이에 호혜는 외척과 신하들을 대대적으로 유혈 숙청했지만, 결국 이런 의심은 진승 오광의 난 때 진승과 오광이 죽은 부소를 사칭하며 호해에게 반란을 일으키는 것으로 폭발합니다. 진승과 오광 중 누가 부소를 사칭했는지는 불명확합니다. 반란 후 장초국의 왕이 되는 진승이 부소를 사칭했을 거라는 게 중론입니다.

허나 이런 부소가 변방에 머무를 적 시황제가 죽어버린 탓에 이사와 조고 등으로 대표되는 간신들에 의해 호해가 황위에 오르게 되었고, 그 결과는 진나라의 멸망으로 이어지고 말았습니다.

물론 시황제 시대 진나라는 당시 처음으로 중국을 통일한 통일 왕조였기에 후대의 왕조와 비교하면 어색한 부분이 있을 수도 있습니다. 통일 거의 바로 다음 세대에 온갖 반란과 난에 직면한 건 이후 수많은 통일 왕조의 견본이 된 한나라 또한 마찬가지였습니다. 그럼에도 불구하고 한나라 및 통일 이후 수많은 난을 직면한 후대의 국가들이 곧바로 무너지지 않았던 건 중앙 정부가 굳건하게 자리를 지키고 있었기 때문입니다. 한마디로 말해서 어지간한 명장이 나오지 않는 한 부소가 황명을 받자마자 자결하지 않았다 해도, 그리고 설령 그 탓에 진나라가 내전 따위로 인해 둘로 나뉘었다 해도 사기에서 말하길 과도한 숙청 탓에 조정이 텅 비었다 일컬어지는 호해의 정부보다는 굳건할 수밖에 없습니다.

즉, 순행 도중 급사한 건 시황제 개인에게 있어서도 불행이었지만 그 순행이나 죽기 직전에서야 황태자를 지명한 행동 등은 모두 시황제 본인의 책임인 게 사실입니다. 하물며, 사구정변으로 인한 후계 구도의 부정확함은 이후 호해 정부의 정통성을 물어뜯는 약점이 되고야 말았습니다. 그리고 이런 책임에서 당사자였던 진시황이 책임을 피하기란 어려운 법입니다.

한편 기록과 달리 부소의 자살 명령이 영호해의 조작이 아니라 실제로 진시황이 내린 명령이라는 주장도 있습니다. 사망 직전 진시황은 당시 태자 부소와 사이가 좋지 않았으며, 말년에 수은 중독으로 정신적으로 매우 불안하여 의심이 많았습니다. 더불어 영호해도 비록 작은 아들이었지만 후계자로 유력하지 않았을까 하는 설도 있는데, 2009년 발견된 전한 초기의 목간인『조정서趙正書』에 이 주장이 실려있습니다. 조정서에 따르면 시황제가 순행 중 위독해지자 스스로 이사, 조고 등과 상의해서 영호해를 태자로 책봉하고 부소를 처형한 후 승하했다고 쓰여 있습니다.

　문제는 조정서는 객관성과 신빙성에서 논란이 많다. 이 목간의 본문에서 진시황을 가리켜 조나라 출신인 정이라고 폄하하여『조정서』라는 제목을 붙였습니다. 진시황의 씨氏 조趙와 한자가 똑같습니다. 그러나 이『조정서』라는 제목은 아버지 장양왕이 조나라 인질이었을 때 그를 낳았다고 폄하하는 의도가 담겨있습니다. 그리고 진시황을 진왕이라고 서술하여 황제로 인정하지 않고 있습니다. 비록 개인이 편찬했지만, 정사正史에서 최고로 치는『사기』와 사구정변의 기록에서 다른 부분이 많아 신빙성에 대한 논란이 있습니다.『사기』는 시황제가 평원진 지역에서 병에 걸렸다고 하는 대목에서『조정서』는 백인 지역에서 병에 걸렸다고 하는 식입니다.『조정서』는 시황제를 진왕이라 칭할 정도의 세력, 나아가서는 당시 문화를 보여주는 문헌으로서 역사적 가치가 있다는 것일 뿐 종래의 사구정변을 뒤엎는 새로운 사실이 있어서 인정받는 것은 아니다. 실제로 현재 사학계에서 조정서에 저런 내용이 나온다는 이유로 진시황이 호해를 후계자로 선택했다는 설을 진지하게 주장하는 역사학자는 단 한 명도 없습니다. 그러나 사구정변이 비록 어색한 점이 없지 않다는 이유로 고대부터 의심을 받아왔지만 그 사구정변을 뒤엎을 만한 검증된 사서가 아직 발견되지 않았기 때문에 단순히 미심쩍다는 이유로 무조건 그 내용을 부정할 수는 없습니다.

시황제 본인이 바라던 하나 된 중국을 이루지는 못했다

분명 시황제는 중국이라는 영토를 통일하는 데에는 성공했지만, 시황제 본인이 바라던 하나 된 중국을 이루지는 못했습니다. 시황제 생전에는 여전히 각국에 원래 국가로의 독립을 원하던 반란 분자들이 많았고 내부로는 폭정과 후계자 문제와 인재 부족 등 온갖 일들로 곪아 있었습니다. 결국 시황제가 그리도 바라던 진정으로 하나된 중국은 한 고제의 전한이 되어서야 이룰 수 있게 되었고 고작 100년도 못가는 3대에서 끝난 통일 진나라는 어디까지나 분리된 중국을 하나의 국가로 만들었다는 점만 의의가 있지 문화 통일은 실패했습니다. 다만 한나라의 거의 모든 제도는 진나라를 베낀 수준이므로 과하게 폄하할 필요는 없습니다. 시황제의 의도는 아니지만 진이 구舊 세력을 조지면서 욕은 대신 먹어주고, 망한 이후 난리통 속에서 지방 구舊 세력이 작살나면서 통합 과정의 난이도를 확 낮춰지도록 판을 깔아준 공로도 있습니다.

명백하게 중국은 한漢 제국의 400여 년 통치를 겪으면서 하나의 중국의 개념과 정신이 형성됩니다. 3대 만에 망한 진나라에서 하나의 문화 개념과 하나의 중국이란 개념을 심어줄 수는 없습니다.

시황제의 중국 통일이 이후 한 제국이 하나의 중국을 형성하는 데 밑거름 중 하나가 된 것은 분명하나 시황제의 중국 통일은 이후 진나라가 빠른 속도로 무너진 데다 무엇보다도 항우가 18제후왕들을 분봉하면서 진의 통일이 무색하게 중국을 또다시 갈라 버림으로써 한 제국의 하나의 중국의 형성에서 진나라의 영토 통일의 의미는 상당 부분 퇴색되어 버린 지 오래입니다. 사실 진나라가 한나라에게 기여한 것은 영토보다도 오히려 행정제도입니다. 한 제국의 행정을 조직하고 기틀을 정리한 한 제국의 초대 승상이었던 소하부터가 진나라의 지방행정을 조직·실행해 오던 관리 출신이었습니다. 결국 한 제국은 항우의 임명을 받은 여러 제후왕들과 수많은 전투를 거치면서 중국을 두 번째로 통일하게 됩니다. 한 제국과 전투를 치른 제후들이 전부 항우의 임명을 받은 제후들은 아닙니다. 이후 항우의 분봉에 불만을 품고 그가 임명한 제후왕을 살해한 후 자신이 정권을 잡은 제후들도 생겨났기 때문입니다.

진나라는 한나라의 좋은 반면교사였습니다. 진 제국은 한 제국에게 있어서 국가 운영 방략과 율령제·관료제·국가 이념 성립·경영 전략에서 좋은 반면교사이자 참고 대상이었습니다. 중원을 완벽하게 통일한 한 제국에서 이후 2대 황제를 결정하는 데 있어 건국 황제인 한 고제가 여후의 아들인 혜제 대신 개인적으로 총애하는 척희의 아들을 황태자로 삼으려 하자, 한 제국의 예법, 국가 이념을 정비하는 데 큰 업적을 세운 숙손통이 장자 승계의 원칙을 어겨 나라를 망하게 한 실패 사례로 시황제를 언급했습니다. 유방이 소하를 처벌하기 위해 시황제와 이사의 관계를 거론할 때도 나라를 망하게 한 인간들을 뭐하러 본받느냐고 비판 당했습니다. 시황제로서는 실로 굴욕적입니다. 게다가 한나라는 국가 운영 방략으로 법가를 시행하면서 정신적 이념으로는 황로사상을 택하여 실제 운용은 느슨하고 융통성 있게 하는 등, 3대 만에 망해버린 진나라의 좋은 것은 받아들이고 나쁜 점은 비판하며 버리는 실용적인 태도를 보였습니다. 그 대표적인 것이 『과진론』[183] 입니다.

183) 『**과진론**』: 전한의 학자 가의가 쓴 정론문이다. 가의는 고작 20살의 나이에 최연소 박사가 된 인물로, 조굴원부 등을 쓴 인물이다. 그는 진秦나라 때부터 내려온 율령·관제·예악 등의 제도를 개정하고 전한의 관제를 정비하기 위한 많은 의견을 내면서 과진론을 썼다. 『과진론』을 쓴 목적은 진나라 멸망의 원인을 분석하여 한왕조가 체제를 공고히 하도록 귀감을 제공하는 데 있다. 날카로운 필치와 절실한 논리에 거침없는 기세까지 갖추어진 명문이다. 이 글은 여러 측면에서 진왕조가 범한 잘못을 비판하였으므로 '과진'이라는 제목을 붙였다. 후대에 이르러 전체 문장을 세 편으로 나누었다. 상편에서는 진나

결론적으로 진나라는 씨족 공동체에서 출발한 분권적 구舊 시대를 타파하고 통합된 중국의 가능성과 그 하나의 중국을 다스리는 시스템을 제시했습니다. 그러나 그 시스템에 필요한 적절한 운영법을 완성하고 하나의 중국이라는 정체성을 확립하여 사회문화적 통합을 이루어낸 공은 온전히 한나라의 몫이었습니다.

❝ 시황제는 법가사상을 신봉하다 못해 맹신했다

시황제는 법가를 신봉하다 못해 맹신해 통일 후에 불편함 등을 이유로 도량형과 화폐 등을 통일하고 개선하면서도 정작 진나라 사회의 근간이 되었던 법령을 고치지 않고 통일된 중국 전역에 계속 적용, 지속시키는 돌이킬 수 없

라가 중국을 통일한 형세와 그 후에 멸망한 주요 원인을 총괄적으로 논하였다. 중편에서는 시황제의 정확한 정책 결핍과 뒤를 이었던 호해가 그 전철을 밟으면서 아무런 개선도 하지 않았음을 분석하였다. 하편은 진나라 정권이 위급한 때에 군주인 자영은 이를 일으켜 세울 만한 능력이 없었음을 설명하였다. 이 문장은 진나라의 역사 발전에 대해 그 흥망 성패의 소재를 명확하게 지적하였다. 작자는 가혹한 형벌과 법률로는 인민들의 반항을 저지할 수 없으며, 방비가 철저한 금성철벽도 통치자의 정권이 전복되지 않도록 보호하기에는 부족하다고 주장하였다. 또한 진왕조가 아무리 강대하다 하더라도 잔인하고 포악하여 민심을 잃는다면 필연적으로 전복될 수밖에 없다는 것을 강조하였다.

는 실정을 저질렀습니다. 효공 시절부터 내려온 진나라의 법가적 통치는 진나라의 강성한 국력의 기반이었습니다. 법가 사상이 진나라에 천하 통일을 안겨주었으니 곧바로 개선한다는 것은 그만큼 유능한 개혁가가 출현해야 가능했을 것이니 이건 비단 시황제만의 문제라고 볼 순 없습니다. 하지만 중요한 것은 시황제는 이러한 법령을 고치지 못했으며 결국 적절한 개혁을 하지 못한 진나라는 외부의 적이 더 이상 없음에도 내부의 문제점들로 인하여 급속도로 혼란에 빠지기 시작합니다. 그런데 진나라의 제도가 『상군서』나 『한비자』에서 서술하는 법가를 완전히 그대로 따르지는 않았다는게 함정입니다.

진나라의 법가는 엄격하지만 이십등작으로 부여된 작위에 따라 팔다리를 자르거나 사형 또는 혹독한 유형지로 끌려가는 신체적 처벌 대신 자신이 얻은 작위가 강등되는 등으로 처벌이 감형받거나 용서받고 면제받을 방법이 있었기에 실제 진나라 백성들이 법전에 적힌 혹형들을 그대로 받은 건 결코 아니었습니다. 그러나 작위가 실제로 공을 세워서 올라간다는 것을 감안하면 이것만으로도 무거운 처벌입니다.

그런데 진나라의 중국 통일 후에 이것이 큰 문제가 됐는데 진나라 백성들이야 진나라가 6국과 벌인 전쟁 등에서 자주 징병되면서 올라간 작위들을 가지고 있었지만, 정복당한 6국 백성들은 작위가 있을 리 없으니 가혹한 형벌에 그대로 노출되어 버린 것입니다. 최근 고고학적 발견은 본 문단과 반대되는 정황을 암시하는데, 2000년대 발굴된 시황 25년~이세 2년까지의 행정문서인 『리야 진간』의 일부 기록에 따르면 6국의 작위를 진나라의 상응하는 작위로 인정한 정황이 보입니다. 리야는 본래 초나라 지역인데 형 불경 아무개 형태의 문구가 발견된 것입니다. 형은 곧 초의 피휘이므로 초 불경이 되는데 진나라의 불경에 해당되는 초나라 작위를 보유했던 아무개란 뜻입니다. 공문서에서 멸국으로 무효화된 작위를 진나라의 대응 작위로 맞추어 표기하는 것은 부자연스러운 일이므로 진나라에서도 6국 유민에 대한 유화책으로 작위를 인정해주었다는 해석이 있습니다. 다만 『리야 진간』은 20만 자에 달하는 방대한 양이고, 2009년에야 독문이 공개됩니다. 계속 연구가 진행 중이므로 널리 받아들여진 정설로 보기에는 이릅니다. 적어도 한 번은 통일 기념으로 한 등급씩 작위를 올려준 기록이 있긴 합니다.

사실 진나라 멸망의 시작을 알린 진승·오광의 난이 발생한 원인도 기일 내에 당도하지 못하면 바로 목이 베이는 진나라의 엄격한 법률 때문이었습니다. 본디 진나라는 상대적으로 건조한 중국 내륙 지역이었으므로 태업을 하지 않는다면 대체로 정해진 기일 내에 도착하는 데 큰 문제가 없었지만, 중국 전역이 진나라가 아니고 특히 중국 동부는 폭우가 여름철에 자주 오기 때문에 이런 지역에서 진나라 방식의 법률을 그대로 적용하는 건 그냥 죽으라는 것과 차이가 없습니다. 앞에서 말한 진승과 오광의 난도 여름철이면 장마가 빈번하게 벌어지는 오늘날 안후이성 지역에서 음력 7월 여름 장마 도중에 벌어집니다. 진승 일당이 발이 묶여 반란을 일으킨 대택향은 오늘날 안후이성의 쑤저우입니다.

이후 그 유방의 한나라도 유교 사상을 받아들이긴 했지만 통치의 수단은 계속 법치에 중점을 뒀는데, 한 제국은 유교를 근간 이념으로 삼고, 법가는 제국을 운영하는 제도로서 삼았습니다. 한 제국은 법가를 통치 수단으로 활용하면서도 『과진론』이라 하여 진나라의 과실을 분명하게 따졌습니다. 게다가 한 제국 초기엔 도가가 상당히 흥하는 등 유가·도가·법가가 서로 어우러진 복잡한 모습을 보이고 있습니다. 유방의 건국 공신 장량이 도가에 귀의한 것이 대표적 사례입니다. 다만 진나라도 도가의 영향이 상당히 짙었고 유가는 한나라에서도 무제 이전엔 진나라에서처럼 말입니다. 사상의 유행은 그리 쉽게 변하진 않습니다.

한漢나라가 이처럼 법가 하나에 목숨을 걸다시피 하며 매달렸던 진나라와 달리 좋은 건 받아들이고 잘못된 것은 철저히 버리는 실용적인 태도를 보이는데 있어서는 한 고제 특유의 유연한 태도도 있습니다. 이는 최초의 통일의 대업을 이루고도 3대 만에 망해버린 진 제국과 하나의 중국, 하나의 문화권을 태동시킨 400년 역사의 한漢 제국의 명백한 차이점입니다.

> "내가 난세를 만나 진나라가 학문을 금하자, 스스로 기뻐하여 책을 읽는 것이 유익할 것이 없다고 생각했다. 임금이 되고 난 뒤로부터 비로소 때때로 책을 살펴보았는데 글 쓴 사람의 의도를 알 수 있다. 이에 비추어 내가 옛날에 행동하였던 것을 생각해 보니 옳지 않은 일이 많았다."

진나라가 법가의 실용성을 주장하며 유학을 탄압하자 유방 본인이 "쓰잘데기 없는 거 치워버리니까 좋네!"라고 했다가, 나중에 황제가 되고 나서 다시 배우게 되자 과거 자기의 행동을 반성하였다는 이야기입니다.

육생이 옛날 『시경』과 『서경』을 때때로 인용하여 유세하자 고조가 꾸짖었습니다.

> "이 어르신(乃公)은 이게 잘못 쓴 것이 아니라 유방의 말버릇이 사실상 이랬다. 평민 출신으로 올라왔고 그 출신 면모를 별다른 거리낌 없이 드러낸 유방답게 어투도 일반 군주와는 조금 달랐다. 말 위에서 천하를 얻었습니다. 시서詩書 같은 것이 무슨 의미가 있는가?"
> 육생이 대답했습니다. "말 위에서 얻은 천하를 말 위에서 다스릴 수 있겠습니까?"

고제는 기분이 좋지 않았지만, 부끄러운 표정을 짓고 말했습
니다.

실제로도 한나라는 법률과 관료 체제 자체는 법가에 준해서 만들
며, 국가 통치 이념과 법의 적용에 대해서는 도가의 사상(황로사상)을
받아들여서 조치에 경중과 가감을 두었습니다. 이렇게 하면 법가
의 장점을 활용한 체계적인 국가 체제를 만들 수 있음과 동시에 백
성들의 민심을 끌어모으고, 법이 규정하지 않은 예외 상황들에 대
해 능동적으로 대처할 수 있기 때문에 백성들의 민심을 다독일 수
있었습니다. 이는 결국 시황제의 폭정에 대한 반발로 인해 3대 만
에 멸망한 진 제국과 달리 한 제국이 400여 년간 지속될 수 있었던
비결이기도 합니다.

■ 시황제는 여불위를 제외하면 공신 숙청이 없는 편인데 이는 당연한 것이 시황제는 진나라 왕실의 적통으로 처음부터 신하들과 군신 관계로 맺어져 있었기 때문입니다. 하지만 공신 숙청이 심했던 유방이나 주원장의 경우는 거병할 때, 신하들과 군신 관계라기보다는 일정한 동업자 관계였고 본인의 기업에 신하들이 일정 지분을 가지고 있었기 때문에 후대까지 이어질 왕권 확립을 위해서는 공신 숙청이 필수적이었습니다. 이렇게 처음부터 왕이었고 전국 시대를 통일했다는 업적이 있으니, 반기를 들 신하들도 존재하지 않았습니다.

■ 유능한 정복 군주이면서 말년에 암군이 되었다는 것, 그리고 그로 인해 국가와 정권이 사후 빠르게 무너지고 말았다는 점에서 일본의 도요토미 히데요시와도 비슷한 측면이 있다고 할 수 있을 것입니다. 도요토미 히데요시 역시 전국 시대의 혼란상을 정리하고 일본을 통일한 점은 높이 평가받지만, 이후에 무리한 대규모 전쟁을 일으켰다 패하고 결과적으로 성공적인 후계자를 육성하는 데 실패함으로써, 도요토미 가문은 히데요시가 죽은 이후 멸문의 길로 접어듭니다.

09

만리장성과
진시황릉

중국의 상징 중 하나로써 만리장성은 연간 셀 수 없는 숫자의 관광객이 방문하는 여행 명소입니다. 특히 베이징시 근처 4개 구역이 관광지로 유명합니다. 이 중 서양 사람들은 주로 거용관 코스를 선호하고 한국인들은 팔달령(바다링) 코스를 선호한다는 이야기가 있습니다. 이유인즉 서양 관광객들은 진짜로 등산하듯 아래에서부터 걸어 올라가며 즐기는 경우가 많고, 성질 급한 한국사람들은 케이블카로 얼른 꼭대기까지 올라가서 사진 찍고 내려오는 경우가 많아서라고 합니다. 그런데 저렇게 등산하듯 올라가던 서양 관광객 중 몇 사람이 10월 말 불어닥친 이상한파와 폭설로 인해 장성 중간에서 발이 묶이는 바람에 동사하는 사고가 발생한 경우가 있습니다. 위에 써 있는 것처럼 일본인들도 무려 패키지 코스로 갔으면서 발이 묶여 동사한 사례가 있습니다.

팔달령과 같은 인기 있는 구간을 탐방할 때에는 시기를 잘 고려해야 합니다. 중국의 춘절·노동절·국경절·중추절 연휴와 봄&가을의 주말 등의 성수기에 방문한다면 유적 구경이 아닌 사람 구경을 하고 오게 될 수도 있습니다. 만리장성은 외국인들에게 뿐만 아니라 중국인들에게도 엄청난 인기 관광지입니다. 30분이면 오를

장성에서 가장 인기가 많은 팔달령 장성의 비수기 & 성수기 풍경.

수 있는 구간도 관광객들이 몰려 정체가 일어나면 1시간이 훌쩍 넘게 걸릴 수 있습니다. 하지만 비수기에, 그것도 이른 아침에 방문한다면 항목 상단의 사진처럼 장성을 전세 낸 듯이 여유롭게 둘러볼 수도 있습니다. 또한 슬라이딩카를 타게 된다면 성수기일 경우 2시간 이상 기다려야 할 때도 있으니 대기 시간을 반드시 확인해야 합니다. 팔달령 밑에 고속철도(CRH)가 정차하는 역도 있으므로 이를 활용하면 더욱 편하게 관광할 수 있습니다.

만리장성은 인기 관광지이지만 여전히 2천년 이상 중화 문명의 북쪽 경계로써 중원을 수호하던 방어 시설임을 잊어서는 안 됩니다. 철원 일대의 휴전선과 같은 군사 시설이었던 것입니다. 즉, 단순히 누구나 방문하는, 편하고 친숙한 여행지로 생각하고 갔다가는 예상하지 못한 높이와 최대 40도에 육박하는 경사로 인해 고생할 수 있습니다. 특히 고소공포증이 있는 경우 어지러움을 느낄 수 있습니다. 넘어질 듯 강하게 부는 바람도 주의해야 합니다. 대부분의 장성 구간은 산지에 형성되어 있고, 그중에서도 높은 능선을 따라 지어졌기에 대기의 이동에 있어 가장 강한 저항력이 발생합니다. 특히 북서풍이 부는 겨울에 바람이 제주도 이상으로 강력함을 느낄 수 있으니 옷을 두껍게 입고 가는 것이 좋습니다.

장성 종주를 시도 중인 서양 관광객들

거리가 거리인 만큼 만리장성을 걸어서 완주하는 것은 중국 내에서도 대단하다고 보도되는 일입니다. 일단 6,000㎞나 되는 성곽을 걷는 것이니 서너달 정도의 일정을 잡아야 합니다. 건강한 사람이 하루종일 약 60㎞ 정도를 걷는다고 할 때, 만리장성은 험준한 산성을 걷는 것이니 만큼 보통 걷는 것보다 곱절로 힘듭니다.

그리고 사람이 많은 관광 구역이어서 당연히 관리가 잘 되지만, 사람이 없는 곳으로 가면 관리가 되지 않아 수풀이 우거지거나 무너진 부분이 중간중간 있는데다, 몇몇은 국군 제8보병여단의 네발계단처럼 가파르고, 또 몇몇은 그냥 암벽이라 등반을 해야 할 수도 있습니다. 거기다 식수와 식량 문제·배설 문제·폭염 또는 혹한 대비 등등까지 고려한다면 어지간한 등산보다 험난해서 조난 사고도 많습니다. 2012년에는 폭설로 인해 만리장성 등산에 오른 일본인 관광객 3명이 사망한 사건도 있습니다. 이 산악 투어 상품을 만든 일본 여행회사는 2009년 일본 토무라우시산 조난 사고도 일어난 적 있습니다. 결국 이 사건으로 여행업 등록이 취소됩니다. 그저 완성된 성을 따라 계속 걷는 일만도 이러한데 그 비탈지고 긴 거리를 따라 성을 축조한 당시 사람들의 노력을 생각해 보면 절로 감탄사가 나옵니다.

중국의 유명한 문화유산이자 상징적 아이콘이다 보니 해외 스타들이 중국을 방문하면 꼭 들르는 곳이기도 합니다. 스타뿐만 아니라 정치인들도 곧잘 방문하며 미국 버락 오바마 대통령과 그 가족들도 중국 방문 시 만리장성에 오른 적 있습니다. 저스틴 비버는 자신의 보디가드 어깨에 목마를 탄 채 등반해 논란이 있기도 했습니다.

지금이야 중국이 세계에 자랑하는 건축물이지만 1970년대 리처드 닉슨 미국 대통령이 방문하기 전까지는 중국인들 사이에서도 인지도가 지금처럼 크지는 않았다고 합니다.

관리가 잘 안된 장성 구간

한국 관광객들은 잘 시도하지 않긴 하지만 혹여나 팔달령 - 모전욕 - 진산령처럼 복원이 이루어진 곳이 아닌 산시성 등의 비인기 구간을 방문하게 된다면 안전에 더욱 유의해야 합니다. 기나긴 장성을 중국 정부가 전부 관리하지는 못하고 있기 때문에 군데군데 허물어진 곳이나, 아예 끊겨 절벽처럼 되어버린 곳이 많습니다. 그러한 구간을 만난다면 원래의 출발지로 되돌아오는 것이 현명합니다.

백초구 1

장성 중국 5

미복원 상태의 만리장성 구간

현재 전체 장성 중 50%는 예전의 모습이 사라지고 다 파괴되었다고 합니다. 유지보수의 중단 및 지역 주민들이 집 지을 돌을 마련하느라, 혹은 관광객에게 팔려고 만리장성의 돌을 빼갔기 때문입니다. 거기에 아직도 각종 개발사업으로 파괴되는 경우가 있다고 합니다. 한국을 비롯한 다른 동아시아나 동남아시아국가 역시 문화유산이니 보존하고 관광용으로 개발하자는 의식 자체가 생긴 것은 별로 오래되지 않았지만, 현재진행형이라면 문제의식을 가질 필요가 있습니다. 중국이 아무리 강대국이라고 하지만 장성 관리하는데 군인이나 관리인을 각 구간마다 전부 두는 것이 효율성도 떨어지고, 돈이 한두 푼 드는 일도 아닌지라 관리가 잘 안되는 측면이 있기도 합니다.

현재 만리장성의 벽의 80% 정도가 훼손되어 있다고 합니다. 만리장성의 벽은 기본이고 케이블카의 벽과 유리 부분에 낙서가 많이 되어있다고 합니다. 케이블카의 색깔이 원래 하얀색이라고 합니다. 심지어 어떤 이는 낙서를 칼로 판 후에 판 곳을 화이트 등으로 채우는 짓을 해서 복구도 힘들게 한다고 합니다. 만리장성은 중국의 유산이기 전에 세계문화유산이어서 개인이 훼손 시 최소 160만

원에서 최대 800만 원의 벌금을 물게 되어있습니다. 그러니 낙서하면 벌금이 문제가 아니라 나라 망신에 집안 망신이므로 절대 하지 말아야 합니다. 자기 나라의 유산에 누군가 낙서하면 기분 좋을 사람은 없습니다. 알파벳에 히라가나 그리고 가타카나는 물론이고 한글 낙서들까지 알아본 중국인이 이를 인터넷에 올려 공론화해 중국 누리꾼 사이에서 엄청나게 욕을 먹기도 했습니다.

게다가 안 그래도 전술된 낙서와 자연적인 풍화로 성벽이 점차 소실되어 가고 있는 상황인데 지역 주민들이 집을 짓거나 묘지에 석재로 쓰려고 만리장성의 벽돌을 훔쳐가는가 하면, 심지어는 기념품으로 벽돌을 뽑아가는 관광객이나 작정하고 기념품으로 팔아먹을 목적으로 벽돌을 훔치는 장사꾼들까지 나오는 막장화로 수난을 당하고 있습니다. 현지에서 만리장성 벽돌이 하나당 한화 50 위안(5천원) 선에서 팔리고 있다고 합니다. 2012년 중국 국가문화유산청의 보고에 따르면 이렇게 소실된 장성의 구간만 해도 전체의 22%에 달하는 1,961km 정도나 된다고 합니다. 여기에 서부 간쑤성의 구간은 모래폭풍으로 인한 침식으로 사라질 위기에 처한 것으로 밝혀졌습니다.

중국 정부에서 만리장성의 일부 구간을 보수하는 과정에서 시멘트로 메우는 것에 대해 누리꾼들의 비난이 쏟아지고 있습니다.

일부 지역의 장성은 댐 공사 때문에 수몰된 장성도 있다고 합니다. 아무리 산맥을 따라 성곽을 쌓더라도 강 주변이나 주요 평야지역을 지나가려면 장성의 위치도 낮아지는 것이 어쩔 수 없지만, 중국인들은 이를 수장성이라고 부릅니다.

명·청 시기의 장성이 온전하게 남아 있는 부분은 20%에 불과하다고 하며, 만리장성 중 관광지가 된 구역은 상당수 마오쩌둥이 복구 공사를 진두지휘한 곳입니다. 그래서 일부 베이징에 가까워서 관광지로 개발된 부분은 잘 정비되어 있지만 조금만 멀리 나가면 관리가 별로 안 되어 바스러져 가는 구간이 많습니다. 당연히 지키는 사람도 별로 없고, 만리장성의 특성상 쭈욱 이어져 있기 때문에 장성을 따라 수십 km를 걷기 여행을 하는 사람도 있습니다. 원칙적으로는 당연히 금지지만 만리장성 외곽지역의 인적이 드문 성벽 위에서 텐트치고 야영하면서 다니는 외국인 관광객들의 여행기도 인터넷에서 찾아볼 수 있습니다. 일부 구간은 복구를 해도, 하필 시멘트로 복원하여 논란이 되고 있습니다.

가장 유명한 팔달령 장성 구간. 바위를 자연 성벽으로 삼은 점이 인상적입니다.

석축과 전돌이 혼합된 장성 구간

만리장성이 바다와 만나는 노룡두

만리장성이 하천을 지나는 구문구 구간의 수문

서부 간쑤성 구간의 장성

자위관 서남쪽으로 뻗은 끝자락의 장성

장성에는 각 지형에 맞는 건축 공법이 적용되었다

만리장성은 건축학적으로 큰 의미가 있습니다. 동서 6천㎞에 이르는 구간을 지나는 동안 장성에는 각 지형에 맞는 건축 공법이 적용됩니다. 예를 들어 평지를 지날 경우 성벽은 방어력 강화를 위해 더 두껍고 높아지게 되고, 산간 지방을 지날 때는 낮아지는 대신 재해에 견디기 위해 더욱 견고해지며, 물 위를 지날 때는 홍예 수문이 설치됩니다. 또한 기후적으로도 온대 기후에서는 일반 벽돌이나 돌을 사용하지만, 건조 기후에서는 진흙을 덧바른 진흙 벽돌을 사용합니다. 후자는 부하라, 히바와 같은 중앙아시아의 성벽 혹은 사마라, 페스와 같은 중동 지역의 성벽과 유사한 공법입니다.

장성에 대해 중국 정부는 각각의 구간을 두어 관리한다

엄청난 길이를 자랑하는 만리장성에 대해 중국 정부는 각각의 구간을 두어 관리합니다. 그중에서도 관광객들에게 개방되어 널리 알려진 곳들을 꼽으라면 베이징 근처의 바다링(八达岭), 구베이커우(古北口), 스마타이(司马台), 쥐융관(居庸关), 진산링(金山岭), 황화청(黄花城), 젠커우

내성의 일부인 옌먼관(雁门关)

(箭扣), 무톈위(慕田峪) 장성 등이 유명합니다. 그외에 수관장성이라고도 불리는 후루다오의 주먼커우(九门口), 친황다오의 자오산(角山), 논란이 많은 후산(虎山) 장성 등이 있습니다.

만리장성은 초원과 중원의 경계였지만 무조건 교류를 차단할 수는 없는 법, 여러 개의 관문을 두어 상호 소통하거나 군사 원정에 활용합니다. 가욕관·거용관·산해관의 3대 관문 외에도 안문관·평형관 등이 있습니다. 단절되어 있긴 하지만 돈황에는 옥문관·양관도 있습니다.

중국 팔달령. 흔히 만리장성 하면 떠올리는 이미지

베이징 옌칭구에 위치한 장성 구간으로, 명나라 홍치제~만력제 연간에 수도 방위를 위해 벽돌을 이용하여 매우 견고하게 지어졌습니다. 여기에 더하여 20세기 말엽 대대적인 복원 공사까지 이루어져 가장 완벽한 형태의 장성을 볼 수 있는 곳입니다. 베이징 시내와 직결되는 바다링 고속도로와 철도 등이 있어 교통이 용이합니다. 따라서 베이징을 통해 많은 관광객이 방문하며, 특히 하늘이 맑은 가을철에는 인산인해를 이룹니다. 베이징의 전문, 천안문(역사박물관 앞), 숭문문로 입구에서 장성 전용 관광차를 이용하면 편하게 도달할 수 있습니다. 철도 교통으로는 베이징 베이역(북역)에서 교외 교외기차S2선을 타고 바다링창청역에 내리는 것입니다.

팔달령 장성은 작은 관문성을 중심으로 협곡에 걸쳐 형성되어 있습니다. 과거에는 관성關城이라 불렀습니다. 지도의 오른쪽 상단에 남쪽으로 확 꺾어지는 곳의 동쪽으로도 성벽이 일부 연장되어 있으나 중간에 바위가 있어 위험하니 가보지 않는 것이 좋다. 케이블카(왕복 60위안)가 양측 산 모두에 설치되어 있어 능선 위까지 손쉽게 이동할 수 있습니다. 날씨가 맑은 날에는 20명 이상의 단체라면 야간 관람을 예약하여 19~21시 동안 둘러볼 수도 있습니다.

" 고북구(구베이커우) 장성

명나라 대의 성벽이 고스란히 남아 있고, 산세를 휘감는 모습이 용과 같다 하여 사진가들에게 인기가 많습니다. 연암 박지원의 열하일기에서 언급됩니다. 다만 팔달령과 달리 관광지화는 되어 있지 않아 찾아가려면 많은 사전 조사가 필요합니다. 또한 접근이 워낙 어렵다 보니 현대에도 중장비 동원이 쉽지 않아 많은 구간이 방치된 상태입니다. 따라서 방문시 안전 문제도 감안해야 합니다.

구베이커우 장성의 장엄한 풍경

❝가욕관(자위관) 장성

가욕관에서 서쪽으로 약 6km가량 더 뻗어 있는 명대의 장성입니다. 다른 장성 부분들과 달리 진흙을 다지는 중동-서역식 공법으로 지어졌다. 명대 장성의 서쪽 끝인 제1돈은 바이다 강의 절벽 위에 세워져 정말 끝자락임을 실감하게 합니다.

가욕관 장성

" 둔황의 한대 장성

명대의 장성보다 약300㎞ 가량 더 서쪽으로 뻗어 있던 한대 장성의 유적. 옥문관과 양관의 두 개의 끝 지점이 있습니다. 장건의 서역 원정이나 서유기의 모태가 된 현장법사의 서역행이 다 이곳에서 시작되거나 끝난 곳으로 역사적인 명소입니다. 실크로드의 상징물 중 하나입니다.

서역으로의 관문이던 옥문관 유적

양관 인근의 돈대 유적

중국의 동북공정과 한반도 포함 시도를 하다

흉노족을 튀르크의 옛 조상들 중 하나라고 보는 튀르키예에서는 만리장성이 튀르크족을 막기 위해 쌓았다고 보고 있습니다. 몇몇 튀르키예의 극우 투란주의 성향의 사학자들은 흉노를 매우 강하게 과장하기 위해서 만리장성의 위치나 길이를 왜곡하는데, 심할 경우 만리장성의 동단 기점을 연해주로 왜곡하기도 합니다.

몇몇 자료에서는 진-한대의 장성에 이어 고구려 성을 장성으로 포함하고 있는데, 이는 고구려의 박작성 유적을 만리장성 동쪽 부분의 시작 지점으로 삼겠다는 몇몇 사학자들의 주장 때문에 벌어진 일입니다. 그러나 만리장성의 동단 기점에 대한 일반적인 인식은 허베이성 끝에 위치한 산해관이었으며, 고구려의 박작성으로 비정되는 호산산성은 장성의 동단 기점이 아니었습니다. 물론 고지도에는 현 요동 반도 지역에 벽돌로 쌓은 장성 대신 목책과 보를 표시하고 있어서 이를 장성이라고 주장할 수는 있으나, 중국에서 펴낸 장성에 관련된 연구 서적을 살펴보면 '목책은 장성으로 볼 수 없습니다.'고 당당히 명시하고 있습니다. 그럼에도 불구하고 목책과 보를 중심으로 쌓은 것을 장성이라고 주장하고 있는 것입니다.

장성의 정의를 방어 목적으로 길게 이어 쌓은 성이라 말하는데도 요동의 목책은 장성처럼 길게 이어 설치한 것이 아니라 주요 군사 지역 주변에 드문드문 설치한 것이라 이러한 주장은 더욱 설득력을 잃습니다. 이 주장의 요지는 여러 고지도에서도 표시되지 않는데도 '장성의 석축'의 존재를 확인했다는 것입니다. 그러나 문제는 관련 조사에 대한 제대로 된 연구 보고서가 현재까지도 나오지 않고 있다는 점입니다. 그리고 중국 내부에서 지속적으로 박작성이 만리장성의 일부(!)라고 왜곡하는 것으로 보입니다.

또한 중국은 한반도 북부(평양 지역)까지 만리장성이 있었다고 주장을 하고 있습니다. 이는 북한을 합병하기 위해서 북한 유사시에 중국 인민해방군이 빠르게 밀고 내려와 북한을 점령한 뒤, 한반도가 중국의 영토라는 걸 주장하기 위한 과정으로 볼 수 있습니다. 뉴욕 메트뮤지엄 '중국관' 역사 날조, 뉴욕 메트로폴리탄 박물관 '한국 지도' 오류 투성이 '평양까지 뻗은 만리장성' 중국 동북공정이 왜곡한 세계지도 반크는 만리장성이 평양까지 뻗어 있는 지도를 두고 '만리장성이 고무줄인가요?'라는 제목으로 중국의 역사 왜곡을 비판하는 포스터를 제작해 SNS에서 배포한다고 밝혔습니다.

중국의 동북공정 역사왜곡 행위를 바로 잡아줄 것을 유네스코 등 국제사회에 요청한다고 밝혔습니다. 유네스코 등재란에 만리장성 소재지에 지린성 및 랴오닝성도 포함되어 올라가 있어 문제가 많습니다. 정작 유산에 대해 소개하는 항목에는 "허베이성에서 시작해 간쑤성에서 끝난다."라는 기존의 문구가 그대로 있어 소재지 표기와 모순되는 상황입니다.

다만 현재까지 변한 게 없는 걸로 보아 유네스코는 이 문제에 대해 별 생각이 없어 보입니다. 사실 한국에서도 크게 논란이 되지 않아서 화력이 부족한 것일 수도 있습니다.

**2012년 기준 만리장성의
길이가 기존의 두 배 이상
늘어난 21,196.18km라고
발표하다**

2012년에는 만리장성의 길이가 기존의 두 배 이상 늘어난 21,196.18km라고 발표했습니다. 21,196.2km이면 서울에서 뉴욕이나 토론토까지의 거리의 두 배, 서울에서 지구 반대편의 아르헨티나와 우루과이까지의 거리보다도 길다는 것이 됩니다. 서울에서 토론토까지는 10,700km, 뉴욕까지는 11,000km, 부에노스아이레스까지는 19,400km, 몬테비데오까지는 19,600km다. 지구 한 바퀴가 40,075km로, 걸인 지구 둘레의 절반보다 약간 긴 수준의 거리입니다. 중국의 발표는 고구려나 발해 성을 장성의 일부로 왜곡한 것도 있지만 주된 것은 진나라 및 한나라와 명나라의 장성 유적뿐만 아니라 그외 기타 왕조에서 건설된 다양한 장성을 조사한 것으로 그것을 모두 합산하여 만리장성의 길이가 연장되었다는 내용이었습니다.

**만리장성이
우주에서 보인다?**

이는 빌딩 꼭대기에서 길바닥에 떨어진 머리카락이 보인다고 하는 말과 같습니다. 만리장성은 사실 길이는 길지만 폭이 좁으므로 육안으로 볼 수 없다는 건 상식입니다. 저 위의 사진도 줌 기능으로 당겨서 본 거지, 본래 사진을 보면 그냥 안 보인다. 만리장성의 전체적인 길이가 5,000㎞~6,000㎞ 정도 되는데 폭은 고작 10m도 안 됩니다.

본래 이 말은 천문학자 칼 세이건이 쓴 유명한 천문학 책인『코스모스』에서 '피라미드와 만리장성이 실은 오늘날(1980년) 지구를 선회하는 인공위성에서 식별할 수 있는 지구의 유일한 거대 인공 지형지물입니다.' 라는 문구가 달로 와전된 경우로 보인다.

실제로는 그 이전 문헌에도 기록이 있습니다. 뿐만 아니라 19세기~20세기 초의 기록에서도 비슷한 문구가 발견되는 것을 볼 때 우주시대 이전부터 떠돌던 관용구가 과학기술 발전으로 반박된 뒤에도 계속 남은 것으로 추측할 수 있습니다. 당연하지만, 중국인 최초로 유인 우주선에 탄 양 리웨이는 지구 바깥에선 그 어느 건물도, 그 어느 것도 안 보였다고 말하면서 칼 세이건의 주장 또한 사실이 아니라고 밝혔습니다.

한국에 널려있는 아파트들, 공원 운동장들조차도 만리장성보다는 폭이 넓습니다. 10m면 아파트 건물은 커녕 집 1채의 길이나 폭과 비슷합니다. 망원경으로 보더라도 아파트나 운동장보다 더 안 보이는 게 만리장성입니다.

21세기 기준으로는 현재 나무위키를 읽고 있는 독자가 현재 위치해 있는 건물들은 사실상 100% 민간 위성지도에 기록되어 있다고 봐도 무방합니다. 따라서 만리장성 같은 곳도 구글 지도 같은 서비스에서 얼마든지 위성 이미지를 찾아볼 수는 있습니다.

전국 곳곳에 연결되는 치도馳道와 군사 전용 도로인 직도直道라는 도로를 만들다

시황제는 수도인 함양을 중심으로 전국 곳곳에 연결되는 치도馳道와 군사 전용 도로인 직도直道라는 도로를 만들었습니다. 치도 덕분에 황제의 명령이 지방까지 빠르게 전달되고, 큰 도로인 만큼 안전해서 장사하는 상인들도 안전하게 다른 지역으로 이동할 수 있었으며 시황제가 치도를 이용하여 순행을 할 수 있습니다. 그리고 반란이 일어나면 직도를 통해 군대를 빨리 보낼 수 있습니다. 이러한 중앙집권적 통치의 기반을 닦았기 때문에, 진나라 이후의 중화제국들은 다른 문화권과 질적으로 다른 집권적 통치제도를 마련할 수 있습니다.

❝ 아직 릉이 출토되지 않은 황제는 진나라 밖에 없다

진시황릉은 중국 산시성의 시안시 린퉁구에 소재한 시황제의 황릉입니다.[184] 사실 진시황릉으로 매우 강하게 추정되고 있음이 옳습니다. 역사서에 기록된 위치와 대강 들어맞고 이 정도로 거대한 규모의 황릉을 만들 수 있었던, 그중에서 아직 릉이 출토되지 않은 황제는 진 밖에 없기 때문입니다. 능 주변에서 병사와 말 등의 모습으로 빚어 구운 토용(테라코타 모형)인 병마용이 발굴된 것으로도 유명합니다.

진시황릉의 조성과 관련하여 가장 신뢰성 높고 자세한 묘사를 한 기록은 사마천의 『사기』입니다. 아래는 『사기』 「진시황본기」에 기록된 진시황릉 관련 서술입니다.

"9월 시황제를 여산에 매장했다. 시황제가 처음 즉위했을 때 여산을 공사했고, 천하를 통일하자 전국의 죄수 70만여 명에게 지하수가 3번 돌 정도로 구덩이를 깊게 파게 하고 구리를 부어 외곽을 만들었다. 궁궐과 여러 관리병마용, 진기한 보물들을 가득 매장했다. 장인에게 기계 쇠뇌를 만들게 하여 (묘에) 접근하는 자가 있으면 그를 쏘게 했다. 수은으로 여러 개울, 강과 바다를 만들고, 기계로 수은을 주입했다. 위로는 하늘의 모습을, 아래로는 땅의 형상을 갖추었다. 인

---

184) 사실 진시황릉으로 매우 강하게 추정되고 있음이 옳다. 역사서에 기록된 위치와 대강 들어맞고 이 정도로 거대한 규모의 황릉을 만들 수 있었던, 그중에서 아직 릉이 출토되지 않은 황제는 진 밖에 없기 때문이다.

어[185]의 기름으로 초를 만들어, 영구히 꺼지지 않게 했다. 2세 황제가 말하기를 '자식이 없는, 선제의 후궁을 내쫓는 것은 옳지 않다.' 명령을 내려 (그들을) 모두 죽게 하니순장, 죽은 사람이 매우 많았다. 매장을 끝내자 누군가 말하기를 '장인이 기계를 만들었고, 모든 노예가 그 사실을 알고 있는데, 노예가 많아 (사실이) 누설될 것이다.' 장례가 끝나고 (보물 등을) 이미 다 감추어놓자, 묘의 가운데 통로를 폐쇄하고 바깥문도 폐쇄하여 장인과 노예들이 나오지 못하게 하니, 다시는 빠져나오는 사람들이 없었으며, (능에) 풀과 나무를 심으니 (그 모습이) 마치 산과 같았다."

- 『사기』 「진시황본기」 중

이상의 내용에서 알 수 있는 것은 진시황릉의 위치와 진시황릉의 건설 기간과 동원된 인부의 수와 진시황릉의 구조와 매장된 내용물, 후궁과 인부 등 수많은 사람이 순장의 목적으로 생매장을 당했다는 사실입니다.

❝진시황릉은 진나라의 멸망 이후 긴 세월 동안 정확한 위치를 아는 사람이 없었다

『사기』의 기록이 비교적 구체적입니다. 사마천이 진시황릉 내부를 직접 탐험하여 서술했을 리

---

185) 여기서 말하는 인어는 당연히 진짜 인어가 아니라 듀공이다. 이 동물이 종종 뭍으로 올라와서 쉴 때 머리에 해초를 뒤집어 쓰고 나오는 경우가 많은데, 이 모습을 해질녘에 멀리서 바라보면 꼭 반인반어의 소녀 모습과 같아서 인어의 모티브가 된다.

는 없고, 진2세 황제는 무덤의 위치나 구조가 알려지지 않도록 건설에 참가한 사람들을 죽였습니다. 그 때문인지 진나라의 멸망 이후 긴 세월 동안 정확한 위치를 아는 사람이 없습니다. 유방은 항우가 지은 죄를 나열하며 진시황릉을 도굴했다고 주장했지만, 확률이 높습니다. 게다가 전근대 중국에서도 남의 무덤을 함부로 헤집는 짓은 매우 질 나쁜 범죄로 여겼는데, 도굴꾼도 아니고 긍지 높은 사대부인 사마천이 진시황릉 내부에 들어갔을 리가 없습니다. 전근대 중국에서도 남의 무덤을 함부로 헤집는 짓은 매우 질 나쁜 범죄로 여겼는데, 도굴꾼도 아니고 긍지 높은 사대부인 사마천이 진시황릉 내부에 들어갔을 리가 없습니다. 기존 기록을 참고해서 썼을 터입니다. 유방이 함양에 입성하자 소하가 진나라의 문서들을 수집하고 보관했다는 서술이 『사기』「소상국세가」에 있는데, 그때 수집된 문서 중 진시황릉에 대한 것도 있어서 사마천이 참고했으리라고 추정합니다.

　시황제는 기원전 247년, 진나라의 왕으로 즉위한 직후부터 작업에 착수하여 통일 이후부터는 총인원 70만 명(추정)을 동원해서 지었다고 합니다. 물론 70만이란 숫자는 과장되었을 가능성이 있습니다. 그러나 황릉의 규모나 프랜시스 후쿠야마가 조숙한 근대 중앙집권국가의 수준에 도달했다고 평가한 진나라의 행정력을 생각하면, 수십만 명 규모로 인원이 동원되었을 가능성을 완전히 부정할 수는 없습니다.

황릉은 즉위 35년이 넘어서도 완성되지 못했고 기원전 210년에 진시황이 먼저 죽었습니다. 이후 2세 황제 호해는 여러 동물과 진시황의 후궁 및 그 자녀들, 그리고 인부들을 순장하여 무덤 공사를 끝냈습니다. 「이사열전」에 따르면 호해가 영씨 황족들을 숙청하는 과정에서, 공자 고高는 가족들이 연좌될까 두려워 호해에게 먼저 죽음을 청한 덕분에 호해가 은혜를 베풀어 자살을 허락했으나, 나머지 공자들은 시장에서 참수를 당하고 공녀들은 사지가 찢겨 죽었다는 기록이 있습니다.

그리고 실제 진시황릉의 부장품 구덩이에서는 사람이 묻힌 무덤도 여러 곳 발굴됩니다. 그중 남자 5명과 여자 2명이 묻힌 무덤에서는 도장[186]이 포함된 금·은 비단으로 장식된 호화로운 부장품이나 관이 발굴되었지만, 유골은 나이도 젊고 건강 상태도 좋았음에도 불구하고 두개골에 화살촉이 박혔거나 특히 여성들의 시신은 사지가 토막 나는 등 잔혹한 처형을 당한 모습이었습니다. 그래서 진나라 2세 황제 호해가 죽인 형제·자매들, 진시황의 후궁들 등

---

186) 도장은 귀족 사회에서 고위 계층을 상징하는 물건이다. 부장품 도장으로 추정컨대 남자 중 한 명의 이름은 영록榮祿, 여자 중 한 명의 이름은 음만陰嫚으로 추정된다.

순장된 사람들의 무덤으로 추정됩니다. 그리고 딱 하나의 유해만 처형의 흔적 없이 멀쩡했는데, 이게 공자 고의 유해라고 생각하면 더욱더 맞아떨어집니다.

사마천이 묘사한 진시황릉의 모습 가운데서도 '수은의 강과 바다'를 조성했다는 구절이 특히 유명한데, 사마천이 직접 무덤 내부를 봤을 리가 없으니 현대 학자들은 이 묘사를 허구적인 상징이나 전승 정도로 추측하기도 합니다. 그러나 중국사회과학원의 분석 결과에 따르면 황릉 봉토의 수은 함유량이 인근 지역 흙보다 무려 7배 이상 높았으므로 구체적으로 황릉을 어떻게 조성했는지 아직은 모르지만, 수은을 대량으로 사용했음은 확실해 보입니다.

한편 황릉 조성에 동원된 죄수나 노예들이 완공 후 몰살당했다는 잔혹한 이야기도 있습니다. 그러나 진시황릉에서 황자나 후궁의 것으로 추정되는 유골들이 여럿 나왔음과는 달리, 몰살된 노역자들의 대규모 시체는 능 속에서 발견되지 않았습니다. 오히려 진 말 최후의 명장이었던 장한이 여산에서 노역 중인 죄수들을 징병하여 진승과 오광의 반란 진압에 성공했다는 기록이 있으므로 과장 혹은 와전이 있었다고 추측됩니다.

진시황이 사구에서 붕어하고 불과 4년이 지난 기원전 206년에 진나라가 멸망합니다. 항우가 이끄는 초나라 군대는 함양에 입성하자 진나라 역대 왕들의 무덤을 도굴했습니다. 당연히 가장 크고 6국의 원성도 가장 많이 들은 진시황의 무덤이 도굴 1순위였습니다. 비록 항우가 도굴했어도 항우조차 진시황릉의 엄청난 규모는 미처 파악하지 못하여 상당히 많은 묘실이 도굴되지 않고 남았습니다.

다만 『사기』의 「항우본기」 등에는 직접적인 기록이 없습니다. 「한고제본기」에 광무 대치 중 유방이 항우를 비난하고 항우의 죄 10가지를 나열하면서 진시황릉 도굴을 간접적으로 언급할 뿐입니다. 「진시황본기」에서도 진왕 자영 살해, 함양 학살, 방화, 약탈 등 항우가 함양에서 저지른 오만 범죄를 다 나열했지만, 진시황릉 도굴은 일언반구도 없습니다. 진시황릉을 발굴해 봐야 알겠지만, 항우가 진시황의 무덤을 도굴하지 않았을 가능성도 있습니다. 아무튼 여산 인근에 황제의 무덤이 있다는 이야기만 구전되었을 뿐 진시황릉은 그 후 2천 년 가까이 망각됩니다. 항우가 진시황릉을 이미 도굴하고 파괴했다는 소문이 진시황릉의 보존에 도움이 되었을지도 모릅니다.

청대 이후 고증학의 시대에 접어 들어서 『사기』를 비롯한 대부분의 중국 고전들에 대한 신빙성을 회의적으로 보는 사조가 생겼기 때문에 학자들은 사마천이 『사기』에서 진시황릉을 설명한 구절이 과연 진실인지 의구심을 품었습니다. 사마천이 『사기』에 적은 내용들이 옛사람의 과장이 아닌가 의심스러워한 것입니다.

" 시양 마을 청년 6명이 우물을 만들고자 땅을 파던 중 도기 조각을 발견했다

1974년 3월 29일 양신만, 양취안이, 양즈파 등 리산(여산) 인근 시양 마을 청년 6명이 우물을 만들고자 땅을 파던 중[187] 도기 조각을 발견했습니다. 인형 모양의 도기 조각과 쇠뇌, 청동 화살 등을 더 캐냈지만, 처음에는 대수롭지 않게 여겨 아무도 신경 쓰지 않았습니다. 그런데 린퉁현의 옌자이 공사에서 수도 시설을 담당하던 팡수민이 우물 작업에 진척이 없자 확인하려고 리산 우물 공사장을 찾아왔다가 흙 속에서 나온 도기 인형들을 봤습니다. 팡수민은 평소 고고학에 관심이 많았기 때문에 진나라 시대 도기라는 것을 알아보고는 박물관에 알린 덕에 본격적인 발굴이 시작됩니다.

얼마 뒤 도기제 병사 인형 수천 점이 묻힌 거대한 공간(병마용)이

---

187) 섬서성 지대(황토 고원)는 물을 구하기 어려운 지역으로 유명해서 지금도 우물을 파는 곳이 있다.

발견됩니다. 이후 동마차갱·기마갱·동물갱·개갑갱 등 부장품 구덩이 수십여 곳이 발견되어 진시황릉이 세상에 다시 모습을 드러냈습니다. 이 시기는 문화대혁명이 슬슬 잠잠해지던 시기라 홍위병이 황릉을 파괴하는 일은 일어나지 않았습니다. 발굴 당시 저우언라이는 후손들을 위해서 발굴 기술이 완벽해질 때까지[188] 무리하게 능 자체를 발굴하지 않기로 했습니다. 현재 진시황릉 내부에 거대한 빈 공간이 유지된 채로 남아 있습니다. 이 빈 공간을 무너트리지 않고 보존하면서 발굴할 기술이 아직 존재하지 않아서 진시황릉의 발굴은 무기한 중단된 상태라고 합니다.

최초 발견자 중 양신만은 인기 스타가 됩니다. 국내 모 프로에도 양신만의 당시 근황이 나왔는데, 나름 유명 인사로서 관련 책자도 팔고, 기념 사인회까지 열 정도로 행복한 여생을 보내고 있으며, 현지 기념품 판매소에서 만날 수 있다고 합니다. 발견 당시엔 중국 정부에서 보상으로 경운기 1대를 지급했다고 합니다. 진시황릉 발견 전만 해도 그 땅은 작황이 안 좋아 귀신 붙은 땅이라고 불리며 현지 주민들이 기피했던 곳이었다고 합니다. 진시황의 명으로 황릉에

---

188) 수천년 동안 밀봉된 무덤이 급히 열렸을 때 어떤 일이 일어날지는 아무도 모르기 때문이다. 병마용의 도색이 바랜 것도 발굴 과정에서 갑자기 외부 공기와 접촉했기 때문이다. 게다가 발견 당시는 문화대혁명이 아직 끝나지 않은 시점이었다.

상당한 양의 수은을 투입한 탓에 무덤 부근 토양의 수은 함유량이 일반적인 토지의 20배에 달한다고 하니 땅이 농사에 나쁨은 사실입니다.

연구 결과에 의하면 병마용갱에서 대규모 방화의 흔적이 발견되었지만, 진시황릉 자체에서는 방화의 흔적이 발견되지 않았습니다. 현재 발굴 중이면서 관광객들이 관광하는 부분은 정확히는 진시황릉 바로 옆에 있는 병마용갱입니다.

2016년, 진시황릉 주변의 부장갱 400여 곳에서 실제 동물의 유골과 도기, 청동기로 제작된 동물 등 유물 수천 점이 출토됩니다.

진시황릉 기념비

사황제릉은 전체가 하나의 무덤이다

흔히 알려진 병마용갱이 나열된 사진들만 보면 납골묘로 오해하기 쉬우나 사실은 기념비 뒤에 보이는 산 전체가 하나의 무덤입니다. 사실 시안에 위치한 중국 황제들의 무덤은 지하에 크게 구덩이를 만들어 황제의 시신과 기타 부장품과 병마용들을 집어넣은 다음 봉분을 매우 거대하게 쌓았습니다. 그 중에서 진시황릉은 가장 독보적인 규모를 자랑합니다. 당장 한나라 황제들의 무덤들만 보더라도 그 규모가 어마어마하지만 진시황릉에 비하면 비교가 되지 않을 정도로 규모가 작습니다. 발굴되기 전 수천 년의 시간동안 주변 주민들도 원래부터 있던 언덕인줄 알았다고 합니다.

사마천 『사기』의 「진시황본기」에 따르면 기원전 246년, 그가 13살의 나이로 왕위에 올랐을 때 진시황릉의 공사가 시작되었다고 합니다. 다만 이처럼 산 하나를 통째로 쌓아 거대한 무덤을 만들기 시작한 것은, 기원전 221년 진시황이 중국을 통일하고 난 후였습니다. 즉위 초부터 여산에 무덤을 착공하기 시작하였고, 통일 후에 국력이 강성해지자 이 곳의 공사를 위하여 최대 70여만 명까지 동원하였다고 합니다. 아래의 내용은 『사기』의 「진시황본기」에 나온 내용입니다.

9월에 시황제를 여산에 묻었다.

시황제가 즉위한 직후부터 공사가 시작되었고, 천하를 통일한 후에는 70만 명에 달하는 사람들을 시켜 지하수가 3번 나올 정도로 땅을 깊게 파게 하고 구리를 부어 밖을 만들었다.

궁궐, 관리들과 함께 진기한 보화를 함께 묻었다.

장인에게 특별히 쇠뇌를 만들게 하여 능에 접근하는 자를 쏘게 하였다.

수은으로 하천, 강, 바다를 만들고 기계로 수은을 채웠다.

위로는 하늘의 모습을, 아래로는 땅의 모습을 갖추었다.

인어의 기름으로 초를 만들어, 영원히 꺼지지 않도록 하였다.

이세 황제가 말하기를, "자식을 낳지 못한 선제의 후궁을 내쫓는 것은 옳지 못하다."

명을 내려 그들을 모두 죽이니, 이 때 죽은 자가 매우 많았다.

매장을 끝내자 누군가가 고하기를, "장인이 기계를 만들었고 모든 노예가 이를 알고 있는데, 노예가 많아 누설될 것입니다."

장례가 끝나고 이미 다 감추어 놓자, 묘의 가운데 통로를 폐쇄하고 바깥문도 폐쇄하여 장인과 노예들이 나오지 못하게 하니, 다시는 빠져나오는 사람들이 없었으며, 풀과 나무를 심으니 마치 산과 같았다.

> **부장품은 아직 제대로 발굴을 시작하지도 않았음에도 불구하고 이미 세계적인 수준이다**

진시황릉의 부장품은 아직 제대로 발굴을 시작하지도 않았음에도 불구하고 이미 세계적인 수준입니다. 전 세계에서 부장품이 가장 많은 무덤이라고 할 수 있습니다. 특히 토용(사람모양 흙인형)을 엄청나게 많이 만들었는데, 후술할 병용(병사인형)이 가장 유명하지만, 그 외에도 신하들이나 궁중 광대 등 다양한 사람들을 실제 사람 크기로 사람과 흡사하게 잘 만들어 묻었습니다. 병마용으로 추정컨대 실제 진나라 궁정에 일하던 사람 수만큼 넣은 것으로 추정됩니다. 이렇게 진시황릉의 주변부에 불과한 병마용갱만으로 유물이 쏟아져 나오는 판이니, 실제 묘 내부의 부장품은 대체 어떨지 상상조차 안 됩니다. 언제가 될지는 알 수 없지만, 무덤 전체를 발굴하면 투탕카멘[189]의 무덤과는 비교도 되지 않을 정도의 인

---

189) 이집트 신왕국 제18왕조의 12대 파라오로, 재위기간은 기원전 1332년부터 1323년으로 추정된다. 기원전 1323년에 무덤이 밀폐되었을 정도로 까마득하게 먼 과거에 재위했던 파라오다. 이는 삼국지로부터도 1500년 전, 그 유명한 고대의 제왕 알렉산드로스 3세와 진시황이 태어나기 1000년도 더 전, 일리아스와 오디세이아의 시간적 배경이 되는 트로이 전쟁이 벌어지기 200년 전이다. 지중해 건너편에서는 한창 그리스 신화를 찍고 있었고, 동아시아에서는 상나라가 중국을 통치하던 시절이다. 정확하게 말하면 상나라의 제15대 왕인 조정의 치세와 남경의 치세와 겹친다. 이집트의 전통 종교를 거부하고 태양신 "아톤"을 유일신으로 추앙했던 아케나톤[13]의 아들이자 사위로 본명은 아톤에서 따온 투탕카톤이었으나, 왕위에 오른 뒤 아문 신앙이 복귀되면서 투탕카멘으로 개명했다. 그의 무덤에서는 아멘호테프 3세의 아내 티이의 이름이 적힌 상자가 발견되었는데 그 안에서는 머리카락이 발견된다. 이 머리카락과 아멘호테프 2세의 무덤에서 발견된 미확인 중년 여성 미이라를 대조한 결과 티이로 확인된다. 그리고 투탕카멘은 원래 근본 자체가 불확실했으나, 여러 비석이나 기록에서 '투탕카멘은 파라오의 아들이다.' 또는 '

류 역사상 최고, 최대의 고고학적 발견이 될 것이 틀림없습니다. 농담이 아니라 투탕카멘은 어린 나이 때문에 권력이 빈약했고, 무덤 또한 권력에 맞게 다른 파라오에 비해 매우 소박합니다. 그 소박한 무덤이 거의 도굴되지 않고 원형대로 발굴된 것이 세기의 발굴이 된 것입니다. 당시 중국 역사상 최강의 권력자였던 진시황은 이미 발굴된 무덤 주변만으로도 세계 최대이고, 당연히 부장품도 엄청날 것입니다.

병마용은 레고처럼 여러 부분을 만들어 구운 뒤 조립하여 완성했다는 설과, 도자기와 같이 긴 흙 막대를 둥글게 쌓아 올린 뒤 같이 만들기엔 크고 무겁고 복잡한 머리나 다리 부분 등만을 따로 붙였다는 설이 있습니다. 후자의 방식이 더 어렵고 힘들었겠지만 병마용의 크기나 무게를 지탱하고 서 있기 위한 사정상 이쪽이 정설로 통합니다.

정부의 강력한 통제가 이루어지던 시기에 품질 관리를 위해서 제작소들은 모든 제작된 물건에 그 이름을 새겨야 했는데, 이 덕분에 역사학자들은 어느 작업소가 병마용의 인형들을 제작하는 데 동원되었는지도 파악할 수 있습니다. 완성된 토용은 계급과 역할

아멘호테프 3세는 나의 아버지'라고 되어 있다. 사실 나이로 보아 아케나톤의 아들이 확실했으며, DNA 검사결과 아케나톤의 아들로 정식 확인된 것이다. 즉 상술한 티이는 투탕카멘의 할머니이다.

에 맞춰서 당시 진나라 군사 진형陣形을 정확하게 따른 형태로 구덩이 속에 배치됩니다.

병용은 키가 184㎝에서 197㎝로 큰 편인데, 장군을 병사보다 크게 만들었습니다. 병마용은 경무장 보병·중무장 보병·궁병·전차병·기병·말·장교 등 다양한 병과 군인들을 표현했습니다. 얼굴은 약 8가지 복제 틀을 사용해 제작했는데, 기본형에 수염 등 세부적인 변형을 가해 하나하나가 전부 다른 사람처럼 보인다. 발굴된 갱도 4곳 중 3곳에 모두 병용 8천여 점, 전차 130기, 말 520점이 있다고 하는데, 지금까지 발굴된 것보다 더 많은 수가 아직 흙 속에 묻혀 있는 것으로 추정됩니다.

아직 채색이 남아 있는 토용들

아직 채색이 남아 있는 토용

　　원래는 실제 사람과 말을 모델로 채색되었으나, 수천 년이 지나 발굴될 때 외부 공기와 접촉하자 순식간에 옻칠 코팅층이 바스라지거나 탈색되었다고 합니다. 제작 당시 채색하고 옻칠로 마감했는데, 오랜 세월 습기를 머금은 토양 속에 보관되다가 발굴 후 건조한 공기와 접촉하자 옻칠 코팅층이 건조되어 채색층과 함께 작은 알갱이로 수축했고, 이 알갱이들이 떨어져 나가면서 색도 함께 사라진 것입니다. 그래서 학자들도 퇴색을 막기 위해 병마용갱 발굴을 미뤄두었다가, 근래 기술이 개발되어 다시 발굴을 재개했습니다. 그 외에도 병마용들은 원래 모두 실물 크기의 청동제 무기로 무장했는데, 오랜 세월 동안 많이 파손되어 무기는 병마용보다 적게 발굴됩니다. 그래도 진시황릉의 알칼리성 토양과 유기물 입자가 적은 환경 덕에 꽤 잘 보존되었습니다. 청동기에서 나온 크롬은 따로 처리를 한 게 아니라 옻칠하다 묻은 것으로, 청동 부분이 아니라 나무 손잡이 등에서 훨씬 많이 검출됩니다.

한나라 시대 몇몇 묘들에서도 토용들이 발견되었으나, 규모도 작고 인형의 완성도도 진시황릉의 토용보다 훨씬 떨어집니다. 크기도 진시황릉과는 달리 사람이 한 손으로 집어서 들고 다닐 수 있는 인형 정도로 작습니다. 발굴된 한나라 시대 묘들이 전부 황릉이 아니긴 하지만, 진시황릉의 병마용과 비견되는 병마용을 만들려면 어마어마한 국가 예산을 퍼부어야 하고, 세밀하게 만들려면 시간까지 많이 들여야 함을 감안한다면 쉬운 일이 아니었을 것입니다. 한 다큐멘터리 프로그램은 한나라 시대에 이런 토용을 만들 기술력이 부족했던 것이 아니라, 진시황이 무덤을 짓다가 국고를 탕진하게 만든 진시황릉의 전례에서 교훈을 얻은 한나라 사람들이 어느 정도 만족하는 선에서 끝낸 것이라고 주장했습니다.

토용 말고도 마차의 1/2 크기 청동제 모형(동마차갱),[190] 진시황이 기르던 말(기마갱), 학, 자이언트 판다 등 진기한 동물 수십 마리(동물

---

190) **청동제 모형**(동마차갱) : 동주시대 이래로 천자의 수레는 6필의 말이 끌었으므로, 여기서 발굴된 수레 2대는 고위 관리나 황족의 것으로 추정된다. 각종 금, 은 장식품과 톱니바퀴 따위 부품을 비롯해 조각 수천 개로 부서졌으나 수년 동안 작업하여 복원했다.

갱), 부식되지 않도록 돌 조각을 엮어 만든 실물 크기 갑옷과 투구(개 갑갱) 등이 현재까지 발굴됩니다. 기마갱과 동물갱에는 동물들을 돌보던 하인의 실물 크기 모형까지 함께 묻혀 있습니다.

병마용갱은 황릉이 아니라 황릉 주변에 있는 부장품이다

흔히 진시황릉하면 떠올리는 병마용갱은 황릉이 아니라 황릉 주변에 있는 부장품입니다. 병마용갱은 무덤을 만든 다음 무덤 주변에 구덩이를 파고 병마용을 넣은 후 다시 묻은 것이었습니다. 현재 1호, 2호, 3호갱은 관람이 가능하고, 산산조각난 병마용을 복원하는 작업도 볼 수 있습니다. 1~3호 병마용갱의 병마용들을 복원하는 데만 수십 년 이상이 소요될 듯한데, 더 놀라운 것은 아직 확인되지 않거나 최근에 새로 확인된 병마용갱이 아직 많다는 사실입니다.

「신서유기」 시즌 1에서 병마용을 방문한 바 있습니다. 이 덕분에 한국에서 병마용을 간략하게 훑어볼 수 있는 영상이 생겼습니다.

병마용갱 덕분에 고대 중국 군대의 무장이 어떠했는지를 잘 알 수 있습니다. 일반적으로 동·서양을 막론하여 고중세 군대의 갑옷 착용 비율은 논쟁거리지만, 병마용갱으로 미루어 보건대 고대 중국의 갑옷 착용 비율은 병력이 많음에도 불구하고 매우 높았으리라 여겨집니다.

진시황릉과 병마용에 대한 교양서로는 웨난 저 『부활하는 군단』과 장점민 저 『제국의 빛과 그늘』이 대표적입니다.

한 번은 시각장애인들이 단체 관람을 온 적이 있었다고 합니다. 그래서 앞이 보이지 않는 이들에게 어떻게 병마용의 위대함을 가르쳐 줄 수 있을까 고민하다가 특별히 그들에게만 병마용을 직접 만져볼 수 있도록 허락했다고 합니다.

2006년, 독일인 행위 예술가가 발굴된 토기 병사와 똑같은 복장을 하고 병마용에 기어들어가 포즈를 취하는 "예술"을 했습니다. 이걸 관리 측에서는 눈치를 못 챘다가 나중에 체포하려고 했는데, 너무 분장을 잘하고 숨어 있는 바람에 예술가를 잡는 데 한참 시간이 걸렸다고 합니다.

유한양행의 숙취 해소제 '내일엔'의 신문 광고에 등장했습니다. "3,000년 만에 숙취에서 깨어나다!"라고. 병마용이 광고에 등장한 것은 '내일엔'의 원료인 황칠나무가 진시황이 찾아헤매던 '불로초'이기 때문이라는 듯합니다.

진시황릉은 현재까지 발굴이 더 이상 진행되지 않고 있으며, 중국 정부 또한 후대에 물려주기 위해 완전한 발굴은 하지 않겠다고 했습니다. 그럴만한 이유가 있는 것이, 사실 유물을 전부 다 발굴한 뒤 발굴된 수많은 유물과 유적의 뒷처리와 보존 문제 또한 큰 걸림돌입니다. 게다가 사마천의 『사기』에 진시황릉에는 도굴을 막기 위한 각종 함정들이 설치되었다는 내용이 있으므로, 무턱대고 파들어갔다가는 자칫하면 인명 피해 발생에 이어, 유물까지 손실되는 사태로 이어질 수도 있습니다. 물론 피라미드의 예를 보면 알 수 있듯이 하도 오래된지라 자연 파손되었을 가능성이 큽니다. 이 외에도 수천 년 동안 밀폐된 공간이 산소와 접촉하면 어떤 일이 일어날지도 모르고, 내부에 수은이 대량으로 있을 가능성이 높아 무작정 발굴하기엔 여러모로 문제가 많습니다. 하지만 전 세계의 여러 역사학자와 고고학자들은 아직까지 거의 밝혀지지 않은 진나라 시대의 유물들이 온전히 매장되었을 진시황릉 발굴에 눈독을 들이고 있는지라서, 문화재들을 보존할 방도를 찾는다면 중국공산당이 공언한 대로 완전한 발굴은 안 한다고 해도 대부분은 발굴을 진행할 가능성이 큽니다.

미국의 미술사학자인 루카스 니켈은 진시황릉의 발굴품에 고대 그리스의 미술 형식이 도입되었다는 학설을 제안하기도 했습니다. 또한 유럽인DNA의 흔적도 근방에서 발견되었다고 하기에, 그리스인들이 진시황릉을 지은 것이 아닌가 하는 의견도 일각에선 나왔습니다. 실제로 진시황릉 주변에서 유라시안계로 추정되는 노동자의 두개골이 출토되어 이를 영국의 던디대학교의 체질인류학 연구진들이 분석하여 그 얼굴을 복원하였는데, 전반적으로는 일반적인 한족들과 동일한 동아시아인계 외모에 가까웠으나 골격에서 코카소이드계의 특성이 적지않게 나타났습니다. 이에 대해서 알렉산드로스 대왕의 원정 때 떨어져 나간 일부가 중국으로 흘러들어갔을 것이라는 설과, 그리스 와박트리아 왕국 등의 디아도코이로 인해 아시아 각지에 세워진 그리스계 국가들에서 초빙된 기술자들이 동원되었다는 설이 있습니다. 하지만 그리스인이 직접 연관된 것이 아니라 인도유럽어족 계통의 민족들 중 가장 동쪽에 살았던 토하라인의 DNA라는 의견이 있으며, 미술 형식도 간다라 미술이 전파된 식으로 간접적으로 퍼진 것이 도입된 것이란 의견도 있습니다.

" 병마용의 주인은 진시황이 아니다?

병마용의 주인이 진시황의 고조모라는 설도 있습니다. 재야 고고건축학자 천징위안은 『병마용의 진상』이라는 책에서 근거 60여 개를 제시하며, 병마용의 실제 주인은 진시황의 고조모이자 진 소양왕의 모후로서 강력한 섭정을 펼쳐 '2천 년 전의 서태후'라고 불리는 '진나라의 선태후宣太后'라고 주장했습니다.

천징위안은 일반 사병들도 갖췄던 투구를 진시황의 친위군단이 착용하지 않았다니 이는 있을 수 없는 일이고, 의상 역시 빨간색과 보라색이 주조를 이루는데, 진시황은 검은색을 숭상하도록 법령으로 공포할 만큼 검은색을 선호했으므로 맞지 않다고 주장했습니다. 또한 진시황이 6국을 통일한 뒤 곧바로 화폐와 문자, 도량형을 통일하면서 전술 운용을 용이하게 하고자 전차의 너비도 통일했는데, 병마용갱에서 출토된 차량들의 바퀴 너비가 일정하지 않다고 지적했습니다. 또한 용맹 무쌍하기로 이름났던 당시 진나라 병사들과는 달리 대부분의 무사용들은 수염을 기른 늙은이 형상에 우울하고 기운 없는 표정이란 점도 의문이라고 했습니다.

하지만 대부분의 고고학자들은 이런 주장에 동의하지 않습니다. 위 사진처럼 병마용갱의 1호 용갱에서 발견된 꺾창에 여불위의 이름이나 진시황이 6국을 통일한 뒤에 설치한 관청의 이름이 새겨진 점, 병마용갱의 바닥에 깔린 벽돌이 진시황릉 곁에서 나온 다른 부장품 구덩이의 벽돌과 동일한 점, 병마용갱 말고도 위에서 설명한 많은 부장품 구덩이가 진시황릉 곁에 있다는 점 등이 병마용갱은 역시 진시황릉의 부속 시설임을 증명하는 근거가 된다고 합니다. 채색 문제도, 원래 병마용갱의 토용은 위에서 언급한 대로 채색되었는데, 발굴 과정에서 사라졌을 뿐 색이 남은 일부 인형은 검은색으로 칠한 것이 많습니다. 천징위안이 보라색이라 주장한 색도 땅속에서 변색된 것이며, 고고학자들은 칠할 당시에는 검은색이었다고 판단됩니다.

또한 천징위안이 주장한 투구 문제는 두 가지 설명으로 반박됩니다. 먼저 진시황릉의 다른 부장품 구덩이인 개갑갱에서는 돌조각으로 만든 모형 갑옷과 함께 투구가 있었던 점으로 미루어 보아, 병마용들은 전투에 돌입하기 전 전투 준비 태세를 갖춘 모습을 모형화한 것이라, 투구를 아직 쓰지 않은 모습을 형상화했으리라는 가설을 세울 수 있습니다. 또한 진나라 이후 한나라 시기까지도 무기 및 도구의 주류는 청동기였는데, 청동제 무기로 베면 날이 부러지기가 쉬워서 무기의 대부분이 창 같은 찌르는 것이었습니다. 이에 근거리에서 머리에 칼 등으로 가격을 당할 가능성이 낮아지고, 찌르기 공격이 집중되는 가슴 부위에는 갑옷을 착용하여 방어를 단단히 하는 반면, 투구는 구태여 착용하지 않고 대신 관모를 쓰는 정도에 그쳤다는 설명입니다.

천징위안이 선태후의 무덤이라고 주장하는 병마용갱 바로 옆

의 아직 발굴되지 않은 대형 무덤 또한 선태후 시대의 무덤 구조와
는 다르고, 오히려 위에 나온 진시황의 자녀 무덤으로 추정되는 배
장묘와 구조가 거의 같다는 점도 천징위안이 한 주장의 설득력을
떨어뜨리는 정황 증거입니다. 진시황릉 주변에 주인이 밝혀지지
않은 진한대秦漢代 왕릉이 아직도 많이 있습니다.

" 상나라 시대부터 청나라 시대까지의 제왕릉들을 비교하면 진시황릉의 능원이 가장 크다

상나라 시대부터 청나라 시대까지의 제왕릉들을 비교하면 진시황릉의 능원이 가장 크다고 합니다. 서한(전한)시대 황릉도 능원에 도시를 설립하여 유지했을 정도로 거대했으나 진시황릉의 규모에는 미치지 못했고, 동한(후한) ~ 수나라 건국까지의 제왕릉은 정치·사회·경제·군사적으로 거대하게 짓기가 무리였으나 짓는 경우는 있습니다. 허나 새로운 왕조의 건국이나 도굴 및 전쟁 등으로 파괴되는 능묘가 많았습니다.

수나라 때도 문제 양견의 태릉을 제외하면 황릉을 건설하지 않았고, 양제는 황릉에 관심이 없었다고 합니다. 결국 죽어서 부인과 시종이 묻어주었는데, 크기는 일반 민가 수준이었으나 후대에 3m

정도 높여주었다고 합니다.

이후 당나라 시대에는 다시 진·한을 본받아서 초대 황제인 고조 이연·소종·애제 등 말기 황제를 제외하면 주로 거대한 산을 봉분으로 삼아 내부에 굴을 파고, 여러 통로와 함정이 있는 방들을 만들어 부장품을 넣었습니다. 가장 넓은 능원은 당태종 이세민과 문덕황후 장손씨가 묻힌 구종산 소릉인데, 부장된 황족 및 관료만 200명에 가까울 정도로 큽니다. 그러나 현재까지 온전한 당나라 황제릉은 고종과 측천무후가 합장된 건릉뿐이고, 다른 능은 당나라 말기에 온도溫韜가 모두 도굴했습니다.

송나라 시대는 규모는 작지만, 한나라 때처럼 평지에 봉분을 올렸습니다. 건국 후 시간이 흐르면서 능묘는 화려해지고, 장례식에 동원되는 인원도 많아졌습니다. 요·서하·금나라 때도 규모는 한나라·당나라 때보다는 작으나 화려했습니다.

원나라 때는 시조인 태조 칭기즈 칸에서 혜종 토곤 테무르 칸까지 몽골 초원의 풍습대로 봉분이나 석각·가옥 담벽을 만들지 않았고, 위치도 추정만 할 뿐입니다.

명나라 시대는 웅장하고 규모가 크지만, 진시황릉이나 서한·당대 황릉보다는 작았습니다. 난징에 묻힌 태조 홍무제를 제외한 나머지 황제들은 수도 베이징 인근에 명십삼릉이라는 황릉 단지를 조성했는데, 장릉·정릉·소릉을 제외하면 능은전(사당)은 터만 남거나 부서진 채로 관리를 하지 않아 잡초가 무성합니다.

청나라 시대의 제왕릉은 청동릉(베이징 동쪽 황실 묘지), 청서릉(베이징 서쪽 황실 묘지), 만주 심양 황릉군 등에 있는데, 명나라 시대보다는 작아도 황릉 하나 하나가 '지하 자금성'이라 할 정도로 조각이 섬세하고 부장품도 많다. 그러나 중화민국 초기 '도굴장군'이라 불리던 쑨뎬잉이 세조 순치제의 효릉을 제외하고 청동릉 지역을 모두 도굴했습니다. 청대 황실 능침도 자세히 보면 손실된 곳이 많습니다.

찾아보기